国内外首套
司法会计专业系列丛书

司法会计鉴定实务

SIFA KUAIJI
JIANDING SHIWU

于朝／著

SIFA KUAIJI
LILUN YU SHIWU
CONGSHU

中国检察出版社

图书在版编目（CIP）数据

司法会计鉴定实务/于朝著. —北京：中国检察出版社，2014.1
（司法会计理论与实务丛书）
ISBN 978－7－5102－1085－3

Ⅰ.①司… Ⅱ.①于… Ⅲ.①司法会计学 Ⅳ.①D918.95

中国版本图书馆 CIP 数据核字（2013）第 294963 号

司法会计鉴定实务

于 朝 著

出版发行：中国检察出版社
社　　址：北京市石景山区香山南路 111 号（100144）
网　　址：中国检察出版社（www.zgjccbs.com）
电　　话：(010)68658769（编辑）　68650016（发行）　68636518（门市）
经　　销：新华书店
印　　刷：北京玺城印务有限公司
开　　本：720 mm×960 mm　16 开
印　　张：29 印张　　插页 4
字　　数：566 千字
版　　次：2014 年 1 月第一版　2020 年 4 月第二次印刷
书　　号：ISBN 978－7－5102－1085－3
定　　价：65.00 元

检察版图书，版权所有，侵权必究
如遇图书印装质量问题本社负责调换

总　　序

笔者为了编制《中国司法会计师执业准则（专家拟制稿）》，对司法会计学科理论进行了第四次修订。根据中国检察出版社的意见，为了适应大学司法会计教学及司法会计专业培训的需要，将修订后的司法会计学科理论内容分为《司法会计概论》、《司法会计检查实务》、《司法会计鉴定实务》和《司法会计师业务与案例》四本书出版。这不仅标志着我国司法会计学科理论的进一步完善，也成就了目前国内外第一套司法会计专业的系列丛书。

一、司法会计学科理论的基本结构

我国已经构建起的司法会计学科理论体系，由司法会计基本理论和三类实务理论构成。其中：

司法会计基本理论，包括财务会计事实、财务会计错误、财务会计资料证据以及司法会计的基本概念、学科体系构成、科学依据、主体机制、假定前提、标准化、风险控制等主要内容，构成司法会计学科基本理论体系。

司法会计检查理论，包括会计检查方法的运用、司法会计检查的程序、各类具体案件的司法会计对策等主要内容，构成司法会计检查理论体系。

司法会计鉴定理论，包括司法会计鉴定的具体对象范围、鉴定主体、鉴定证据、鉴定启动程序、鉴定实施程序、鉴定意见以及各类具体问题的鉴定规程等主要内容，构成司法会计鉴定理论体系。

司法会计师执业理论，包括提供咨询、协助检查、专项检验、财务指标测算、文证审查等诉讼支持理论以及司法会计文书制作、非诉讼业务理论等主要内容，构成司法会计师执业理论体系。

在理解上述理论构成时，需要把握好以下几点：

第一，把握好不同理论体系的研究目标。基本理论体系主要研究解决司法会计学科的基础理论和基本理念的问题，并对所有实务理论研究和运用都会起到指导作用；司法会计检查理论体系主要研究解决诉讼主体[1]和专业人员[2]如何通过

---

[1] 诉讼主体通常是指诉讼机关（及其诉讼人员）、当事人（及其代理人、辩护人）等。

[2] 专业人员可以是司法会计师，也可以是从事司法会计活动的注册会计师、会计师、审计师以及科研教学人员。

查账、查物收集、固定财务会计资料及相关财物等诉讼证据的问题；司法会计鉴定理论主要研究解决司法会计鉴定人如何实施司法会计鉴定的问题；司法会计师执业理论体系主要研究解决司法会计师如何进行各项执业活动的问题。

第二，把握好司法会计检查、鉴定和司法会计师业务的三项实务理论之间的关系。其中：司法会计检查和司法会计鉴定是两种主要的司法会计活动，司法会计检查理论主要是为诉讼主体提供诉讼对策方面的实务理论；司法会计鉴定理论则主要是为司法会计鉴定人提供司法鉴定规程方面的实务理论；而司法会计师业务理论不仅研究司法会计师如何执行司法会计鉴定业务、司法会计检查业务，还要研究其他类型的诉讼协助业务和非诉讼业务——这是因为司法会计师业务分为诉讼业务和非诉讼业务两大类，这里的诉讼业务包括了司法会计鉴定业务和司法会计检查业务等诉讼协助业务。

第三，把握好司法会计检查与司法会计鉴定的理论体系差异。这两部分实务理论各自都分为概述、基本方法和技巧、基本程序以及各种具体对策部分，但其内容却是完全不一样的。特别需要指出的是，这两项实务理论是按照各自的对象划分对策理论的，其中：司法会计检查实务理论是按照不同类型的案件，分别研究不同案件中如何通过司法会计检查，发现、收集、固定查办案件所需的证据，同时提示可能需要提请鉴定的财务会计问题；司法会计鉴定实务理论则是按照不同类型的财务会计问题，分别讨论各类财务、会计问题的具体鉴定步骤和需要注意的鉴定事项。

二、《司法会计概论》逻辑结构与教学运用

《司法会计概论》共分十二章，由司法会计学说、司法会计基础原理、司法会计活动机制、司法会计实务概论四部分构成。

司法会计学说部分由第一章和第六章构成，涉及司法会计的各种基本概念和理论结构。该部分先将司法会计活动确定为司法会计的基本词义，通过介绍各类司法会计活动的含义及内容，归纳出司法会计是一种诉讼活动的基本概念，同时通过比较司法会计与审计活动，进一步阐明司法会计活动的特征；在学科方面，主要是论证了司法会计学的法学性，重点介绍了"二元"司法会计理论体系的构成及其所依据的理论、法律和实践。

司法会计的基础原理部分由第二章至第四章构成，分别介绍财务会计事实、财务会计错误和财务会计资料证据。该部分逻辑关系是：第二章和第三章是从案件事实角度分别介绍财务、会计事实的一般构成以及财务与会计错误事实的特殊构成，第四章则是从财务会计资料证据角度说明前述事实的证明方法、证明途径，以及财务会计资料证据的证据特点、证明范围、识别分工等理论。

司法会计活动机制部分由第五章构成，涉及司法会计活动的原理和结构。该

部分首先论述了司法会计活动科学性在于财务会计活动的特性，重点介绍了司法会计检查和鉴定两类活动中的主体资格及其相互关系。在此基础上，明确司法会计活动的前提（假定理论），揭示司法会计活动的风险原理，探讨司法会计标准化的发展思路。

司法会计实务概述部分由第七章至第十二章构成，涉及各类司法会计实务内容。

本书的设计用途：一是作为司法会计专业在校生和司法会计师岗前培训的专业课程教材；二是作为经济犯罪侦查专业在校生和经侦人员的专业课程教材；三是作为法律专业在校生以及检察官、法官、律师培训的司法会计选修课程教材。

本书在教学运用方面，应当注意的是：作为专业课程教材使用时，应当以前六章为主，使学习者能够在掌握司法会计基本理论、理念的基础上，了解司法会计实务理论的构成；作为选修课程使用时，应当有重点地选择基本理论和操作概论内容，使学习者在了解如何认识财务会计事实和财务会计资料证据的基础上，重点掌握查账取证程序和司法会计鉴定组织、鉴定意见的审查方法等。

三、《司法会计检查实务》逻辑结构与教学运用

《司法会计检查实务》共分二十四章，由通用会计检查方法与技术、司法会计检查程序和各类案件司法会计对策三部分构成。三部分的基本逻辑关系是：通用的会计检查方法与技术是包含司法会计检查在内的所有会计检查活动的基础方法和技术；在此基础上介绍了司法会计检查的专用程序，各类案件诉讼的司法会计检查的具体对策与注意事项，以及可能需要启动司法会计鉴定的情形。

第一部分，由第一章至第四章构成，在介绍司法会计检查的类型后，重点介绍了通用会计检查方法、技术的构成及其在司法会计检查中的运用要旨。

第二部分，由第五章构成，主要介绍司法会计检查的准备事项以及一般检查程序和特殊检查的实施程序。

第三部分，由第六章至第二十四章构成，包括三类诉讼案件的一般司法会计对策和各类案件的具体司法会计对策。

本书的设计用途：一是作为司法会计专业在校生和司法会计师岗前培训的专业课程教材；二是作为经济犯罪侦查专业在校生、经侦人员的专业课程教材；三是作为以办理经济案件为主的检察官、法官、律师培训的选修课程教材。

本书在教学运用方面，应当注意的是：作为专业课程教材使用时，应当辅之以案例教学，使学习者在系统地了解司法会计检查基本技能基础上，能够概括地把握好不同类型诉讼（案件）的诉讼对策；作为选修课程使用时，应当根据教学对象特点，有重点地选择检查技能和诉讼对策的教学内容，使学习者在掌握一些基本查账技能的基础上，重点掌握与所从事专业有关的诉讼对策。

四、《司法会计鉴定实务》的逻辑结构与教学运用

《司法会计鉴定实务》共分十九章，由司法会计鉴定的基本原理、鉴定技能和具体鉴定规范三部分构成。三部分的基本逻辑关系是：在明确司法会计鉴定基本原理的基础上，介绍司法会计鉴定的方法、技巧和程序等鉴定技能，最后按照不同财务会计问题的类型分别探讨了相应的司法会计鉴定规范。

第一部分，由第一章至第三章构成。首先，从司法会计鉴定任务、特点出发，确定哪些类型的财务会计问题应当或可以由司法会计鉴定人解决，并明确司法会计鉴定目的与鉴定事项的关联；其次，明确司法会计鉴定的事实依据（鉴定证据）和标准依据（鉴定标准）。

第二部分，由第四章至第十章构成。分别介绍了司法会计鉴定的基本思路、基本步骤以及鉴定意见的基本类型、鉴定文书的制作方法和要求。

第三部分，由第十一章至第十九章构成。分别介绍八类财务问题以及一类会计问题的鉴定原理与操作要点。

本书的设计用途：一是作为司法会计专业在校生和司法会计师岗前培训的专业课程教材；二是作为会计专业在校生和办理经济案件为主的检察官、法官、律师培训的选修课程教材。

本书在教学运用方面，应当注意的是：作为专业课程教材使用时，应当辅之以案例教学，在系统介绍司法会计鉴定范围和掌握司法会计鉴定基本思路、基本步骤基础上，使学习者能够熟练地掌握不同财务会计问题鉴定的操作规程和注意事项；作为选修课程使用时，应当重点介绍司法会计鉴定范围、鉴定目的与鉴定事项的关系以及鉴定文书的基本制作要求，同时根据教学对象的特点，有选择地介绍司法会计鉴定规程，使学习者正确理解司法会计鉴定基本原理和基本操作要求。

五、《司法会计师业务与案例》的逻辑结构与教学运用

《司法会计师业务与案例》共分十一章，由司法会计师业务概述、司法会计鉴定业务、司法会计师诉讼协助业务、司法会计师诉外业务、综合案例五部分构成。

第一部分，由第一章构成。主要介绍司法会计师职业特征以及执业的范围、文书和业务管理事项。

第二部分，由第二章构成。主要介绍司法会计鉴定业务，重点介绍各类鉴定业务的执行要点与鉴定文书制作方法，并介绍了司法会计鉴定案例。

第三部分，由第三章至第八章构成。主要介绍司法会计师的诉讼咨询、司法会计检查、专项检验、财务数据测算、文证审查、庭审质证等诉讼协助业务的范

围、流程和要点,并分别介绍了案例。

第四部分,由第九章构成。主要介绍司法会计师的诉外业务范围、性质以及常见诉外业务的工作流程。

第五部分,由第十章和第十一章构成。分别介绍了司法会计师出庭作证案例和综合案例。

本书的设计用途:一是作为司法会计专业在校生和司法会计师岗前培训的专业课程教材;二是作为会计专业在校生和办理经济案件为主的检察官、法官、律师培训的选修课程教材。

本书在教学运用方面应当注意的是:作为专业课程教材使用时,可以结合实践教学进行,在系统介绍司法会计师各项业务的基础上,使学习者能够熟练地掌握各项司法会计业务的工作流程和要点;作为选修课程使用时,应当重点介绍司法会计执业事项,使学习者正确区分和把握不同司法会计师业务的要点。

六、研习司法会计理论需要注意避免的三个问题

在研习司法会计理论过程中,应当注意避免以下三个容易影响研习效果的问题:

一是把司法会计理解为司法会计师所从事的活动。司法会计活动的主体类型很多,司法会计师仅是从事这一活动的主体之一。如果将司法会计活动理解为司法会计师所从事的活动,可能会影响对各种司法会计活动程序问题的理解。

二是把财务和会计混为一谈。由于会计学界的一些学者站在不同的角度来定义和理解财务与会计的关系,对会计专业出身的同志也会产生一些影响。无论会计学如何争论这一问题,在司法会计专业中必须明确的是:会计的基本含义应当是一种经济核算和监督活动,而财务的最基本含义应当是指经济活动。两者的关系问题会涉及对财务会计事实的认定、鉴定对象的确定、鉴定标准的采用以及鉴定操作规范等若干理论和实务方面,因而明晰地将两者划分开并搞清其关联性,才能更好地理解司法会计理论和操作内容。

三是把司法会计活动理解为舞弊审计活动。将司法会计活动理解为舞弊审计活动,是各国司法会计理论研究初期最容易出现的问题。在这一理念下形成的司法会计理论模式被称为"一元论",目前英美法系国家在这一领域的理论研究成果仍然处于该研究阶段。初次接触司法会计理论的同志特别容易形成这一理念,但如果持这一理念,很难理解一些新的司法会计理论、对策和操作要求。因此,在理解研习司法会计理论和实务问题时首先需要搞清的概念是:司法会计的基本概念是指一种诉讼活动,这种诉讼活动并不都会涉及舞弊问题,其程序、方法设计也不单纯针对舞弊。司法会计显然不属于专门进行舞弊调查的审计活动。

30年前,笔者从研究"司法会计是什么"的问题起步,非常幸运地得到了各方面领导、同事、朋友、同行以及家人的理解、支持和帮助，使笔者能够坚持到今天，并形成一套系统的专业理论。随着我国法制社会的不断发展和社会经济活动的日益复杂，司法会计活动已经成为法律诉讼中不可或缺的一项重要内容，司法会计理论还会继续得到扩展和完善。这主要得益于诉讼专业人士和司法会计师们的共同努力，只要继续坚持下去，可以相信我国司法会计理论研究一定能够取得更加丰硕的成果。

本套丛书展示了司法会计学科理论的广博内涵，但同时也是对研究者的一种考验。笔者十分担心书中会出现一些谬误之处，进而给研习者带来误导。在此，请读者在发现谬误之处时，能够不吝赐教。

另外，笔者的同事于小伟、师明、高志强分别参与了《司法会计概论》、《司法会计检查实务》、《司法会计鉴定实务》的校对工作。在此，对他们的辛勤劳作一并感谢。

于　朝

2013 年 8 月

目 录

第一章 司法会计鉴定概述 …………………………………………（1）

第一节 司法鉴定与司法会计鉴定 …………………………………（1）
一、司法鉴定及其法律依据 ……………………………………（1）
二、司法鉴定的分类 ……………………………………………（2）
三、司法会计鉴定的产生 ………………………………………（3）
四、司法会计鉴定的技术特点 …………………………………（4）

第二节 司法会计鉴定的目的与任务 ………………………………（7）
一、司法会计鉴定的目的 ………………………………………（7）
二、司法会计鉴定的任务 ………………………………………（8）

第三节 司法会计鉴定的对象与司法会计鉴定事项 ………………（9）
一、司法会计鉴定对象与司法会计鉴定事项 …………………（9）
二、司法会计鉴定目的与鉴定事项的逻辑关系 ………………（10）
三、司法会计鉴定的范围与鉴定事项举例 ……………………（11）
四、司法会计鉴定事项之间的逻辑关系 ………………………（14）
五、关于司法会计鉴定对象与鉴定事项的其他理论观点 ……（16）
六、超出司法会计鉴定范围的诉讼问题 ………………………（19）

第四节 司法会计鉴定的种类与方式 ………………………………（21）
一、司法会计鉴定的种类 ………………………………………（21）
二、司法会计鉴定的方式 ………………………………………（22）

第二章 司法会计鉴定证据 …………………………………………（23）

第一节 司法会计鉴定证据概述 ……………………………………（23）
一、"司法会计鉴定证据"的提出 ………………………………（23）
二、司法会计鉴定证据的含义 …………………………………（24）
三、司法会计鉴定证据的形式与要求 …………………………（26）
四、司法会计鉴定证据的分类 …………………………………（28）

第二节　基本证据与参考证据 …………………………………（28）
　　　一、基本证据 …………………………………………………（28）
　　　二、参考证据 …………………………………………………（30）
　　　三、划分基本证据与参考证据的意义 ………………………（32）
　　　四、关于言词证据能否作为司法会计鉴定意见依据的争议 …（33）
　　　五、关于参考证据与审计学中辅助证据的差异 ……………（35）
　　第三节　各类基本证据 …………………………………………（36）
　　　一、直接证据与间接证据 ……………………………………（36）
　　　二、原始证据与传来证据 ……………………………………（38）
　　第四节　假定事项与司法会计鉴定证据 ………………………（39）
　　　一、一般假定事项与司法会计鉴定证据 ……………………（39）
　　　二、特别假定事项与司法会计鉴定证据 ……………………（39）

第三章　司法会计鉴定标准 …………………………………………（41）
　　第一节　司法会计鉴定标准概述 ………………………………（41）
　　　一、司法会计鉴定标准的含义 ………………………………（41）
　　　二、司法会计鉴定标准的类型 ………………………………（42）
　　第二节　程序标准与判定标准 …………………………………（43）
　　　一、程序标准的渊源与内容 …………………………………（43）
　　　二、判定标准的渊源与内容 …………………………………（45）
　　第三节　专用标准与引用标准 …………………………………（47）
　　　一、专用标准的渊源与适用规则 ……………………………（47）
　　　二、引用标准的渊源与内容 …………………………………（48）
　　　三、引用标准的运用原则 ……………………………………（52）
　　第四节　规范标准与理论标准 …………………………………（54）
　　　一、规范标准的渊源与适用规则 ……………………………（54）
　　　二、理论标准的渊源与适用规则 ……………………………（55）

第四章　司法会计鉴定的方法 ………………………………………（57）
　　第一节　司法会计鉴定方法概论 ………………………………（57）
　　　一、司法会计鉴定方法的概念 ………………………………（57）
　　　二、司法会计鉴定方法的技术要求 …………………………（57）
　　　三、司法会计鉴定中的检验方法与鉴定方法的关系 ………（58）

四、对司法会计鉴定方法的不同认识和做法 …………………（59）
第二节　平衡分析法 ……………………………………………（60）
　　一、平衡分析法的基本原理 …………………………………（60）
　　二、静态平衡分析法 …………………………………………（60）
　　三、动态平衡分析法 …………………………………………（64）
第三节　比对鉴别法 ……………………………………………（68）
　　一、比对鉴别法的基本原理 …………………………………（68）
　　二、会计分录的比对鉴别 ……………………………………（69）
　　三、账户余额的比对鉴别 ……………………………………（70）
　　四、会计报表项目数字的比对鉴别 …………………………（71）
　　五、财务指标计算结果的比对鉴别 …………………………（71）
第四节　司法会计鉴定技巧 ……………………………………（72）
　　一、因素递增法 ………………………………………………（72）
　　二、限定检材范围法 …………………………………………（73）
　　三、排因法 ……………………………………………………（74）
　　四、还原法 ……………………………………………………（75）
第五节　财务会计问题的不同鉴定路线 ………………………（77）
　　一、财务问题的基本鉴定路线 ………………………………（77）
　　二、会计问题鉴定的基本路线 ………………………………（78）

第五章　司法会计鉴定的主体与启动 …………………………（80）

第一节　司法会计鉴定的主体 …………………………………（80）
　　一、司法会计鉴定主体的概念 ………………………………（80）
　　二、司法会计鉴定机构及法人鉴定问题 ……………………（83）
第二节　司法会计鉴定人的权利与义务 ………………………（85）
　　一、司法会计鉴定人的诉讼权利 ……………………………（85）
　　二、司法会计鉴定人的诉讼义务 ……………………………（86）
第三节　司法会计鉴定人与司法会计鉴定机构的责任追究 …（87）
　　一、司法会计鉴定人和司法会计鉴定机构的责任 …………（87）
　　二、司法会计鉴定人承担法律责任的原因与程序 …………（88）
第四节　司法会计鉴定的启动 …………………………………（89）
　　一、司法会计鉴定的确定 ……………………………………（89）

二、司法会计鉴定的方式与鉴定人的确定 …………………………（91）
　　三、与司法会计鉴定人沟通并启动司法会计鉴定 …………………（91）
　　四、办理检材移送手续 …………………………………………（94）

第六章　司法会计鉴定的一般程序 ………………………………………（96）
　第一节　鉴定准备阶段 …………………………………………………（96）
　　一、受理 …………………………………………………………（96）
　　二、收检 …………………………………………………………（99）
　　三、备鉴 …………………………………………………………（101）
　第二节　初步检验阶段 …………………………………………………（102）
　　一、阅读卷宗 ……………………………………………………（102）
　　二、检测检材质量 ………………………………………………（103）
　　三、作出初检意见 ………………………………………………（104）
　　四、制定详细检验论证方案 ……………………………………（106）
　　五、设计制作鉴定表格 …………………………………………（107）
　第三节　详细检验阶段 …………………………………………………（108）
　　一、详细检验阶段的主要工作步骤 ……………………………（108）
　　二、详细检验阶段应当注意的事项 ……………………………（109）
　第四节　制作鉴定意见阶段 ……………………………………………（109）
　　一、作出司法会计鉴定意见 ……………………………………（109）
　　二、制作司法会计鉴定文书 ……………………………………（110）
　　三、收尾工作 ……………………………………………………（111）
　第五节　鉴定案例 ………………………………………………………（111）
　　一、受理 …………………………………………………………（111）
　　二、初步检验 ……………………………………………………（113）
　　三、详细检验 ……………………………………………………（116）
　　四、制作鉴定意见 ………………………………………………（117）

第七章　司法会计鉴定的特别程序 ………………………………………（126）
　第一节　补充鉴定程序 …………………………………………………（126）
　　一、补充鉴定的启动 ……………………………………………（126）
　　二、补充鉴定的受理 ……………………………………………（128）
　　三、补充鉴定的实施 ……………………………………………（129）

四、制作、发出补充鉴定文书 …………………………………（129）
　第二节　鉴定复核程序 …………………………………………（131）
　　一、鉴定复核的启动 ……………………………………………（131）
　　二、司法会计鉴定复核的受理 …………………………………（132）
　　三、复核性检验 …………………………………………………（132）
　　四、制作、发出鉴定复核意见文书 ……………………………（133）
　第三节　重新鉴定程序 …………………………………………（133）
　　一、重新鉴定的启动 ……………………………………………（133）
　　二、重新鉴定的受理 ……………………………………………（134）
　　三、重新鉴定的实施 ……………………………………………（134）
　　四、制作、发出重新鉴定文书 …………………………………（135）

第八章　司法会计鉴定人的出庭质证 ……………………………（136）
　第一节　司法会计鉴定人的出庭质证概述 ……………………（136）
　　一、司法会计鉴定人出庭质证的含义 …………………………（136）
　　二、司法会计鉴定人出庭的法律规定 …………………………（137）
　　三、司法会计鉴定人出庭的诉讼意义 …………………………（139）
　第二节　司法会计鉴定人出庭前的准备工作 …………………（140）
　　一、准备文件 ……………………………………………………（140）
　　二、重温案情及鉴定情况 ………………………………………（140）
　　三、制作《鉴定说明》 …………………………………………（141）
　　四、制作《答辩提纲》 …………………………………………（144）
　第三节　司法会计鉴定人出庭要旨 ……………………………（147）
　　一、司法会计鉴定人的出庭程序 ………………………………（147）
　　二、司法会计鉴定人出庭时的表达事项 ………………………（147）
　　三、司法会计鉴定人出庭质证应当注意的问题 ………………（148）
　　四、法庭质证中发现鉴定或鉴定意见存在缺陷或不足的处理 ……（153）
　　五、司法会计鉴定人未出庭的处理 ……………………………（153）

第九章　司法会计鉴定意见 ………………………………………（155）
　第一节　概述 ……………………………………………………（155）
　　一、司法会计鉴定意见的概念 …………………………………（155）
　　二、司法会计鉴定意见与司法结论的关系 ……………………（157）

三、司法会计鉴定意见的特殊属性 …………………………………（159）
　　四、司法会计鉴定意见的种类 …………………………………（160）
 第二节　司法会计鉴定意见的表述方法 …………………………………（165）
　　一、司法会计鉴定意见的结构 …………………………………（166）
　　二、结论事项依据的具体表述方法 …………………………………（166）
　　三、结论事项归属的具体表述方法 …………………………………（168）
　　四、结论事项内容的具体表述方法 …………………………………（169）
 第三节　司法会计鉴定意见的审查评断与运用 …………………………………（172）
　　一、概述 …………………………………（172）
　　二、司法会计鉴定意见内容的审查评断要点与方法 …………………………………（174）
　　三、司法会计鉴定意见程序的审查评断要点 …………………………………（176）
　　四、司法会计鉴定意见的运用 …………………………………（176）

第十章　司法会计鉴定文书 …………………………………（178）
 第一节　司法会计鉴定文书概述 …………………………………（178）
　　一、司法会计鉴定文书的含义 …………………………………（178）
　　二、司法会计鉴定文书的类型 …………………………………（178）
　　三、司法会计鉴定文书的基本制作要求 …………………………………（179）
　　四、关于规范司法会计鉴定文书几个问题的讨论 …………………………………（181）
 第二节　司法会计鉴定书形式要件与参考格式 …………………………………（184）
　　一、司法会计鉴定书的形式要件 …………………………………（184）
　　二、司法会计鉴定书的参考格式 …………………………………（185）
 第三节　司法会计鉴定书的制作要点 …………………………………（189）
　　一、司法会计鉴定书首部的制作要点 …………………………………（189）
　　二、司法会计鉴定书绪言部分的制作要点 …………………………………（190）
　　三、司法会计鉴定书检验部分的制作要点 …………………………………（192）
　　四、司法会计鉴定书论证部分的制作要点 …………………………………（196）
　　五、司法会计鉴定书鉴定结论部分的制作要点 …………………………………（199）
　　六、司法会计鉴定书尾部的制作要点 …………………………………（200）
 第四节　非标准司法会计鉴定文书的制作要点 …………………………………（202）
　　一、司法会计分析意见书的制作要点 …………………………………（202）
　　二、司法会计咨询意见书的制作要点 …………………………………（203）

三、司法会计鉴定复核意见书的制作要点 ………………………… (204)
四、带有附加判定条件的司法会计鉴定文书的制作要点 ………… (206)
五、司法会计鉴定笔录的制作要点 ………………………………… (206)
六、司法会计鉴定说明的制作要点 ………………………………… (208)

第十一章 资产价值问题鉴定实务 ……………………………………… (209)

第一节 资产价值问题鉴定概述 ……………………………………… (209)
一、资产价值问题鉴定的含义 ……………………………………… (209)
二、资产价值问题鉴定的类型 ……………………………………… (212)
三、资产价值问题鉴定的适用案件及鉴定目的 …………………… (212)

第二节 存货价值鉴定 ………………………………………………… (213)
一、外购存货成本价值鉴定的操作要点 …………………………… (213)
二、非货币交易途径获取存货成本价值鉴定的操作要点 ………… (216)
三、委托加工存货成本价值鉴定的操作要点 ……………………… (218)
四、自制存货成本价值鉴定的操作要点 …………………………… (219)
五、存货账面价值鉴定的操作要点 ………………………………… (222)

第三节 固定资产价值问题鉴定 ……………………………………… (224)
一、固定资产价值问题鉴定的原理 ………………………………… (224)
二、固定资产价值问题鉴定所需检材 ……………………………… (225)
三、外购固定资产原值鉴定的操作要点 …………………………… (225)
四、非货币资产换入固定资产原值鉴定的操作要点 ……………… (226)
五、自行建造固定资产原值鉴定的操作要点 ……………………… (226)
六、未完工固定资产价值问题鉴定的操作要点 …………………… (227)
七、改造后固定资产原值鉴定的操作要点 ………………………… (227)
八、固定资产账面价值鉴定的操作要点 …………………………… (228)
九、固定资产价值问题鉴定的鉴定意见 …………………………… (228)

第四节 无形资产价值问题鉴定 ……………………………………… (229)
一、无形资产价值问题鉴定原理 …………………………………… (229)
二、无形资产价值问题鉴定所需检材 ……………………………… (229)
三、无形资产取得成本价值鉴定的操作要点 ……………………… (230)
四、无形资产账面价值鉴定的操作要点 …………………………… (231)
五、无形资产价值问题鉴定的鉴定意见 …………………………… (231)

第五节　资产价值问题鉴定中的相关事项 …………………………………（232）
　　一、关于生物资产价值问题的鉴定 ……………………………………（232）
　　二、公允价值对资产价值问题鉴定意见的影响及处理方法 …………（232）
　　三、关于资产价值损失问题的鉴定 ……………………………………（233）

第十二章　资产结存额及结存差异问题鉴定实务 ……………………（235）

第一节　资产结存额问题鉴定概述 ………………………………………（235）
　　一、资产结存额的含义 …………………………………………………（235）
　　二、资产结存额问题鉴定的含义 ………………………………………（236）
　　三、资产应结存额问题鉴定的适用案件及鉴定目的 …………………（237）
　　四、资产应结存额问题鉴定所需检材 …………………………………（237）

第二节　资产应结存额问题鉴定的操作 …………………………………（238）
　　一、资产应结存额问题鉴定原理 ………………………………………（238）
　　二、资产应结存额问题鉴定的一般操作要点 …………………………（239）
　　三、连续确认资产各期应结存额问题的鉴定 …………………………（240）
　　四、采用借用会计法实施资产应结存额问题鉴定中的注意事项 ……（240）
　　五、资产应结存额问题鉴定意见 ………………………………………（240）

第三节　小金库问题鉴定 …………………………………………………（249）
　　一、小金库问题鉴定的诉讼意义 ………………………………………（249）
　　二、小金库问题的鉴定原理 ……………………………………………（249）
　　三、小金库问题鉴定所需检材 …………………………………………（250）
　　四、小金库性质问题鉴定的操作 ………………………………………（250）

第四节　资产结存差异问题鉴定 …………………………………………（259）
　　一、资产结存差异问题概述 ……………………………………………（259）
　　二、资产结存差异问题鉴定的操作 ……………………………………（260）
　　三、资产结存差异问题鉴定中的注意事项 ……………………………（261）

第十三章　财务往来账项问题鉴定实务 …………………………………（266）

第一节　概述 ………………………………………………………………（266）
　　一、财务往来账项的含义 ………………………………………………（266）
　　二、财务往来账项问题鉴定的含义 ……………………………………（267）
　　三、财务往来账项问题鉴定的适用案件与鉴定目的 …………………（268）
　　四、财务往来账项问题鉴定的类型 ……………………………………（269）

五、财务往来账项问题鉴定原理 ………………………………………（269）
　　六、财务往来账项问题鉴定所需检材 …………………………………（272）
第二节　应收账项问题鉴定操作要点 …………………………………………（272）
　　一、确认应收账项问题鉴定的操作要点 ………………………………（272）
　　二、应收账项结算问题鉴定的操作要点 ………………………………（272）
　　三、应收账项构成问题鉴定的操作 ……………………………………（274）
　　四、应收账项问题鉴定注意事项 ………………………………………（274）
　　五、应收账项问题鉴定意见的表述 ……………………………………（275）
第三节　应付账项问题鉴定操作 ………………………………………………（276）
　　一、确认应付账项问题鉴定的操作要点 ………………………………（276）
　　二、应付账项结算问题鉴定的操作要点 ………………………………（276）
　　三、应付账项构成问题鉴定的操作 ……………………………………（278）
　　四、应付账项问题鉴定注意事项 ………………………………………（278）
　　五、应付账项问题鉴定意见的表述 ……………………………………（279）
第四节　财务往来账项账面价值问题鉴定 ……………………………………（279）
　　一、财务往来账项账面价值问题鉴定原理 ……………………………（279）
　　二、财务往来账项账面价值问题鉴定的操作要点 ……………………（280）
　　三、财务往来账项账面价值问题鉴定意见 ……………………………（280）
第五节　透支账项问题鉴定 ……………………………………………………（281）
　　一、透支的含义与类型 …………………………………………………（281）
　　二、透支账项问题鉴定原理 ……………………………………………（281）
　　三、透支账项问题鉴定的操作要点 ……………………………………（285）
　　四、透支账项问题鉴定意见 ……………………………………………（285）
　　五、透支账项问题鉴定中的特殊情形的处理 …………………………（285）

第十四章　投资损益问题鉴定实务 …………………………………………（293）
　第一节　投资损益问题鉴定概述 ……………………………………………（293）
　　一、投资与投资损益的含义 ……………………………………………（293）
　　二、投资损益问题鉴定的含义 …………………………………………（294）
　　三、投资损益问题鉴定的适用案件与鉴定目的 ………………………（295）
　　四、投资损益问题鉴定的类型 …………………………………………（296）

第二节 资本投资损益问题鉴定 …………………………………………… (296)
一、资本投资损益问题鉴定原理 ……………………………………… (296)
二、股权投资损益问题鉴定 …………………………………………… (297)
三、股权投资价值问题鉴定 …………………………………………… (298)
四、专项经营投资损益问题鉴定 ……………………………………… (300)

第三节 证券投资损益问题鉴定 …………………………………………… (301)
一、证券投资损益问题鉴定原理 ……………………………………… (301)
二、证券投资损益问题鉴定所需检材 ………………………………… (304)
三、采用利润法进行投资损益问题鉴定的操作要点 ………………… (305)
四、采用现金流量法进行投资损益问题鉴定的操作要点 …………… (310)
五、虚假陈述涉及的证券投资损失问题鉴定的操作要点 …………… (311)
六、证券投资损益问题的鉴定意见 …………………………………… (314)

阅读材料：虚拟证券投资损益额测算 ………………………………… (314)

第四节 期货投资损益问题鉴定 …………………………………………… (315)
一、期货投资损益问题鉴定原理 ……………………………………… (315)
二、期货投资损益问题鉴定所需检材 ………………………………… (316)
三、期货投资损益问题鉴定的常规鉴定操作要点 …………………… (316)
四、期货投资损益问题鉴定的特殊鉴定操作要点 …………………… (317)
五、期货投资损益问题的鉴定意见 …………………………………… (317)

第五节 其他投资损益问题鉴定 …………………………………………… (321)
一、利息问题鉴定 ……………………………………………………… (321)

阅读材料：虚拟存款利息额的测算 …………………………………… (323)

二、其他投资损益问题鉴定 …………………………………………… (323)
三、具体投资主体（投资额）的投资损益问题鉴定的操作要点 …… (324)

第十五章 财务收支问题鉴定实务 …………………………………………… (328)
第一节 财务收支问题鉴定概述 …………………………………………… (328)
一、财务收支的含义 …………………………………………………… (328)
二、财务收支问题鉴定的含义 ………………………………………… (329)
三、财务收支问题鉴定的类型 ………………………………………… (330)
四、财务收支问题鉴定的适用范围与鉴定目的 ……………………… (331)
五、财务收支问题鉴定所需检材 ……………………………………… (331)

第二节 财务收支问题鉴定原理 ……………………………… (332)
一、具体财务收支额的确认 ………………………………… (332)
二、财务收支总额的确认 …………………………………… (334)
三、财务收支差额的确认 …………………………………… (336)
四、财务收支问题鉴定的路线 ……………………………… (336)
五、涉及虚假等非法财务收支凭证的处理 ………………… (336)

第三节 财务收入问题鉴定的操作要点 ………………………… (337)
一、经营收入问题鉴定的操作要点 ………………………… (337)
二、非经营收入问题鉴定的操作要点 ……………………… (339)
三、销售价值问题鉴定的操作要点 ………………………… (339)

第四节 财务支出问题鉴定的操作要点 ………………………… (340)
一、经营支出问题鉴定的操作要点 ………………………… (340)
二、非经营支出问题鉴定的操作要点 ……………………… (341)

第五节 财务收支差额问题鉴定操作要点 ……………………… (342)
一、财务收支差额问题鉴定的操作要点 …………………… (342)
二、财务收支差额问题鉴定意见 …………………………… (342)

阅读材料：预期财务收支及其差额测算 ……………………… (351)

第十六章 涉税问题鉴定实务 …………………………………… (353)
第一节 涉税问题鉴定概述 ……………………………………… (353)
一、涉税问题的含义 ………………………………………… (353)
二、涉税问题鉴定的含义 …………………………………… (354)
三、涉税问题鉴定的类型 …………………………………… (354)
四、涉税问题鉴定的适用案件与鉴定目的 ………………… (355)
五、涉税问题鉴定所需检材 ………………………………… (356)
六、涉税问题鉴定的路线及其某些共性问题的解决方案 … (356)

第二节 纳税问题鉴定中相同鉴定事项的操作 ………………… (358)
一、未纳税额问题鉴定 ……………………………………… (358)
二、未申报应纳税额问题鉴定 ……………………………… (360)
三、纳税附征额问题鉴定 …………………………………… (360)
四、代扣代缴税金问题鉴定 ………………………………… (361)

第三节 增值税纳税问题鉴定 ……………………………………（362）
- 一、增值税纳税问题鉴定的原理 ………………………………（362）
- 二、进项税额问题鉴定的操作要点 ……………………………（364）
- 三、一般纳税人应纳增值税额问题鉴定的操作要点 …………（365）
- 四、小规模纳税人应纳增值税额问题鉴定的操作要点 ………（366）
- 五、涉及进口货物应纳增值税额问题鉴定的操作要点 ………（366）
- 六、应纳增值税纳税问题鉴定的注意事项 ……………………（367）
- 七、增值税纳税问题鉴定意见 …………………………………（367）

第四节 营业税纳税问题、消费税纳税问题鉴定 ………………（368）
- 一、营业税纳税问题鉴定 ………………………………………（368）
- 二、消费税纳税问题鉴定 ………………………………………（370）

第五节 关税应纳税额问题 ………………………………………（371）
- 一、关税应纳税额问题原理 ……………………………………（371）
- 二、关税应纳税额问题的操作要点 ……………………………（372）
- 三、关税应纳税额问题鉴定意见 ………………………………（372）

第六节 企业所得税应纳税额问题鉴定 …………………………（372）
- 一、企业所得税应纳税额问题鉴定的原理 ……………………（372）
- 二、采用借用会计法进行企业所得税应纳税额问题鉴定的操作要点 ……（374）
- 三、采用直接鉴定法进行企业所得税应纳税额问题鉴定的操作要点 ……（374）
- 四、企业所得税应纳税额问题鉴定的注意事项 ………………（374）
- 五、企业所得税应纳税额问题鉴定意见 ………………………（375）

第七节 个人所得税应纳税额问题鉴定 …………………………（375）
- 一、个人所得税应纳税额问题鉴定原理 ………………………（375）
- 二、个人所得税应纳税额鉴定所需检材 ………………………（376）
- 三、个人所得税应纳税额问题鉴定的操作要点 ………………（376）
- 四、个人所得税应纳税额问题鉴定意见 ………………………（377）

第八节 其他税种应纳税额问题鉴定 ……………………………（377）
- 一、财产税应纳税额问题鉴定 …………………………………（377）
- 二、资源税应纳税额问题鉴定 …………………………………（379）
- 三、行为税应纳税额问题鉴定 …………………………………（380）

第九节　征税问题鉴定 ………………………………………（381）
　一、征税额问题鉴定原理 ……………………………………（381）
　二、征税问题鉴定的操作要点 ………………………………（382）
　三、征税问题鉴定中的注意事项 ……………………………（382）
　四、征税问题鉴定意见 ………………………………………（382）
　阅读材料：税金测算 …………………………………………（383）

第十七章　经营损益问题鉴定实务 …………………………（384）

第一节　经营损益问题鉴定概述 ………………………………（384）
　一、经营损益的含义 …………………………………………（384）
　二、经营损益问题鉴定的含义 ………………………………（385）
　三、经营损益问题鉴定的类型 ………………………………（385）
　四、经营损益类问题鉴定的适用案件与鉴定目的 …………（386）
　五、经营损益问题鉴定中需要讨论的几个问题 ……………（387）
　六、经营损益问题鉴定的需检资料 …………………………（389）

第二节　经营损益问题的鉴定原理与路线 ……………………（389）
　一、各种经营损益额的确认 …………………………………（389）
　二、经营损益问题鉴定的相关事项 …………………………（390）

第三节　各种经营损益额问题鉴定的操作要点 ………………（391）
　一、毛利润额问题鉴定的操作要点 …………………………（391）
　二、主营业务（销售）利润额问题鉴定的操作要点 ………（392）
　三、利润总额问题鉴定 ………………………………………（393）
　四、净利润额问题鉴定 ………………………………………（395）

第四节　向投资者分配利润问题鉴定 …………………………（395）
　一、向投资者分配利润问题鉴定原理 ………………………（395）
　二、向投资者分配利润问题鉴定所需检材 …………………（396）
　三、向投资者分配利润问题鉴定的操作要点 ………………（397）
　四、向投资者分配利润问题的鉴定意见 ……………………（398）

第五节　经营损益额相关指标问题鉴定 ………………………（398）
　一、经营损益比较问题鉴定 …………………………………（398）
　二、以经营损益额为基础的财务指标问题鉴定 ……………（400）
　阅读材料：虚拟经营损益额的测算 …………………………（400）

第十八章　接受投资及留存收益问题鉴定实务 (403)
第一节　概述 (403)
一、接受投资及留存收益的含义 (403)
二、接受投资与留存收益问题鉴定的含义 (405)
三、接受投资与留存收益问题鉴定的类型 (407)
四、接受投资与留存收益问题鉴定的适用范围与鉴定目的 (407)

第二节　接受投资问题鉴定 (408)
一、接受投资问题鉴定原理 (408)
二、接受投资问题鉴定所需检材 (410)
三、接受投资问题鉴定的操作要点 (410)
四、资本公积金问题鉴定的操作要点 (413)
五、接受投资问题鉴定意见的表述 (414)

第三节　留存收益问题鉴定 (415)
一、留存收益问题鉴定原理 (415)
二、留存收益问题鉴定所需检材 (416)
三、留存收益问题鉴定的操作要点 (416)
四、留存收益问题鉴定意见的表述 (417)

第十九章　会计问题鉴定实务 (418)
第一节　会计问题鉴定概述 (418)
一、会计问题的含义 (418)
二、会计问题鉴定的含义 (419)
三、会计问题鉴定的类型 (419)
四、会计问题鉴定的适用案件及鉴定目的 (420)
五、会计问题鉴定所需检材 (421)
六、会计问题鉴定涉及的相关事项 (421)

第二节　会计处理问题鉴定 (423)
一、会计处理问题鉴定原理 (423)
二、会计处理问题鉴定的操作要点 (424)

第三节　会计分录问题鉴定 (425)
一、会计分录真实性问题的鉴定 (425)
二、会计分录正确性、合规性问题的鉴定 (426)

三、缺列对应会计科目问题的鉴定 ………………………………（428）
　四、其他会计分录问题的鉴定事项 ………………………………（429）
第四节　会计账户问题鉴定 …………………………………………（430）
　一、账户发生额问题鉴定 …………………………………………（430）
　二、账户余额问题鉴定 ……………………………………………（432）
　三、无账簿情况下的原账户余额的确认 …………………………（434）
　四、特设账户属性的确认 …………………………………………（434）
　五、隐形账户及其内容的确认 ……………………………………（435）
　六、账外账问题鉴定 ………………………………………………（435）
第五节　会计报表问题鉴定 …………………………………………（436）
　一、会计报表问题鉴定原理 ………………………………………（436）
　二、会计报表问题鉴定的一般程序 ………………………………（437）
　三、会计报表问题鉴定意见的表述 ………………………………（437）
第六节　会计错误后果问题鉴定意见 ………………………………（438）
　一、会计错误后果问题鉴定意见 …………………………………（438）
　二、会计错误导致账实不符问题的鉴定 …………………………（438）

第一章 司法会计鉴定概述

本章概要介绍司法鉴定及司法会计鉴定的目的、任务、类型、对象及鉴定事项等基本概念和内容,以明确司法会计鉴定是什么、诉讼中为何需要实施司法会计鉴定以及司法会计鉴定事项等问题。

第一节 司法鉴定与司法会计鉴定

一、司法鉴定及其法律依据

司法鉴定,是指诉讼机关为了查明案件,指派或聘请有专门知识的人,针对案件涉及的专门性问题进行鉴别、判定的一种活动,是诉讼活动的组成部分以及调查措施之一。

在诉讼法律中司法鉴定被称为"鉴定",而非"司法鉴定"——这是因为司法鉴定一词中的"司法"二字的含义是指诉讼,因而在诉讼法律中不需要再冠以"司法"二字。在诉讼法律以外的法律场合表述司法鉴定时,则需要在"鉴定"一词前冠以"司法"二字,以区别于非诉讼活动中的各种专业鉴定。法律规定的这种差异可以在下列法律条文中得到印证。

《中华人民共和国刑事诉讼法》第144条规定:"为了查明案情,需要解决案件中某些专门性问题的时候,应当指派、聘请有专门知识的人进行鉴定";第146条规定:"侦查机关应当将用作证据的鉴定意见告知犯罪嫌疑人、被害人。如果犯罪嫌疑人、被害人提出申请,可以补充鉴定或者重新鉴定";第191条第2款规定:"人民法院调查核实证据,可以进行勘验、检查、查封、扣押、鉴定和查询、冻结。"

《中华人民共和国民事诉讼法》第76条规定:"当事人可以就查明事实的专门性问题向人民法院申请鉴定。当事人申请鉴定的,由双方当事人协商确定具备资格的鉴定人;协商不成的,由人民法院指定。当事人未申请鉴定的,人民法院对专门性问题认为需要鉴定的,应当委托具备资格的鉴定人进行鉴定";第139条第3款规定:"当事人要求重新进行调查、鉴定或者勘验的,是否准许,由人民法院决定。"

《中华人民共和国行政诉讼法》第35条规定:"在诉讼过程中,人民法院认为对专门性问题需要鉴定的,应当交由法定鉴定部门鉴定;没有法定鉴定部门的,由人民法院指定的鉴定部门鉴定"。

全国人民代表大会常务委员会《关于司法鉴定管理问题的决定》第1条规定:"司法鉴定是指在诉讼活动中鉴定人运用科学技术或者专门知识对诉讼涉及的专门性问题进行鉴别和判断并提供鉴定意见的活动。"

根据上述法律规定,我们可以归纳出司法鉴定的特征:

第一,司法鉴定是一种诉讼活动,即在刑事、民事、行政诉讼中才存在司法鉴定,才需要按照诉讼法律和司法鉴定法律的规定,具体组织、实施司法鉴定。发生在诉讼以外的各种专业鉴定都不能称为司法鉴定(包括具备司法鉴定人资格的专业人员在诉讼外受理的专业鉴定业务,均不属于司法鉴定)。这一特征给出了司法鉴定的空间位置——诉讼活动中。

第二,司法鉴定的目的是查明案情,即在各类诉讼中组织、实施司法鉴定,都是为了查明案件事实的某些情节——无论是刑事案件、民事案件还是行政案件都是如此。这一特征回答了在诉讼中为什么需要组织、实施司法鉴定的问题。

第三,司法鉴定的对象是涉案专门性问题,即司法鉴定是为了解决案件涉及的专门性问题才出现在诉讼活动中。这里的专门性问题既不包括应当由法官等司法人员判断的法律问题,也不包括能够利用社会生活中的经验、常识解决的其他问题。这一特征回答了司法鉴定是鉴定什么的问题。

第四,司法鉴定人的任务是鉴别、判定诉讼涉及的专门性问题,并提供鉴定意见。

熟悉司法鉴定的上述特征,将有利于正确理解司法会计鉴定的概念。

二、司法鉴定的分类

法律诉讼中涉及的专门性问题的类型可以用五花八门来形容,这是由法律诉讼内容的广泛性所决定的。法律几乎规范了人类所有的社会行为,这些行为的内容或结果会触及法学以外的几乎所有的自然科学和社会科学领域,因而法律诉讼也就可能会涉及需要运用不同科学技术、专门知识、经验等才能解决的专门性问题。比如:涉及医学问题时需要进行法医学鉴定,涉及指纹、笔迹等痕迹的同一性认定问题时需要进行司法物证鉴定,涉及财务会计问题时则需要进行司法会计鉴定。

由于不同问题的鉴定需要运用不同专业的科学技术、知识和经验,于是司法鉴定学便根据鉴定的对象(专门性问题)不同,将司法鉴定划分为不同的类型。这会涉及上千个不同类型的司法鉴定。诉讼中常见的有:司法会计鉴定、指纹鉴定、笔迹鉴定、断裂痕迹鉴定、理化鉴定、微量物证鉴定、法医学物证鉴定、法医学临床鉴定、司法精神病学鉴定、强度鉴定、耐性鉴定、知识产权鉴定、计算机鉴定、事故原因鉴定，等等。

三、司法会计鉴定的产生

司法会计鉴定被用来解决诉讼涉及的专门性问题——财务会计问题。基于诉讼理念不同，大陆法系国家与英美法系国家的司法会计鉴定活动的产生过程不尽相同。

（一）我国司法会计鉴定的产生

我国司法会计鉴定的产生并非是基于解决专门性问题（财务会计问题）的需要，而是解决法律问题的需要，且与贪污案件的调查审理有关。最初的情况是：案件涉及财务、会计人员的贪污，当事人可能会以没有贪污公款而只是错账为由提出无罪辩解，诉讼机关则会聘请会计师就当事人是否存在贪污这一法律问题进行所谓的司法会计鉴定。这类所谓的司法会计鉴定，实际上就是由司法会计鉴定人取代法官来判断当事人的行为是否构成了贪污。这种情形可以从以下两个例证中得到阐释。

第一个例证是学术方面的。

我国法学词书中最早对司法会计鉴定的词义进行解释的是1984年出版的《大百科全书（法学卷）》：司法会计鉴定"即运用会计学专业知识，对国家或集体企业、事业单位中怀疑有贪污行为的财务人员经管的财务账目进行的一种鉴定。主要解决对财物收支出纳是否平衡，是否与实际情况相符，在财物流转中是否舞弊以及如何舞弊等"。从这一名词解释中我们可以看出，当时学术界对司法会计鉴定的认识其实就是舞弊审计，而非司法会计鉴定。

第二个例证是实践方面的。

案例1-1：作案人的职务是会计兼出纳，其先后监守自盗了4,000多元的公款（当时的刑事立案标准为1,000元）。后来在交接工作时为了掩盖贪污所导致的短库，便通过制作一系列假账来减少库存现金账户余额。这个案件发生在70年代后期，在其单位进行调查中作案人已经坦白并开始退赔，但后来又反悔，被其单位举报到侦查机关。在讯问过程中，作案人一直声称自己没有贪污，只是错账。侦查机关遂聘请财政机关的会计师进行了鉴定，鉴定结论确认作案人贪污4,000多元公款。该案起诉后，鉴于作案人不供认贪污事实，并提出鉴定人应当回避，法庭便聘请交通机关的会计师再次进行了鉴定，鉴定结论确认作案人没有贪污，但不排除挪用公款。法庭依据后者判处作案人无罪。该案几经抗诉，法院最后判决作案人有罪。

这是笔者早年实际接触到的一个案例。与此例证近似的情形还包括由司法会计鉴定人在诉讼案件中确认被告人偷税数额、确认被告人挪用公款数额等。

我国司法会计鉴定产生的特殊背景，导致了包括笔者在内的研究者最初按照舞弊审计学的思路去考虑司法会计鉴定理论问题,所提出的研究成果也多冠以"贪污案件的司法会计鉴定"、"偷税案件的司法会计鉴定"等,并对后来的理论研究和司法实践均造成了极为不利的影响。

(二)英美法系国家司法会计鉴定的产生

英美法系国家的司法会计鉴定活动的产生有两种情形:一是延伸具体案件的舞弊审计活动,即会计师或审计师在舞弊审计中发现了财务会计舞弊事实,并引发刑事或民事诉讼后,会计师或审计师作为专家证人出庭作证,就其在审计所认识到的涉案财务会计事实进行作证,并将这种作证活动称为法庭会计(Forensic Accounting);二是在经济刑事或民事案件涉及财务会计事实的查证时,由当事人(含公诉方)聘请或雇用会计师、审计师等专家参与查证,并由专家向法庭提供其查证所获取的证据以及证言。这两种情形中专家所提供的证言并非严格意义上的司法会计鉴定意见,其内容可能涵盖了专家个人的一些推测和观点。因此,英美法系国家严格要求专家出庭质证,通过交叉询问等方式,剔除专家证言中的一些推测事项或非专门性问题的判断事项。

英美法系国家这种近似司法会计鉴定的专家作证的做法,导致其司法会计鉴定长期依赖舞弊审计理论的研究成果,未能形成一套专业的司法会计鉴定理论。

上述不同国家司法会计鉴定活动产生过程反映出的共同点是:司法会计鉴定活动都是基于诉讼的需要而产生的。随着各类刑事、民事诉讼案件所涉及的财务会计业务逐步复杂化,促成了以司法会计鉴定为特征性执业内容的司法会计师(法庭会计师)职业的产生,进而推进了司法会计鉴定的发展。

四、司法会计鉴定的技术特点

司法会计鉴定与其他司法鉴定相比较,具有以下技术特点。

(一)司法会计鉴定是以财务会计痕迹为技术检验对象的一种司法技术鉴定

任何一类司法鉴定都需要通过技术检验来获取鉴别判定专门性问题所需的信息,所检验的对象应当是客观存在的各种痕迹。司法会计鉴定中进行技术检验的对象是财务会计痕迹。所谓财务会计痕迹,是指人们从事财务会计活动或与财务会计有关联的客观事件所遗留的各种印迹,它主要反映了财务会计活动的轨迹。司法会计鉴定人采用专门的方法和程序,通过检查、验证财务会计痕迹,研究其所反映的财务会计活动的轨迹,获取作出鉴定意见所需要的各种信息,并依据这些信息对涉案财务问题或会计问题进行鉴别和判断。这里需要强调的是,并非诉讼所涉及的所有财务会计痕迹都可以成为司法会计鉴定的技术检验对象。根据有关诉讼法律相关规定及财务会计资料证据的识别分工理论,作为司法会计鉴定技术检验对象的财务会计痕迹,应当满足以下三个条件:

其一,必须是依照法定程序收集和确认的案件所涉及的财务会计痕迹,这是保证司法会计鉴定意见有效性的基本法律前提。这一条件中对财务会计痕迹的要求包括两层含义：一则，案件涉及的任何痕迹存在于客观世界，财务会计痕迹也不例外（它存在于财务会计资料、人的大脑等客观环境中），都需要通过收集才能获取，但诉讼法律并没有赋予司法会计鉴定人收集包含这些痕迹的证据的权利；二则，财务会计痕迹并非都是真实的和完整的，其是否是涉案痕迹需要经过法定程序的确认。基于这两层意思，如果财务会计痕迹未经法定程序收集便被作为鉴定意见的依据，其合法性会受到质疑。

其二，必须是在案件所涉及的财务会计活动过程或后续发展中形成的，并以物质形态存在的财务会计痕迹，这是保证司法会计鉴定意见科学性的客观基础。这一条件中对财务会计痕迹的要求也包括两层含义：首先，司法会计检验的对象必须是涉案事实发生、发展过程中形成的痕迹，这就排除了案发后或启动诉讼后形成的各种财务会计痕迹，如为应对诉讼而补记的账项、补签的合同、补开的票据等所承载的财务会计痕迹；其次，财务会计痕迹包括物质痕迹和意识痕迹两种存在形态，其中，物质痕迹，是存在于客观世界中的以物质形式存在的财务会计痕迹，如财务会计资料中的各种记录、实物资产等；意识痕迹，是存在于人们大脑中的以意识形式存在的财务会计痕迹，基于司法会计鉴定人的专业特征，需要将意识痕迹排除在技术检验对象之外。基于这两层含义，如果采用案发后形成的痕迹或采用意识痕迹作为鉴定意见的依据，司法会计鉴定的科学性也就无从确立了。

其三，必须是有必要且能够借助于司法会计鉴定技术方法认知的财务会计痕迹，这是司法会计鉴定的技术检验对象区别于其他司法技术检验对象的重要标志。财务会计痕迹的类型很多，认知这些痕迹的技术方法不仅涉及司法会计鉴定专业，还会涉及诸如笔迹鉴定、指纹鉴定、微量物证鉴定、印章鉴定等若干专业技术方法的运用。例如，发票中的笔迹是财务人员记录财务结算业务时形成的财务会计痕迹，这一笔迹是否属于作案人书写形成的需要进行笔迹鉴定，司法会计鉴定的技术方法无法认知这一财务会计痕迹，因而其并不作为司法会计鉴定中技术检验的对象。又如，人们对涉案财务会计活动的记忆，也属于财务会计痕迹，但其是否存在虚假，无法采用司法会计鉴定的技术方法进行识别，因而也不能作为司法会计鉴定中的技术检验的对象。

在司法实践中，能够满足上述条件的财务会计痕迹的物质载体主要是财务会计资料及其所形成的证据。因此，如果从痕迹的物质载体角度讲，司法会计检验的对象只能是财务会计资料及所形成的证据（即财务会计资料证据，是指以证据形式固定了的财务会计资料）。

我们将司法会计鉴定的这一技术特点归纳如下：司法会计鉴定中进行技术检验的对象，应当是通过法定程序收集和认定，以财务会计资料及所形成的证据承载的、在案发前就已经存在的财务会计痕迹。另外,这一特点还表明,承载涉案财务会计痕迹的涉案财务会计资料及其所形成的证据并非是司法会计鉴定的对象,而是司法会计鉴定中进行技术检验的对象。

(二)司法会计鉴定是以机制分析作为鉴定原理的一种司法鉴定

任何一类司法鉴定意见产生的事实基础都是由司法鉴定人对涉案痕迹进行检验所取得的信息,而鉴定意见则是通过对检验结果进行科学的鉴别分析后得出的。对检验结果进行科学的鉴别分析,是各类司法鉴定的中心技术环节。从整体上讲,对检验结果进行鉴别分析的基本内容与方法,构成了各类司法鉴定的主要鉴定原理。从这一理念出发,各类司法鉴定的鉴定原理,大致可以分为以下四类:

1. 形象分析

形象分析,是指以鉴定事物涉及的各种形象结构作为整体分析的内容,通过分析形象结构的特征,据以进行特征比对,从而鉴别和判定检材与样本的同一性问题的一类鉴别分析方法。如:指纹鉴定、笔迹鉴定、断裂痕迹鉴定等都是通过比对、分析检材和样本所反映的形象特征是否相符进行的鉴定,属于典型的特定同一认定的鉴定。

2. 定性分析

定性分析,是指以鉴定事物涉及的物质组成作为整体分析的内容,通过分析物质在物理、化学、生物等方面的特征,据以同客观世界已有物质的特征进行对照,从而鉴别和判定事物的物质属性问题的一类鉴别分析方法。例如:理化鉴定、微量物证鉴定、法医学物证鉴定等都是采用这一原理进行的鉴定。

3. 性能分析

性能分析,是指以鉴定事物涉及的物理、生物等性能指标作为整体分析内容,通过性能指标的实际测定,据以同标准性能指标进行对照,从而鉴别和判定相关物品性能问题的一类鉴别分析方法。例如:强度鉴定、耐性鉴定等都是按此类原理进行的鉴定。

4. 机制分析

机制分析,是指以鉴定事物的形成机制作为整体分析的内容,通过归纳鉴定事物的表象指征,据以同已知事物的同类表象指征进行比较,从而鉴定事物的形成原因、过程或结果等问题的一类鉴别分析方法。例如:各类事故原因鉴定、法医学死因鉴定、司法会计鉴定等都是采用这一鉴定原理进行鉴定的。

司法会计鉴定是以案件中的财务会计痕迹的形成机制作为整体分析的内容,通过归纳财务指标、会计要素或财务会计资料所体现的各种财务会计活动的表象指征,据以与同类财务会计的方法原理、活动规律进行比较,进而作出鉴定意见。所以说,司法会计鉴定是以机制分析作为鉴定原理的一种司法技术鉴定。

司法会计鉴定的这一技术特点,决定了司法会计鉴定人只能就案件所涉及的与财务会计的方法原理及活动规律有关的专门性问题进行技术鉴定,而不能解决有关特定同一认定、物质属性等方面的专门性问题。

(三)司法会计鉴定是建立在司法会计检查基础上的一种司法技术鉴定

司法会计检查是司法会计鉴定的前提和基础。一方面,财务会计资料、财务会计资料证据和相关勘验、检查笔录是实施司法会计鉴定所需的基本检材——除由当事人、证人提供或搜查获取外这些检材主要来源于司法会计检查的结果(为司法会计鉴定提供检材,是许多案件中进行司法会计检查的任务之一);另一方面,有些案件正是由于进行了司法会计检查才会发现需要鉴定的财务会计问题,例如侦查人员通过查账发现赃款被用于股票投资,才会提出确认赃款"投资损益"问题的司法会计鉴定要求,获取鉴定意见用于证明赃款产生的非法收益或赃款取向。因此,没有司法会计检查作为前提和基础,司法会计鉴定就无法进行,甚至连司法会计鉴定的要求都无法提出。

司法会计鉴定的这一技术特点,表明了司法会计检查与司法会计鉴定的关系,这种关系也是其他司法鉴定所不具备的基本特征。

第二节 司法会计鉴定的目的与任务

法律诉讼中采取的任何一种诉讼措施都有其特定的目的和任务,司法会计鉴定也不例外。

一、司法会计鉴定的目的

司法鉴定的目的,是指诉讼中通过司法鉴定所要实现的诉讼目的。这类诉讼目的按照我国诉讼法律规定的精神就是"为了查明案情"。刑事诉讼中的案情可能涉及犯罪故意、犯罪动机、犯罪对象、犯罪人(个人所在)单位的所有制性质、犯罪行为的内容和过程、犯罪后果以及犯罪行为与后果的关系等内容;民事诉讼中的案情可能涉及民事事实及民事争议事实的起因、过程、经济关系、经济后果、争议焦点等内容;行政诉讼中的案情可能涉及行政作为或不作为的起因、过程、相关主体经济义务、经济后果等内容。从案件调查角度讲,案情可以简单归纳为何人、何背景、何时、何地做出何种行为导致了何种后果等"N何要素"。每一要素都是一个单独的"案情",案件事实就是由这些"案情"所构成的一个整体。[①]

[①] 对法律所规定的"案情"还可以有另一种理解,即司法会计鉴定意见所表达的财务会计事实就是诉讼法律所规定的需要查明的"案情",但这种理解与现行诉讼法律的规定存在冲突。

作为司法鉴定类型之一的司法会计鉴定，其目的则是查明诉讼涉及的财务会计事实方面的特定案情——涉案财务会计事实某一部分。为了实现查明某一案情的鉴定目的，需要将实现该目的所涉及的具体财务会计问题作为鉴定要求向司法会计鉴定人提出，这就形成诉讼中司法会计鉴定的具体对象——诉讼主体出于实现鉴定目的的需求向鉴定人提出要求解决的具体财务会计问题。

二、司法会计鉴定的任务

司法会计鉴定的任务，简单地讲，就是司法会计鉴定人运用专门的知识与方法，通过检验分析案件所涉及的财务会计资料及相关证据，研究并解决诉讼主体提请鉴定的财务会计问题，提供科学的鉴定意见。具体任务包括以下内容：

第一，通过检验案件所涉及的财务会计资料及相关证据，对检材所表述的财务会计活动的内容进行量化分析，获取鉴别确认涉案财务会计问题所需的财务会计信息。这里所谓的量化分析，主要是指根据有关的财务会计标准和科学原理，将案件所涉及的财务会计业务的内容转化为资金等数量形式进行研究和分析。

第二，在进行检验、鉴别、分析的基础上，依据鉴定证据，通过严谨的逻辑论证，对诉讼机关提交鉴定的财务会计问题提出结论性意见，并根据鉴定意见的类型，制作相应的鉴定文件，作为诉讼机关调查、审理案件的诉讼证据。

应当特别指出的是，上述鉴定任务最终是要取得鉴定意见用于证明案件事实，这与案件事实中是否包括舞弊账项无关。但是，由于司法会计鉴定产生于贪污等财务舞弊事实的确认需要，因而很多人都把司法会计鉴定的任务误解为确认舞弊账项[1]，进而将司法会计鉴定的任务局限于发现和确认舞弊账项，确认舞弊损失。这种误解导致了实践中的一些错误做法，并产生了错案。事实上，发现、确认舞弊账项或舞弊损失只是部分案件诉讼中提起司法会计鉴定活动的目的。笔者认为，鉴定目的是送检方[2]提出鉴定事项的动因，只有明确了鉴定目的，才有可能明确具体的鉴定事项，而通过鉴定事项的实施，形成鉴定意见，才能完成司法会计鉴定的任务。

---

[1] 司法实践中，通过检验含有财务会计错误的财务会计资料及相关证据，鉴别、分析财务会计错误的形态与结果，研究并揭示弊端账项中错误形态与错误结果之间的关系，为诉讼中揭示弊端账项与案件实质的关系、揭露舞弊行为的内容与后果提供科学证据，常常会成为刑事案件以及恶意侵权、违约案件的诉讼中司法会计鉴定人的主要任务。

[2] 本书中的送检方包括送检机构和送检人。其中，送检机构是指诉讼机关以及依法可以启动司法会计鉴定的其他机构，送检人则是指该机构承担具体组织司法会计鉴定的人员。

第三节　司法会计鉴定的对象与司法会计鉴定事项

一、司法会计鉴定对象与司法会计鉴定事项

（一）司法会计鉴定对象的含义

根据法律规定，司法鉴定的对象是诉讼涉及的专门性问题。具体到司法会计鉴定对象，是指需要通过司法会计鉴定解决的诉讼涉及的财务会计问题。这里的财务会计问题包括财务问题和会计问题两类。

作为司法会计鉴定的财务问题，是指诉讼涉及的与涉案财务方面的问题。例如：诉讼涉及的资产价值、资产数额、财务往来、收入、支出、损益等问题。

作为司法会计鉴定对象的会计问题，是指诉讼案件中涉及的会计方面的问题。例如：诉讼涉及的会计处理、记账、会计报表等问题。

在同一案件中：可能只涉及一个财务问题或一个会计问题的司法会计鉴定；可能同时涉及对多个财务问题的司法会计鉴定；可能同时涉及多个会计问题的司法会计鉴定；还可能同时涉及多个财务问题和会计问题的鉴定。例如在案例1-1中，用现在的理念来研究这个案例就会发现，该案司法会计鉴定对象不应当是是否存在贪污事实这一法律问题，而是案发时作案人所在单位的库存现金实际结存额与应结存额是否相符这一财务问题，以及（作案人掩盖短库事实涉及的）会计处理正确性的多个会计问题的鉴定。

（二）司法会计鉴定事项的含义

司法会计鉴定事项，是指司法会计鉴定的具体项目，其内容就是诉讼主体提请司法会计鉴定人解决的具体财务会计问题。换句话说，在诉讼中组织司法会计鉴定时，由司法会计鉴定人针对具体的鉴定对象实施鉴定便形成了具体的司法会计鉴定事项。在同一案件诉讼中所涉及的鉴定对象的数量决定了鉴定事项的数量，即诉讼中如果涉及 N 个司法会计鉴定对象，就会形成 N 个司法会计鉴定事项。

传统的司法鉴定理念中，鉴定事项通常表述为"鉴定要求"——指送检方要求司法会计鉴定人提出的需要鉴定的事项。也就是说，"鉴定要求"所表达的内容就是具体的鉴定事项。这种理念广泛运用于各种司法鉴定中，比如司法鉴定文书中我们都可以看到"鉴定要求"的表述。笔者以往发表的司法会计鉴定研究成果中也继承了这一理念和做法。近来的研究却发现，送检方提出鉴定事项的同时，也会提出其他与鉴定有关的要求，如鉴定的期限要求、出具鉴定意见的要求等。为了区分鉴定事项和鉴定要求，本书将原来理论中表述的"鉴定要求"改称为"鉴定事项"。

二、司法会计鉴定目的与鉴定事项的逻辑关系

从诉讼理念上明确鉴定目的与鉴定事项的关系十分重要。它既涉及理论上对司法会计鉴定范围的研究，也涉及司法实践中如何向鉴定人提出鉴定事项的问题。目前无论理论上还是实践中，把鉴定目的当作鉴定事项提出来的情形还比较普遍。司法会计鉴定的目的与司法会计鉴定事项具有密切的联系，但不能混为一谈。

第一，司法会计鉴定事项来自于司法会计鉴定目的，诉讼中存在需要查明财务会计事实的案情，才会提出司法会计鉴定事项；而司法会计鉴定事项的实现为证实鉴定目的所指案情提供证据——司法会计鉴定意见。

第二，相同的鉴定目的可能涉及不同的鉴定事项，而相同的鉴定事项可能是为了查明不同的案情。前者如财产损失额的确认是许多案件需要查明的案情，查明这一案情所涉及的鉴定事项则可能不同，如资产历史成本价值、资产账面价值、资产应结存额、收入、费用、利润等问题的鉴定意见都可以被用于证明财产损失，但在同一案件中同一损失事实的认定，并非同时进行这些鉴定，需要结合诉讼的具体情况确认具体的鉴定事项；后者如确认某单位库存现金的应结存额与实际结存额是否相符的鉴定事项，既可能是为了查明贪污行为人非法占有公款数额，也可能是为了查明挪用公款行为人尚未归还公款的数额。

第三，在具体诉讼中，同一鉴定目的可能涉及多项鉴定事项，而同一鉴定事项也可以实现多项鉴定目的。前者如为了查明某单位是否属于国有企业，诉讼主体可能会同时提出确认该单位某时点实收资本的构成、确认该单位某时点"实收资本"账户余额是否正确等鉴定事项；后者如在同一案件的诉讼中提出确认投资损益额问题这一鉴定事项，既可以实现查明违法所得额的鉴定目的，也可以实现查明赃款去向的鉴定目的。

第四，一些具体鉴定目的的实现会涉及包括司法会计鉴定在内的各种调查手段运用的结果，因而即使相关鉴定事项得到了解决，也未必能够实现鉴定的目的。

案例 1-2：原告某客户与某信用社就其是否提取了 40 万元现金业务发生争议诉至法院。原告声称自己没有提取 40 万元，要求被告返还其扣取的 40 万元，被告则提供原告的取款凭证证明其提取了 40 万元。法院为了查明被告在取款凭证所列日期有无支付原告 40 万元现金这一案情，提出了鉴定事项：确认信用社在取款凭证日的现金应结存额。鉴定意见表明：如果将信用社支付原告 40 万元业务视为现金支出业务，信用社当日现金应结存额为负 31 万余元。这一鉴定意见反映出信用社支付 40 万元现金业务的虚假性，法院据此确认该社当日并无支付原告 40 万元现金的能力，进而确认了该社没有支付原告 40 万元的事实（鉴定目的），信用社败诉。这个案例中鉴定事项已经实现了鉴定目的（即信用社有无

支付能力)。但是，如果该鉴定意见确认信用社当日的现金应结存额为正数，则就没有实现法院提请鉴定的目的，因为这个结论只是证明了该社有支付40万元现金的能力，但并不能确认其肯定支付了原告40万元现金的鉴定目的。

在明确了鉴定目的与鉴定事项关系的基础上，我们有必要就司法实践中存在的相关情形作出以下两项提示：

（1）司法实践中应当避免出现将司法会计鉴定的目的作为鉴定事项向鉴定人提出的情形。例如：确认违法所得额、确认赃款去向、确认作案人、确认当事人经济责任等鉴定目的都不应当作为鉴定事项向鉴定人提出。现实中这类情形还是时有发生的，有的诉讼主体甚至仍然要求司法会计鉴定人确认某人贪污行为的财务事实是否存在或确认某人挪用公款的财务事实是否存在等类似的模糊性鉴定事项。

（2）同一案件中的同一鉴定目的可能只涉及一项司法会计鉴定事项，也可能涉及多项鉴定事项。当同一鉴定目的涉及多个鉴定事项时，应当根据查明具体案情的需要确定不同的具体鉴定事项，而不应当笼统地将其归于某一鉴定事项。

三、司法会计鉴定的范围与鉴定事项举例

司法会计鉴定的对象是诉讼涉及的财务会计问题，但是否诉讼涉及所有的财务会计问题都需要或可以通过司法会计鉴定解决呢？这就涉及司法会计鉴定的范围问题。

司法会计鉴定的范围，是指通过司法会计鉴定所能够解决的涉案财务会计问题的范围。这一概念涉及诉讼主体在调查、审理案件中所遇到的财务会计问题，哪些应当或可以由司法会计鉴定人解决，哪些不应当通过司法会计鉴定人解决的问题。正确地界定司法会计鉴定对象的范围，对于研究司法会计鉴定的方法、程序以及指导司法实践都具有重要的意义。

笔者认为，在确定司法会计鉴定的具体范围时，应从两个方面进行综合性研究后确定：一是从各类案件诉讼的需要方面，需要弄清各类案件中有哪些财务会计问题需要解决以及应当通过什么途径解决；二是从司法会计鉴定技术的能力方面，应当搞清司法会计鉴定的技术特点，搞清通过司法会计鉴定技术的应用所能够认识和评断的财务会计问题。根据前述司法会计鉴定的目的、任务和技术特点，诉讼涉及的财务会计问题中，可以列入司法会计鉴定范围的涉案财务会计问题，应当是需要通过检验分析财务会计资料，解决或确认的诉讼所涉及的资产价值问题、资产结存及结存差异问题、财务往来问题、投资损益额问题、财务收支问题、涉税问题、经营损益额问题、接受投资及留存收益问题等财务问题，以及账务处理其处理结果涉及的会计问题。

(一) 资产价值问题

资产价值的含义比较广泛，例如资产的成本价值、账面价值、交易价值、市场价值、清算价值等。根据司法会计鉴定的特点，其所能够解决的价值问题只有成本价值和账面价值两种情形。

1. 资产成本价值的确认问题。资产成本价值，是指财务主体取得某项或某类资产所支付和承担的价款、费用的总和。

鉴定事项举例：确认某单位某年购进某商品的数量及采购成本总额；确认某企业某年某月某日某部门未完工产品的成本总额；确认某单位某财务期间库存某种产品的生产总成本额；确认某单位某项商品的销售成本；确认某单位某项固定资产原值等。

2. 资产的账面价值确认问题。资产账面价值，是指按照会计标准确认的某项或某类资产的现实价值。

鉴定事项举例：确认某单位某时点某项应收账款的账面价值、确认某单位某时点某项固定资产的账面价值、确认某单位某时点资产账面价值总额等。

(二) 资产结存额及结存差异问题

资产结存包括资产的实际结存额和资产应结存额两种情形。前者是指购入或生产的资产经过消耗、出卖等财务活动后的实际结存的数量，诉讼中涉及资产实际结存额的证明，需要通过现场勘验确认；后者是指根据诉讼中形成的资产收付证据确认的资产结存额，诉讼中涉及资产应结存额的确认问题，需要通过司法会计鉴定确认。

结存差异，主要是指库存资产的应结存额与实际结存额之间的差额，包括数量差额和金额差额。

鉴定事项举例：确认某单位某时点某项库存物资的应结存额；确认某单位某时点某项库存物资的应结存额与实际结存额是否相符；确认某单位某时点现金应结存额与实际结存额是否相符；确认某单位小金库资金结存额及其构成等。

(三) 财务往来问题

财务往来问题包括财务往来的结算结果、财务往来余额的构成等的确认问题。

鉴定事项举例：确认某单位某时点某项应收账款的应结存额；确认某单位某时点某项应付款额；确认某单位某期间应付乙单位货款总额及实际结算总额；确认某单位某时点某项应收款结存额的构成；确认某单位某项应付款业务的未结算额余额的构成；确认某单位应付某笔款项在某时点是否已结算；确认某银行某账户资金与某单位的关系等。

(四) 投资损益额问题

投资损益额问题包括经营证券、期货等投资事项的收益额和损失额等的确认问题。

鉴定事项举例：确认某投资者某项投资的损益额；确认某证券公司某客户保证金账户所涉及的证券投资损益额；确认某证券资金账户所列某笔投资的投资损益额；确认某期货公司某客户某期间期货投资损益额等。

（五）财务收支问题

财务收支问题包括各类财务收入、财务支出数额、财务收支差额等的确认问题。其中，财务收入指商品销售收入、提供劳务收入、财政或上级拨款收入、罚没收入等；财务支出指经营性支出、经费支出等。财务收支问题，则是指诉讼涉及的财务收入、财务支出以及财务收支差额的确认问题。

鉴定事项举例：确认某单位某年度某类收入额；确认某单位某期间营业收入总额；确认某单位某期间某项收入总额及其去向；确认某单位某期间某类销售收入额及已结算额；确认某单位某期间某类商品的平均销售单价；确认某单位某期间某类财务支出额；确认某单位某项经营项目的财务支出额；确认某单位某项销售业务的销售费用额及其构成；确认某单位某项目已支付成本总额；确认某单位某年度某专项经费结余额等。

（六）涉税问题

涉税问题包括纳税和征税涉及的各种税额的确认问题。

鉴定事项举例：确认某纳税人某期间应纳某种税金总额；确认某纳税人某项业务应纳某种税金总额；确认某纳税人未纳某种税金额；确认某纳税人某期间未纳税金总额及所占同期应纳税总额的比例；确认某税务机关应征某纳税人某种税金额及其未征金额等。

（七）经营损益额问题

经营损益额包括毛利额、销售利润额、总利润额、净利润额等。经营损益额问题，是指涉案财务主体某项或某期间经营活动取得的利润额（或亏损额）以及与经营损益有关的各种财务指标额的确认问题。

鉴定事项举例：确认某单位某项商品的毛利额；确认某单位某项商品的销售利润额；确认某单位某项购销业务的销售利润额；确认某单位某年度利润总额；确认某单位某年度净利润额；确认某单位某期间与另一期间经营损益额的差额；确认某单位某商品的毛利率；确认某单位某期间净利润及可提取职工薪酬总额等。

（八）接受投资及留存收益问题

接受投资是指财务主体接受投资人或捐赠人投入企业的资本或资金。留存收益，主要是指财务主体的各种公积金、公益金、未分配利润。接受投资及留存收益问题，是指涉案财务主体在某时点或某期间接受投资及留存收益的确认问题。

鉴定事项举例：确认某单位某期间发行某种股票实际收取股本金总额；确认

某单位某时点实收资本的构成；确认某单位某年度形成某项公益金及累计结存额；确认某单位某年度可分配利润总额；确认某单位某时点接受投资及留存收益总额及其构成等。

（九）账务类问题

账务类问题是指案件涉及的各种会计处理方法及核算结果的识别问题。

1. 会计分录的制作是否正确和合理的识别问题（含某项会计要素的识别问题）。鉴定事项举例：确认某单位某年某月第某号记账凭证所列会计处理的正确性及其账务后果；确认某单位对某项经济业务的会计处理是否正确；确认某单位某年某月第某号记账凭证所列会计分录内容真实性等。

2. 账户发生额、账户余额的计算、列示是否正确的识别问题。鉴定事项举例：确认某单位某账户账簿所列某时点账户余额的正确性；确认某单位某账户某笔发生额的形成与相关会计处理的关系等。

3. 会计要素的计量方法的识别问题。鉴定事项举例：确认某单位某年某月计提某项税额的计算方法是否正确；确认某单位某项投资的计量方法是否正确等。

4. 会计报表项目数字是否正确的识别问题。鉴定事项举例：确认某单位某年某月《损益表》所列利润额的正确性；确认某单位某年度《资产负债表》所列某项负债额的正确性等。

5. 账户属性的确认问题。鉴定事项举例：确认某单位某账户的会计属性；确认送检的账户资料与某单位的关系等。

四、司法会计鉴定事项之间的逻辑关系

不同的司法会计鉴定事项解决的财务会计问题的类型和范围不同，但实际上，基于财务会计事实之间固有的各种关联，不同鉴定事项之间存在一定的逻辑关系。明确这些关系，对司法实践中正确确定司法会计鉴定事项有着重要的意义。以下主要讨论财务问题的鉴定事项和会计问题鉴定事项之间关联关系和不同鉴定事项的包容关系。

（一）财务问题鉴定与会计问题鉴定的逻辑关系

司法会计鉴定按照鉴定事项涉及的鉴定对象的性质不同，可以分为财务类问题鉴定和会计类问题鉴定两类。

财务类问题鉴定与会计类问题鉴定，是鉴定要求、鉴定标准和鉴定意见均不相同的两类司法会计鉴定事项，前者主要涉及财务数额问题的确认，后者则主要涉及账务处理及其处理结果评价问题。前述"司法会计鉴定的范围与鉴定事项举例"中所述的第（一）项至第（八）项主要是财务类问题的鉴定事项，第（九）项"账务类问题"则专指会计类问题的鉴定事项。

财务类问题鉴定事项与会计类问题鉴定事项之间存在一些关联关系。

第一，财务类问题鉴定可以利用账务类问题鉴定结果进行，即鉴定事项只涉及财务问题，但鉴定人可以利用自己设定的相关会计类问题的鉴定结果，并按照财务标准进行调整后，确认提请鉴定的财务类问题。例如，确认甲单位某时点应收乙单位销货款的金额，这是一个确认债权类资产额的财务类问题的鉴定事项。鉴定人可以直接根据相关财务资料的检验分析结果作出鉴定意见——这种鉴定思路被称为直接鉴定法；也可以通过自己设定确认甲单位"应收账款—乙单位"账户余额是否正确的会计问题鉴定，在此基础上确认甲单位某时点应收乙单位销货款的金额——这种鉴定思路被称为借用会计法。

第二，会计类问题鉴定有时也会以未提请鉴定的财务类问题鉴定为前提，即鉴定事项仅涉及会计类问题，鉴定意见中也仅涉及会计事实的认定，但鉴定人却需要对相关财务问题作出鉴定后才能解决提请鉴定的会计类问题。例如，确认甲单位"应收账款—乙单位"账户余额真实性的会计问题鉴定，可能就涉及未提请鉴定的乙单位支付甲单位款项的财务属性的确认问题，鉴定人需要先确认乙单位支付甲单位款项属于投资、货款、借款等财务属性，才能确认甲单位收取乙单位款项业务对甲单位"应收账款—乙单位"账户余额的影响，进而确认该账户余额的真实性。

第三，财务问题与会计问题可以在同一项鉴定事项提出。例如，确认某单位某项营业收入总额及其账务处理结果的正确性。这项鉴定事项及鉴定意见的内容均会涉及确认营业收入总额这一财务问题的鉴定和确认账务处理结果正确性这一会计问题的鉴定。另外，有的鉴定事项中财务问题被隐含会计问题之中提出，比如，确认某单位某笔营业收入账务处理的正确性，这一鉴定事项并没有明确要求确认该笔营业收入，但鉴定人必须先确认营业收入才能确认账务处理问题，如果营业收入不能确认，则鉴定意见内容仅涉及账务处理事项，不能确认该笔营业收入的实际存在。

（二）鉴定事项的包容关系

鉴定事项之间的包容关系，是指鉴定事项之间存在的包容与被包容关系。比如，利润问题通常包容了收入鉴定和成本费用鉴定这两项鉴定事项，鉴定人必须先进行这两项鉴定并得出鉴定意见，才能最终完成利润鉴定。又如，某账户余额正确性问题的鉴定就包容了对该账户所有发生额的真实性和正确性的鉴定，鉴定人必须对每笔发生额的真实性、正确性进行鉴定并分别得出鉴定意见后，才能完成账户余额正确性的鉴定任务。

司法实践中，当一项鉴定事项包容了相关鉴定事项，通常不再就被包容的鉴定事项单独提出鉴定事项（有特殊需要的除外），鉴定人必须对被包容的鉴定事项分别实施鉴定并得出相应的鉴定意见，但并不需要在最终提出的鉴定意见中单独列示被包容鉴定事项的鉴定意见，这些被包容鉴定事项的鉴定意见应当在鉴定文书检验或论证部分进行表述。

五、关于司法会计鉴定对象与鉴定事项的其他理论观点

理论界对司法会计鉴定对象和鉴定事项的其他表述主要有三种情形：一是将法律问题作为司法会计鉴定的对象；二是将财务会计资料等检材作为司法会计鉴定的对象；三是将财务会计事实作为司法会计鉴定对象。笔者认为，这三种表述方法均不符合法理，也容易误导司法实践。

（一）法律问题不应作为司法会计鉴定对象列为鉴定事项

前文已经做过论述，将法律问题作为司法会计鉴定对象列为鉴定事项的理念来源于司法实践，中外学术界均有学者认可了这一做法。有些学者并没有提出具体的理由，而只是将这类做法表述在其作品中，而有的学者则提出了不同的理由：

1. 认为司法会计鉴定人确认的是经济行为的性质，而不是法律行为的性质，比如，某人利用职务便利非法占有公共财产就属于经济行为，认定其利用职务便利、非法占有公共财产都属于确认经济行为的性质；

2. 认为司法会计鉴定人不能解决法律问题，但能够解决"法律性问题"——诸如当事人在案件中造成的损失额的确认问题、当事人的责任问题、当事人的确认问题等；

3. 认为司法会计鉴定解决法律问题是其与审计的主要区别，即司法会计鉴定人应当解决法律问题，而审计人员不能解决法律问题。

上述理念的产生除受早期司法会计鉴定实践的影响外，与学者们要体现司法会计鉴定的"司法"性有关，他们认为如果司法会计鉴定人不能解决法律问题，司法会计鉴定就变成了会计鉴定，其就不具备"司法"性，也就不能称为"司法会计鉴定"。笔者认为，司法会计鉴定中的"司法"是指诉讼活动，司法会计鉴定表明这种会计鉴定活动发生在诉讼中，而非是指司法会计鉴定人的"司法活动"。按照诉讼分工原则，各类法律问题的确认都应属于诉讼主体（最终为法官）的职责，司法会计鉴定人解决此类问题显然是"滥用职权"了。

首先，所谓的"经济行为性质"是一个模糊概念，在法制社会里，经济行为大都受到法律的规范，经济行为的性质包括经济属性和法律属性两个方面，如果将司法会计鉴定的对象设定为所谓经济行为的性质，其不可避免地会涉及经济行为法律属性问题，从坚持这一观点的学者所举上述例子中也可以看出这一问题：非法占有公共财产行为的认定本身，其实就是认定了这一行为的法律属性——不合法。

其次，从法理角度看，所谓法律性问题，其实就是法律问题，例如，案件损失额问题涉及涉案行为与涉案后果之间的关联的判断，这种判断需要建立在相关法律判断的基础上，因而属于法律问题。关于损失额的法律属性问题，早在20世纪80年代就有苏联学者给予明确，但就这个问题常常会作为首要的鉴定事项向司法会计鉴定人提出的现实问题却没有提出解决办法。现代研究表明，案件损失额问题是司法会计鉴定的目的之一，诉讼主体可以通过相关问题（如成本价值问题）的司法会计鉴定，为达到这一目的提供相关鉴定意见作为定案根据。

最后，将司法会计鉴定解决法律问题作为其与审计的区别的观点，来源于将司法会计鉴定理解为诉讼中的特殊审计活动，进而将司法会计鉴定视为解决法律问题的特殊审计活动。但事实上正好相反：审计作为一项独立的社会活动，其对涉案行为的法律判断有时是不可避免的，比如认定舞弊行为的前提往往就涉及对涉案行为合法性的判断，而司法会计鉴定是一种附属于法律诉讼的社会活动，严格的诉讼分工原则将法律问题的判断赋予了法官等司法人员，而司法会计鉴定人仅能够就涉案财务会计问题作出结论性意见，因而不能像舞弊审计人员那样对涉案法律问题作出判断。

（二）财务会计资料不应作为司法会计鉴定的对象

将财务会计资料（或称会计证据）列为司法会计鉴定对象的理念，主要见于各种司法会计鉴定概念中，也有单独表述的[1]。产生这样的理念主要与司法鉴定的某些传统理念有关。例如，一些传统理念中会将法医学伤情鉴定、死因鉴定中的检材（人身、尸体）称为被鉴定人，但同时又会将它们列为检验对象（如法医学活体检验、法医学尸体检验）。又如，很多人会将检材视为笔迹鉴定的对象。将财务会计资料这一司法会计鉴定中的检材视为司法会计鉴定对象，实际上就是沿袭了将检材视为司法鉴定对象的传统理念。这一理念出现的另外一个原因是将司法会计鉴定视为审计，进而将审计对象列为司法会计鉴定的对象。

笔者认为，按照法律规定精神，法医学伤情鉴定的对象应当是伤势医学问题，法医学死因鉴定的对象应当是死亡的医学原因，而人身、尸体均为法医学鉴定中的检验对象；笔迹鉴定的对象通常是字迹的书写习惯的同一性问题，承载这些字迹的书面资料则应当是笔迹鉴定中的检验对象。事实上，区分不同类型司法鉴定的分类标志主要是涉案专门性问题的类型，而非相关检材——这是因为不同类型司法鉴定中所使用的检材可能相同。例如：财务会计资料因其承载了财务会计记录，因而会成为司法会计鉴定中的检材；财务会计资料因其承载的字迹，因而会成为司法笔迹鉴定中的检材；财务会计资料因其承载着指纹，因而会成为

---

[1] 例如，"司法会计鉴定的对象，是司法机关在办理案件中依法调集和提供的与案件有关的会计核算资料及有关物资，包括账簿、凭证、报表、财产结算和估价资料，以及现金、票据、财产等"。

司法指纹鉴定中的检材,类似的例子还有很多。换句话说,涉案财务会计资料可以成为很多类型的司法会计鉴定中的检材。因此,如果将财务会计资料作为司法鉴定的对象,也就无法分清司法会计鉴定与其他同样需要使用财务会计资料的司法鉴定,也就无法明确司法会计鉴定的任务。同时,财务会计资料本身是司法会计检验的对象,如果将其列为司法会计鉴定的对象,则可能导致误将司法会计检验视为司法会计鉴定的情形,并影响司法会计检验、鉴定的正常操作,比如司法实践中大量存在的,仅实施司法会计检验后便出具司法会计鉴定文书的情形,就是这种错误理念的误导所致。

(三)财务会计事实不应作为司法会计鉴定对象

将财务会计事实列为司法会计鉴定对象的理念,有两个原因:一是可能与司法实践中将确认财务会计事实作为鉴定事项的习惯做法有关;① 二是可能与对司法会计鉴定作用的理解有关。一些学者、专家将司法会计鉴定的作用理解为:诉讼主体在调查案件事实后,由司法会计鉴定人对这些调查结果进行评价,并将评价结果作为"鉴定意见"。例如,学术界在20世纪90年代有司法会计著作将侦查终结报告列为司法会计鉴定的检材之一,目前仍然有教科书明确地将财务会计事实列为鉴定事项;而实务界将诉讼主体已经调查明确的财务会计事实列为鉴定事项的做法至今仍然存在。

笔者认为,从逻辑关系上讲,鉴定意见是诉讼机关作出司法结论的依据之一(或者说是诉讼主体认定案件事实的依据),诉讼主体只能向司法会计鉴定人提供财务会计资料等鉴定证据,但如果将自己认定的财务会计事实提供给司法会计鉴定人作为鉴定对象,则是将司法结论诉讼主体对案件的判断作为司法会计鉴定的依据,进而颠倒了鉴定意见与司法结论的逻辑关系;从司法会计鉴定的法理依据讲,案件诉讼中遇有财务会计问题是启动司法会计鉴定的法定原因,司法会计鉴定的任务就是通过鉴别、判定为这些问题提供结论性意见,如果将已经明确的案件事实交由司法会计鉴定人评价,不仅导致司法会计鉴定流于形式,也将评价案件调查结果的法官职责转移给了司法会计鉴定人;从司法会计鉴定的科学性角度讲,对案件事实的判断需要采用自由心证方法,而将这种自由心证的结果再交给司法会计鉴定人判断,司法会计鉴定人肯定也需要采用自由心证(而非专业的科学方法)实施所谓的司法会计鉴定,将会使司法会计鉴定意见失去科学性和可靠性。

---

① 笔者这里抄录两项司法会计鉴定文书中所列鉴定事项为例:"确认1997年3月××
×以'×××'名义在××年个人炒商品期货共亏损2,942,580元,放在××公司报亏的涉案财务事实";"确认××年×月至××年×月期间,×××利用职务之便,采取期货户亏损换单的手法,将公户盈利5,643,450元换入私人期货户头的涉案财务事实。"

六、超出司法会计鉴定范围的诉讼问题

前面我们已经明确了可以由司法会计鉴定人解决的财务会计问题的范围。但是，司法实践中往往还会出现诉讼主体超出前述司法会计鉴定对象范围提出鉴定事项的情形——这类鉴定事项被称为超范围鉴定。超范围鉴定的情形，通常是由于诉讼主体及司法会计鉴定人不熟悉司法会计鉴定原理所致，有些则是受到不良司法会计鉴定理念的误导所致。以下列出的一些常见的超范围鉴定的情形，应当在司法实践中予以纠正。

（一）与涉案财务会计业务有关的法律问题

与涉案财务会计业务有关的法律问题，是指财务会计行为所涉及的民事、刑事等实体法律属性问题的确认问题，主要涉及财务会计行为的合法与非法的判断、财务行为人的法律责任的认定等。按照法律和法理确定的诉讼分工，诉讼涉及的法律问题本来应当由诉讼主体作出判断，但司法实践中这些与财务会计业务有关法律问题还是被诉讼主体作为司法会计鉴定问题向司法会计鉴定人提出。例如，要求司法会计鉴定人确认某笔款项是否为某人非法占有、某人非法占有了多少公司财产、某人行为给财务主体造成了多少损失、某项涉案经济活动的责任人是谁等等。司法会计鉴定人遇有此类问题时，应当将其理解为司法会计鉴定目的，并通过与送检方沟通设定具体的鉴定事项。

（二）通过司法会计检查（或检验）已经解决或能够解决的财务会计问题

司法实践中，司法会计检查（检验）可以查明的诸如资金流向、资金下落、资金流转过程、已经发生的经济业务是否进行了会计处理等财务会计问题。例如，资金流向问题，通常可以通过司法会计检查（检验）解决，如果资金流向涉及复杂的往来关系时，才可能需要通过鉴定来解决财务往来结果及其构成等财务会计问题。

（三）财务凭证内容真实性的识别问题

根据财务会计资料识别分工理论，此类问题应当由案件承办人员解决。

（四）财务会计资料证据中的形象痕迹的识别问题

根据财务会计资料识别分工理论，此类问题应当由案件承办人员和痕迹专家解决。

（五）财务会计行为所涉及的意识痕迹、心理活动的识别问题

意识痕迹，是指存储于人脑的痕迹。意识痕迹可以完整地反映经办人所经历的财务会计业务的全过程。在诉讼中，意识痕迹通常是通过询（讯）问加以提取和固定，形成证人证言或口供。由于意识痕迹不存在于财务会计资料之中，因而无法通过司法会计技术检验获取，这类痕迹的识别问题也就不能列入司法会计鉴定的范围。

诉讼中确认财务会计行为时还会涉及行为人的心理活动,即财务会计主体在为某项财务会计行为时的主观心理活动,如行为目的、行为动机、主观心理状态等。由于人们的心理活动确认本身就需要依靠大量的外部行为、行为结果所形成的各种痕迹进行分析才能确认,其识别问题也就不能仅通过检验财务会计资料所获取的信息加以解决,所以不属于司法会计鉴定的范围。

(六)财务会计错误责任人的确认问题

财务会计错误责任人通常是指财务会计错误行为的具体行为人(自然人)的确认问题。财务会计活动责任人的认定通常会涉及大量诉讼证据的运用,而基于诉讼证据识别分工的缘故,认定责任人所需的证据识别大都不属于司法会计鉴定人的识别范畴,司法会计鉴定人不负责相关证据的识别,也就不能根据这些证据来推断责任人。当然,司法会计鉴定人在鉴定中会看到一些行为人的签名等事实,但仅根据这些事实确认责任人是远远不够的。

(七)需要通过自由心证途径解决的涉案财务会计问题

案件所涉及的财务会计问题中,有些只能通过自由心证途径解决。所谓自由心证,是指在确定证据的取舍和案件事实的判断时,由诉讼主体自由地根据经验法则、逻辑规则和良知来确认案件事实的方法。诉讼涉及的大部分事实的认定都需要自由心证的原理进行——司法鉴定是个例外,司法鉴定需要按照科学技术方法来确认与案件有关的事实。从司法会计鉴定角度讲,司法会计鉴定虽然被用于解决涉案财务会计问题,但如果这类问题涉及需要自由心证才能确认的情形时,就应当选用自由心证而不是鉴定途径来解决。以刑事案件为例,案件所涉及的财务会计事实中,财务会计行为人的确认、财务会计错误成因的确认、财务会计行为人与案件损失之间的因果关系、案件所产生的经济损失额等问题,都无法通过技术方法解决,而只能采用自由心证来解决,而根据司法鉴定的基本要求,凡是需要通过自由心证确认的案件事实,都不能通过司法鉴定确认——这包括了司法会计鉴定。

(八)因缺少必要的检材而无法解决的涉案财务会计问题

首先,如果缺乏必要的检材,显然不具备司法会计鉴定的前提条件——资料适用、资料可验证的司法会计假定,这种情形客观上并不具备解决相关财务会计问题的条件;其次,如果缺少必要的检材,司法会计鉴定人便无法通过技术检验获取解决涉案财务会计问题所需的信息,因而无法得出相应的鉴定意见。

这里需要特别提示的是,上述问题不属于司法会计鉴定的范围,并非是说司法会计鉴定对诉讼中涉及的上述问题没有任何意义。事实上,通过司法会计鉴定取得鉴定意见对解决上述某些问题会有所帮助。例如,出纳人员监守自盗所导致的经济损失额(或贪污数额)不属于司法会计鉴定的范围,但如果司法会计鉴定意见确认了出纳人员所在单位的库存现金短库,将有助于诉讼主体认定其贪污数额。这里，如果鉴定意见确认库存现金平库或长库，属于无罪证据——这会导致诉讼主体不能证明公款已经被出纳人员非法占有；同时，库存现金的短库原因很多，诉讼主体需要通过自由心证，才能对出纳人员贪污现金的行为与库存现金短库现象之间的关联问题作出判断。

第四节　司法会计鉴定的种类与方式

一、司法会计鉴定的种类

司法会计鉴定一般可分为初始鉴定、补充鉴定、鉴定复核和重新鉴定四种。

（一）初始鉴定

初始鉴定，是指在同一案件诉讼中，对某一财务会计问题首次提请和组织司法会计鉴定人进行的司法会计鉴定。

诉讼机关对鉴定所形成的鉴定意见应当进行审查，并将鉴定结果告知当事人。如经诉讼主体审查认为鉴定意见无不当之处，且当事人亦未提出异议的，一般不再组织其他种类的司法会计鉴定。

（二）补充鉴定

补充鉴定，是指诉讼机关为了弥补原鉴定意见的不足，组织作出原鉴定意见的鉴定人，在原鉴定意见的基础上补充进行的司法会计鉴定。

在已作出司法会计鉴定意见的案件诉讼中，遇有下列情形之一的，可进行补充鉴定：（1）已作出的鉴定意见的事实依据不够充分，或论证不够严谨，或结论不确切、结论内容不够完整的；（2）原鉴定意见为限定性鉴定意见，诉讼中又补充了与附加判定条件有关的证据的；（3）司法会计鉴定人本人对其所作出的鉴定意见提出新的见解，需要作补充修正的；（4）在诉讼中发现原鉴定意见所依据的证据发生变化，可能影响原鉴定意见可靠性的。

补充鉴定的特征有二：（1）鉴定主体是已经作出鉴定意见的原鉴定人；（2）仍然针对原鉴定事项进行——即补充鉴定中不能涉及新的鉴定事项。

（三）鉴定复核

鉴定复核，是指诉讼机关为了确认已有鉴定意见的正确性和可靠性，指派或聘请原鉴定人以外的司法会计鉴定人，对原鉴定意见进行的复核性鉴定。

鉴定复核是对原鉴定意见进行的一种技术性复核。通常是由原鉴定机构的上一级技术机构或其他鉴定机构、鉴定委员会的原鉴定人以外的司法会计鉴定人实施。

鉴定复核不同于鉴定意见文证审查之处在于，前者需要对鉴定材料进行复核性检验，而后者则只对鉴定文书进行技术性审查。

（四）重新鉴定

重新鉴定，是指在同一案件诉讼中，就同一财务会计问题重新提请和组织原鉴定人以外的司法会计鉴定人进行的司法会计鉴定。

在已有司法会计鉴定意见的诉讼中，遇有下列情形之一的，应考虑进行重新鉴定：（1）在审查使用鉴定意见的过程中，发现鉴定人不具备鉴定人主体资格条件的；（2）经审查（质证）认为鉴定意见有明显缺陷，必须进行补充鉴定，但司法会计鉴定人拒绝进行补充鉴定的；（3）审查认为鉴定程序严重违法的；（4）审查认为鉴定意见的依据明显不足的；（5）审查认为鉴定意见不科学或不可靠，因而不能作为定案依据的；（6）司法会计鉴定人的结论意见不一致，已影响定案的等。

组织重新鉴定时，鉴定人认为原鉴定事项不妥当，可以提出重新设定鉴定事项的建议。如果重新设定了鉴定事项，则该项鉴定属于初始鉴定而不是重新鉴定；如果重新设定鉴定事项的建议不被采纳，鉴定人可以拒绝实施鉴定。

二、司法会计鉴定的方式

司法会计鉴定的方式，是指司法会计鉴定的组织形式，主要有报告式和会议式两种。

（一）报告式鉴定

报告式鉴定，是指由司法会计鉴定人亲自制作司法会计鉴定文书报告鉴定结果的一种司法会计鉴定方式。

采用报告式司法会计鉴定，通常是由送检人将检材交付鉴定人进行研究，由鉴定人独立地进行检验、鉴别和分析。在作出鉴定意见后，由鉴定人将检验过程、鉴别分析意见及鉴定意见，亲自制成司法会计鉴定文书交付送检人或相关机关。

报告式鉴定适用于不同种类的司法会计鉴定，是各类诉讼中使用最广泛的一种司法会计鉴定方式。因此，本书中主要介绍和探讨报告式鉴定的操作程序与操作方法。

（二）会议式鉴定

会议式鉴定，是指司法会计鉴定人通过参加鉴定会议，对提请鉴定的问题进行分析论证，并提出结论性意见的一种司法会计鉴定方式。

采用会议式进行司法会计鉴定，应当组织召开鉴定会，先由送检人介绍案情，提出需要鉴定的问题，然后出示传阅相关检材供鉴定人进行检验。鉴定人根据检验结果和自己所选择的鉴定标准，各自发表自己的鉴别分析意见，并最终形成鉴定意见。鉴定的整个过程及鉴定意见应当制成鉴定笔录，由鉴定人在鉴定笔录上签名，将鉴定笔录作为司法会计鉴定意见的书面文件。

会议式鉴定通常只适用于鉴定复核。

第二章　司法会计鉴定证据

司法会计鉴定证据理论是研究司法会计鉴定事实依据的理论，由司法会计鉴定证据的概念、鉴定证据与诉讼证据的关联、鉴定证据形式与要求、鉴定证据划分方法、各种鉴定证据的运用规则等理论构成[①]。

第一节　司法会计鉴定证据概述

一、"司法会计鉴定证据"的提出

20世纪80年代，笔者在研究司法会计鉴定理论过程中，发现司法会计鉴定依据应当包括司法会计鉴定的法制依据、技术依据和事实依据三个方面。

按照传统的司法鉴定客体理论，司法鉴定的客体包括案件涉及的人、事、物，[②] 即将司法鉴定中的事实依据称为"鉴定客体"。也有理论将承载司法鉴定客体的材料称为"检材"或"鉴定材料"。由于"检材"、"鉴定材料"承载着需要通过鉴定解决的专门性问题的信息，因而往往被误认为司法鉴定的对象。但是，按照法律规定和法理，司法鉴定的对象应当是诉讼涉及的专门性问题，而非承担鉴定信息的材料。例如，很多学术和实务场合，人们都会误将财务凭证、会计记账凭证、账簿、报表等表述为司法会计鉴定的对象。

笔者研究后发现，检材在司法鉴定中的作用应当是供司法鉴定人检验后从中获取鉴别、判定专门性问题所需的信息。研究也发现，除检材外，司法鉴定中还会涉及诸如当事人陈述、证人证言等言词证据。检材本身并非都会被直接作为诉讼证据，而言词证据本身却不能作为鉴定意见的依据，这样一来就需要对司法会计鉴定的事实依据找出一个新的称谓，以便既能够包含检材也能够包括相关的诉

[①] 与证据法学原理不同的是，司法会计鉴定证据理论体系通常不包括证据历史、证据收集规则等问题的研究。这是因为：（1）司法会计鉴定有记载的历史资料很少，缺乏研究其历史的基础；（2）司法会计鉴定证据应当由送检人提供，因而其收集规则的研究应当是司法会计检查学或案件调查学研究的范围。另外，具体司法会计鉴定事项不同，所需的具体检材类型也就不同，这类问题应当在各类问题的鉴定规程理论中研究。

[②] 金光正：《司法鉴定学》，中国政法大学出版社1998年版。

讼证据。经过深入研究，将司法会计鉴定的事实依据命名为司法会计鉴定证据。①

按照诉讼原理，能够证明相关事实的材料都被称为证据，而司法会计鉴定本身也是诉讼活动的组成部分，即司法会计鉴定属于诉讼活动。按照这个思路，在司法会计鉴定中能够用来证明相关事实的材料可以称为"司法会计鉴定证据"②。在随后的研究中发现，作为司法会计鉴定意见的事实依据，还是使用"证据"一词比较贴切，因为"证据"一词不仅很容易理解为"事实依据"，且不易被人误解为"鉴定对象"。笔者为了将司法会计鉴定所用证据与诉讼证据相区分，将其定名为"司法会计鉴定证据"。

二、司法会计鉴定证据的含义

（一）司法会计鉴定证据的定义

司法会计鉴定证据，是指在司法会计鉴定中，鉴定人引以进行鉴别分析或据以作出鉴定意见的事实根据。

上述定义的司法会计鉴定证据包含以下三个特征：

第一，司法会计鉴定证据是司法会计鉴定的客观基础，具有一定的客观性。

这一特征反映了司法会计鉴定证据的基本属性。司法会计鉴定证据是对案件所涉及的财务会计事实的反映，是司法会计鉴定的客观基础，因而具有一定的客观性。这种客观性主要表现为司法会计鉴定证据客观存在而非诉讼主体和其他诉讼参与人臆造的。司法会计鉴定人只有通过对客观存在的财务会计资料及相关证据进行鉴别分析，才能对提请鉴定的财务会计问题作出正确的判断。司法会计鉴定证据存在与否、是否适用和可验证，决定着司法会计鉴定能否受理以及能否顺利实施。只有具备适用和可验证的司法会计鉴定证据，司法会计鉴定人才能受理并作出鉴定意见。

第二，司法会计鉴定证据是司法会计鉴定中使用的证据。

这一特征反映了司法会计鉴定证据的运用范畴，并以此区别于诉讼证据的概念。司法会计鉴定证据反映与案件有关的财务会计事实，必然会有一部分或大部

---

① 于朝：《司法会计学基础》，山东省出版局批准印行1991年版。

② 目前仍有不少学者、专家借鉴传统的司法鉴定理论，将司法会计鉴定证据称为检材、鉴定材料或鉴定客体、鉴定对象等。这些称谓都有其弊端。比如，"检材"一词不能包含司法会计鉴定所涉及的所有证据材料；"鉴定材料"则不宜直接说明司法会计鉴定事实依据方面的作用；鉴定客体与鉴定对象有着近似的含义，但在司法会计鉴定理论中，"鉴定对象"已经有其专门所指——司法会计鉴定所要解决的专门性问题。基于这些弊端，笔者也想建议在司法鉴定理论中分别明确司法鉴定证据理论和修订目前的司法鉴定对象理论，使司法鉴定理论更为科学。

分甚至全部被用作诉讼证据，但只有在司法会计鉴定中被使用的证据材料，才能称为司法会计鉴定证据。事实上，司法会计鉴定证据既包括诉讼活动中使用的各种证据，如与案件有关的财务会计资料证据、证人证言、鉴定意见等，也包括其他诉讼活动中没有直接使用，但与司法会计鉴定有关的其他材料，如涉案财务会计资料等。

第三，司法会计鉴定证据是司法会计鉴定人进行鉴别分析或作出鉴定意见的事实根据。

这一特征反映了司法会计鉴定证据的基本用途和作用。首先，从证明案件事实的角度讲，司法会计鉴定实际上是"以证举证"的过程，即司法会计鉴定人根据司法会计鉴定证据鉴别、判定涉案财务会计问题，并提供鉴定意见这一诉讼证据。其次，只有与鉴定事项有关，可以由司法会计鉴定人引以进行鉴别分析或据以作出鉴定意见的证据材料才能作为司法会计鉴定证据。司法会计鉴定证据在鉴定中的作用是不同的：有些证据只能在鉴别分析过程中运用，而不能被作为鉴定意见的事实根据——如言词证据；有些证据则可以作为鉴定意见的事实根据——如涉案财务会计资料等。区分哪些证据可以用于司法会计鉴定的鉴别分析依据，哪些证据可以作为司法会计鉴定意见的依据，是司法会计鉴定证据理论的主要研究内容和研究目的之一。

（二）司法会计鉴定证据与诉讼证据的关系

诉讼证据，是指能够直接用于证明诉讼案件事实的各种材料。其中，经过查证属实的诉讼证据能够作为定案的根据。从广义上讲，司法会计鉴定证据与诉讼证据都是在法律诉讼中收集并运用的证据，因而两者之间存在着一定的共性。同时，由于司法会计活动是一种特殊的诉讼活动，其特殊性决定了司法会计鉴定证据与诉讼证据也存在一些差异。

司法会计鉴定证据与诉讼证据的共性和联系主要表现为下列四个方面：

第一，司法会计鉴定证据与诉讼证据都是依照法定程序收集形成的，都需要具备合法性的基本要求。司法会计鉴定证据的收集主体和过程必须合法，才能作为司法会计鉴定意见的事实根据，而诉讼证据的收集主体和过程必须合法，才能作为定案的根据。

第二，司法会计鉴定证据与诉讼证据都要求必须具备关联性，从司法会计鉴定证据角度讲，只有与鉴定事项有关的材料才能成为司法会计鉴定证据；从诉讼证据角度讲，只有与案件事实有关联的材料才能作为诉讼证据。

第三，司法会计鉴定证据中的财务会计资料证据，其本身就是诉讼证据的组成部分，从这个角度讲，司法会计鉴定证据与诉讼证据有一定的重合性。

第四，在同一案件中，能够作为诉讼证据的言词证据虽然不能作为鉴定意见的事实根据，但这些诉讼证据，对司法会计鉴定证据有着证实和说明作用。

司法会计鉴定证据与诉讼证据的差异主要表现为下列三个方面：

第一，司法会计鉴定证据与诉讼证据存在不重合的部分。其一，有些诉讼证据不能成为司法会计鉴定证据——这主要是指与鉴定事项无关的部分不会成为司法会计鉴定证据。例如，由于司法会计鉴定不负责鉴别确认责任人，因而诉讼证据中的证明犯罪嫌疑人身份的书证、言词证据等都不能成为司法会计鉴定证据。其二，司法会计鉴定证据包括不作为诉讼证据使用但与鉴定事项有关联的财务会计资料，这类财务会计资料不会直接作为定案的根据。比如，对资产应结存额问题的鉴定中，需要运用的某期间相关资产的收、付凭证作为司法会计鉴定证据，这些凭证大都不会作为诉讼证据，也不会直接作为定案的根据。

第二，司法会计鉴定证据与诉讼证据的审查目的不同。诉讼证据的证明资格、证明力的审查，是针对整个案件事实而言；司法会计鉴定证据的证明资格和证明力的审查，则只针对鉴定意见而言。这导致了司法会计鉴定证据与诉讼证据的构成不同。诉讼证据包括物证，而司法会计鉴定证据不包括物证本身。在司法会计鉴定证据中，物证可能会以勘验检查笔录、书证等形式作为涉案财物数量的证据，并不需要将物证本身作为司法会计鉴定证据，但诉讼证据显然包括了物证本身。

第三，司法会计鉴定证据与诉讼证据在理论上有着不同的划分方法与划分标准。基于司法会计鉴定意见强调科学性的需要，司法会计鉴定证据明确地分为基本证据和参考证据两大类；而确认案件事实采用自由心证的方式，使得诉讼证据不需要被分为基本证据和参考证据两类。反之，刑事诉讼证据被分为有罪证据和无罪证据，司法会计鉴定本身不解决法律定性问题，因而就没有必要将司法会计鉴定证据作类似的分类。

三、司法会计鉴定证据的形式与要求

（一）司法会计鉴定证据的表现形式

司法会计鉴定证据都是以书面形式所表现的。具体的证据形式包括财务会计资料、财务会计资料证据、当事人陈述及证人证言、勘验笔录、检查笔录、鉴定意见等。

1. 财务会计资料。主要是指与司法会计鉴定事项有关的未被诉讼证据所固定的各种财务会计资料。

2. 财务会计资料证据。主要是指与司法会计鉴定事项有关的已被作为诉讼证据固定、提取的财务会计资料。

3. 当事人的叙述及证人证言。主要是指与司法会计鉴定事项有关的刑事被告人的供述或辩解、受害人陈述、民事及行政案件当事人陈述、各类诉讼中的证人证言等。

4. 勘验、检查、搜查笔录。主要是指内容涉及司法会计鉴定的《勘验、检查笔录》。

5. 鉴定意见。主要是指除司法会计鉴定意见以外的各种鉴定意见，如笔迹、印章、商品等级、工程耗费等检验鉴定的检验报告或鉴定意见等。

（二）司法会计鉴定证据的基本要求

在司法会计鉴定中，司法会计鉴定人所运用的鉴定证据必须符合以下两点基本要求：

第一，司法会计鉴定证据必须是依法定程序收集或审查形成的材料。这是对司法会计鉴定证据来源的基本要求。

司法会计鉴定证据是一种客观存在，需要通过一定的途径才能得到，而司法会计鉴定人的诉讼地位和诉讼任务，决定了其无权自行收集鉴定所需的检材及相关证据材料，这里包括司法会计鉴定人无权直接向相关单位或个人收集证据，也包括无权直接接受由当事人直接提供的鉴定证据。① 所以，司法会计鉴定证据通常应由办理案件的诉讼机关依法收集并提供。对司法会计鉴定证据的这一要求，并非是要排斥司法会计鉴定人参与司法会计鉴定证据的收集工作，只是要确认由司法会计鉴定人自行收集或由其他人收集的鉴定材料，不得作为司法会计鉴定证据使用。在许多情形中，诉讼机关需要司法会计鉴定人协助进行某些证据的收集工作，但这类证据收集活动必须依法在案件承办人员的主持下进行。②

能够证明司法会计鉴定证据是依法定程序收集的证据，主要是证据提取笔录、勘验检查笔录等程序证据。

根据这一要求，司法会计鉴定人在鉴定中发现缺少必需的司法会计鉴定证据时，应当向送检方提出补充证据的要求，由送检方负责补充收集。

第二，司法会计鉴定证据必须是由送检方确认了其可靠性的鉴定材料。这是对提供司法会计鉴定证据的基本要求。

司法会计鉴定的最终任务是作出司法会计鉴定意见，而司法会计鉴定意见是由司法会计鉴定人根据其对司法会计鉴定证据的检验所获取的信息进行研究和分析所得出的。显然，司法会计鉴定证据本身是否可靠，直接关系到司法会计鉴定意见的可靠性。根据我国法律有关规定的精神和司法会计假定理论，鉴定材料的

---

① 司法会计鉴定人自行收集证据的方式主要有讯问、询问、司法会计检查等。由于当事人担心司法会计鉴定自行收集证据会影响到其科学地判断鉴定事项，因而司法会计鉴定人自行收集证据也往往会在法庭上受到质疑。

② 在民事诉讼中，虽然当事人有举证责任，代理律师也有证据收集权利，但一旦因鉴定所需收集司法会计鉴定证据时，当事人应当申请法官调取相关材料，法官也应当以其职权收集司法会计鉴定所需检材。

可靠性应由送检方负责。所以，司法会计鉴定证据应当是由送检方确认了其可靠性的材料。但是，对司法会计鉴定证据提出这一要求，并非意味着司法会计鉴定人在司法会计鉴定中无须考证证据的可靠性。恰恰相反，司法会计鉴定人在鉴定中必须随时注意考察鉴定材料的可靠性，发现疑点应当通知送检人进行核查，以确保鉴定意见的可靠性。

明确上述两项基本要求，对于研究司法会计鉴定的操作程序和操作方法都具有重要的意义。

四、司法会计鉴定证据的分类

笔者从司法会计鉴定理论研究及实践中正确运用司法会计鉴定证据的需要出发，将司法会计鉴定证据分为基本证据和参考证据两大类。这种分类方法是根据司法会计鉴定证据在司法会计鉴定中的重要性及其与鉴定涉及的待证事实的关系不同确定的，是对司法会计鉴定证据的一种基本划分。

依据不同的标准对基本证据再作出进一步的划分：

1. 依据基本证据与待证事实的关系不同，可将基本证据划分为直接证据和间接证据两类。①

2. 依据基本证据形成的不同情况，可将基本证据划分为原始证据和制作证据两类。

第二节　基本证据与参考证据

一、基本证据

（一）基本证据的内涵及外延

基本证据，是指在司法会计鉴定中，能够采用司法会计专业技术对其内容进行检验分析，并能够作为司法会计鉴定意见依据的司法会计鉴定证据。

从证据形式上讲，基本证据主要包括：（1）鉴定事项所涉及的财务会计资料；（2）鉴定事项所涉及的财务会计资料证据；（3）通过司法会计检查形成的，能够说明上述证据内容客观情况的《勘验、检查笔录》。

（二）基本证据的特点

基本证据具有以下三个特点：

1. 可鉴别性

所谓可鉴别性，是指司法会计鉴定人运用自身的专门知识和经验，能够对基

---

① 所谓待证事实，是指在司法会计鉴定中，鉴别、判定财务会计问题时需要运用某一具体事实，该事实需要通过司法会计鉴定证据来证明。

本证据的内容进行检验、分析。司法会计鉴定的技术特点及鉴定范围,决定了能够利用司法会计技术进行检验分析的对象,只能是按照财务会计规程产生的书面材料。由于财务会计技术的运用结果,使得这些材料的内容之间存在着各种可以进行技术性验证的同一关系、钩稽关系等技术结构,进而大都可利用司法会计技术方法对其内容进行相应的鉴别分析。在司法会计鉴定实践工作中,也并非所有的财务会计资料及其相关证据都具备可鉴别性,根据资料可验证司法会计鉴定假定前提,如果遇有资料不可验证的,则司法会计鉴定不具备假定条件,司法会计鉴定人也就不能受理鉴定或出具鉴定意见,不可鉴别的财务会计资料及财务会计资料证据也就不能作为司法会计鉴定的基本证据。

基本证据的可鉴别性,是司法会计鉴定人能够将其作为鉴定意见依据的技术保障,也是司法会计鉴定活动赖以存在并被运用于各种诉讼中的专业基础。

2. 稳定性

基本证据的内容大都是在案发前就以文字形式所固定的,其内容在诉讼中或诉讼后都不会发生变化,具有较强的稳定性。

基本证据的稳定性,是司法会计鉴定人能够保证鉴定意见自身稳定性的客观基础。司法会计鉴定意见系鉴定人依据相关证据材料推断形成的特殊诉讼证据,如果推断鉴定意见所依据的证据材料内容不稳定,将导致鉴定意见在出具后会随时按照变化了的证据内容进行修正。这样一来,一方面,会导致司法会计鉴定意见本身不稳定,影响其作为诉讼证据的严肃性;另一方面,当证据材料发生相反方向的变化时也会导致司法会计鉴定人难以作出判断,即使作出了判断也难以避免其带有倾向性,增加鉴定风险。

3. 可靠性

除《勘验、检查笔录》外,基本证据都是在财务会计活动过程中形成的,其内容是在诉讼开始以前即以特定的物质形式所固定。这就决定了基本证据在被收集和使用的过程中不易被加入人为因素,因而其可靠性较强。这里所谓不易加入人为因素,是指在基本证据形成过程中不宜加入证据提供者(如当事人、证人)、证据加工者(如侦查、检察、审判人员及律师等)的个人意志。

基本证据的可靠性,使司法会计鉴定人能够保证鉴定意见自身可靠性的客观基础。很明显,证据材料如果在其形成的过程中加入了人为因素,必然改变了其作为客观情况的基本属性,因而不符合司法会计鉴定意见形成基础的基本要求。同时,人为因素的加入也会增加证据材料的不稳定性。

从基本证据的外延讲,财务会计资料及财务会计资料证据均具备前述基本证据的特点,但《勘验、检查笔录》是在诉讼后才产生的,且并不具备财务会计资料证据的技术性特征,因而可验证性、稳定性和可靠性都会产生折扣,将其列入基本证据的范围应当是另有考虑的。

首先,《勘验、检查笔录》的形成过程中,有些是鉴定人作为具有专门知识的人(如司法会计师)的身份亲自参与的,因而其内容已经过鉴定人的现场验证,其稳定性和可靠性也能够由鉴定人直接作出判断;有些则是鉴定人没有参与检查而形成的,但鉴定人可以通过对《勘验、检查笔录》的形式验证(如有无见证人、办案人签名)和内容验证(相关数据计算的正确性),其中对涉及查账结果的还可以利用其他基本证据确认其可靠性。至于其稳定性肯定也会高于当事人陈述、证言、鉴定意见等证据。

其次,《勘验、检查笔录》仅用于资产结存差异等个别问题司法会计鉴定事项,不会对多数鉴定意见的科学性和可靠性形成影响。即使在结存差异类问题鉴定中,也不会因为《勘验、检查笔录》存在瑕疵而完全否定司法会计鉴定意见的科学性。结存差异类问题鉴定的原理:资产应结存额与《勘验、检查笔录》记载的资产实际结存额的差额为结存差异,由司法会计鉴定人解决的主要问题是资产的应结存额,这个问题的解决所运用的鉴定证据只有财务会计资料和财务会计资料证据,不涉及《勘验、检查笔录》的运用。因此,如果在司法实践中,法官否定了《勘验、检查笔录》的可采性,结存差异类问题的鉴定意见不能被采信的情况下,仍然可以采信有关资产应结存额的鉴定意见。

最后,在具体鉴定中是否采信具体的《勘验、检查笔录》,由鉴定人决定其取舍——这是《勘验、检查笔录》与其他基本证据在采信方面的差异。

(三) 基本证据在司法会计鉴定中的地位

基本证据的存在是司法会计鉴定得以进行的前提。诉讼中,在没有基本证据或基本证据明显不足的情况下,不应当提请进行司法会计鉴定,司法会计鉴定人也不应当受理鉴定;在司法会计鉴定中,司法会计鉴定人如发现缺少必需的基本证据,则不应作出确定性鉴定意见,或者应当中止鉴定——待送检方补充相关基本证据后才能继续鉴定。

基本证据在司法会计鉴定中的这一地位,是由基本证据的特点以及司法会计鉴定的技术要求所决定的。明确基本证据在司法会计鉴定中的这一地位,也有利于司法实践中正确判断司法会计鉴定能否启动并作出鉴定意见。

二、参考证据

(一) 参考证据的内涵与外延

参考证据,是指在司法会计鉴定中,能够说明案件所涉及的财务会计业务内容,并对检验鉴别分析和作出鉴定意见具有参考意义,但不能作为鉴定意见依据的司法会计鉴定证据。

从证据形式看,参考证据主要是指当事人的叙述、证人证言、鉴定意见等言词证据等。

（二）参考证据的特点

与基本证据相比较，参考证据不具备可鉴别性、稳定性和可靠性的特点。

不可鉴别性：言词证据通常存在于人们的大脑中，因而无法通过司法会计技术的运用进行检验，从司法会计鉴定技术角度讲，参考证据具有不可鉴别性。

不稳定性：言词证据是为了诉讼或者诉讼中通过人的作证途径形成的，其反映的是存在于人们大脑中的信息，受到人们的记忆、作证时的心态等影响，在诉讼中随时可能发生变化，即使在诉讼后仍然存在变化的可能性，因而不具备稳定性的特点——司法实践中随时出现的翻供、翻证情形也证明了这一特点。

不可靠性：言词证据的形成主要有询（讯）问和自写两种方式，在这一过程中很容易加入办案人员等他人的意识，使言词证据失去可靠性。比如逼供、诱供、逼证、诱证等，都可能使言词证据失实。

（三）参考证据在司法会计鉴定中的地位与作用

参考证据不能作为司法会计鉴定的依据。由于以言词证据为主的参考证据不具备基本证据的特点，因而其不应当作为司法会计鉴定意见的根据，这是为了保证司法会计鉴定意见的科学性和可靠性。

参考证据不作为司法会计鉴定意见的根据，但这并不意味着参考证据在司法会计鉴定中没有作用。

首先，基本证据是否可靠决定着司法会计鉴定意见的可靠性。在司法会计鉴定中，鉴定人可以根据参考证据的内容考察有关财务会计资料制作人的业务水平及资料的制作背景等，进而考察基本证据的可靠性。例如，在一些涉及虚假财务凭证的案件中，司法会计鉴定人根据财务真实的假定，会将这些虚假财务凭证中的虚假财务记录视为真实的财务记录确认相关财务会计问题，但这显然会影响鉴定意见的可靠性。而诉讼中出现的虚假财务凭证，绝大多数情形中都只能通过言词证据来证明其内容为虚假。这类情形出现后，司法会计鉴定人需要通过参考言词证据，来确定出具确定性意见还是限定性意见，以保证鉴定意见的可靠性。

案例2-1：甲、乙公司合伙经营项目，财务会计资料由乙公司控制。合伙结束时，乙公司称项目未获得利润，甲公司认为应当存在利润，便起诉乙公司要求分配利润。诉讼中就合伙经营项目的经营损益问题进行司法会计鉴定。司法会计鉴定人在检验项目资料中发现存在虚假费用支出的情形，便建议法官进行调查。调查中乙公司财务人员承认存在23万元的虚假费用发票，并进行了指认。司法会计鉴定人在按照财务真实假定作出该项目亏损3万元鉴定意见的情况下，增加了附加判定条件：如果48张发票支付的23万元的运费未发生，则该项目取得利润20万元。

其次，司法会计鉴定人可以借助于参考证据来考察基本证据的完备性，以便发现基本证据的不足，及时要求补充基本证据或科学地使用现有基本证据来解决鉴定问题。基本证据的完备性往往会影响鉴定意见的科学性和可靠性。如果基本证据不完备，可以通过补充检材获取，但如果某些基本证据客观上就没有形成，则需要司法会计鉴定人在保证鉴定意见科学性的前提下，采用限制检材范围法或通过出具限定性意见等完成鉴定工作。

案例2-2：某公司走私案件进行了应纳增值税额问题的司法会计鉴定。侦查部门通过搜查该公司财务室，扣押了其作案期间的全部财务会计资料，作为检材送检。司法会计鉴定人检验中却发现，该公司为了掩盖走私行为，没有设置存货账户核算走私货物的数量和金额，这就难以进行应纳进口增值税额问题的鉴定。但在检验其核算涉及外汇业务的进口商品应付账款账户时，发现其在没有记录实时汇率的情况下，该账户发生额的记录却十分明晰，推测其应当有数量金额式的辅助账户。司法会计鉴定人将这一推测告知送检方，并建议送检方重新询问该公司主管会计。该公司主管会计在无法说明应付账款账户发生额登记依据的情况下，承认了其隐匿辅助账户资料的事实，并带领侦查人员到公司拿出了隐匿的账簿，并补充送检。司法会计鉴定人根据该账簿及涉外合同的记录，很方便地确认了进口货物的数量，解决了该公司在进口环节应纳增值税额的问题。

最后，司法会计鉴定人在某些情形中还可以借助于参考证据来合理地确定财务会计资料的检验范围。例如，在出纳人员贪污、挪用公款现金案件中进行的现金应结存额问题的鉴定时，如果出纳人员任职时间较长，不便对其任职期间的所有财务会计资料进行检验，这就会涉及如何确定检验财务会计资料的期间问题。这种情况下，可以通过口供、证言等言词证据来考察其贪污公款现金的作案期间，将作案期间前的某一时点作为检验相关财务会计资料的起始点，既可以防止因检验期间过小，影响鉴定意见的科学性，又可以节约检验时间。

案例2-3：某机关出纳人员甲某贪污公款案件，需要进行该机关"现金应结存额与实际结存额是否相符"问题的司法会计鉴定。甲某已经任职15年，如果从其任职开始检验涉案财务会计资料，需要很长的检验时间。该案中的举报材料及其他言词证据显示，其作案期间为案发前两年，司法会计鉴定人据此将检验涉案财务会计资料的期间确定为三年前的一月一日至案发。

三、划分基本证据与参考证据的意义

司法会计鉴定证据理论将鉴定证据划分为基本证据和参考证据，主要是为了保证司法会计鉴定人所出具的鉴定意见的科学性和可靠性。

（一）划分基本证据与参考证据，有利于保证司法会计鉴定意见的科学性

司法会计鉴定意见的科学性是其能够作为诉讼证据的根据所在。然而，科学的司法会计鉴定意见必须通过科学的操作程序并依据能够保证其科学性的鉴定证据才能得出。因此，具备可鉴别性、稳定性、可靠性的司法会计鉴定证据，是司

法会计鉴定人科学地推断司法会计鉴定意见的客观基础。

通过基本证据与参考证据的划分，可以明确和突出基本证据在司法会计鉴定中的地位，奠定司法会计鉴定意见的客观基础，从而保障司法会计鉴定意见的科学性。

（二）划分基本证据与参考证据，有利于加强司法会计鉴定意见的可靠性

由于参考证据不具备基本证据的特性，因而不能作为司法会计鉴定人作出鉴定意见的根据，但这并不否定其在司法会计鉴定中的作用。第一，在司法会计鉴定中，鉴定人根据参考证据可以考察有关财务会计资料制作人的业务水平及资料的制作背景等情况，进而可以考察基本证据的可靠性。第二，司法会计鉴定人可以借助于参考证据来考察基本证据的完备性，以便发现基本证据的不足之处，及时要求补充证据或科学地使用现有基本证据来解决鉴定问题。第三，司法会计鉴定人在某些情形中还可以借助于参考证据来合理地确定财务会计资料的检验范围。司法会计鉴定意见是司法会计鉴定人利用基本证据所存储的信息和相关鉴定标准推断而成的，如果基本证据存在瑕疵虽不会导致司法会计鉴定人的责任风险，但会影响到司法会计鉴定意见的可靠性，而参考证据在检验分析中的运用，则可以大大提高司法会计鉴定意见的可靠程度。第四，参考证据对于出具何种类型的鉴定意见也具有参考价值。比如，对鉴定结果采用确定结论意见还是限定性结论意见予以表达，就可能与参考证据的内容有关（具体方法见后文）。

在司法会计鉴定中，鉴定人所作出的鉴定意见是否可靠，很大程度上取决于其能否正确地分析、鉴别和使用司法会计鉴定证据。根据司法会计鉴定证据与鉴定意见的关系将鉴定证据划分为基本证据和参考证据两类，明确二者与鉴定意见之间的不同关系，既可以避免因基本证据本身存在的缺陷而可能导致鉴定意见出现瑕疵或错误，又可以否定依据参考证据作出鉴定意见的错误做法，从而为科学地出具可靠性较强的鉴定意见提供保障。

四、关于言词证据能否作为司法会计鉴定意见依据的争议

将言词证据作为司法会计鉴定意见的事实依据是一种传统的做法。这一做法与历史上人们对司法会计鉴定对象的理解有关。我国司法会计鉴定产生于贪污案件的诉讼中，主要用于解决贪污手段、贪污数额等案件事实和行为定性等法律事实与定性问题。这种情形中，司法会计鉴定人实际上是按照舞弊审计操作程序进行所谓的"司法鉴定"——发现财务舞弊、查明财务舞弊和证实财务舞弊的存在。有些司法会计学或司法鉴定学教科书中也直接将财务会计行为是否系贪污、挪用、偷税、抗税等列为司法会计鉴定解决的问题。但是，这类事实的认定不仅需要财务会计资料等司法会计鉴定的检材，也需要使用言词证据，而言词证据的运用需要通过自由心证确定其取舍，因而在80年代诉讼中出现的此类司法会计

鉴定结论往往是争议不断。

　　基于上述传统做法和认识，当20世纪90年代初期学术界提出"言词证据不能作为司法会计鉴定结论依据"的理念时，立即遭到了一些司法会计师和学者们的质疑。反对这一理念的主要理由是如果不采用言词证据，很多案件的鉴定结论无法作出，而支撑这一理由的主要事实依据是虚假发票涉及的财务会计事实的认定问题。例如，涉及成本、费用支出的案件中，发票内容虚假性的判断通常无法通过检验财务会计资料获取有用的信息，如果要确认与此相关联的财务会计事实的虚假性，则肯定需要采用言词证据；又如，涉及收入的案件中，很多收入并没有形成发票等收入凭证或者送检方无法提供收入凭证，这种情形中如果不采用能够证明收入发生的言词证据，司法会计鉴定人显然不能提供符合客观情况的鉴定意见。凡此种种，主张采用言词证据的专家们几乎无一例外地都采用了这类案例进行论证。从类似论证内容可以看出，从舞弊审计角度来理解司法会计鉴定（即将司法会计鉴定理解为诉讼中进行的舞弊审计），是导致言词证据能否作为鉴定意见依据的理念根源。从舞弊审计角度看，其认定舞弊必然需要查明案件的全部财务会计事实，而全部财务会计事实的证明显然需要包括言词证据在内的所有财务会计业务方面的证据。这里出现了两个错误：一是从诉讼分工理论看，混淆了司法会计鉴定人与主要诉讼主体的差异（持这种观点的人往往将司法会计鉴定人视为诉讼机关的代表），司法会计鉴定的任务是为证明某一特定的案情提供证据，而全面认定案件涉及的财务会计事实的任务则应当由诉讼主体承担，从这个角度讲，上述关于言词证据应当成为司法会计鉴定意见依据的论证大前提出现了错误——即将应当通过司法结论回答的案件事实确认问题赋予了司法会计鉴定意见；二是全面认定案件涉及的财务会计事实，通常需要采用自由心证的方法才能实现（这主要涉及对言词证据取舍的判断），但自由心证显然强调的是主观性而非科学性，这种方法如果被用于司法会计鉴定，往往导致司法会计鉴定意见失去科学性——这也是导致一些司法会计鉴定意见产生争议的主要根源之一。

　　然而，在一些司法会计专家那里，舞弊审计理念根深蒂固，他们始终坚持着自己是"技术法官"的理想，这导致他们长期坚持采用言词证据来证明所谓的"鉴定意见"。但是，随着司法会计鉴定科学理论的推广和证据意识的提高，越来越多的警官、检察官、法官、律师逐步明确了司法会计鉴定范围问题，并对鉴定中采用"言词证据"说不。从下面的案例可以看出这种变化。

　　案例2-4：这是一起侦查了4年的贪污2,556万元的特大贪污案件，曾经震惊海南、江西两省。一审法院根据某审计行政机关出具的审计报告（舞弊审计结论）和司法会计鉴定意见，判处主犯死刑，缓期二年执行。该案涉及的主要财务事实是：1996年1月至1999年12月4年间，主犯指使总公司出纳人员在商业银行开设 9 个个人储蓄账户,将总公司的一部分收入不入账,分别存入上述 9 个个人账户中,共计 2,556 万元,供个人支配使用。司法会计鉴定人出具的鉴定意见确认上述财务事实存在。但是,由于该公司财务管理混乱,侦查部门未能提供证明总公司实际现金收入状况的财务凭证,司法会计鉴定意见主要依据言词证据认定其总收入。该案进入二审后,二审法院认为,采用言词证据来证明存入 9 个个人账户的款项来源于总公司的现金收入的做法不妥,鉴定意见不能被采信,以事实不清、证据不充分为由对主犯及其他同案犯作出无罪判决。

这起案件中的司法会计鉴定存在两个问题:一是关于鉴定事项和鉴定意见的范围,确认主犯贪污 2,556 万元的财务事实是否存在的鉴定要求以及确认这一财务事实存在的鉴定意见都已经超出了司法会计鉴定的范围;二是在证明 9 个个人账户资金来源的基本证据不足的情况下,司法会计鉴定人应当终止鉴定或仅就可证明总公司现金收入金额作出限定性结论,而不应当采用言词证据来推测账户资金的来源。根据本章论述的司法会计鉴定证据原理来分析这一案例中采用言词证据的原因可以看出:本案的主要事实主要由财务事实构成,司法会计鉴定人认定财务事实存在的结论,其实质就是站在法官的角度对案件的主要事实作出了司法结论,而认定本案的主要事实显然需要采用言词证据并通过自由心证来确认证据的取舍,无论是从鉴定事项的设定还是从鉴定方法的选用显然都背离了司法会计鉴定意见的科学性的要求,因而二审法院不采信"鉴定意见"理所当然。

五、关于参考证据与审计学中辅助证据的差异

审计学中,基于审计证据重要性将其分为基本证据(primary evidence)和辅助证据(supporting evidence)两类。① 这是对报表审计证据的一种分类方法,其中,将会计报表的形成依据(总分类账、明细分类账和日记账)作为基本证据,将其他能够证明基本证据内容的财务会计资料证据、物证、言词证据等作为辅助证据。在实际进行的舞弊审计中,所有的财务会计资料都可能会被视为基本证据,而物证、言词证据则会被作为辅助证据使用。

辅助证据的审计意义,除能够验证基本证据内容的真实性、正确性与合规性外,在基本证据未能证明的方面,还可用作审计结论的依据,进而起到辅助基本证据的作用。

司法会计鉴定的参考证据与审计的辅助证据相比较,除证据范围存在差异外,主要表现在证据效用方面:参考证据在司法会计鉴定中作为参考资料使用,但不作为鉴定意见内容的根据,但辅助证据可以作为审计意见内容的根据。明确这一点非常重要,因为在实际的司法会计鉴定中,之所以出现将参考证据作为鉴

---

① 参见 [日] 三泽一:《审计学》,文硕译,北京会计学会商业分会 1983 年印行。

定意见根据的做法，很大程度上就是将参考证据理解为了辅助证据，进而采用参考证据来弥补基本证据的不足，自觉或不自觉地将参考证据作为鉴定意见的根据。

第三节 各类基本证据

一、直接证据与间接证据

（一）直接证据与间接证据的划分方法

直接证据，是指与待证事实有直接关系，能够单独证明待证事实的基本证据。

间接证据，是指与待证事实没有直接关系，但与其他证据联系起来可以证明待证事实的基本证据。

直接证据与间接证据的界限，是依据基本证据与鉴别、判定财务会计问题时所涉及的某项具体待证事实的关系来划定的。它反映了不同证据在证明待证事实中的证明力不同：在同一案件的同一财务会计问题的鉴定，某项基本证据在证明某一待证事实时，可能被作为直接证据来使用，但在证明另一待证事实时则可能被作为间接证据来使用，或者反之。例如，记账凭证在证明会计处理（编制会计分录）事实时，应当被作为直接证据使用，但在证明账簿记载发生额事实时，则只能作为间接证据被使用。

这里需要提示的是，司法会计鉴定证据中的直接证据和间接证据的划分方法，与证据学上对诉讼证据划分方法是不同的。在证据学中，直接证据与间接证据的划分是按照证据与案件主要事实的关系不同划分的，因而一份诉讼证据在同一案件中的证据地位是固定的，要么是直接证据，要么是间接证据。但司法会计鉴定学中，直接证据与间接证据的划分标准不是以其与鉴定意见的关系为标准划分的，而是依据其与形成鉴定意见有关的具体事实的关系不同划分的。因此，在同一项司法会计鉴定中，直接证据和间接证据的划分不是固定的，同样一份基本证据既可以作为直接证据出现，也可以作为间接证据出现，这是司法会计鉴定证据中基本证据划分与诉讼证据中的直接证据和间接证据划分的区别点。

（二）划分直接证据与间接证据的意义

将基本证据划分为直接证据和间接证据，主要是为了明确二者在证明具体待证事实中的不同作用，以便科学、正确地运用基本证据。

直接证据的作用主要是以其记载的内容直接证明待证事实。例如：财务凭证的内容可以直接证明财务收支业务；记账凭证可以直接证明会计处理事项；账簿可以直接证明账户余额事实等。

间接证据通常可以被用来考察和确认直接证据内容的真实性和正确性，对待证事实起着间接证明的作用。在无直接证据的情形中，科学地利用足够的间接证据也可以证明待证事实。例如，会计凭证可以间接证明账簿所记载的账户余额的真实性，在无账簿的情形中，将足够的会计凭证联系起来也可以证明账户余额。

通过上述对两类证据的介绍，我们可以看出，对具体的待证事实而言，直接证据的证明力较强，而间接证据的证明力较弱。因此，司法会计鉴定人在确定了待证事实后，应要求送检人尽力收集和提供直接证据，以便保证鉴定的顺利进行。

直接证据的证明力强，并不意味着司法会计鉴定人在采用直接证据时，不需要对其内容进行验证。相反，司法会计鉴定人在使用直接证据时原则上应当通过检验相应的间接证据对直接证据的内容进行全面的验证。例如，我们使用账页证明账户发生额时，并非是对该发生额的形成及其正确性、真实性不管不问；相反，我们还要根据形成该账户有关的会计凭证来验证其发生额的真实性和正确性。

（三）利用间接证据证明待证事实的规则

在司法会计鉴定中，如果缺乏直接证据，需要利用间接证据来证明待证事实，应当遵循下列规则：

1. 必须具备足够的间接证据。所谓足够，是指间接证据的内容总和能够说明直接证据的基本信息。例如，利用记账凭证证明账户余额时，同期记账凭证内容应当是完整的，以保证能够完整地恢复账户发生额。如果缺少部分记账凭证，则不足以证明账户余额。

2. 对所使用的每一间接证据都需要进行认真的检验，以保证能够正确利用间接证据记载的内容来确定待证事实的内容。这里需要注意的是，如果检验间接证据发现其本身存在错误，应当按照其原记载内容来确认直接证据的内容，至于这一错误对直接证据的影响，应当另作处理。例如，利用记账凭证证明账户发生额时，应当根据记账凭证记载的内容进行，如果检验发现记账凭证的会计分录内容本身存在错误，应当另外考虑这一错误对账户余额产生的影响，不应当先修正会计分录错误，再根据调整后的会计分录来恢复账户发生额——这样做会影响对原账簿发生额的客观性。

3. 在证明程序方面，可先利用间接证据来确定直接证据的各项信息内容，组成假设的"直接证据"，再利用这一"直接证据"证明待证事实。

我们以在缺乏账簿的情况下，利用会计凭证及会计报表来证明某一账户余额为例，说明间接证据的运用规则。

首先，应当通过检验会计凭证及会计报表，确认会计凭证和会计报表完整性和可利用性。确认与需要确认余额的账户同期的会计凭证和会计报表是完整的，便可认为具备了足够证明账户余额的间接证据。

其次,检验每一记账凭证及会计报表内容,确认其所记载的会计处理事项等符合会计平衡原理。

最后,根据记账凭证进行"记账",以恢复直接证据——账簿——的记载内容,并计算其账户余额。同时,根据会计报表的项目数字的构成原理,倒推账户余额。如果根据记账凭证所证明的账户余额与根据会计报表所证明的账户余额一致,则可以确认某账户的原账户余额。

案例2-5:某公司贷款诈骗案件中,犯罪嫌疑人向银行提供虚假内容会计报表骗取贷款。案发后,该公司为了逃避侦查将贷款期间的会计账簿、会计报表全部销毁,致使侦查工作难以进行。在司法会计鉴定中,证明会计报表项目数字这一待证事实的直接证据,其间接证据包括会计账簿和记账凭证。司法会计鉴定人运用记账凭证恢复了该公司的会计报表,进而证明了该公司向银行提供的会计报表与其实际形成的会计报表不一致。

二、原始证据与传来证据

所谓原始证据,是指保持着原有物质形式的基本证据。例如财务会计资料的原件等。它是直接来源于原始出处的资料。

所谓传来证据,是指采用复制、记录等方法制成的基本证据。它不是源于原始出处,而是经过中间环节转手所形成的资料。例如财务会计资料的抄写件、复印件、照片等。

将基本证据划分为原始证据和传来证据,对于鉴别判定财务会计问题并无实际意义。但由于传来证据在制作的过程中容易出现因制作不当或不慎而导致的内容失真,从而会影响检验结果的正确性,因此,在司法会计鉴定中应十分注意对传来证据内容的检验。

在司法会计鉴定中,如果具备检验原始证据的条件,应当直接通过检验原始证据获取鉴定所需的信息;如果没有原始证据可供检验,可以通过检验传来证据获取鉴定所需信息。检验传来证据时,在发现证据中存在错误或者各证据之间存在矛盾时,首先应注意查验传来证据中有无异常,以防止错将证据制作过程中形成的污迹、误抄等当作实的财务会计记录予以运用,或者错将红字记录当作蓝字记录依据对相关财务会计问题作出错误的判断。例如,如果发现通过复印形成的传来证据中的财务合计额、账户余额等存在计算错误,并能够采用除二法发现与差额相同的计算项,应当考虑该计算项是否属于红字记录。

第四节 假定事项与司法会计鉴定证据

一、一般假定事项与司法会计鉴定证据

司法会计假定，是指在司法实践中已经或必须确认的一些前提。这些前提一般包括资料适用、资料可验证、检材来源可靠、财务真实等。其中，财务真实假定，是指对司法会计鉴定中利用的财务凭证所记载的财务事实，送检方没有提供相反证据，且司法会计鉴定人给予专业关注后未发现虚假嫌疑的，便可以认为是真实的。根据这一假定，司法会计鉴定人通常无须对财务凭证内容的真实性进行证明，即不需要另外获取司法会计鉴定证据来证明相关财务凭证内容的真实性，便可以直接使用这些财务凭证来证明财务事实。

财务真实的假定事项免除了司法会计鉴定人对财务凭证内容的真实性承担鉴定责任，但司法会计鉴定人并不能因此而不关注财务凭证内容的真实性，毕竟财务凭证内容的真实性会影响到鉴定意见的可靠性，因而应当对用作司法会计鉴定证据的财务凭证的真实性给予专业上的关注，发现虚假嫌疑时应当告知送检方予以核查。

二、特别假定事项与司法会计鉴定证据

特别假定，是指在司法会计鉴定活动中，基于特定原因和合理根据，由送检方或司法会计鉴定人特别设定的假定事项。特别假定事项的司法会计鉴定意义在于，在无法获取某些司法会计鉴定证据时，可以利用特别假定某些财务事实，对涉案财务会计问题作出判断。司法实践中可以根据司法会计鉴定人的专业判断、送检方提出的特别假定事项、经法官认可的当事人的共识、法律或司法解释确定的特许事项等设定特别假定事项。

由于缺乏司法会计鉴定证据，司法会计鉴定人运用特别假定事项作为鉴定意见的根据时，免除了对相关鉴定证据的检验，但同时增加司法会计鉴定的风险。因此，在设定和运用特别假定过程中，司法会计鉴定人应当遵循必要、合理、科学和公开等规则。

1. 必要规则。即司法会计鉴定人对能够进行验证的事项均已进行了验证，仍不能满足出具鉴定意见的需要，不得已采用特别假定事项。这一规则要求司法会计鉴定人不得随意使用特别假定事项来取代需要司法会计鉴定证据证明的信息，只有在确实不存在某些司法会计鉴定证据的情形中，才允许使用特别假定事项。

2. 合理规则。即特别设定的假定事项应当符合司法会计鉴定原理和逻辑。

这一规则要求，特别假定事项的内容应当符合公认的道理，且司法会计鉴定人能够对这一道理作出符合逻辑的阐释。这一规则的设定主要有两个作用：一是保证特别假定事项的运用符合科学性要求，防止鉴定意见出现偏颇；二是保证具有相同鉴定能力的司法会计鉴定人，能够选择同样的特别假定事项作出鉴定意见，防止鉴定争议。

3. 科学规则。即特别设定的假定事项应当符合司法会计鉴定活动的科学性要求。这一规则要求，假定事项的内容必须符合司法会计鉴定证据的基本原理，防止随意采用参考证据作为鉴定意见的根据。同时，这一规则也限制了司法会计鉴定的范围，进而防止因随意采用特别假定事项导致的司法会计鉴定意见超出专门性问题的范围。

4. 公开规则。即司法会计鉴定人应当公开其所采用的特别假定事项。这一规则要求，司法会计鉴定人对鉴定中所采用的特别假定事项应当在鉴定文书中作出明确的表述。

第三章　司法会计鉴定标准

司法会计鉴定标准理论是研究司法会计鉴定技术依据的理论，由司法会计鉴定标准概念、鉴定标准分类、各种鉴定标准构成及适用规则等理论构成。

第一节　司法会计鉴定标准概述

一、司法会计鉴定标准的含义

司法会计鉴定标准，是指司法会计鉴定人在实施鉴定过程中所需遵循和依据的各种准则。

案例3-1：甲公司出纳员职务侵占案件中，涉及对下列会计处理事项真实性、正确性及其财务会计后果问题的鉴定。

甲公司于2010年10月20日从开户银行提取现金5万元，并作了如下会计处理：

借：银行存款　5万元

贷：现金　　　5万元

公安机关聘请注册会计师张某、李某为司法会计鉴定人，并出具了《聘请书》。同时，提供了甲公司2010年财务会计资料，同时提供了该项业务的现金支票等财务资料的复印件。司法会计鉴定人受理该鉴定事项，并接受了检材。

鉴定人经过初步检验，确定了初步结论：该会计处理事项不真实、不正确，导致库存现金虚长库结果。根据这一初步结论，鉴定人制作了详细检验论证方案：一是，确定了鉴定原理，包括采用会计制度中的会计科目标准以及采用比对鉴别法进行鉴定；二是，检验银行对账单及现金支票，验证提取现金5万元的财务事实；三是，核验银行存款对账单与银行存款日记账，验证提取现金5万元业务未记账，并证实不存在交存银行现金未记账的情形；四是，检验现金日记账簿、银行存款日记账簿的余额，验证上述记账凭证所列发生额已经计入相关账户余额。

这个鉴定方案涉及下列依据：一是司法会计鉴定程序，包括受理、操作和出具鉴定意见的规范。二是会计标准中关于现金、银行存款会计科目的规定，即借方反映收款业务、贷方反映付款业务，账户期末余额＝账户期初余额＋借方发生额－贷方发生额，并分别反映库存现金余额和银行存款余额。三是司法会计理论中关于财务会计错误的原理，包括虚列、漏列、账务后果、账实差异、虚长库等。

司法会计鉴定人经过详细检验，取得了符合上述方案所设定的检验结果，进而确定鉴定意见：甲公司 2010 年 10 月编制的第 35 号付款记账凭证所列会计分录，存在虚列银行存款收入和现金支出各 5 万元以及漏列现金收入和银行存款支出各 5 万元的会计错误；该项会计处理将导致甲公司现金账户虚长库 10 万元的后果，同时导致银行存款日记账户余额高于银行存款实际结存额 10 万元的后果。

司法会计鉴定人根据上述检验、鉴定结果，出具了司法会计鉴定书，并根据法庭要求出庭参加法庭调查。

从上述案例中可以看出，从司法会计鉴定人受理鉴定、初检、制作方案、详细检验、制作司法会计鉴定书、出庭等这个过程显然都需要遵循一定的规则实施；同时，司法会计鉴定人在形成鉴定意见的过程中还运用了会计标准和经验等判定依据。司法会计鉴定中所要遵循的这些规则和依据，就是司法会计鉴定标准。

显然，凡是司法会计鉴定都需要依据各种标准实施。我国有记载的司法会计鉴定活动已经存在了三十多年，并已完成了数以万件司法会计鉴定事项。在这些鉴定活动中，司法会计鉴定人都会遵循各种准则实施鉴定和依据各种准则来判定涉案财务会计问题。从这个意义上讲，司法会计鉴定标准早已客观存在。

但是，司法实践中也一直存在这样一些现象，即对同一案件中相同财务会计问题的司法会计鉴定会出现不同的或截然相反的鉴定意见，还有相当一些司法会计鉴定意见被法院否定，这肯定与司法会计鉴定缺乏某些标准有关。在标准不统一的情况下，公说公有理，婆说婆有理，是导致鉴定意见出现分歧的重要原因之一；同时，司法会计鉴定人因为缺乏标准指导，进而出现大量超出司法鉴定范围的鉴定意见，则是法院不采信这些所谓的鉴定意见的主要原因。从这个意义上讲，编制、编撰司法会计鉴定标准，将有助于正确理解和运用司法会计鉴定标准解决实际问题。

二、司法会计鉴定标准的类型

司法会计鉴定标准，按照不同的分类方法可以分为不同的类型。

（一）按照标准的用途进行分类

司法会计鉴定标准，按照其规范的目标不同分为程序标准和判定标准。

程序标准，是指规范司法会计鉴定操作程序以及操作方法的各种标准。司法会计鉴定程序包括受理程序、初步检验程序、详细检验程序、制作鉴定文书程序以及鉴定人出庭程序等。程序标准主要用于规范这些鉴定程序的实施方法和步骤。

判定标准，是指规范判定涉案财务会计问题专业依据的各种标准。司法会计鉴定主要用于解决涉案财务会计问题，司法会计鉴定人解决这些问题需要有标准依据才能作出科学的判断，这些依据构成了司法会计鉴定的判定标准。

(二) 按照标准的产生领域进行分类

司法会计鉴定标准，按照其产生的领域不同分为专用标准和引用标准。

专用标准，是指专门用于规范司法会计鉴定领域需要统一事项的各种标准。例如，如何受理司法会计鉴定、如何实施司法会计鉴定、如何制作司法会计鉴定文书、如何出庭质证等都需要专门制定相应的司法会计鉴定标准。

引用标准，是指用于规范其他领域需要统一的事项，但在司法会计鉴定中能够引用作为鉴定依据的各种标准。比如，司法会计鉴定中判断会计处理事项是否正确的问题，就需要引用会计标准，而会计标准本身是为了规范会计领域需要统一的事项而制定的，但在司法会计鉴定中涉及会计处理是否正确问题时需要引用作为判定的依据。

(三) 按照标准的规范化程度进行分类

司法会计鉴定标准，按照其规范化程度分为规范标准和理论标准。

规范标准，是指国家或行业管理部门、单位对需要协调统一的事项所制定的符合一定规范要求的各种标准。

理论标准，是指学者或专家在公开发表的学术作品中提出的各种标准。

第二节 程序标准与判定标准

一、程序标准的渊源与内容

司法会计鉴定的程序标准，是指为了规范司法会计鉴定程序、方法而制定的标准。程序标准可以法律、法规、规章制度等形式存在。目前我国有关司法会计鉴定程序标准主要表现为法律和规章制度。

(一) 法律

司法会计鉴定属于司法鉴定的类型之一，因而规范司法鉴定的法律中涉及的司法鉴定程序标准均适用于司法会计鉴定。这类法律主要有《中华人民共和国刑事诉讼法》、《中华人民共和国民事诉讼法》、《中华人民共和国行政诉讼法》和全国人大常委会《关于司法鉴定管理问题的决定》。这些法律在司法鉴定程序方面的标准包括回避程序、鉴定任务、鉴定人保护程序、鉴定意见出具与运用程序、鉴定人出庭程序等。

1. 回避程序

司法会计鉴定人应当依照诉讼法律规定实行回避。法律规定了主动回避和申请回避两种程序。根据我国诉讼法律的规定，司法会计遇有下列情形时应当回避：（1）是本案的当事人或者是当事人的近亲属的；（2）本人或者他的近亲属和本案有利害关系的；（3）担任过本案的证人、辩护人、诉讼代理人以及侦查、检察、审判人员的；（4）与本案当事人有其他关系，可能影响公正处理案件的。根据法律要求，司法会计鉴定人在发现自己存在法定回避情形时应当申请回避，当事人及其法定代理人也有权要求他们回避。

2. 鉴定任务

有关司法鉴定的法律都规定了司法鉴定的任务是解决诉讼中涉及的专门性问题，并提供鉴定意见。根据法律这一规定和司法会计鉴定的特点，司法会计鉴定人应当解决诉讼中涉及的财务会计问题并提供鉴定意见。这类规定确定了司法会计鉴定的范围——应当是诉讼中涉及的财务会计问题，司法会计鉴定人不应当受理超出这一范围的鉴定事项，如对需要通过自由心证解决财务会计问题、法律适用问题等。

3. 鉴定人保护程序

根据我国刑事诉讼法规定的精神，[①] 涉及危害国家安全犯罪、恐怖活动犯罪、黑社会性质的组织犯罪、毒品犯罪等案件中实施司法会计鉴定时，司法会计鉴定人因在诉讼中作证，本人或者其近亲属的人身安全面临危险的，人民法院、人民检察院和公安机关应当采取人身保护措施。这一措施可以由诉讼机关直接采取，也可以由司法会计鉴定人向诉讼机关提出保护请求。

4. 鉴定意见的出具与运用程序

根据法律规定的精神，司法会计鉴定人在实施鉴定后应当写出鉴定意见并签名。诉讼机关应当将用作证据的鉴定意见告知当事人。如果当事人提出申请，可以补充鉴定或者重新鉴定，但是否组织补充鉴定或重新鉴定由诉讼机关决定。

5. 鉴定人出庭程序

根据法律规定的精神，相关诉讼主体对已经出具的司法会计鉴定意见有异议的，人民法院认为司法会计鉴定人有必要出庭的，司法会计鉴定人应当出庭作

---

① 《中华人民共和国刑事诉讼法》第62条规定，对于危害国家安全犯罪、恐怖活动犯罪、黑社会性质的组织犯罪、毒品犯罪等案件，证人、鉴定人、被害人因在诉讼中作证，本人或者其近亲属的人身安全面临危险的，人民法院、人民检察院和公安机关应当采取以下一项或者多项保护措施：（一）不公开真实姓名、住址和工作单位等个人信息；（二）采取不暴露外貌、真实声音等出庭作证措施；（三）禁止特定的人员接触证人、鉴定人、被害人及其近亲属；（四）对人身和住宅采取专门性保护措施；（五）其他必要的保护措施。证人、鉴定人、被害人认为因在诉讼中作证，本人或者其近亲属的人身安全面临危险的，可以向人民法院、人民检察院、公安机关请求予以保护。人民法院、人民检察院、公安机关依法采取保护措施，有关单位和个人应当配合。

证。经人民法院通知，司法会计鉴定人拒不出庭作证的，鉴定意见不得作为定案的根据。

同时，根据法律规定，人民法院应当至迟在开庭 3 日以前通知司法会计鉴定人出庭；相关诉讼主体可以申请法庭通知有专门知识的人出庭，就司法会计鉴定人作出的鉴定意见提出意见。

（二）检察机关制定的司法会计鉴定制度

20 世纪 80 年代末，最高人民检察院检察技术部门开始组织研究制定司法会计鉴定程序标准。已经发布的检察机关《司法会计工作规定（试行）》中，就司法会计鉴定的范围、受理程序、鉴定程序、会检程序、出具鉴定文书程序等作了具体规定。

另外，部分省、市、自治区以及地市级检察机关也制定了司法会计工作制度，其中包括了司法会计鉴定程序标准。

（三）司法行政管理规章

我国司法鉴定管理法律，将对司法鉴定机构及司法鉴定师的行政管理权授予司法行政机关。司法部据此出台了《司法鉴定程序通则》，专门就司法鉴定程序作出了规定。该通则规范的司法鉴定程序标准主要包括司法鉴定的委托与受理程序、司法鉴定的实施程序、司法鉴定文书的出具程序等。但是，目前司法鉴定管理法律仅适用于法医类鉴定、物证类鉴定和声像资料鉴定，尚未包括司法会计鉴定，因而该项通则规范的程序标准是否能运用于司法会计鉴定尚存在争议。[①] 司法实践中也存在着例外的情形，即部分省、市、自治区制定了《司法鉴定条例》等地方法律，将司法会计鉴定的登记管理赋予了地方司法行政机关，这些地方的司法鉴定中介机构也在按照《司法鉴定程序通则》规定的程序标准实施司法会计鉴定。

（四）司法会计鉴定中介机构制定的程序标准

我国已经存在的司法会计鉴定中介机构包括司法会计鉴定中心、司法会计鉴定所、会计师事务所以及司法鉴定中心等。这些机构通常都自定了有关司法会计鉴定的受理、检验鉴定、出具鉴定文书等程序标准。

二、判定标准的渊源与内容

司法会计鉴定意见的判定标准，是司法会计鉴定人在鉴别、判定财务会计问题的过程中需要依据的标准。

---

① 法律规定，可以根据诉讼需要由国务院司法行政部门商最高人民法院、最高人民检察院确定的其他应当对鉴定人和鉴定机构实行登记管理的鉴定事项。司法部已根据该项规定开展调研，其中包括将司法会计鉴定纳入司法鉴定登记管理范围问题。

(一) 判定标准的类型与应用规则

按照标准的用途划分，判定标准分为判定财务问题的标准和判定会计问题的标准。

判定财务问题的标准，主要涉及各类财务价值、财务运行、财务指标的判断方法等方面的标准。如判断资产价值额、资产应结存额及结存差异、财务往来金额及其构成、财务收支额及其差额、投资损益额、税金额、经营损益额、接受投资额、留存收益额等问题时所需要依据的判定标准。判定财务问题的标准主要来源于规范各类经济活动的法律、法规、制度、政策等财务标准以及为解决诉讼涉及的财务问题而专门制定的判定标准。

判定会计问题的标准，主要涉及各类会计要素的确认、计量和披露的判断方法等方面的标准，是判断各类会计处理及会计处理结果的真实性、正确性、合规性问题时所需要依据的判定标准。判定会计问题的标准主要来源于规范会计处理事项的法律、法规、制度、准则等会计标准以及为解决诉讼涉及的会计问题而专门制定的判定标准。

上述有关财务会计问题的判定标准中，大部分来源于财务会计标准，少数来源于司法会计鉴定专用的标准。其中，专用的判定标准主要规范两种情形：一是，规定如何使用财务会计标准来判断财务会计问题的标准；二是规定无财务会计标准的财务会计事项的判定标准。

(二) 财务问题判定标准的内容

判断财务问题标准中的财务标准内容包括：

1. 财务收支定额、范围标准，如收入定额标准、收费标准、成本费用开支标准、计税标准等；
2. 财务手续标准，如财务收发手续、财务报销手续、财务审批手续等标准；
3. 财务管理权限及责任标准，如不同级别财务主体的职责权限、财务人员岗位的财务权限与责任、经济承包人的财务权限与责任、资产管理人的财务权限与责任等标准；
4. 资产管理方法标准，如资产利用定额、现金及银行存款管理方法、资产清查方法等标准；
5. 其他财务管理标准，如资金筹集管理标准、利润分配标准、财务计算及分析方法标准等；
6. 各项财务指标的计算标准；
7. 各类财务错误的判定标准等。

除上述财务标准外，判定财务问题的标准还包括规范如何判定财务问题的专用标准，如判断财务错误的标准等。

（三）会计问题判定标准的内容

判断会计问题标准中的会计标准内容包括：

1. 会计要素确认和计量标准，如收入的确认与计量标准、投资的计价与确认标准等；

2. 会计核算方法标准，如会计科目设置及使用方法标准、会计报表披露项目标准等；

3. 会计核算程序标准，如记账程序标准、会计报表编制程序标准、成本核算程序标准等；

4. 会计核算资料标准，如会计凭证分类及格式标准、会计账簿分类及格式标准、会计报表分类及格式标准等；

5. 会计监督标准，如会计凭证审核标准、账实核对标准等；

6. 会计责任标准，如会计人员岗位责任标准等；

7. 其他会计管理标准，如会计机构设置标准、会计档案管理标准等。

除上述会计标准外，判定会计问题的标准还包括规范如何判定会计问题的专用标准，如判断会计错误的标准等。

第三节　专用标准与引用标准

一、专用标准的渊源与适用规则

目前我国已经颁布的司法会计鉴定的专用标准包括：最高人民检察院检察技术部门、各类司法会计鉴定机构制定的各种司法会计鉴定工作制度。例如，最高人民检察院制定的《司法会计工作规定（试行）》中就专门规范了司法会计鉴定的含义、司法会计鉴定范围、司法会计鉴定的受理要求、中止鉴定、终止鉴定、鉴定的会检、出具鉴定意见及制作鉴定文书要求等需要统一的事项。很多地方检察机关、司法会计鉴定中心、鉴定所等也都分别就司法会计鉴定事项作出了专门的规范，这些都属于专用标准。

司法会计鉴定专用标准的制定，需要依据大量的司法会计鉴定理论及司法实践的成熟做法，而相对于法医学鉴定等司法鉴定而言，国内外司法会计鉴定系统理论的研究和司法实践的发展时间较短，因而还需要进行不断的探索、制定统一的专用标准。

司法会计鉴定专用标准主要是规范司法会计鉴定的操作程序和方法，既包括操作步骤方面的标准，也包括各种引用标准的适用规范。同时，由于司法实践中存在着引用标准不足（判定标准）的情形，因而专用标准中也会规范少量的判定标准。例如，如何判断财务会计错误的问题通常缺乏引用标准，这就需要司法会计专用标准中专门规范判定标准。

司法会计鉴定专用标准通常包括两种情形：一是有关单位或组织制定和发布的司法会计鉴定标准；二是理论标准，即有关理论专著中记述的符合法律和科学要求并被广泛认可的各种司法会计鉴定标准。由于理论研究和司法实践都在不断发展过程中，因而即使颁布实施了统一的司法会计鉴定标准，仍然不可能规范到未来司法会计鉴定实践中出现的某些问题，司法实践中也需要使用理论标准作为补充。

司法会计鉴定专用标准是为了规范司法会计鉴定领域的事项而制定的，其所规范的内容与具体案件中的司法会计鉴定人的职业无关。即无论司法会计鉴定人是司法会计师、注册会计师还是其他会计、审计、专业教学人员，其在实施司法会计鉴定活动中均应按照司法会计鉴定专用标准实施鉴定。

案例3-2：某证券公司从业人员挪用公款案件，涉及对透支额和投资损益额问题的司法会计鉴定。司法会计鉴定人采用了所谓"交易结算"的理论标准确定了透支额和投资损益额，但在司法会计鉴定文书中仅一再表白这个标准如何好，并没有说明该标准的具体内容。法庭通知司法会计鉴定人到庭说明"交易结算"标准的具体内容。司法会计鉴定人出庭就该标准的具体内容进行了阐述，在法庭上引起激烈的争论。最终，法庭认为该标准中将挪用公款产生的孳息一并作为透支金额认定，扩大了透支金额（即挪用公款金额）的认定，不符合挪用公款中产生的孳息不计入挪用公款金额的法理和法律规定，确定不采信该鉴定意见。法院判决后，公诉机关拟提出抗诉。为了慎重起见，公诉机关组织有关证券专家、司法会计专家进行了论证，与会专家均认为该标准不具备科学性和合法性，不能作为判定透支保证金问题以及相关投资损益额的鉴定标准。

二、引用标准的渊源与内容

司法会计鉴定中主要使用财务标准和会计标准作为引用标准。财务会计标准是为了规范财务领域或会计领域需要统一的事项而制定的，但由于司法会计鉴定被用于解决诉讼中的财务会计问题，因而财务标准和会计标准则成为解决这些问题所需的判定标准。

（一）财务会计标准的渊源

财务会计标准通常表现为法律、行政法规、规章制度、会计准则、经济合同等形式。实际经济管理中，财务标准还可能为口头形式。

1. 法律

法律，主要是指由国家权力机关制定的规范经济与经济管理的法律中所规范的财务标准和会计标准。例如，各类经济法律中规范的各种财务标准，包含了允许财务主体为哪些财务行为，不允许财务主体为哪些财务行为以及财务手续、财务指标计算标准等财务标准。又如，《会计法》规范了会计核算范围、会计年度、会计记账本位币以及会计凭证、会计账簿、会计报表等会计标准。

2. 行政法规

由国家行政机关制定的条例、办法、决定及规则、细则中涉及财务标准和会计标准。例如，国务院制定《关于加强预算外资金管理的决定》，规范了预算外资金含义、办理手续、结算方法等财务标准；又如，国务院颁布的《财务会计报告条例》，规范了财务会计报表的种类、编制程序、责任等会计标准。

3. 规章制度

规范财务会计标准的规章制度，包括国家统一财务会计制度、行业财务会计制度、单位自订的财务会计制度三类。

国家统一财务会计制度，是指由国家财政部门制定的财务会计制度，如财政部制定的《企业财务通则》、《企业会计准则》等。

行业财务会计制度，是指由国家有关部门专门针对某一特定行业制定的规范财务、会计活动的制度。

单位自订财务会计制度，是指由各财务会计主体及其主管部门在执行或参照执行国家、行业统一的财务会计标准的基础上，根据本单位或下属单位的具体情况所制定的一系列内部财务会计制度。最常见的有财务内控制度、绩效考核制度和会计制度。

财务内控制度，规定了财务人员的职责分工及财务手续；财务收支审批制度，规定了财务收支的审批人员和审批权限、审批程序以及审批责任等。

财产清查制度，规定了财产清查的范围、组织、期限和方法以及对财产清查中发现问题的处理办法等；财务绩效考核奖惩制度，规定了财务运行和管理的目标及奖惩标准等。

会计制度通常规范会计核算中应当设置的会计科目名称及使用方法、会计报表的构成、编制方法和编制程序、会计处理的分工及相关程序、稽核工作的组织形式和具体分工、会计人员岗位设置及各岗位职责、会计工作考核办法等。

需要特别指出的是，单位自订的财务制度可能会以口头形式存在，这会导致司法实践中无法获取这类制度的书证。

4. 经济合同

财务主体之间签订的经济合同一般都会同时规定相应的财务标准，有些还会规定所需执行的会计制度。例如：合资经营合同中都会规定投资金额、投资程序、资金管理方法、收益分配标准以及所采用的会计制度类型；承包经营合同中都会规定财务承包指标；买卖合同中都会规定买卖的标的、型号、规格、数量以及货款结算方法等财务标准。

（二）司法会计鉴定中不采用审计标准作为引用标准

基于对司法会计鉴定含义的误识，① 早在20世纪80年代学术界就出现了将审计标准作为司法会计鉴定依据的主张，并对司法实践产生了一些不利的影响。事实上，司法会计鉴定活动与审计活动的差异决定了司法会计鉴定无法按照审计标准实施，实践中将审计标准作为司法会计鉴定的引用标准，也会因审计标准无法适应司法会计鉴定的需求而影响司法会计鉴定的科学性，导致司法会计鉴定的失误。

第一，司法会计鉴定与审计是社会属性、对象、目的、组织结构均不相同的两类社会活动：（1）司法会计鉴定是一种法律诉讼活动，而审计是一种社会经济监督、鉴证和评价活动，这一社会属性的差异决定了司法会计鉴定活动应当符合诉讼法律的规范，而审计活动应当符合审计法律或审计准则的规范；（2）司法会计鉴定的对象仅限于案件所涉及的财务问题或会计问题，而审计对象可能同时涉及被审计单位需要进行经济监督的各个方面，这一对象差异决定了司法会计鉴定主体不能按照审计标准自由选择鉴定对象；（3）司法会计鉴定的目的只是查明案情（尽管鉴定过程中会涉及对相关财务会计的事后监督或作出相关评价，但这些监督和评价并不是司法会计鉴定的目的），而审计的目的则具有多样性，包括评价财务会计报告、鉴证经济业务、监督经济活动等，这一差异决定了司法会计鉴定结果不能按照审计标准在鉴定意见中自由表达所闻所见；（4）从组织机构看，目前我国司法会计鉴定的启动权仍在诉讼机关，其过程也会受到诉讼机关的控制和监督，而审计的启动权在于审计机关、经济监督部门或被审单位，在启动后由审计机构主持进行，其过程由审计机关或提请审计的单位（或个人）进行控制和监督。这一差异决定了司法会计鉴定无法按照审计标准的规定启动程序。

第二，实施司法会计鉴定与实施审计的主体存在差异：（1）目前我国司法会计鉴定人依法应当由诉讼机关指派或聘请产生，而审计人员通常由审计机构指派或聘请产生，② 这一差异决定了司法会计鉴定主体不能依照审计标准产生；（2）目前我国只要具备解决诉讼中具体财务会计问题的人都可以成为具体案件的司法会计鉴定人，但与案件、案件当事人有利害关系或其他可能影响公正处理

---

① 很多学者将司法会计鉴定理解为在诉讼中进行的审计活动，因而会强调审计标准在司法会计鉴定中的运用。

② 政府审计、社会审计和内部审计的机构分别为国家审计机关、中介审计机构和单位内审部门，其中，政府审计由审计机关直接指派或聘请审计人员；社会审计机构在与客户签订了委托审计协议后，指派或聘请审计人员；内部审计则由审计单位直接指派或聘请审计人员。

案件的人都不能成为司法会计鉴定人,而审计主体则因具体审计事项性质不同会有不同的要求(如上市公司的表报审计只能由注册会计师实施),这一差异决定了司法会计鉴定主体不能按照审计标准确定;(3)司法会计鉴定主体是独立的诉讼参与人,享有法定的诉讼权利和承担法定的诉讼义务,而审计主体不是法定的诉讼参与人,但如果审计主体所进行的审计事项涉及诉讼,审计主体则会以案件的当事人或证人出现在诉讼中,这一差异决定了司法会计鉴定主体无法根据审计标准形成其所享有的特定诉讼权利和承担特定的诉讼义务;(4)司法会计鉴定主体承担与实施鉴定有关的诉讼法律责任,而审计主体承担与实施审计有关的法律责任,这一差异决定了司法会计鉴定人不能按照审计标准承担法律责任。

第三,司法会计鉴定与审计的操作程序存在差异:(1)司法会计鉴定在获取鉴定所需的检材并实施技术检验方面有诉讼强制措施作保证,司法会计鉴定人显然无法从审计标准中获得这种法律保证;(2)司法会计鉴定所需检材通常由侦查、检察和审判人员获取并提供,而审计证据则是由审计人员直接获取,并由被审计单位直接提供,这一差异决定了司法会计鉴定人不能按照审计标准获取鉴定所需的材料[①];(3)司法会计鉴定人只能采用特定的技术手段(检查、计算、复核性验证等)来完成鉴定,不能采用诸如抽样、鉴定等技术方法以及非技术手段(如讯问、询问、函证等)进行,这一差异决定了审计标准规定的一些审计方法无法被运用于司法会计鉴定;(4)司法会计鉴定的基本程序是先结论后验证,而审计的基本程序是先审计后结论,这一差异决定了司法会计鉴定无法按照审计标准规定的操作程序实施鉴定;(5)司法会计鉴定人在鉴定中发现涉案的财务舞弊等线索或证据时,应当告知送检方(或建议送检方)进行调查或收集、固定证据,不得自行处理,而审计主体则可以自行处理审计中发现的舞弊等问题并作出相应的结论,这一差异决定了司法会计鉴定人不能按照审计标准自行处理相关的线索或证据事项等。

第四,司法会计与审计的工作结果存在差异:(1)司法会计鉴定人作出鉴定意见后必须以鉴定文书的形式进行表达(如司法会计鉴定书、司法会计分析意见书或司法会计咨询意见书等),如果鉴定人未能作出结论性意见则只能出具程序文书(如终止司法会计鉴定通知书)说明不能作出鉴定意见的原因,[②] 而审

[①] 80年代末有关部门组织编制的司法会计鉴定工作细则草稿中规定,司法会计鉴定人有权自行收集涉案单位的会计资料,必要时侦查机关应当予以配合。目前仍有不少学者主张司法会计鉴定人应当"亲历亲为"直接收集财务会计资料。这些做法实际上都是将司法会计鉴定视为舞弊审计活动,并按照审计标准设计的。

[②] 司法会计鉴定人在已经实施检验,但无法解决诉讼主体提请鉴定的财务会计问题时,应当终止鉴定。终止鉴定后,如果已经取得的检验结果对案件有作证意义的,司法会计鉴定主体可以专家身份出具《司法会计检验报告》,阐明已经取得检验结果。

计意见通常采用审计报告的形式进行表达，这类报告可能是无保留意见的审计报告、带强调事项段的无保留意见的审计报告、非无保留意见的审计报告、保留意见的审计报告、否定意见的审计报告或不表示意见的审计报告等，这一差异决定了司法会计鉴定不能按照审计标准报告鉴定结果；（2）司法会计鉴定意见只能依据基本证据作出，言词证据等只能作为参考证据，而审计结论除了依据基本证据外，还可以将言词证据等视为辅助证据作为审计结论的依据，同时司法会计鉴定意见为确定性结论时，其所依据的鉴定证据必须是充分的，而审计结论则均可以采用适当性原则来确定审计证据的多寡，这些差异决定了司法会计鉴定意见不能按照审计标准所确定的证据采信规则来确定鉴定证据的标准；（3）司法会计鉴定意见具有明确的针对性，即司法会计鉴定人只能就送检方提请鉴定的财务会计问题表达结论性意见，既不允许在结论中设定问题，也不允许表达诸如行为人主观心理状态、管理者的责任以及建议性意见，而审计结论则应当依据审计标准和审计结果，由审计人员决定结论所涉及的范围，既可以提出所发现的问题并不予回答或要求被审单位答复，在确认错弊时还可以涉及行为人的主观心理状态、明确管理者的责任并提出纠正错误的建议或要求，这些差异决定了司法会计鉴定意见不能按照审计标准来确定其结论的范围和内容；（4）在法定的诉讼证据的类型中，司法会计鉴定意见属于鉴定意见，审计结论则属于书证，这一差异反映了按照审计标准所制作的审计报告不能取代司法会计鉴定文书；（5）所有的司法会计鉴定文书，除需要表达检验结果外，还必须说明鉴定意见的论证依据和论证过程，审计报告只有在特定的情况下，才要求说明审计结论的理由（即说明段），这一差异决定了司法会计鉴定文书不能按照审计标准进行写作。

以上从诸多方面简明扼要地论述了司法会计鉴定中不能采用审计标准作为引用标准的道理。但是，目前中外司法实践中，基于某些审计标准中要求注册会计师在执行司法会计鉴定业务时参照以审计标准为主要内容的鉴证准则办理，[①] 采用审计标准实施司法会计鉴定的情形仍然十分普遍，且大都在司法会计鉴定文书中进行了明确的记载，此类做法显然不够科学且缺乏可取性。正确的做法是，无论是注册会计师还是其他会计、审计专家在接受聘请担任具体案件的司法会计鉴定人时，都应当按照司法会计鉴定标准实施司法会计鉴定。

三、引用标准的运用原则

在司法会计鉴定中，引用标准通常作为判定标准使用并构成鉴定事项的具体

---

① 例如《中国注册会计师鉴证业务基本准则》第58条规定："注册会计师执行司法诉讼中涉及会计、审计、税务或其他事项的鉴定业务，除有特定要求者外，应当参照本准则办理。"

鉴定原理。但是，由于引用标准的类型和内容十分复杂，因而在司法会计鉴定中运用引用标准时，应当遵循一些必要的原则。

（一）相关性原则

相关性原则，是指在司法会计鉴定中，应当选用与鉴定内容相关的最具体的引用标准作为鉴定依据。这一原则包含以下两层意思：

一是，司法会计鉴定必须选用与鉴定内容有着直接关联的引用标准。

司法会计鉴定的引用标准十分浩繁，各种法律、法规、政策、规章制度数以万计，很多标准所规范的事项十分接近，因而应当注意避免引用与鉴定涉及财务会计业务性质近似但却不是直接规范鉴定涉及业务的引用标准作为鉴定的依据。例如，《企业会计准则——收入》不包括建造合同所引起的收入，在涉及建造合同收入会计处理问题的鉴定时，应当引用《企业会计准则——建造合同》，而不应当引用《企业会计准则——收入》。

二是，司法会计鉴定应当选用最具体的引用标准作为鉴定的依据。

司法会计鉴定的引用标准中有些是原则性或原理性规定，有些则是十分具体的操作规范。在司法会计鉴定中如果存在具体操作规范的引用标准，不能仅选用标准中的原则性规定，而应当选用最具体的规定。例如，在确认增值税纳税问题的鉴定中，不能只选择税收征收管理法规定的一般征收规范，而应当选用增值税条例、增值税实施细则等具体规定。

（二）有效性原则

有效性原则，是指当存在不同时期标准内容不一致的情形时，应当选用检验涉及的财务会计资料形成时或检材所反映的财务业务出现时仍然有效的引用标准作为鉴定依据。

以财务会计标准为例，经济活动或经济管理活动中所采用的财务会计标准，会因社会经济发展的需要而不断改进和完善，而司法会计鉴定中鉴别、判定财务会计问题的目的是查明案情，这一案情必须要反映案件事实发生当时的情况，因而不能引用事后出现的财务会计标准作为引用标准来判断问题。例如，2010年进行鉴定会计问题涉及2005年形成的企业会计事项，就应当选用当时有效的《企业会计准则》作为判断会计问题的标准，而不能采用现行的2006年颁布的《企业会计准则》。

（三）合法性原则

合法性原则，是指当规范同一财务会计事项的不同引用标准存在冲突的情形时，应当选用符合有关法律规定的引用标准作为鉴定依据。

引用标准涉及法律、法规、规章制度和单位自定的财务会计制度，这些标准之间有时会发生冲突，如果司法会计鉴定中涉及这类冲突时，就需要考虑冲突条款的合法性问题。尤其是在选用非国家机构制定的规章制度作为引用标准时，首先应对该标准的合法性进行识别——主要是对该标准是否符合国家设定的有关标准制定原则、具体内容与国家制定的相关标准是否具备符合性进行识别。对识别中发现的明显不符合法定标准的，不得作为引用标准使用。例如，涉及地方国家税务局发布的有关减免税规定时，应当识别该税务局是否具备减免税的权力。

（四）合理性原则

合理性原则，是指当同一标准文件中规定了多个可供选择标准时，应当根据实际情况选用最为合理的标准作为鉴定依据。

基于不同的特别假定前提，财务会计标准中往往同时提供多个可供选择的标准，而司法会计鉴定中如果采用不同的引用标准，则会导致产生不同的鉴定意见。司法会计鉴定人应当从中立的立场出发，使其采用的标准所形成的鉴定意见能够更接近于客观实际。例如，在涉及成本价值鉴定过程中，会涉及对不同成本计算标准的引用，在没有其他证据证明可选择的对应标准时，应当采用加权平均法。又如，在同时存在财务、会计标准时，应当根据鉴定事项所涉及财务会计问题的类型确定应当选用的标准，财务问题的鉴定应当采用财务标准，会计问题的鉴定应当采用会计标准。

（五）前提适用原则

前提适用原则，是指在使用引用标准时，应当判明标准的适用前提，选择与鉴定事项具有同一前提的标准作为鉴定依据。

财务会计标准的制定都会确定不同的前提条件，并在特定的前提条件下形成相应的标准。司法会计鉴定中，在选用这些标准时应当关注标准所涉及的前提条件与鉴定事项的情形是否相符。例如，对涉及已终止企业的会计问题鉴定时，不能采用一般会计准则作为鉴定依据，因为这些准则的适用前提是持续经营。

（六）物质形式原则

物质形式原则，是指司法会计鉴定应当采用以书面或电子等物质形式存在的引用标准。

财务会计标准的形式包括书面（含电子）形式和口头形式，但在司法会计鉴定中所运用的引用标准必须是以书面、电子文档等物质形式客观存在的，这是因为口头标准在诉讼中表现为当事人陈述或证人证言等言词证据，而这类言词证据属于参考证据的范畴，不能作为司法会计鉴定人作出鉴定意见的依据。

第四节　规范标准与理论标准

一、规范标准的渊源与适用规则

规范标准具有规范、统一的特点，其形式通常以法律、法规、规章制度以及经济合同、协议形式存在。

采用规范标准时，应当注意标准的适用范围和有效性。

规范标准都会在其开篇条款中说明标准的适用范围，司法会计鉴定人在使用规范标准时，必须首先明确标准的适用范围，防止引用错误。所谓适用范围，一是指标准适用的空间范围，即该标准适用于哪些单位和个人，比如《中华人民共和国企业所得税法》适用于在中华人民共和国境内的企业和其他取得收入的组织，但不适用于个人独资企业、合伙企业；又比如《中华人民共和国银行业监督管理法》，不仅适用于在中华人民共和国境内设立的商业银行、城市信用合作社、农村信用合作社等吸收公众存款的金融机构以及政策性银行，也适用于在中华人民共和国境内设立的金融资产管理公司、信托投资公司、财务公司、金融租赁公司以及经国务院银行业监督管理机构批准设立的其他金融机构的监督管理。二是指标准适用的事项范围，即适用于哪些财务会计事项，比如《中华人民共和国海关法》适用于监管进出境的运输工具、货物、行李物品、邮递物品和其他物品，征收关税和其他税、费，查缉走私，并编制海关统计和办理其他海关业务。

标准的有效性包括两层含义：一是时效性，即标准所能够发挥效力的时间范围；二是合法性，即标准本身是否符合相关法律的规定。司法会计鉴定人应当关注标准的时效性，既应当引用鉴定事项涉及期间仍然有效的标准，避免采用过时或事后发布的标准，同时还应当注意识别标准的合法性，避免根据违法标准实施司法会计鉴定或者采用违法标准作为司法会计鉴定意见的根据。

二、理论标准的渊源与适用规则

理论标准主要来自于公开发表的学术作品，其不具备规范的形式。

由于规范标准通常是在一定范围内形成统一认识后才被确定为标准，因而司法会计鉴定实践中某些鉴定事项可能会没有可适用的规范标准。遇到此类情形时，如果存在理论标准，则可以作为规范标准的补充，用于解决涉案财务会计问题。

但是，由于理论标准具有主观性和局限性的特征，因而司法会计鉴定中运用理论标准作为鉴定意见的依据时应当十分慎重，并符合必要性、公开性、公允性、完成性的特征。

1. 必要性。必要性，是指需要判定的财务会计问题确实不存在可适用的规范性标准而必须采用理论标准作为鉴定依据时，才能适用理论标准。

相对于规范标准而言，理论标准的主观性较强，因而在司法会计鉴定中不能采用理论标准来取代规范标准。只有鉴定事项确实不存在可适用的规范标准时，采用理论标准才能成为必要。

2. 公开性。公开性，是指理论标准必须是已经公开发表的标准，其标准内容能够为诉讼主体或其他司法会计鉴定人所获取。

所谓公开发表，是指理论标准已经在公开出版物中发表，从而使这种标准能够为诉讼主体或其他鉴定人获取。

3. 公允性。公允性，是指司法会计鉴定中所采用的理论标准符合公认的专业原理，能够为能力相近的司法会计鉴定人在相同问题的判断中所认同。

如果理论标准已经被合理地指出其错误所在，显然不能作为标准。

司法会计鉴定人如果采用理论标准，应当对该标准是否符合上述特征进行识别。这是由于理论标准可能存在不成熟的方面，会导致依据该标准作出的司法会计鉴定意见不符合科学性的要求。同时，还应在鉴定文书中说明理论标准的具体内容。

第四章 司法会计鉴定的方法

司法会计鉴定方法理论是研究司法会计鉴定思路的理论,由司法会计鉴定的基本方法、鉴定技巧和鉴定路线等理论构成。

第一节 司法会计鉴定方法概论

一、司法会计鉴定方法的概念

司法会计鉴定方法,是指司法会计鉴定人在鉴别分析涉案财务会计问题过程中所需要采用的各种思维模式,包括基本方法、技巧和路线。

司法会计鉴定是一个鉴别、判定财务会计问题的过程。这个过程中通过采用逻辑思路而形成鉴定意见,这些逻辑思路则构成了解决涉案财务会计问题的司法会计鉴定方法。

司法会计鉴定需要采用的基本思路包括平衡分析法和比对鉴别法两种。这两种思路能够广泛地运用于各类财务会计问题的鉴定,被称为司法会计鉴定的基本方法。

司法会计鉴定中还会遇到诸如检材缺陷等特殊情形,需要采用一些解决问题所需的特殊思路,这类特殊思路不能广泛运用于各类问题的鉴定,只是司法会计鉴定基本方法的必要补充,被称为司法会计鉴定技巧。常用的司法会计鉴定技巧包括因素递增法、检材范围限定法、排因法、还原法等。

另外,鉴别、判定财务问题与鉴别、判定会计问题是两类不同的鉴定事项,需要采用不同的路线进行鉴定。其中,财务问题的鉴定路线包括直接鉴定法和借用会计法,会计问题的鉴定路线包括重新核算法和调节法。

二、司法会计鉴定方法的技术要求

司法会计鉴定方法应当具有严密的逻辑性和专业技术性。

首先,司法会计鉴定方法具有严密的逻辑性。

司法会计鉴定方法主要用于解决诉讼中的财务会计问题。从社会科学角度讲,任何问题的解决都需要一个严密的逻辑判断过程,解决涉案财务会计问题的方法也应当反映这一逻辑过程。因此,司法会计鉴定方法必须具备严密的逻辑性。

其次,司法会计鉴定方法具有明显的技术性。

司法会计鉴定方法的技术性主要表现为该方法是对技术性标准的运用过程,同时,司法会计鉴定方法本身也构成了司法会计鉴定技术标准的组成部分。

司法会计鉴定标准主要表现了财务会计技术标准和专用技术标准,因而司法会计鉴定方法的运用必须以技术标准的运用为前提。例如,判断会计处理是否正确的问题,必须以会计标准为判定依据,经过逻辑证明过程形成鉴定意见。同时,司法会计的专用技术标准也包含了各种司法会计鉴定方法。

最后,司法会计鉴定方法不包括对检材进行检验的技术方法和非技术方法。

司法会计鉴定方法是鉴别判断的方法,因而不包括对财务会计资料等检材进行技术检验的各种方法。同时,司法会计鉴定是由专业人员采用专业方法解决专门性问题的一种诉讼措施,因而司法会计鉴定方法也不包括诸如询问(讯问)、搜查、扣押等非鉴定诉讼措施。

三、司法会计鉴定中的检验方法与鉴定方法的关系

(一) 司法会计鉴定中的检验方法

司法会计鉴定中所需采用的检验方法,是指司法会计鉴定人检验财务会计资料及相关证据时所需采用的各种检查、验证方法。

司法会计鉴定中常用的检验方法,主要有审阅法、核对法、复算法和汇总法等。

所谓审阅法,即审查阅读检材。司法会计鉴定人通常用来检验(确认或排除)司法会计鉴定事项涉及的财务会计业务的记载情况。

所谓核对法,即通过对检材中具有同一关系或钩稽关系的两个或两个以上财务会计记录、数值进行审核对照。司法会计鉴定人利用核对法来验证(确认或排除)检材中的同一关系或钩稽关系的相符性。

所谓复算法,即通过重新计算检材中的合计、累计、余额、乘积等数值,验证检材所记录的计算结果是否正确。司法会计鉴定人通常利用复算法来验证或排除漏计、错计、重计等计算错误(或计算结果的记录错误)。

所谓汇总法,即通过编制汇总表,归集某类财务会计数据,验证某项财务数据的总和或财务会计错误数据的总和。司法会计鉴定人通过汇总法来汇集财务会计业务的总体数据。

(二) 司法会计鉴定中的鉴定方法与检验方法的关系

鉴定方法与检验方法的区别在于:鉴定方法是一类逻辑的方法,是司法会计鉴定人认识被鉴定问题的一种思路;检验方法不同,它是对检材中的记录实施的一类查验方法。

司法会计鉴定的对象是涉案财务会计问题，而司法会计检验的对象是鉴定事项涉及的财务会计资料及相关证据。司法会计鉴定人需要通过检验财务会计资料及相关证据获取鉴别判定财务会计问题所需的信息。因此，在司法会计鉴定中，除需要运用司法会计鉴定方法，在检验中还需要采用各种技术检验方法。检验方法的运用是鉴定方法运用的前提，是为鉴定方法的运用提供鉴别、判定财务会计问题所需信息的。

但是，如果把司法会计鉴定视为审计活动，则会认为检验方法就是鉴定方法，从而会把检验方法列为司法会计鉴定方法。①

四、对司法会计鉴定方法的不同认识和做法

基于司法实践中的传统做法和对司法会计鉴定概念的认识差异，司法会计领域的专家、学者对司法会计鉴定方法有着不同的认识。

一是，关于抽样方法的运用。抽样方法是报表审计中采用的一种重要方法，其原理是按照重要性原则仅对被认为符合重要性水平的会计资料进行检查，并以其结果来推断被审计单位会计报表的编制是否符合公认的会计原则以及在所有重大方面是否公允地反映了其财务状况、经营成果和资金变动情况。司法会计学者们根据司法鉴定科学性的要求，一般不认同采用抽样方法进行司法会计鉴定，但一些司法会计鉴定人在实践中考虑到鉴定成本等因素，会在涉及检验业务量较大的鉴定事项中采用抽样方法。笔者认为，抽样方法显然不符合司法会计鉴定方法的技术性要求——最明显的是抽样方法带有推测成份，缺乏严密的逻辑性。在实际进行的司法会计鉴定中，如果考虑到成本等因素无法完成司法会计鉴定所需进行的检验事项，可以拒绝鉴定。②

二是，关于询问、函证等方法的运用。询问、函证可以获取言词证据，进而对鉴定事项起到证明作用。一些学者主张将这些方法列为司法会计鉴定的辅助方法。事实上，询问、函证等方法所获取的言词证据可以作为定案的根据，但不能作为鉴定意见的根据。主张将询问、函证方法作为辅助方法的观点，主要是基于将司法会计鉴定理解为诉讼中进行的审计活动，将司法会计鉴定方法视同为审计

---

① 例如网上转发较多的一种司法会计鉴定定义为："依法取得有关司法会计鉴定资格的鉴定机构和鉴定人受司法机关或当事人委托，运用会计学的原理和方法，通过检查、计算、验证和监证对会计凭证、会计账簿、会计报表和其他会计资料等财务状况进行检验、鉴别和判断并提供鉴定结论的活动。"根据这个定义，会计资料被确定为司法会计鉴定的对象，因而检查、验证等方法就成为司法会计鉴定方法。

② 但实际情况是，中介机构的司法会计鉴定人会因经营需要并不拒绝此类鉴定；也有的司法会计鉴定人可能会为了"面子"而受理此类鉴定。这就形成了一些司法会计鉴定人"不得已"采用抽样方法的背景。

活动，进而将采用询问等方法形成的言词证据作为辅助证据用作司法会计鉴定意见的根据。

第二节　平衡分析法

平衡分析法，是指根据资金或数据的量的平衡关系，通过验证平衡，确认或推导某项资金或数据情况的一种司法会计鉴定方法。

一、平衡分析法的基本原理

（一）平衡分析法的科学依据

平衡分析法，是指以价值运动规律性所反映的量的平衡关系作为鉴定原理的一种司法会计鉴定方法。

平衡分析方法的设计根据是价值运动的规律性所反映的量的平衡关系。基于价值之间及反映价值的相关数据之间具有量的平衡关系，司法鉴定人可以将需要推导和确认的某项价值量或某一数据确定为分析量，同时，将与分析量有关的价值量或数据设定为参照量，根据参照量值与分析量值之间的平衡关系，利用参照量的量值确认或推导出分析量的量值，并据以分析和证明相关鉴定事项的情况。

由于价值运动所反映的量的平衡关系包括静态平衡和动态平衡两种情况，因而平衡分析法依据其所运用的平衡关系不同，可以分为静态平衡分析法和动态平衡分析法两种。

（二）平衡分析法的基本操作步骤

采用平衡分析法进行鉴定时，通常可按下列步骤进行：

第一步，根据初步检验获取的信息，确定鉴定事项所涉及的平衡关系；

第二步，根据平衡分析机制，确定需要采用的参照量的范围；

第三步，根据对参照量进行详细检验的结果，确定参照量的实际量值；

第四步，根据平衡机制，确认或推导分析量的状况或实际量值；

第五步，根据求得的分析量的量值，对鉴定事项涉及的相关问题进行分析判断，并作出相应的结论性意见。

（三）平衡分析法的适用范围

平衡分析法主要适用于鉴别、判定财务指标数据以及鉴别、判定财务会计记录的真实性、正确性等问题的司法会计鉴定。

二、静态平衡分析法

静态平衡分析法，是根据特定时点的参照量量值与分析量量值之间的静态平衡机制设计的一种鉴定方法。由于这种鉴定方法的设计原理为相对静止时点的价值（或数据）的量的平衡机制，因而称为静态平衡分析法。

静态平衡分析法的具体操作要点主要有以下几个方面：

1. 根据对检材进行初步检验的情况，确定鉴定事项是否涉及静态平衡关系。价值之间的静态平衡关系主要包括：

（1）价值的对应平衡关系：

资产总额＝负债总额＋净资产总额

上述公式中，资产总额是指财务主体拥有或控制的经济资源的价值总额，这些资产是由财务主体通过负债、接受资本和经营收益形成；负债反映了财务主体所拥有和控制的资产的一项来源，负债总额是指财务主体因形成资产而举债、欠债①的价值总额；净资产②反映财务主体所拥有和控制的资产的另一项来源，净资产总额由财务主体接受资本和留存收益的价值总额构成。负债与净资产构成财务主体所有资产的来源。

这一平衡关系的基本原理在于：公式左边表示资产的价值总额，公式右边则是从来源角度反映的价值总额，即资产价值与其来源价值是相等的。

（2）价值的从属平衡关系：

资产总额＝各项资产额合计

负债总额＝各项负债额合计

净资产总额＝接受资本额合计＋留存收益额合计

鉴定事项涉及对某一数据进行推导的财务会计问题时，可以根据初步检验的结果，确定能否按照静态平衡原理来分析、推导相应的数据，并根据初步检验意见，确定具体的静态平衡关系。

2. 根据鉴定事项、静态平衡关系及基本证据情况，设定参照量的选择范围。

设定参照量的范围时，应遵循两个基本原则：其一，所选择的参照量都有确定的量值，即有基本证据记载着该量值或者可以根据基本证据的内容确定该量值；其二，所选择的参照量的量值与分析量的量值必须能够组成一个相对独立的量的静态平衡体系。在实际鉴定中，应当根据这两个原则适当地设定参照量范围。参照量范围设定得过大，选择的参照量会过多，这既会浪费鉴定时间，又会

---

① 举债，是指财务主体通过贷款、赊货等形成资产而形成的债务；欠债，是指财务主体应当使用资产支付的税金、工资、福利等，在尚未结算的情况下所形成的债务。

② 净资产的原意，是指财务主体的资产中除去负债形成的资产部分后的净额。这里需要特别说明的是，会计学上采用所有者权益额来反映净资产额。所有者权益额反映的是按照会计标准核算形成的净资产总额。由于会计标准与实际财务运行存在着一定的差异，因而所有者权益额通常不能反映财务主体净资产的现实价值（财务主体净资产的现实价值，需要通过资产评估才能确认）。会计学上将"资产总额＝负债总额＋所有者权益总额"的公式称为会计恒等式，这一恒等式是确认会计账户余额平衡关系的基本依据。

造成结论的论证困难；反之，参照量范围设定的过小，则会使参照量与分析量的量值之间形不成相对独立的平衡体系，则可能会造成鉴定失误。

3. 根据对财务会计资料详细检验结果，找出并确定参照量的量值。

寻找和确定参照量的量值必须要有据实的确认，即应当根据详细检验结果直接找出参照量的量值或者根据检验结果和相关鉴定原理推导出参照量的量值。这里特别强调了对参照量的量值应当根据客观能够提供的数据确认，如果详细检验结果无法反映某一参照量的量值，则可能无法继续进行鉴定，此时应当考虑采用其他的鉴定方法。

4. 根据量的静态平衡关系，利用平衡公式试算是否平衡或计算出分析量的量值。

反映静态平衡关系的平衡公式很多，例如：
总账借方余额合计＝总账贷方余额合计；
总账账户余额＝总账所统驭的账户余额合计；
某一会计报表项目数字＝相关账户余额合计；
会计报表的资产总计＝负债总计＋所有者权益总计。

实际利用平衡公式时，可能需要根据具体的鉴定事项和检验结果对平衡公式进行调整。例如，鉴定事项是要确认某一明细账户余额，检验结果包括了总账账户余额和其他账户余额，因而在利用"总账账户余额＝总账所统驭的账户余额合计"平衡公式时，就需要将其调整为：

某一明细账户余额＝总账账户余额－其他明细账户余额合计

5. 根据计算确认的分析量的量值，分析确认财务会计资料对某项会计要素或财务数据的记载内容的真实性，或分析其他需要进行鉴别判断的财务会计业务事实。

用平衡分析法主要是推导某一分析量的量值。很多鉴定事项并非直接要求鉴定人推导某一分析量的量值，实际的司法会计鉴定中，可能还需要利用这一分析量的量值来判断相应的鉴定事项。

案例4-1：甲单位负责人贾某贪污案件。

贾某以给客户垫付资金为名，先后从本单位获取41笔资金共计300万元非法占有。该单位对每笔支付款项分别作了借记"其他应收款——某客户"的账务处理，涉及41个"其他应收款——某客户"账户，账户余额合计为300万元。两年后，贾某指示本单位会计人员将上述业务形成的41个"其他应收款——某客户"账户的借方余额共计300万元转入当期损益。会计人员编制的8月份第54号会计凭证，会计分录为：

借：管理费用　　300万元
　贷：其他应收款（41个客户）　　300万元

贾某上述指示会计做账的行为反映了其不打算归还公款的贪污故意，但该案侦查人员在检查这41个"其他应收款——某客户"明细账簿时却发现，实际的明细账簿中既没有登记第54号记账凭证所列发生额，各明细账簿中也均保留了最初登记（300万元）业务形成的账户余额（如果进行上述账务处理后账户余额应当为零）。这就出现了一个事实不清的情形，即贾某是否通过54号记账凭证所列会计处理完成了掩盖贪污事实的行为。结合本案中证明犯罪掩盖手段和犯罪数额的需要，侦查人员确定了需要通过司法会计鉴定解决的问题——"确认甲单位某年8月份第54号记账凭证所列会计处理事项的正确性及其账务后果"。

该鉴定事项中包含了需要解决的相关会计问题，其中涉及甲单位某年8月份第54号记账凭证所列会计处理事项的账务处理后果。经初步检验证实："管理费用"明细账簿的借方发生额栏目中已经记载了第54号记账凭证所列300万元的发生额，而相关的41个"其他应收款——某客户"明细账簿中没有记载第54号记账凭证所列相应的发生额。根据账户余额的静态平衡原理，第54号记账凭证所列会计账务处理无论是否完成，都会导致8月底出现账户余额的平衡差异。因此，解决这个问题时可以采用静态平衡分析法。

事实上，这一鉴定事项涉及多个静态平衡关系，都需要通过鉴定确认，包括"管理费用"的总账账户与其明细账账户之间的余额平衡、总账账户余额之间的平衡、总账账户余额与资产负债表之间的平衡、"其他应收款"的总账账户与其明细账账户之间的余额平衡。在通过检验、鉴定确认前三个平衡存在的前提下，这里讨论一下静态平衡分析法对"其他应收款"的总账账户与其明细账账户之间的余额平衡机制的运用，具体涉及如果"其他应收款"总账账户已经登记该发生额并计入账户余额。如果41个"其他应收款——某客户"明细账簿没有登记前述发生额并计入余额，将会导致"其他应收款"总账账户与其所统驭的明细账户余额合计不平衡。根据本项鉴定的情况确定的分析量为41个"其他应收款——某客户"明细账户余额，参照量包括"其他应收款"总账账户余额和除分析量以外的其他明细账户余额。

本项鉴定中，根据详细检验获取了参照量的量值，计算确认"其他应收款"总账账户借方余额小于其所统驭的明细账账户余额合计300万元。结合已经确认的其他平衡关系，上述检验结果可以证明41个"其他应收款——某客户"账簿中虽未记载某年8月份第54号记账凭证所列内容，但其借方余额合计300万元已经不被该单位会计报表"其他应收款"项目数字所控制。

本项鉴定最终确认：某单位某年8月份第54号记账凭证所列会计处理事项已经登记该单位总账，但未登记41个"其他应收款——某客户"（详见附件）明细账簿。该项会计处理的含义为：该单位放弃应收回的300万元债权，并将其作为无法收回的债权费用核销。该会计处理事项导致了该单位300万元债权已不再受会计报表的控制。

三、动态平衡分析法

动态平衡分析法，是根据动态平衡原理——在参照量与分析量的转换过程中其量值不变的平衡机制设计的一种鉴定方法。

动态平衡分析法通常用于分析资金转换过程及转换结果所涉及的有关鉴定事项。所谓资金转换，是指资金在运动过程中所发生的资金性质、资金归属或资金形态的变化。动态平衡分析法的鉴定原理表现为等额平衡关系和差额平衡关系。

所谓等额平衡关系，是指单一的资金转换过程应当是等量进行。例如，现金购物业务表现为现金转换为实物资产的过程，其现金支出的资金量与购进物品的资金量应当相等。

所谓差额平衡关系，是指两次或两次以上的资金转换过程中，可能会在原有资金量的基础上增加（或减少）特定的利润量。例如，购销业务中所反映的多次资金转换过程中会存在利润额（或亏损额）差额；投资及投资收回过程中也会存在收益额（或损失额）差额等。

资金转换前与转换后都会存在一种量的平衡关系。动态平衡分析法正是运用这一量的平衡关系，通过考察分析资金转换的前提条件、资金转换的结果是否发生，以及转换过程中的价值平衡关系，来鉴别确认涉及资金的取得、形成、运用、运行结果等方面的财务问题及相关的会计处理真实性、正确性问题。

以下主要分三个方面来介绍动态平衡分析法的操作要点：

（一）考察分析资金转换是否具备相应的前提条件

任何资金转换的成立都必须具备的前提条件是：在转换前客观上必须实际存在着转换所需的同量资金。也就是说，形成或取得一项资金的前提条件是必须客观实际存在着同量的资金来源；而一项资金已被使用的前提条件是该项资金本身必须客观存在。如果不存在资金转换的这一前提条件，这一转换就不可能进行，这类转换事实也不会成立。

考察资金转换的前提条件的方法，通常用来判断鉴定事项所涉及的资金转换结果及其相关记录的真实性：（1）经考察确认某笔资金转换不具备转换的前提条件，那么，鉴定人即可以确认该项资金转换的财务事实不存在；（2）如果某一资金的转换不具备转换的前提条件，而有关财务会计资料却记载了这一资金转换的结果，那么，鉴定人就可以确认和证明这一账目记载是虚假的。但应当注意的是，如果资金转换存在转换的前提条件，并不能直接证明转换结果的存在，还应当在检验相关财务会计资料的基础上作出判断。

在司法会计鉴定中，考察分析资金转换有无前提条件的方法，主要是通过检验与被转换资金有关的财务资料，验明在资金转换时被转换的资金是否存在。

案例 4－2：某会计师事务所在审计某单位账目时发现，会计兼出纳员王某采用虚列现金支出的方法贪污现金，王某不承认贪污，被审单位向检察机关举报。其中涉及贪污 5,000 元的一笔，审计人员认为 28 号记账凭证中将该单位收入的 5,000 元款项虚列为"应付账款—张三"账户发生额，后通过编制 63 号记账凭证虚列现金支出贪污 5,000 元公款。

鉴定事项：确认该单位 63 号记账凭证所列会计处理事项的真实性及其账务处理后果。

该笔账项相关资料及检验结果如下：

该单位 6 月 14 日制作的 28 号记账凭证中会计分录为：

借：现金　　　　　　　　12,030
　　银行存款　　　　　　14,370
　贷：应付账款—张三　　　5,000
　　　营业收入　　　　　21,400

该单位 8 月 19 日制作的 63 号记账凭证中的会计分录为：

借：现金　　　　　　　　17,854
　　银行存款　　　　　　15,246
　贷：营业收入　　　　　33,100
借：应付账款—张三　　　　5,000
　贷：现金　　　　　　　　5,000

28 号记账凭证中贷记"应付账款—张三"5,000 元业务未附收款收据；63 号记账凭证所列贷记现金 5,000 元账项未附"张三"收款手续。

上列会计处理事项账项均已记账。

经检验，63 号记账凭证所列贷记现金 5,000 元没有记账依据，属于虚列现金科目贷方发生额 5,000 元。上列会计分录中贷记的营业收入金额与记账凭证所附销货发票金额合计一致，借记的银行存款金额与记账凭证所附的进账单、现金交款单金额合计一致。28 号记账凭证所列"应付款—张三"业务为转账收取的款项，从进账单记录的款项来源看应当是与"张三"无关的营业收入，但这5,000 元的收入发票附在 63 号记账凭证之后，因而该项收入已被列记入 63 号记账凭证的会计分录中。

从 8 月 19 日支付 5,000 元现金的款项来源看，只能是当日收入的现金17,854 元中的一部分。但当日实际收取现金额应为（营业收入 33,100 元－银行存款 15,246 元－应付款 5,000）12,854 元，而不是 63 号记账凭证所列现金科目借方发生额 17,854 元。显然，63 号记账凭证所列 17,854 元的现金收入中有5,000 元不具备资金转换的前提条件（即收入现金金额应为 12,854 元，差额5,000 元没有资金来源），那么，该会计分录中就虚列了现金科目借方发生额

5,000元。根据会计错误关系原理,该虚列现金科目贷方发生额与前述虚列现金科目借方发生额5,000元系抵减关系,由于这两项业务均已记账,所以虽均系虚列账项,但不会对现金账户期末余额造成影响。①

(二) 考察分析资金转换结果是否发生

资金转换的结果通常表现为:(1)资产总额的增加;(2)资产总额的减少;(3)一项资产转换为另项资产等。很显然,资金转换结果的发生,则表明资金转换的实际完成和存在;而如果未出现资金转换的结果,则表明资金转换未完成或根本就不存在。

考察分析资金转换结果是否发生的司法会计鉴定意义在于:一是,有证据证明转换结果已经出现,鉴定人则可确认资金转换的实际存在,并证实存在可供转换的资金。二是,转换结果已经出现,但账目未予记载,或转换结果尚未出现,但账目却记载了转换结果的情形,则说明账目记载不实或某项资产已经失控。

在司法会计鉴定中,考察分析资金转换的结果是否发生的方法,主要是通过检验与转换后新增资金有关的财务资料,首先应验明是否存在该项资金,然后研究其相关资金来源问题。例如,在因某笔负债形成某项资产的鉴定中,鉴定人通过检验财务会计资料确认该项资产是由其他资产转换形成的,则证明了该笔负债转换资产的转换结果未形成,因此,当通过检验确认其他资产的形成与该笔负债均无关系后,鉴定人便可以确认记录该笔负债的账项是虚假的。

案例4-3:某公司李四贪污案件。

某公司账面反映李四从王武处借款10万元,并保存有该公司出具给王武的两张5万元借条以及李四利用该借款为公司支付费用的若干凭证(共计10万元)。之后,李四以归还王武借款的名义,陆续从公司支取了10万元款项个人贪污。后调查王武证实,他没有借给该公司10万元款项,也没有从李四处拿到"还款"。李四先是承认了贪污10万元事实,在侦查终结前又翻供,辩解其确实借给公司10万元,款项不是王武出借的,而是其岳父借给的,但此时其岳父已经去世,无法查证。侦查部门随即组织司法会计鉴定,以解决李四借给公司10万元款项的真实性,从而证明其以"归还借款"为名贪污10万元公款的犯罪事实。

---

① 案情分析:王某无会计专业文凭,仅参加过会计上岗证培训。在编制28号记账凭证时,因专业水平不足,未能利用5,000元销货发票将收入款项作为营业收入处理,为了平衡会计分录,便将营业收入虚列为应付账款。后编制63号记账凭证时5,000元发票被列入营业收入,可能不知道应当如何冲销虚列的应付账款账项,便通过现金科目进行了调整。但由于审计距离作账时间较长,因而解释不清当时处理改账项原因。审计人员则因未采用平衡分析法确认现金科目借方发生额的真实性,导致判断错误。

这个案例中存在两次资金转换过程，一是李四将所借10万元用于公司的费用支出；二是该公司归还李四10万元。司法会计鉴定的主要目的是解决该款在公司第一次转换过程是否存在问题。鉴定事项：确认某公司某时点借"王武"10万元款项业务的真实性。

本项鉴定采用了动态平衡分析法，具体的分析方法是考察第一次资金转换结果是否存在。检验结果表明：该公司处理"借"入的10万元会计事项的财务会计资料证实，该项"借款"全部用于支付公司的采购费用和还款，但报销所使用的都是复印件。在检验该公司前期的财务会计资料中发现，这些复印件的原始发票、收据的内容均已经进行了会计处理，即已经报销或还款。这证明了该公司借款10万元的资金转换结果没有发生，资金转换不存在，进而证实借款10万元业务的虚假性。

（三）考察分析资金转换过程中是否保持了量的平衡关系

考察分析资金转换过程中是否保持了量的平衡关系，应当首先区分是单一资金转换过程，还是经营事项涉及的多次资金转换过程。因为前者是等量平衡，而后者是差额平衡。

等量平衡的情况下，鉴定人需要分别检验资金转换前后的财务资料，确认前后资金量，通过对比确认其是否相等。

差额平衡的情况下，首先，需要分清其中所存在的资金转换过程由几次构成，相关资金转换之间是否存在关联；其次，通过检验没有资金转换前后的财务会计资料，确认其等量平衡；最后，通过计算并验证相关财务会计资料，确认差额是否存在以及是否符合量的平衡关系。

在司法会计鉴定中，考察分析资金在转换过程中是否保持了量的平衡关系，一方面，可以解决资金转换的真实性、资金转换是否完成以及资金转换结果是否符合量的平衡关系等财务问题。另一方面，在确认相关财务事实的基础上，可以解决在会计处理方面是否存在未正确反映资金转换过程中的量的平衡关系的情形，以及这类情形的出现对会计要素的核算及会计信息的影响和影响程度等会计问题。例如，采用现金流量法确认股票投资收益额，就是考察资金量的平衡关系的结果。股票投资中需要投入现金，退出股市时则会抽回资金，在这个过程中可能存在多次现金存入或现金提取业务，也会存在现金转股票、股票转现金的多次资金转换过程。从存入现金到退出股市的过程会保持一个量的差额平衡关系，这一差额即为投资损益额。这一过程中的量的平衡关系表现为：存入现金量＝提取现金量±损益量。

这里需要特别说明的是，资金的转换大多涉及实物或货币的实际计量和收付等财务收付行为，这类行为是否实际发生或是否正确，也会影响资金转换实际平衡问题，但由于这些行为本身是无法通过检验财务会计资料来确认的，因而确认这些行为真实性的问题不属于司法会计鉴定的范围。

第三节 比对鉴别法

一、比对鉴别法的基本原理

(一) 比对鉴别法的科学依据

比对鉴别法,是以财务会计处理方法的特定性作为鉴定原理的一种司法会计鉴定方法。

比对鉴别法以正确的财务会计处理方法及处理结果作为参照客体,将其与检材中所记载的需要鉴别分析的财务会计处理方法及处理结果进行比较、对照,鉴别判定检材中所反映的财务会计处理方法及处理结果是否正确、真实。

基于财务会计的处理方法与其适用对象之间具有特定的同一关系,鉴定人可以根据鉴定证据中记录的相关财务会计业务内容,依照有关财务会计处理的技术标准制成参照客体,同时,将鉴定证据中需要进行鉴别分析的财务会计处理方法及处理结果设定为比对客体,然后将二者进行比较,如果一致,则可判定需要鉴定的财务会计处理方法及处理结果是正确的或真实的;二者如不一致,则可判定需要鉴定的财务会计处理方法及处理结果是错误的或虚假的。

从上述原理可以看出,比对鉴别法与司法会计检查(检验)技术中的核对法、比较法是不同的。从方法的内容方面讲,采用比对鉴别法必须依据特定的原理与方法制作出参照客体,方可进行比对鉴别,而核对法与比较法是不需要设定参照客体的;从客体形式上讲,比对鉴别法是一个由鉴定人设定的参照客体与一个实际客体之间的比较,而核对法与比较法则是两个或两个以上的实际客体之间的核对与比较;从结果上看,比对鉴别法可以直接判定比对客体正确与否,而核对法则需要借助于其他检查结果才能确认其中的某一核对客体是否正确,比较法则无须判定比较客体的正确性。

(二) 比对鉴别法的基本操作步骤

采用比对鉴别法进行鉴定时,大致可分为以下三步进行:

第一步,根据比对内容,确定制作参照客体所适用的引用技术标准。

第二步,根据相关证据及引用技术标准,设计、制作参照客体。在实际鉴定中,应将参照客体按照比对的内容制作成书面文件。

第三步,将参照客体按照比对的内容与鉴定证据中的比对客体逐一进行比较、对照,从而确认比对客体的内容是否正确或真实。

(三) 比对鉴别法的适用范围

比对鉴别法,主要适用于对会计分录、账户余额、会计报表项目数字和各种财务指标计算结果正确性，以及会计处理记录真实性、正确性的鉴别。

二、会计分录的比对鉴别

（一）比对内容

会计分录的比对内容包括：（1）应记账户名称，即应列示的会计科目；（2）应记记账方向，即应记入账户的借方或贷方；（3）应记记账金额，即应记入账户的发生额。

（二）设定参照客体

比对鉴别会计分录时，设定参照客体的依据包括：（1）会计准则中有关会计要素的确认、计量等标准；（2）国家主管部门制订（或企业自订）的会计制度中有关会计科目的设置及使用规定，或会计事项分录举例；（3）复式记账原理中的发生额试算平衡公式；（4）记账凭证所附原始凭证的会计事项内容，或诉讼机关在办案中依法调取的原始凭证的会计事项内容，以及其他基本证据中有关上述内容的解释或说明。

司法会计鉴定人根据上述依据，制作出正确的会计分录。这一会计分录即是比对鉴别会计分录的参照客体。

（三）进行比对鉴别

运用设定的会计分录，与记账凭证中的会计分录进行比较，鉴别确认记账凭证列示的会计科目、记账方向、记账金额是否正确、真实，并确认错误会计分录的错误形态和错误程度，揭示其所违背的会计原理。例如，确认会计科目的错列或缺列、确认记账方向的反列、确认记账金额的多列或少列、确认会计处理的虚假性等。

（四）隐形会计分录的比对鉴别

隐形会计分录，是指将多个会计分录合并简化制成会计分录。这种会计分录隐去了应当表达的会计分录的内容，因而称为隐形会计分录。

隐形会计分录的比对鉴别的规则：（1）根据原始凭证所记载的会计事项，分别编制会计分录；（2）将各会计分录中相同的科目分录合并、抵销，编制成隐形会计分录作为参照客体；（3）将参照客体与记账凭证中的会计分录进行比对；（4）如比对客体与参照客体不一致，可将参照客体中叠加的各会计分录并交替减少某一会计分录的内容，以便确认比对客体中遗漏、缺列、重列、多列或错列的会计分录或会计分录的某一内容。

案例4-4：某公司负责人挪用公款案件。

某公司负责人与会计总监合伙，挪用公款400万元用于其个人成立甲公司的注册资本。公司注册后，即将款项退回本公司。会计处理为：

借：银行存款　400万元

贷：银行存款　400万元

记账凭证附有支付400万元的转账制票存根和收回400万元的银行存款进账单。

上述会计分录就是一个简化的会计分录，根据原始凭证所列会计事项，其会计分录应当是：

借：其他应收款——甲公司　　　400万元
贷：银行存款　　　　　　　　　400万元
借：银行存款　　　　　　　　　400万元
贷：其他应收款——甲公司　　　400万元

上述会计分录中，"其他应收款——甲公司"科目借、贷方发生额被简化了，只剩下"银行存款"的借、贷放发生额。

本案中，公诉机关为了揭露会计总监在制作会计分录中隐匿400万元款项来源、去向业务的会计处理，组织了司法会计鉴定，鉴定事项为：某单位某时点制作的第某号记账凭证所列会计分录的正确性。鉴定意见确认：某公司某时点制作的第某号记账凭证所列会计分录存在错误，未能反映该公司某时点支付甲公司400万元的去向以及该公司某时点收回甲公司还款400万元的资金来源。

三、账户余额的比对鉴别

（一）比对内容

账户余额的比对内容包括：（1）账户余额的方向，即余额是借方还是贷方；（2）账户余额的金额，即余额中的货币数额；（3）账户余额的数量，即余额中的实物数额。

（二）设定参照客体

1. 参照客体的设定依据：（1）会计准则中有关会计要素的确认、计量、报告标准；（2）账户发生额涉及的会计凭证；（3）会计原理中有关账户余额的计算原理。

2. 参照客体的设定程序：（1）采用会计分录的比对鉴别法，逐一鉴定确认本账户发生额正确性和真实性；（2）根据会计错误原理，逐一确认错误和虚假的发生额对本账户余额的影响；（3）重新计算本账户余额，这一余额即是比对鉴别账户余额的参照客体。

在会计记账错误较多的情况下，也可以采取复记账方法重新制作账户余额，并作为参照客体。

（三）进行比对鉴别

运用参照客体，与原账簿余额进行比对，如无差异，则证明该账户余额是正确的；如有差异，则证明该账户余额是错误的。

比对结果无外乎三类差异：（1）余额方向相同，但金额（或数量）不同；（2）余额方向相反，但金额（或数量）相同；（3）余额方向相反，且金额（或数量）不同。

四、会计报表项目数字的比对鉴别

（一）比对内容

会计报表项目数字的比对内容包括：（1）所列项目的正确性；（2）项目数据的正确性、真实性。

（二）设定参照客体

1．参照客体的设定依据：（1）会计准则中有关会计要素的确认、计量、报告标准；（2）项目数字相关的账簿；（3）会计原理中有关会计报表项目数字的计算原理。

2．参照客体的设定程序：（1）采用比对鉴别法，逐一鉴定确认组成本项目数字来源的账户累计发生额、账户余额的正确性和真实性；（2）根据会计错误原理，逐一确认错误和虚假累计发生额、账户余额对本项目数字的影响；（3）重新计算项目数字，这一数字即是比对会计报表项目数字的参照客体。

在账户记录、计算错误较多的情况下，也可以采取复记账方法重新制作相关账户累计发生额和余额，并作为参照客体。

（三）进行比对鉴别

运用参照客体，与会计报表项目数字进行比对，如无差异，则证明项目数字是正确的；如有差异，则证明该项目数字是错误的。

比对结果通常包括三种情形：（1）原报表项目数字大于正确数字；（2）原报表项目数字小于正确数字；（3）原报表项目未列示应列示项目数字。

五、财务指标计算结果的比对鉴别

（一）比对内容的确定

财务指标计算结果的比对内容包括：（1）计算公式；（2）计算项目数据；（3）运算结果。

（二）设定参照客体

1．参照客体的设定依据：（1）法定财务指标计算方法和标准；（2）经济合同中有关财务指标的规定；（3）与计算项目有关的财务会计资料及相关证据。

2．参照客体的设定程序：（1）根据引用技术标准确定计算方法、计算项目和运算程序；（2）根据财务会计资料及相关证据确定计算项目的数据；（3）根据计算项目数据和运算程序计算出财务指标，并作为参照客体。

(三) 进行比对鉴别

财务指标计算结果的比对鉴别，主要有两步：

第一步，运用参照客体中的运算结果，与财务会计资料证据中的财务会计计算结果进行比对，鉴别确认二者是否一致。如一致，则证明原财务指标计算正确；如不一致，则说明原财务指标计算错误，这就需要通过第二步的比对鉴别，从技术角度鉴别确认错误的形态。

第二步，运用参照客体中的计算数据，与比对客体中计算数据进行比对。比对结果如一致，则证明错误的计算结果是由于计算公式的选择错误或运算错误所致；如不一致，则证明错误的计算结果是由于计算数据的使用错误所造成的。如果计算数据和运算错误同时存在，则需要反复比对，确定错误的形态。

第四节 司法会计鉴定技巧

一、因素递增法

因素递增法，是指在鉴定过程中逐步增加鉴别分析因素的一种司法会计鉴定技巧。

采用因素递增法进行司法会计鉴定时，先将需要进行鉴别分析的各种因素，按对其实施鉴别分析的难易程度由易到难的顺序排列，然后逐步将各个因素纳入鉴别分析的范围，最终仍存在无法进行鉴别分析的因素时，可在鉴定意见中附加判定条件。

因素递增法，通常是司法会计鉴定中遇有鉴定证据不全，或对鉴定证据的真实性、可靠性存有异议等情形时所使用的一种鉴定技巧。特别是采用直接鉴定法鉴定财务问题时，由于存在大量的瑕疵凭证，往往需要进行大量的瑕疵凭证调查和识别工作，因而如果将各种因素都解决后再实施详细检验，会耽搁鉴定时间。如果采用因素递增法，可以先根据无瑕疵凭证实施鉴定，然后根据瑕疵凭证甄别进度，逐步增加影响鉴定意见的各种因素，最终作出鉴定意见。下面以无账簿记录的现金应结存额问题鉴定为例，说明因素递增法的具体运用。

第一步：按鉴别分析的难易程度划分财务凭证。

将所有财务凭证划分为有争议凭证和无争议凭证两类。其中，尚须确认其记载内容真实性的财务凭证，属于有争议凭证；无须确认其记载内容真实性的财务凭证，属于无争议凭证。这里所谓的有争议凭证，包括各种无法直接使用的凭证。例如，当事人对凭证内容的真实性存在争议的凭证；鉴定人发现内容有虚假嫌疑的凭证；性质或类型尚无法确认的凭证（如发票记载款项是使用现金收付的还是转账收付的）。对当事人有争议凭证及有虚假嫌疑的凭证应当由送检人核查，其他瑕疵凭证可由鉴定人进行鉴别判断后处理。

第二步：根据无争议凭证的内容，计算和确定现金收、付业务的累计发生额和现金应结存额。

第三步：采用各种检验方法，识别瑕疵凭证。常用的检验方法有：（1）根据凭证的有关项目内容进行鉴别判断，如根据原始凭证的抬头、张联、印章等进行验证该凭证属于自制凭证还是外来凭证；（2）结合核对银行存款进行鉴别判断，如通过验证未达单位账项来确认《现金交款单》所列现金是否存入银行；（3）结合检验与收付款项有关的其他资料进行识别判断，如通过验证采购或销售业务的结算账项来验证现金付款业务是否发生等。对经过鉴别分析仍不能解决的凭证，应将其视为有争议凭证，通知送检人核查。

将已经识别清楚的各种财务凭证，按照收、付款业务的类型，分别计入第一步结果中的累计发生额，并调整计算现金应结存额。

第四步：如在鉴定结束前，根据送检人对有争议凭证的核查结果，将其纳入第三步形成的收、付款业务的累计发生额，并调整现金应结存额，作为鉴定意见。

鉴定结束前仍然存在有争议凭证的情况下，司法会计鉴定人应当出具限定性结论，并将有争议凭证内容对基本鉴定意见的影响作为所附加判定条件。

二、限定检材范围法

限定检材范围法，是指通过限定检验检材的范围，将本应通过对较大范围的检材进行检验解决的鉴定问题，限定在可检验资料的范围内来解决的一种司法会计鉴定技巧。

司法会计鉴定所利用的信息来自于对检材进行检验的结果。不同的财务会计问题所涉及的检材的范围不同。特定的问题证明应当需要特定范围的检材。但是，实际进行司法会计鉴定时，可能因各种原因无法对特定范围的检材进行检验。这些原因可能包括：（1）因鉴定所需的部分财务会计资料损毁，无法对所需检验的检材进行检验；（2）因受诉讼时效的限制，没有充足的鉴定时间，因而无法完成对特定范围的检材进行检验的工作。采用限定检材范围法进行司法会计鉴定，主要是通过按一定规则缩小检验检材的范围，从而有限度地解决案件所涉及的财务会计问题。

限定检材范围法，通常适用于因受检材质量或鉴定时间的限制，无法通过对较大范围的检材实施检验或无法利用对较大范围检材的检验结果作出鉴定意见等情形。

在实际运用限定检材范围法时，有的是对实施检验的检材种类范围进行限制；有的则是对实施检验的检材时间范围进行限制。

对检材的种类范围进行限制。即只对鉴定事项有关的部分证据类型进行检验，并根据检验结果作出鉴定意见。比如，只对直接证据进行检验；或只对与鉴定意见相关的记账凭证和账簿进行检验；或只对记载案件事实的财务会计资料进行检验等。举个例子：某单位将应收账款与预收账款合并记入应收账款账户，根据鉴定要求，应通过检验原始凭证分别确认某时期该单位的应收账款和预收账款的金额，但通过检测原始凭证的质量，发现有些销货发票未写抬头，有些销货发票的结算章讫与实际结算方法不符，因而无法通过检验原始凭证进行分户。鉴定人便采用了限定检材范围法，根据对该期记账凭证进行检验的结果，分别确认应收账款与预收账款的金额，并据以进行鉴别分析作出了鉴定意见。

对检材的时间范围进行限制。即只对鉴定问题所涉及的部分财务会计期间的财务会计资料进行检验，并根据检验结果作出鉴定意见。例如，只检验案发年度的财务会计资料。

司法会计鉴定人除了对检材状况进行初检外，还可以利用参考证据来确定采用限定检材范围的可行性以及限定范围。尤其是在确定限定检材的具体范围时，应当根据鉴定事项的背景，合理地确定检材的限定范围。

从司法会计鉴定原理上讲，采用限定检材范围法进行司法会计鉴定，所出具鉴定意见实际上是在增加了特别假定的前提下得出的，由此而得出的鉴定意见存在一定的风险。但是，在司法实践中，只要能够正确慎重地运用这一技巧，可以在特殊情况下解决一些案件所涉及的财务会计问题。比如，采用限制检材种类范围的鉴定技巧，可以及时解决案件侦破过程中的某些财务会计问题的鉴定问题。又比如，采用限制检材时间范围的鉴定技巧，则可以解决部分案件事实涉及的财务会计问题。

司法会计鉴定人采用限定检材范围法应当遵循下列特别规则：

1. 在确定采用限定检材范围法时，应当告知送检人采用这一鉴定技巧的原因及其风险性。送检人不同意采用这一鉴定技巧，则应当按照正常检验范围实施检验；正常检验范围检材不足且无法补充的，应当拒绝鉴定或终止鉴定。

2. 严格按照特别假定的运用规则实施鉴定，坚持必要性和公开性规则。所谓必要性，即有充分的理由表明只能限定检材的范围，才能完成相应的鉴定事项，如果没有特别的必要性，则不应当采用限定检材范围法；所谓公开性，即在鉴定意见中必须具体说明结论所依据的鉴定证据的范围，以便鉴定意见的审查者能够意识到或正确认识该项鉴定意见存在的检材缺陷。

三、排因法

排因法，是指在涉及确认因果关系司法会计鉴定中，通过检验、鉴别和分析，逐步排除与初步结论意见有关的其他可能因素，从而确认其中某一原因或结果的一种司法会计鉴定技巧。

采用排因法进行司法会计鉴定时，首先应将能够导致某一财务会计后果产生的所有原因或某一财务会计现象能够导致产生的所有后果全部列示出来，然后通过检验财务会计资料及相关证据并鉴别分析相关因素的影响，全力排除其他原因的作用或导致其他后果的可能，最终确认导致某一后果的原因或某一现象所产生的后果。

排因法，主要适用于确认财务会计错误关系等因果关系等问题的司法会计鉴定。

采用排因法进行司法会计鉴定时，必须做好以下两项工作：

1. 要将所有的可能性全部客观地列示出来，既不能遗漏，也不能凭主观想象随意添加。如果列示不全或列示的不对，均可能导致鉴定失误。由于财务因果关系具有复杂性的特征，因而能否全部列示出各种因素，很大程度上需要依靠鉴定人的经验。为了保证不因鉴定人经验不足而导致鉴定失误，可以考虑通过会检来最大限度地减少失误的可能性。

2. 要将所列示出的全部可能性逐一进行科学的分析，分别予以肯定或否定，如出现不能肯定其一或不能否定其他的情形时，不得作出确定性结论。

司法实践中在运用这一技巧时常见的问题是，一些司法会计鉴定人并不知道自己是在运用这一技巧进行鉴定，加之先入为主、经验不足等原因，往往没有穷尽应当排除的情形。例如，短库的原因就会涉及多个非常复杂的情形。如果是因为会计错误导致的短库，可以通过司法会计鉴定确认会计错误的存在，并直接确定短库原因。短库也可能是因为财物收付错误导致的，且这类财物收付错误的存在又往往没有可以证明的司法会计鉴定证据，如果司法会计鉴定人考虑不到财物收付错误的因素，则可能会断章取义地作出某一判断，导致鉴定失误。因此，在涉及短库原因的鉴定中，司法会计鉴定人应当十分慎重，如果确实无法判断短库的原因，应当终止鉴定。

四、还原法

还原法，是指以原始凭证记载的经济业务的发生时间为准，对会计核算资料进行调整并重新计算各期的核算结果，以还原各期财务状况或财务成果真实情况的一种司法会计鉴定技巧。

还原法适用于确认某时期连续各期末财务状况或财务成果的确认，也可以用于某时期连续各月账户余额正确性鉴定中的参照客体的制作。

还原法目前可以采用 Excel 电子表格来完成，也可以采用手工方式①。

以资金账户为例，采用 Excel 进行还原操作，可按照下列步骤进行：

1. 按照账户格式制成 Excel 电子表格，可省略账户的摘要栏内容，但需要增加"实际发生时间"列；

2. 按照记账凭证顺序，逐笔填列原始凭证的内容。其中，对原始凭证中没有列示日期的，按照记账凭证所列日期填列"实际发生时间"；

3. 按照"实际发生时间"列进行排序，即可得到还原后的各月货币资金的实际余额。

案例 4-5：某出纳员贪污案件。

公司核对库存商品时，发现三年前已经销售的商品未记账，追查中发现出纳员有贪污公款嫌疑。该出纳员多次交出赃款共计 24 万元。出纳员供述的贪污公款情况为：公司三年前先后取得 24 万元的销售收入，因各种客观因素导致收入没有记账，但款项都存入了本单位银行账户；一年前，交接现金出纳工作时发现长库 24 万元，经查找未能发现长库原因便拿回家中。侦查人员怀疑出纳员三年前就故意隐匿销售收入贪污。为了查明出纳员的作案时间，侦查机关通过组织司法会计鉴定，解决该公司三年前至一年前存入银行账户的资金来源中有无未记账收入业务的问题。司法会计鉴定人（注册会计师）通过逐笔核对该公司银行存款发生额，确认该期间该公司存入银行的所有款项均有销售收入的资金来源，根据动态平衡法原理，判定该公司没有未记账收入款项存入银行的情形。犯罪嫌疑人不认可该项鉴定意见，坚持认为三年前收入的款项确实存入了银行账户，提出重新鉴定的申请。

在重新鉴定中，司法会计鉴定人（司法会计师）在初步检验中发现，该公司三年前至一年前存入银行现金业务中有很多被跨期记账的情形，特别是存入银行的现金业务中次月记账的金额较大，这可能与账外收入资金存入银行有关。为此，司法会计鉴定人确定采用还原法调整了该公司各月现金结存额。通过对三年来的现金结存额进行还原后得出的检验结果为：

该公司三年前至一年前的现金结存额一直为负 20 多万元，一年前至案发的现金结存额一直为正数 1,000 多元。

司法会计鉴定人根据上述检验结果和动态平衡原理判定：该公司三年前至一年前每月都有 20 多万元的未记账现金收入存入该公司银行账户或用于公支情况，一年前至今未发生此类情形。侦查机关根据这一鉴定意见确认该出纳员贪污 24

---

① 采用手工方式进行还原操作的程序比较复杂，鉴于目前计算机已经普及，这里不再介绍。

万元公款的作案时间为一年前。

第五节 财务会计问题的不同鉴定路线

一、财务问题的基本鉴定路线

财务问题鉴定，是指对涉及确认资产、负债、所有者权益、收入、成本费用等财务状况或财务成果问题进行的司法会计鉴定。

财务问题的鉴定有两条基本路线：直接鉴定法和借用会计法。

（一）直接鉴定法

直接鉴定法，是指不利用会计核算结果，而直接依据对财务资料内容的检验分析结果，鉴别、判定财务问题的鉴定路线。

在财务问题鉴定中遇有下列情形时，需要采用直接鉴定法：

1. 鉴定事项涉及财务资料较少，无须利用会计资料的；
2. 鉴定事项涉及的财务主体没有进行会计核算的；
3. 因特别原因送检方无法获取和提供会计资料的；
4. 虽有会计核算资料，但会计核算资料质量太差无法利用的。

采用直接鉴定法，在检材涉及财务资料很少的情况下，可直接根据对财务资料记载内容检验结果，鉴别、判定财务问题；在检材涉及财务资料较多的情形下，可以先根据鉴定原理，制作相应的鉴定表格，然后逐一检验财务资料，并将相关内容填列到鉴定表格中，然后利用鉴定表格分类汇总相关财务信息并进行相应运算，最终确认相关财务问题，作出鉴定意见。

（二）借用会计法

借用会计法，是指以原会计核算的结果为基础，采用财务标准对原会计核算结果进行调整，鉴别、判定财务问题的鉴定路线。

借用会计法适用于财务资料较多且会计资料质量较高的情况下进行的财务问题鉴定。

采用借用会计法鉴定财务问题需要进行下列工作：

1. 根据财务问题的类型，确定需要借用的会计账户并对该账户累计发生额和余额的正确性、真实性问题进行鉴定。
2. 在前述鉴定的基础上，利用财务标准对账户发生额进行调整，并重新确定累计发生额或余额。
3. 根据重新确定的累计发生额或余额，确认相应的财务状况或财务成果事实，并作出鉴定意见。

二、会计问题鉴定的基本路线

会计问题鉴定，是对涉及确认会计处理事项及会计核算结果的正确性、真实性、合规性等会计问题进行的司法会计鉴定。

会计问题鉴定有两条基本路线：重新核算法和调节法。

（一）重新核算法

重新核算法，是指根据原始凭证（含相关证据）及会计标准，通过重新核算事项形成新的会计核算结果，进而鉴别、判定涉案会计问题的鉴定路线。

重新核算法适用于会计问题鉴定中原会计核算中所含错误较多，需要确认正确会计处理事项或会计核算结果情形。

采用重新核算法，应当记录重新核算的内容和结果。

（二）调节法

调节法，是指以原会计核算结果为基础，通过调节该结果中所有弊端账项对原核算结果所造成的影响，计算出正确核算结果，进而鉴别、判定涉案会计问题的鉴定路线。

调节法适用于原会计核算结果中所含会计错误较少的情况下进行的会计问题鉴定。

调节法，主要是通过填制《调节表》来完成。鉴定原理为：

正确核算结果＝原核算结果＋应加数据－应减数据

其中，应加数据，是指造成原核算结果虚减或应增未增的错误账项的数量或金额；应减数据，是指造成原核算结果虚增或应减未减的错误账项的数量或金额。

《调节表》应当根据会计问题的类型设计，这里举出《账户余额调节表》（见图示）供参考。

《账户余额调节表》中所列"应加余额"是指造成原账户余额虚减或应增未增错误账项的金额；"应减余额"是指造成原账户余额虚增或应减未减错误账项的金额。

运用 Excel 编制《账户余额调节表》模板时，可将表中最后一行中调整后账户余额、原账户余额、应加余额合计、应减数据合计设计为单元格并编制相应的计算公式，以便在使用时自动形成计算结果。

____账户余额调节表

编制日期：　　　　　　　　　原账户余额：

序号	日期	凭证编号	错误账项内容	应加余额	应减余额	备注说明
		合　　计				

调整后账户余额 = 原账户余额 + 应加余额合计 − 应减余额合计

第五章 司法会计鉴定的主体与启动

第一节 司法会计鉴定的主体

一、司法会计鉴定主体的概念

（一）司法会计鉴定主体的基本含义

司法会计鉴定主体，通常是指司法会计鉴定人，即受诉讼机关的指派或聘请，依法实施司法会计鉴定活动的诉讼参与人。

司法会计鉴定主体是一个诉讼概念，它只存在于各类需要实施司法会计鉴定的具体案件的诉讼中。在诉讼之外，即使具备司法会计鉴定资格的人（如司法会计师）亦非属于司法会计鉴定主体。换句话说，司法会计鉴定主体的含义并非是指司法会计师等具有司法会计鉴定职业资格的人。具备司法会计鉴定职业资格的人只有接受指派或聘请担任具体案件的鉴定人时，其才成为司法会计鉴定主体（司法会计鉴定人）。

作为诉讼参与人的司法会计鉴定人的主要诉讼职责是，根据送检方提出的具体鉴定事项，通过对送检的财务会计资料及相关证据进行检验，解决涉案财务会计问题，出具司法会计鉴定文书。

（二）司法会计鉴定人的资格条件

根据我国诉讼法律规定，司法会计鉴定人通常应当同时具备以下三个方面的主体资格条件。

第一，具备司法会计鉴定人的诉讼身份。

在具体案件中，司法会计鉴定人的产生需要符合法律规定的程序，依法取得诉讼参与人的身份。诉讼机关在指派或聘请司法会计鉴定人时应当办理相应的手续（如出具《聘请书》），使之具备担任本案司法会计鉴定人的合法身份。

第二，不具有回避情形。

根据我国诉讼法律的规定[①]，司法会计鉴定人具有下列情形时应当主动申请回避，当事人有权用口头或者书面方式申请他们回避：（1）是本案当事人或者

---

① 参见《中华人民共和国刑事诉讼法》第28条、《中华人民共和国民事诉讼法》第44条、《中华人民共和国行政诉讼法》第47条的规定。

当事人、诉讼代理人近亲属的；（2）本人或者他的近亲属与本案有利害关系的；（3）担任过本案侦查、检察、审判人员或证人、辩护人、诉讼代理人的；（4）与本案当事人有其他关系，可能影响正确实施鉴定的；（5）接受当事人、诉讼代理人请客送礼，或者违反规定会见当事人、诉讼代理人的。

第三，熟悉与鉴定事项有关的技术标准和技能。

熟悉与鉴定事项有关的技术标准和技能，这是司法会计鉴定人的技术资格要求。一般来说，具备这一技术条件的人员主要有：（1）司法会计师；（2）注册会计师或注册审计师；（3）取得中级以上职称的会计人员、审计人员、司法会计学（或会计学、审计学）专业的教学人员等。

另外，未来司法会计鉴定人实行登记管理制度后，司法会计鉴定人还应当具备相应的职业资格。

（三）司法会计鉴定的职业资格问题

大陆法系国家通常采用司法鉴定人登记制度。根据全国人大常委会《关于司法鉴定管理问题的决定》第4条规定，具备下列条件之一的人员，可以申请登记从事司法鉴定业务：（1）具有与所申请从事的司法鉴定业务相关的高级专业技术职称；（2）具有与所申请从事的司法鉴定业务相关的专业执业资格或者高等院校相关专业本科以上学历，从事相关工作五年以上；（3）具有与所申请从事司法鉴定业务相关工作十年以上经历，具有较强的专业技能。同时，因故意犯罪或者职务过失犯罪受过刑事处罚的，受过开除公职处分的，以及被撤销鉴定人登记的人员，不得从事司法鉴定业务。

我国已经开展的司法鉴定人登记制度包括法医类鉴定、物证类鉴定和声像资料鉴定，[①] 尚未包括司法会计鉴定。登记程序为：由省级人民政府司法行政部门对申请人审核，对符合条件的予以登记，编入鉴定人名册并公告。

"司法鉴定是指在诉讼活动中鉴定人运用科学技术或者专门知识对诉讼涉及的专门性问题进行鉴别和判断并提供鉴定意见的活动"，有关部门认为，我国法律诉讼中符合这一定义的司法鉴定类型可能有1,000多种，而其中大部分类型的鉴定都有行业行政性的管理标准（如商品质量鉴定就有质量监督行政部门的管理标准），其职业资格问题并不需要单独管理。如果将所有司法鉴定的类型都纳入司法鉴定管理范畴是一种浪费。基于这种认识，全国人大常委会《关于司法

---

① 根据全国人大常委会《关于司法鉴定管理问题的决定》，法医类鉴定包括法医病理鉴定、法医临床鉴定、法医精神病鉴定、法医物证鉴定和法医毒物鉴定；物证类鉴定包括文书鉴定、痕迹鉴定和微量物证鉴定；声像资料鉴定包括对录音带、录像带、磁盘、光盘、图片等载体上记录的声音、图像信息的真实性、完整性及其所反映的情况过程进行的鉴定和对记录的声音、图像中的语言、人体、物体作出种类或者同一认定。

鉴定管理问题的决定》仅将法医、物证、声像资料三类司法鉴定纳入执业登记管理范围。但是，该决定还同时规定：根据诉讼需要，由国务院司法行政部门商最高人民法院、最高人民检察院确定的其他应当对鉴定人和鉴定机构实行登记管理的鉴定事项，也属于司法鉴定管理的范围。根据这一规定，司法会计鉴定未来可以通过三家中央机关的协商确定，纳入司法鉴定管理的范畴。

我国司法鉴定管理法律尚未将司法会计鉴定纳入司法鉴定管理的范围，主要因有关部门对司法会计鉴定的误解所致。有关部门将司法会计鉴定错误地理解为会计活动，而会计专业已经实行了专门的执业管理制度，因而不需要纳入司法鉴定人登记管理范围。这种认识的实践依据主要是目前我国注册会计师也承担了司法会计鉴定业务，且注册会计师本身已经实行了行业登记管理制度。事实上，注册会计师的特征性业务是报表审计，而非司法会计鉴定。同时，注册会计师执业准则的主要规范也不适用于司法会计鉴定。因此，司法会计鉴定也应当单独纳入司法鉴定的管理范畴。基于此，有关部门已经开始研究将司法会计鉴定纳入司法鉴定登记管理范围问题。

（四）司法会计鉴定的启动主体①

按照我国诉讼法律规定，组织司法会计鉴定的诉讼主体涉及诉讼机关、当事人（及其诉讼代理人或辩护人）等诉讼主体。其中，诉讼机关具有启动司法会计鉴定的决定权，该决定权是诉讼权力的组成部分。当事人（及其诉讼代理人、辩护人）具有申请司法会计鉴定的权利，该申请权属于当事人的诉讼权利。换句话说，按照诉讼法律的规定，司法会计鉴定的送检方应当是承办具体案件的诉讼机关。

在不同诉讼中，诉讼机关启动司法会计鉴定权力的实施条件不同。

在刑事诉讼中，侦查机关有权启动初次司法会计鉴定，但应当将用作证据的鉴定意见告知犯罪嫌疑人、被害人。如果犯罪嫌疑人、被害人提出补充鉴定或者重新鉴定申请的，侦查机关有权决定是否补充鉴定或者重新鉴定。公诉机关审查案件时认为需要进行司法会计鉴定的，可以退回公安机关要求其在补充侦查中启动司法会计鉴定，也可以自行启动司法会计鉴定。人民法院受理刑事案件后，当事人（及其辩护人、诉讼代理人）有权申请重新鉴定，是否同意由法庭决定。

在民事诉讼中，当事人可以就查明事实的财务会计问题向人民法院申请司法会计鉴定。当事人未申请鉴定，人民法院对专门性问题认为需要鉴定的，有权直接决定组织鉴定。

在行政诉讼中，人民法院认为对财务会计问题需要司法会计鉴定的，有权决

---

① 学术界有观点认为司法会计鉴定主体，除司法会计鉴定人外，还应当包括司法会计鉴定启动主体，即组织司法会计鉴定的诉讼主体。

定组织鉴定。

另外，我国诉讼法律中没有允许当事人直接启动司法会计鉴定，但有的省级司法鉴定法律（如河北省司法鉴定条例）赋予了当事人直接启动司法会计鉴定的权利。

二、司法会计鉴定机构及法人鉴定问题

司法会计鉴定机构，是指依照法定程序成立，从事司法会计活动的营业性或非营业性机构，包括侦查机关设置的司法会计鉴定机构。这里需要明确的是，司法会计鉴定机构的名称目前五花八门，包括司法会计鉴定中心、司法鉴定中心、司法会计鉴定所、会计司法鉴定所、会计师事务所等，但只要符合司法会计鉴定机构的资格条件的，本书中均称为司法会计鉴定机构。

（一）司法会计鉴定机构的资格条件

根据我国司法鉴定法律规定，法人或者其他组织申请从事司法鉴定业务的，应当具备下列条件：

1. 有明确的业务范围；
2. 有在业务范围内进行司法鉴定所必需的仪器、设备；
3. 有在业务范围内进行司法鉴定所必需的依法通过计量认证或者实验室认可的检测实验室；
4. 每项司法鉴定业务有三名以上鉴定人。

根据上述法律规定精神，司法会计鉴定机构的业务范围包括司法会计鉴定，并配备三名以上具有司法会计鉴定资格的专业人员。

（二）关于法人鉴定问题的讨论

所谓法人鉴定，是指司法鉴定机构等法人单位作为司法鉴定主体实施的司法鉴定，包括法人作为鉴定主体的司法会计鉴定。

基于历史传统做法，司法鉴定一直被认为是司法鉴定人代表其所在诉讼机关或鉴定机构实施的。例如，一些诉讼机关的司法鉴定人出具的鉴定文书都被冠以"××市公安局"（或"××市人民检察院"等诉讼机关）鉴定书；司法鉴定机构出具的鉴定文书也都会冠以"××司法鉴定中心"。同时，社会媒体在表达某案件进行的鉴定时，也会描述为"某某市公安局出具的鉴定文书"，甚至一些法院的判决书在引用司法鉴定意见时，也会表达为"某某市人民检察院出具的鉴定意见"等。由此而言，"法人鉴定"事实上一直被司法界所认同。因此，目前在司法实践中，仍然存在委托司法鉴定机构、会计师事务所等法人机构进行司法会计鉴定的做法。

我国2005年颁布的司法鉴定法律已经明确司法鉴定实行鉴定人负责制度。鉴定人应当独立进行鉴定，对鉴定意见负责并在鉴定书上签名或者盖章。修改后的刑事、民事诉讼法律也都明确鉴定应当由自然人实施。根据这些规定精神，司法会计鉴定机构本身在诉讼中并不能作为鉴定人出现。同时，司法会计鉴定机构是司法会计师等职业司法会计鉴定人的执业单位，因此，司法会计鉴定人接受司法会计鉴定业务，应当由司法会计鉴定机构统一受理。这也会给人们以法人鉴定的误识。

笔者认为，以法人名义进行的司法会计鉴定会给诉讼带来一些不必要的麻烦。法律诉讼中不宜将法人作为司法会计鉴定人，即使委托鉴定机构组织实施司法会计鉴定，也应当由自然人担任鉴定人。具体理由有三个：

第一，法人在刑事、民事诉讼中并不具备法定的司法会计鉴定人资格。这是因为刑事、民事诉讼法律中规定的司法会计鉴定人是具有专门知识的人或具备资格的鉴定人，没有规定司法会计鉴定机构的司法鉴定职责，因而由法人实施司法会计鉴定是违法的。由法人出具的司法会计鉴定意见，也会因出具主体不合法而不具有法定的证据效力。①

第二，法人充当司法会计鉴定人，会导致相关诉讼义务的不履行。这是因为具体实施司法会计鉴定的人是根据司法会计鉴定机构的指派而不是诉讼机关的指派或聘请参与诉讼，因而诉讼机关不便要求其个人履行相应的诉讼义务。以司法会计鉴定人的出庭义务为例，由于目前我国实际操作中，通常是由诉讼机关委托司法会计鉴定机构实施司法会计鉴定，当需要司法会计鉴定人出庭时，有的司法会计鉴定机构会指派本案鉴定人以外的其他司法会计执业人员出庭，并导致出庭不利的后果。

第三，我国已经明确实行司法鉴定的鉴定人负责制，如果司法会计鉴定人不履行或不正当履行职责（如故意作出错误的鉴定意见）时，需要承担相应的法律责任。但是，在鉴定人为法人的情况下，由于具体实施司法会计鉴定的人员只是代表法人履行职责，不便于诉讼机关追究具体鉴定人的法律责任。例如，根据我国刑法第 305 条的规定，司法会计鉴定人在刑事诉讼中故意作虚假鉴定，意图陷害他人或者隐匿罪证的，应当对其以伪证罪追究刑事责任。但伪证罪的犯罪主体并不包括单位犯罪。

---

① 我国刑事诉讼法一直将鉴定人规定为"有专门知识的人"，但受传统理念的影响，民事诉讼法和行政诉讼法一直将司法鉴定主体规定为"鉴定部门"。2005 年全国人大常委会《关于司法鉴定管理问题的决定》确认了司法鉴定实行鉴定人负责制度，并在立法界形成共识。2012 年民事诉讼法修改后，将司法鉴定主体修改为"具备资格的鉴定人"。可以相信，未来行政诉讼法修改时，也会将司法鉴定主体规定为"具备资格的鉴定人"。

第二节　司法会计鉴定人的权利与义务

司法会计鉴定人是法定的诉讼参与人之一，在诉讼过程中依法享有一定的诉讼权利，同时也应当履行一定的诉讼义务。

一、司法会计鉴定人的诉讼权利

诉讼权利，是指诉讼参与人依法具备的为某些诉讼行为的法定资格。司法会计鉴定人的诉讼权利，是指司法会计鉴定人在诉讼中能够为某些诉讼行为的法定资格。为了保障司法会计鉴定的顺利进行，司法会计鉴定人依法享有一些必要的诉讼权利。

（一）了解、查阅与鉴定事项有关的情况和资料的权利

司法会计鉴定人在受理鉴定时，需要了解案情、鉴定目的、检材①状况等与确定鉴定事项有关的情况，送检方也应当主动进行介绍。

（二）拒绝鉴定的权利

司法会计鉴定人在了解案情及检材状况后，遇有下列情形时应当拒绝受理鉴定：

1. 鉴定事项的提出主体不符合法律规定的；
2. 鉴定事项内容不适当，无法受理的；
3. 检材严重不足，无法实施鉴定的；
4. 自己的鉴定能力不能胜任鉴定的等。

司法会计鉴定人拒绝受理鉴定的，应当说明理由。

（三）获取鉴定所需资料的权利

为了熟悉和掌握案情，保证司法会计鉴定意见的科学性，司法会计鉴定人有权要求送检方提供鉴定事项所涉及的全部财务会计资料；有权查阅与鉴定事项有关的案卷材料；在鉴定中发现检材不足，可能影响检验、鉴定结果时，有权要求送检方补充提供相关资料。

（四）参与司法会计检查的权利

司法会计鉴定人依法有权作为"有专门知识的人"参与相关的司法会计检查。在司法会计鉴定中，司法会计鉴定人参与司法会计检查的任务主要是协助诉讼主体补充检材。

为了了解检材等与鉴定事项有关的情况，司法会计鉴定人有权在送检方在场的情况下询问与鉴定事项有关的当事人、证人等。

---

① 检材，是指司法会计鉴定中需要进行检验的各种材料。

(五) 独立进行司法会计鉴定的权利

司法会计鉴定人在实施鉴定的过程中,有权拒绝和要求排除他人的干涉,独立地实施鉴定和制作鉴定意见。这包括:(1)司法会计鉴定人在符合法律规定和科学实施鉴定的前提下,有权自行选择与鉴定事项相符合的检验、鉴定方法与程序;(2)独立发表鉴定意见,尤其是在两个以上的鉴定人对同一鉴定问题有不同的鉴定意见时,各自有权独立地作出鉴定意见;(3)司法会计鉴定人有权拒绝解决、回答与鉴定无关的问题,并对非法干涉鉴定的行为,有权拒绝或提出控告。

这一权利是建立在独立鉴定原则基础上的。独立鉴定原则,是指司法会计鉴定人在法律诉讼中始终处于独立诉讼参与人的地位,并始终以独立诉讼参与人的身份实施鉴定和发表结论意见。这是保证司法会计鉴定意见的科学性、合法性和可靠性的最基本的要求。这一原则包含两层意思:其一,司法会计鉴定人在实施鉴定的过程中,未受到他人的不当干涉;其二,司法会计鉴定人所作的鉴定意见,只是其个人对鉴定问题的结论意见,而不是其所在机构的结论意见。

(六) 中断鉴定和终结鉴定的权利

中断鉴定(也称中止鉴定),是指司法会计鉴定人因送检部门没有及时补充鉴定所需的检材等原因,暂时停止鉴定活动;终结鉴定,是指司法会计鉴定人因检材质量、检材不足等原因停止鉴定活动。司法会计鉴定人决定中断或终结鉴定活动,应当及时制作《中断鉴定通知书》或《终结鉴定通知书》,说明中断或终结鉴定的理由,并送达送检部门。

另外,根据相关规定,送检方应当支付实施司法会计鉴定所需的差旅费等费用和支付鉴定费等费用,司法会计鉴定人有权获取这些费用和报酬,但这类权利不在诉讼权利的范围内,属于执业权利的范畴。

二、司法会计鉴定人的诉讼义务

诉讼义务,是指诉讼参与人依法必须履行诉讼法律所规定的某些义务。司法会计鉴定人的诉讼义务,是指司法会计鉴定人依法应当履行某些诉讼行为和不应当为某些行为的约束。根据我国法律规定,司法会计鉴定人在诉讼中应当履行主动回避、依法鉴定、制作鉴定意见、出席法庭等义务。

(一) 主动回避

司法会计鉴定人在受理鉴定时或实施鉴定中,遇有法律规定的回避情形时,应当主动说明情况,要求回避。

根据我国法律规定,司法鉴定人的回避应当由公安机关、检察机关或审判机关的负责人决定。因此,司法会计鉴定人认为自己存在法定回避情形时,应当根据案件的诉讼阶段,向侦查、检察、审判机关的负责人提出回避申请。例如,在侦查阶段进行司法会计鉴定时，应当向侦查机关负责人提出回避申请。

（二）依法实施鉴定

依法鉴定，是指司法会计鉴定人只能在法律规定的范围内，依法开展鉴定工作。司法会计鉴定人在鉴定中，必须依照科学的鉴定程序和选用与鉴定事项相符的技术标准，进行鉴定，并以财务会计资料及相关证据为基本事实依据作出鉴定意见。鉴定人不得为谋求与有关人员的判断相符合而故意歪曲事实，更不得故意开脱或加重有关当事人的责任。

（三）遵守检案纪律，保守案件机密

司法会计鉴定人在鉴定中应当坚守职业道德，遵守检案纪律。对在鉴定中知悉的国家秘密、商业秘密和个人隐私有保密责任。

（四）制作鉴定意见并对鉴定意见负责

司法会计鉴定人受理鉴定后，无正当理由不得中断或终结鉴定。鉴定完毕后，应当亲自制作司法会计鉴定文书或在鉴定记录上签名。鉴定意见经相关诉讼主体审查提出问题时，司法会计鉴定人应当作出解释。

（五）出席法庭

人民法院在开庭审理案件过程中，认为有必要时，可以通知司法会计鉴定人出庭。鉴定人应当根据法庭的通知及时出庭。出庭中应当宣读由本人制作的司法会计鉴定意见，回答审判人员、公诉人、当事人、辩护人或诉讼代理人等就鉴定过程和鉴定意见提出的问题。

根据现行法律规定，公诉人、当事人或者辩护人、诉讼代理人对鉴定意见有异议，人民法院认为鉴定人有必要出庭的，鉴定人应当出庭作证。经人民法院通知，鉴定人拒不出庭作证的，鉴定意见不得作为定案的根据。

第三节 司法会计鉴定人与司法会计
鉴定机构的责任追究

一、司法会计鉴定人和司法会计鉴定机构的责任

司法会计鉴定人及其所在司法会计鉴定机构出现违法行为时，应当承担相应的责任。包括刑事责任、民事责任和行政责任。

（一）司法会计鉴定人的刑事责任

根据我国刑法规定，在刑事诉讼中，司法鉴定人对与案件有重要关系的情节，故意作虚假鉴定，意图陷害他人或者隐匿罪证的，需要承担伪证罪的刑事责任。

司法会计鉴定人在鉴定中收受相关当事人及其请托人贿赂的，则会被追究受

贿罪的刑事责任。

（二）司法会计鉴定人和司法会计鉴定机构的民事责任

根据我国民法规定精神，司法会计鉴定人及其所在司法会计鉴定机构，因存在过错而出具了不科学的鉴定意见时，可能需要承担的民事责任主要有：（1）履行法定义务；（2）返还鉴定费；（3）赔偿损失；（4）支付违约金；（5）消除影响；（6）赔礼道歉。

（三）司法会计鉴定人和司法会计鉴定机构的行政责任

根据我国司法鉴定管理法律规定，司法会计鉴定人及其所在司法会计鉴定机构，违反规定从事司法鉴定活动的，予以警告，责令改正；或给予停止从事司法鉴定业务三个月以上一年以下的处罚；情节严重的，撤销登记。

鉴定机构也可以追究违规的司法会计鉴定人的行政责任。

二、司法会计鉴定人承担法律责任的原因与程序

（一）司法会计鉴定人承担法律责任的原因

导致司法会计鉴定人承担责任的因素主要包括故意、严重不负责任、操作不当、拒绝出庭等。

1. 故意出具内容不科学的鉴定意见。其故意可能是出于意图陷害他人或者隐匿罪证、承接鉴定事项、收受贿赂等动机。

2. 因严重不负责任给当事人合法权益或诉讼机关的声誉造成重大损失。不负责任的表现主要有：（1）超出司法会计鉴定范围受理鉴定；（2）因过失导致检材的灭失、毁损；（3）泄露当事人的商业秘密；（4）未正确采用鉴定证据或鉴定标准；（5）无辜延迟出具司法会计鉴定意见。

3. 因鉴定操作不当给当事人的合法权益或诉讼机关的声誉造成重大损失。

4. 经人民法院依法通知，无正当理由拒绝出庭作证，并因此给当事人或诉讼机关造成损害。

（二）司法会计鉴定人责任追究程序

司法会计鉴定人刑事责任的追究，通常由公安机关立案侦查，但司法会计鉴定人利用其国家工作人员身份贪污、挪用鉴定费或收受贿赂的，由检察机关立案侦查。

当事人追究司法会计鉴定人及其鉴定机构的民事责任应当向人民法院提出起诉。

司法会计鉴定人的行政责任，属于司法鉴定管理范围的，由省级人民政府司法行政部门追究行政责任；不属于司法鉴定管理范围的，由所在单位追究行政责任。

第四节　司法会计鉴定的启动

启动司法会计鉴定的程序主要有：(1) 确定是否进行司法会计鉴定；(2) 确定司法会计鉴定的方式及鉴定人；(3) 与司法会计鉴定人沟通；(4) 送检。

一、司法会计鉴定的确定

诉讼是否需要实施司法会计鉴定，涉及诉讼机关和当事人。诉讼机关、当事人在诉讼中遇有财务会计问题时，应当确定是否组织或申请司法会计鉴定。根据我国诉讼法律的规定，法律诉讼中无论当事人是否提出申请，都应当由诉讼机关决定是否启动司法会计鉴定。

诉讼机关在诉讼中应当关注是否存在需要进行司法会计鉴定的财务会计问题，以确定司法会计鉴定的必要性和具体需要解决的财务会计问题，同时，还应当考察司法会计鉴定的可行性，以便确定是否启动司法会计鉴定。

（一）司法会计鉴定必要性的考察与确定

考察司法会计鉴定的必要性通常有两种方法：一是根据经验判断；二是根据证据规格判断。

具备一定办案经验的诉讼主体，可以直接根据案情、经验判明有无需要通过司法会计鉴定解决的财务会计问题。主要方法是看案件中有无属于司法会计鉴定范围的财务会计问题。例如，逃税案件都会涉及当事人应纳税款、未纳税款、未纳税款占应纳税款比例等财务问题的司法会计鉴定；涉及经营所得分配事实的纠纷案件中都会遇到经营损益问题的司法会计鉴定。

司法实践中，仍有大量的案件无法采用经验法则判定是否存在需要进行司法会计鉴定的财务会计问题。这就需要结合审查证据是否充分和完备，分析确定有无需要通过司法会计鉴定来完善诉讼证据的情形。

不同案件的事实及其证据规格不同。案件事实是否清楚，证据是否确实、充分，都需要诉讼主体通过分析具体案件中的证据规格，对证据是否完备进行审查。通过证据审查，诉讼机关可能发现需要利用司法会计鉴定意见来完善证据规格的情形。遇有此类情形时，诉讼主体可以先拟设鉴定意见的内容，并根据这一内容来反设需要进行司法会计鉴定的财务会计问题。例如，案件涉及的财务会计资料证据未能直观地反映相关财务会计事实，需要借助司法会计鉴定意见予以释义或释疑，证据之间存有"间隙"需要借助司法会计鉴定意见予以"衔接"等。

案例 5-1：甲受贿人给行贿人 30 万元让其代为炒股，行贿人在炒股中损失惨重，可受贿人强行要求行贿人归还了自己的全部投资。在这一案件中，如果按照经验法则,只有查明行贿人在炒股中是否产生了损失、损失多少,才能确认甲某是否索贿以及索贿金额,因而需要通过司法会计鉴定解决行贿人证券投资的损益额这一财务问题。如果没有这一经验,则需要通过分析案情和证据规格,确认本案是否需要进行司法会计鉴定以及鉴定事项。假定该案犯罪嫌疑人承认索贿事实,请托人也证明炒股损失的数额和行贿事实,但从证券公司收集到的资金历史对账表只能显示行贿人将犯罪嫌疑人所给的 30 万元投资款存入证券账户的事实,却不能显示行贿人炒股的盈亏数额,这就会出现一个证据"间隙",有必要通过司法会计鉴定意见来"衔接"口供、证言、书证。如果能够有司法会计鉴定意见来证明 30 万元的投资产生了多少元的投资损失,则可以查明索贿金额的事实。这就可以先拟设一下鉴定意见的内容:某证券账户中某笔 30 万元投资产生损失多少元。根据这一拟设的鉴定意见的内容,也就可以反设出需要进行司法会计鉴定的财务问题:确认某证券账户某时点存入的 30 万元产生的投资损益额。

这里需要特别强调的是,在刑事诉讼中如果遇有需要鉴定的财务会计问题时,无论当事人是否提出要求,都应当视为有必要进行司法会计鉴定;而在民事诉讼中遇有需要鉴定的财务会计问题时,通常应当由当事人提出鉴定申请。当事人(或经过法官提示)不提出鉴定申请的,通常视为没有必要,但法院认为有必要的情形除外。

(二)司法会计鉴定可行性的考察与确定

司法会计鉴定的可行性,是指有必要进行的司法会计鉴定是否具备鉴定条件。

从诉讼机关角度讲,司法会计鉴定条件主要是指下列情形:(1)程序上是否合法;(2)有无必要的鉴定时间;(3)有无必要的鉴定经费;(4)是否具备鉴定所需的检材。

考察、确定司法会计鉴定的可行性时,可以根据案件的具体情况而确定。比如,当刑事案件诉讼到法院时,如果有应当鉴定的财务会计问题,但公诉机关未能提供初次鉴定意见的,原则上法院不应当组织初次鉴定。公诉机关在审判中发现需要实施司法会计鉴定的问题,应当根据法律规定撤回起诉组织司法会计鉴定,否则,法院应当直接根据证据状况确认案件事实是否清楚,证据是否确实充分,并作出判决。又如,刑事案件在公诉阶段才发现需要鉴定的财务会计问题,如果组织司法会计鉴定,所需鉴定时间可能会受到犯罪嫌疑人羁押期限的约束,而无法完成。因而,公诉机关应当考虑通过退回侦查机关补充侦查。再如,民事诉讼当事人申请鉴定的,通常应当垫付鉴定费用,如果当事人具备支付鉴定费用条件但拒不支付的,法院则可以不组织司法会计鉴定。

如果本案不存在鉴定所需的财务会计资料及相关证据,显然不具备司法会计鉴定的条件。如果本案具备一定的检材,而诉讼主体无法判断是否充足时,应当

（或可以）通过咨询司法会计师或拟聘请的鉴定人确定。

案例 5-2：某金融诈骗案件中，犯罪嫌疑人利用犯罪所得进行期货交易，侦查机关需要查明犯罪嫌疑人利用赃款进行期货交易所获取的非法所得数额，这就需要对涉案期货投资损益额问题进行司法会计鉴定。但犯罪嫌疑人的期货账户中，既有赃款存入也有其个人的投资款，侦查人员认为司法会计鉴定人无法针对赃款投资金额确认期货交易收益额，因而没有组织司法会计鉴定，仅根据犯罪嫌疑人的口供确认了其通过期货交易获取非法所得的大致金额。该案在审查起诉过程中，公诉人咨询了司法会计师，在存在混合投资的情况下能否通过鉴定确认赃款的投资收益额，得到了肯定的答复。公诉机关将案件退回公安机关，要求进行司法会计鉴定。

该案例说明，在确定司法会计鉴定的可行性问题时，诉讼主体可能不具备判断司法会计鉴定的某些专业技术问题的能力，因而可能会判断失误。因此，遇有此类问题时，应当通过咨询司法会计师解决。

二、司法会计鉴定的方式与鉴定人的确定

确定司法会计鉴定的方式，可以根据具体的鉴定目的、鉴定事项和可利用的诉讼时间的要求进行确定，但原则上，除鉴定复核外一律采用报告式鉴定。

通常情况下，配备有司法会计师的诉讼机关确定鉴定人比较方便，即指派司法会计师实施司法会计鉴定即可，如配备有司法会计师的检察机关。

目前大多数诉讼机关还没有配备司法会计师（法院因依法不允许其开展司法会计鉴定业务，因而其即使配备了司法会计师，这些司法会计师也不能被指派实施司法会计鉴定）。没有配备司法会计师或无法开展司法会计鉴定业务的诉讼机关，需要根据本地专业人员的状况及鉴定主体资格的要求，确定合适的鉴定人人选。司法实践中，为了便于考察鉴定人选的专业能力，确定司法会计鉴定人选的职业选择顺序通常为：（1）司法会计师；（2）注册会计师；（3）从事相关专业实际工作的财会、审计人员；（4）相关专业的教学人员。

根据司法会计鉴定人的主体资格要求，诉讼机关可以与司法会计鉴定机构协商确认鉴定人，这个过程中需要对相关人选进行实际考察，以确定是否由其来担任本案的司法会计鉴定人。

三、与司法会计鉴定人沟通并启动司法会计鉴定

（一）与司法会计鉴定人沟通

确定司法会计鉴定人后，送检方应当与鉴定人进行沟通。沟通的内容通常包括回避事项、案情、鉴定事项及其他鉴定要求。

1. 送检方拟定的司法会计鉴定人如果是司法会计师以外的其他专业人员，

应当告知诉讼法律有关回避的规定。

2. 介绍案情，使司法会计鉴定人能够明确司法会计鉴定的目的。

3. 告知鉴定事项。送检方应当将已经确定的鉴定事项的内容告知司法会计鉴定人。如果鉴定人认为送检方提出的鉴定事项不妥当，则送检方需要通过沟通商定是否修改鉴定事项。如果送检方在与司法会计鉴定人沟通前尚无法确定具体的鉴定事项，可以通过与司法会计鉴定人沟通，确定鉴定事项。

在确定鉴定事项时，送检方可以将需要单独列明的检验事项一并列出，由司法会计鉴定人一并实施专项检验。

4. 商定鉴定费用的金额。司法会计鉴定人为中介机构人员的，送检方需要与中介机构商定需要支付的司法会计鉴定费用的金额和支付方式。

（二）启动司法会计鉴定的文书

用于启动司法会计鉴定的程序文书，应当包括送检报告和聘请书两类。但是，基于传统的认识和做法，送检报告目前尚未实际作为送检方启动司法会计鉴定的文书，司法实践中采用的是委托书和聘请书两类。

1. 送检报告。送检报告，是指诉讼机关为了提起司法会计鉴定活动而制作的程序文书。

送检报告为填写式格式文书，由送检人制作。送检人填写案由、鉴定目的、鉴定事项及办案人姓名、报告日期后，送有权决定鉴定的负责人审批。有关负责人批示同意送检的，应当明确实施鉴定的部门或人员。

送检报告是诉讼机关提起司法会计检验、鉴定的请示审批文书，也是采取这一侦查（调查）措施的根据。对指派本机关司法会计师担任鉴定人的情形，它还应当是指派文书，本机关司法会计师依据该文书成为本案的司法会计鉴定人。

2. 委托书。委托书，是目前司法实践中用于委托或指定鉴定机构组织实施司法会计鉴定时制作的程序文书。

委托书为填写式格式文书，主要内容包括案由、鉴定事项、完成鉴定的时间要求以及要求鉴定机构回复鉴定人员名单。出具委托书时应当加盖诉讼机关的公章。

委托书是传统的"委托制"理念下形成的一种启动司法鉴定的文书。一方面，我国刑事诉讼法一直规定应当"指派或聘请"有专门知识的人进行鉴定，没有采用委托制，但司法实践中却长期采用《委托书》这一不符合法律规定的文书；另一方面，我国民事诉讼法、司法鉴定法律在启动司法会计鉴定的程序方面仍然采用了"委托"一词,① 司法实践中也一直使用《委托书》。

笔者认为,采用委托文书启动司法鉴定的做法并不妥当,相关法律规定在法理上也存在悖论。一是,我国已经明确司法鉴定采用鉴定人负责制,而目前的委托文书主要是针对司法鉴定机构的;二是,在刑事诉讼中采用"委托制"并不符合诉讼法律的规定;三是,"委托制"本身违背法理——司法鉴定人依法属于独立的诉讼参与人,其在法律诉讼中并不能代理送检方实施诉讼活动,也不代表其所在司法鉴定机构出现在法律诉讼中,而法律上的"委托"具有以受托人的名义办理相关委托事项之意,但实际上司法会计鉴定意见应当是司法会计鉴定人的个人意见,司法鉴定人与送检方之间不能产生法律上的委托和被委托关系。从实际效果看,采用"委托制"的不良后果也十分明显:一则,采用"委托制"显然会导致司法鉴定人出具倾向于委托方的鉴定意见;二则,"委托制"的实质是送检方委托中介机构进行鉴定,这导致司法会计鉴定人往往需要与鉴定机构的负责人保持一致。这两个方面都可能导致司法鉴定人失去中立的立场,并已经构成导致目前某些司法鉴定意见缺乏科学性、可靠性的重要原因之一。

3. 聘请书。聘请书,是指诉讼机关聘请司法会计鉴定人时制作的程序文书。

聘请书为填写式格式文书,用于聘请本机关以外的司法会计师等担任司法会计鉴定人或参与勘验、检查情形,也是这些人员以司法会计鉴定人或有专门知识的人的身份参与本案诉讼的根据。其中,用于聘请鉴定人的情形,应由送检人根据已批示的送检报告制作,主要内容包括案由、启动司法会计鉴定的法律依据、鉴定事项及其他鉴定要求等,并应当加盖本机关公章。

(三) 具体鉴定手续的办理

在司法会计鉴定人确定受理鉴定后,送检方应制作程序文书,办理相应的手续,正式通知鉴定人及其所在机构。

按照本书设计的程序文书,如果诉讼机关指派本机关的司法会计师担任司法会计鉴定人,直接将经过机关负责人批示的《送检报告》送达本机关鉴定机构即可;如果诉讼机关聘请其他机关的司法会计师或中介机构的人员担任司法会计鉴定人,则需要办理下列手续:

1. 与选定的中介机构接洽,商定具体的司法会计鉴定人;

---

① 例如,《中华人民共和国民事诉讼法》第 76 条第 2 款规定:人民法院对专门性问题认为需要鉴定的,应当委托具备资格的鉴定人进行鉴定。

2. 与选定的中介机构按照其习惯签订相应的协议文书,① 除约定鉴定事项和相关要求外,还应当载明双方的权利、义务和商定的鉴定费用及支付方式;

3. 根据《送检报告》制作《聘请书》并送达中介机构。

四、办理检材移送手续

送检方启动司法会计鉴定时,需要向司法会计鉴定人提供鉴定所需的检材及相关证据。

(一)基本要求

送检方提供的鉴定材料必须客观、可靠,这是保证司法会计鉴定能够科学顺利地进行以及能够科学地作出鉴定意见的重要前提。

送检方对所送鉴定材料的可靠性必须予以确认。对诉讼中已经发现并证实含有虚假内容的原始凭证及各种伪造的财务会计资料,应当说明并提供相关证据资料供司法会计鉴定人参考;对需要通过鉴定证实其真实性和正确性的会计核算资料,应当明确地提出鉴定事项;对司法会计鉴定人在鉴定中发现并要求送检机关核实的有虚假嫌疑的财务凭证等财务会计资料,送检方应及时予以核查,并将核查结果及时告知鉴定人。

(二)送检内容

送检方需要向司法会计鉴定人提供下列检材:

1. 鉴定事项内容涉及的财务会计资料,主要是指鉴定事项涉及的主要单位相关会计期间的相关财务会计资料;

2. 鉴定事项内容涉及的财务会计资料证据,即送检方已经提取作为本案证据的财务会计资料;

3. 鉴定事项涉及的《勘验、检查笔录》,主要是指库存现金、存货等资产检查笔录。

其他与鉴定事项有关的证据,如当事人陈述、证人证言、其他鉴定意见等证据,通常情况下不作为送检的内容。鉴定人认为有必要提供这些证据的,可以要求送检方提供。

(三)送检方式

通常采用送达方式,即将检材及相关证据送达司法会计鉴定人的工作场所。

如果鉴定涉及的财务会计资料证据尚未固定,或者涉及的财务会计资料较多等不便采用送达方式的,可以请司法会计鉴定人员在检材存放地点就地检验,以防检材遗失。

---

① 目前司法部颁布的《司法鉴定程序规则》规定的此类文书为《司法鉴定委托受理合同》;注册会计师协会发布的注册会计师鉴证业务准则规定的此类文书为《业务约定书》。

（四）办理送检手续

采用送达方式送检的，应当办理检材及相关材料的移交手续。对补充送达的检材应当单独办理送检手续。

送检手续，可以由司法会计鉴定人在检材送达文书上签名，也可以由鉴定人开具《收检清单》①。

---

① 司法部颁布的《司法鉴定程序规则》规定的此类文书为《司法鉴定委托材料收领单》。

第六章　司法会计鉴定的一般程序

司法会计鉴定程序，大致可分为鉴定准备、初步检验、详细检验和制作鉴定意见四个阶段。

第一节　鉴定准备阶段

鉴定准备阶段，又称鉴定受理阶段。这一阶段主要包括受理、收检和备鉴三项内容。

一、受理

（一）司法会计鉴定的受理

受理，是指司法会计鉴定人同意接受指派或聘请，承担司法会计鉴定事项的一种意思表示。

司法会计鉴定人接受指派或聘请后，应先听取送检人对案件事实、鉴定目的、鉴定事项和检材情况的介绍，然后根据自己的学识水平与经验，判定能否胜任鉴定以及有无应当回避的情形，确定是否受理。

司法会计鉴定人必须认真听取送检方对案件事实的介绍，进而明确送检方为什么提请鉴定（鉴定目的）以及鉴定什么（鉴定事项）。

司法会计鉴定人同意受理鉴定，并收到指派或聘请鉴定的书面通知后，即可着手进行收检和备鉴工作。

（二）受理司法会计鉴定中特殊情况的处理

司法会计鉴定人在受理鉴定的过程中，因各种原因可能遇到一些特殊情况，需要根据具体情况作出判断和处理。

其一，送检方对案情的介绍不清晰或者对案件事实判断有误。

司法会计鉴定人在听取案件事实介绍过程中，应当根据自己的阅历、法律知识和经济知识，随时对案件事实的介绍是否符合常规以及介绍案情通常会出现的一些问题予以关注。如果送检方阐释的案件事实不清晰，应当及时提问，弄清可能与鉴定有关的案情；如果送检方无法解释相关提问，司法会计鉴定人可以要求其提供具体的证据，以便帮助送检方正确判断案件事实。

这里介绍一下听取职务犯罪案件事实时的经验做法，供读者参考。听取职务犯罪案件事实介绍时，首先应当搞清犯罪嫌疑人或被告人的职务，因为不同职务的犯罪嫌疑人其可以利用的职务便利不同，所可以采用的犯罪手段不同。接下来应当关注对犯罪过程的介绍，并注意归纳其所利用的作案手段。在判断作案手段后，则应当根据该类作案手段下的证据规格，重点听取对有关证据的介绍，最终根据证据状况对犯罪事实作一大概的推断。换句话说，听取案件事实介绍，应当是一个不断听取、不断判断的过程，以保证司法会计鉴定人能够对整个案件事实作出一个正确的判断，为判断鉴定目的、鉴定事项的妥当性奠定基础。

其二，送检方不清楚鉴定目的。

鉴定目的，是送检方通过司法会计鉴定所要查明的案情。明确的鉴定目的，是正确设定鉴定事项的前提，因此，如果送检方没有明确鉴定目的，司法会计鉴定人应当主动提问——询问送检方为什么提请此项鉴定。

其三，送检方没有提出具体的鉴定事项。

送检方认为需要通过司法会计鉴定来查明某一案情，但因经验不足或不熟悉司法会计鉴定，因而未能明确设定具体的鉴定事项。由于司法会计鉴定常识在司法界的普及不够广泛，因而这种情形会时常发生。对此，司法会计鉴定人应当依据案件事实，根据经验或通过分析鉴定目的、证据规格，协助送检方设定鉴定事项。

其四，送检方提出的鉴定事项不妥当。

鉴定事项不妥当，是指送检方提出的鉴定事项不明确、不恰当等情形。鉴定事项不妥当，轻者可能会导致司法会计鉴定无法实施，如果按照送检方提出的鉴定事项实施鉴定，还可能导致鉴定意见超出司法会计鉴定范围，进而导致不良诉讼后果。司法实践中，受历史习惯做法的影响或对司法会计鉴定范围的误识，所提鉴定事项不妥当的情形时常发生，因此，司法会计鉴定人应当注意分析送检方提出的鉴定事项，发现鉴定事项不妥当时，应当根据具体情况分别作出处理。

鉴定事项不妥当的最多见的情形是把鉴定目的当作鉴定事项提出。[1] 对此，司法会计鉴定人应当向送检方说明鉴定目的与鉴定事项的逻辑关系，并根据送检人介绍的案情和鉴定目的等内容，与送检人协商修改鉴定事项，使鉴定事项既可以确定在司法会计鉴定范围内，又能够实现鉴定目的。

鉴定事项不妥当的另一种情形是，送检方应当提出财务问题的鉴定事项，而

---

[1] 常见将司法会计鉴定目的作为鉴定事项提出的情形是鉴定事项中包含了行为的法律属性、行为人认定、舞弊行为人认定等内容。较为典型的例子如：确认某人是否实施了某财务舞弊（如贪污、偷税等）行为；确认某人某项（犯罪等）舞弊行为造成的损失；确认某人（某种犯罪等）舞弊行为的财务事实是否存在；确认某弊端账项的责任人，等等。

实际上提出了会计问题的鉴定事项，或者相反。对此，司法会计鉴定人应当向送检方说明财务问题鉴定意见与会计问题鉴定意见在诉讼中的不同证明意义，结合鉴定目的，适当调整鉴定事项。

这里需要特别提示两点：

第一，无论何种情形，鉴定事项都必须由送检人确定并提出，司法会计鉴定人只能提供咨询建议，不能自行其是确定鉴定事项。

第二，送检方提出的鉴定事项不妥当，并拒绝修订鉴定事项内容时，司法会计鉴定人应当拒绝鉴定。

司法会计鉴定人确定受理后，应当根据本鉴定机构的规定，填制受理文书。受理文书的内容通常包括：案由、送检单位、送检人（姓名、联系电话、证件名称、证件号码、通信地址、邮政编码）、鉴定事项、收案人、收案编号、承办人、受理时间、简要案情、目的要求、收案人意见、技术审查意见、批准意见等。

（三）司法会计鉴定人不受理鉴定的原因与操作方法

司法会计鉴定人可能会因为下列原因不受理鉴定：（1）送检方的主体不适格，即不具备启动司法会计鉴定的资格；（2）送检方没有提出具体的鉴定事项，司法会计鉴定人通过分析案情后也没有发现需要鉴定的财务会计问题；（3）送检方提出的鉴定事项不妥当，但无法确定新的鉴定事项的；（4）送检方无法提供鉴定所需的检材；（5）司法会计鉴定人不具备解决鉴定事项的能力。

司法会计鉴定人不同意受理鉴定，应当向送检人说明原因。如果送检方需要书面答复的，司法会计鉴定人可以制作不受理说明文件，写明案由、鉴定事项、不受理鉴定的理由等，并加盖鉴定机构公章。

不受理说明文件，可以由司法会计鉴定人直接撰写，也可以是制式的。

案例 6-1：

《关于不受理×××案件中"权属"问题鉴定的说明》

××市××区人民检察院：

20××年×月×日，贵院聘请我们就原×××地产开发有限公司（以下简称"××公司"）总经理××涉嫌××案件所涉及的多个财务会计问题进行司法会计鉴定。我们对贵院提出的鉴定事项进行认真研究后认为，贵院所提鉴定事项中，有关确认××公司未入账资金"权属"问题的鉴定事项不妥，不能受理。现将不受理鉴定理由作如下说明：

一、根据我国《刑事诉讼法》第×××条规定，司法鉴定的对象为案件中的"专门性问题"。司法会计鉴定中的"专门性问题"是财务会计问题。贵院提请鉴定的资金"权属"问题，即相关资金"所有权是否转移"的问题，系法律问题，非属《刑事诉讼法》规定的"专门性问题"。因此，我们作为司法会计鉴定人不能对这一问题作出结论。

二、司法会计鉴定作为刑事诉讼的专门性调查措施之一，与（除鉴定以外的）其他调查措施的主要区别在于司法会计鉴定人在解决案件所涉及的财务会计问题时，只能采用技术手段，而"权属"问题的解决，需要采取法律论证手段。

×××人民检察院司法鉴定中心
司法会计师：×××
司法会计师：×××
司法会计师：×××
二〇××年×月×日

制式《不受理司法鉴定说明书》参考格式：

不予受理鉴定说明书

××〔20××〕×号

_____：

  贵_____于　年　月　日要求对_____一案的司法会计鉴定，因_____，无法进行相应的工作，故不予受理。

  特此说明。

鉴定机构名称
鉴定人签名
鉴定人签名
（鉴定机构公章）
年　月　日

二、收检

收检，是指司法会计鉴定人接收检材的过程。收检工作通常包括确定检材范围、审查检材和办理收检手续等项内容。

（一）检材范围的确定

司法会计鉴定人应当根据鉴定的目的、鉴定事项、送检方介绍的检材情况及专业经验，确定检材范围。事实上，检材范围的确定，具有很强的经验性，通常与司法会计鉴定人对财务会计活动规律的掌握程度有关。因此，司法会计鉴定人在确定检材范围时，应当考虑要求送检方介绍案件所涉及的相关财务会计流程，根据实际的财务会计流程来考虑设定具体的检材范围。

实际上，有些情况下案件所形成的财务会计资料有限，并不能给司法会计鉴定人以挑选的余地。这就只能通过审查检材来判断客观上能够存在的检材范围。

（二）审查检材

审查检材，是指司法会计鉴定人对检材进行初步的审核查验。主要是审核检材的种类、数量等是否符合检材范围的要求，查验检材是否完整，有无缺损、遗漏等情形。

实际检案活动中，很多情况下送检方实际收集到的检材范围可能并不能够满足鉴定所需。司法会计鉴定人通过审查检材，如发现检材不足或不完整的情形时，应当向送检人问明原委。对应当提供但尚未收集的检验所需材料，应告知送检人补充检材。如果送检方补充检材遇到了技术"瓶颈"，司法会计鉴定人可以利用自己的专业知识和技能协助送检方补充检材。

对送检方确因各种原因已无法收集到必要检材的情形，司法会计鉴定人可以考虑与送检方协商修改鉴定事项，通常是通过缩小鉴定事项的范围，或修改鉴定事项的类型（如将财务问题的鉴定事项修改为会计问题的鉴定事项）。这样做既能够有限度地解决案件涉及的财务会计问题，也能够使可利用检材满足鉴定事项的需求。

另外，对传来证据较多且未提供原始证据的情形，司法会计鉴定人可以考虑提出送检原始证据的要求。

（三）办理收检手续

办理收检手续，是指司法会计鉴定人对决定接收的检材，与送检人办理检材的交接手续。办理收检手续的意义：第一，可以明确检材实际收取的时间和内容；第二，有些检材在送检前可能已发生散失，办理收检手续可以明确责任。

司法会计鉴定人在自己所在机构实施检验，接受检材时需要办理收检手续。如果是在送检方指定的现场实施检验，通常无须办理收检手续。

办理收检手续时，司法会计鉴定人应对检材进行清点，然后根据清点的结果填写《收检表》。《收检表》的内容一般包括：（1）案由；（2）检材的名称及数量；（3）备注（可注明检材的状况等需要说明的情况）；（4）送检人、收检人签名；(5) 收检日期。① 《收检表》应当一式两份，分别由送检人和鉴定人保存。

三、备鉴

备鉴，是指司法会计鉴定人收集和熟悉鉴定所需的各种司法会计鉴定标准的一项鉴定准备工作。

司法会计鉴定范围很广，所涉及的鉴定标准也十分浩繁，司法会计师等鉴定人日常不可能熟悉所有的鉴定标准。因此，司法会计鉴定人在受理鉴定后应当收集和熟悉鉴定标准。

（一）司法会计鉴定人收集和熟悉鉴定标准

司法会计鉴定人需要收集和熟悉鉴定标准的工作主要包括：

1. 收集并熟悉引用标准。主要是收集和熟悉与鉴定事项有关的财经法规、会计准则、财务会计制度、财务会计计算公式等。

2. 熟悉与鉴定事项有关的专用标准。主要是熟悉解决本案所涉及的财务会计问题具体鉴定规程。

备鉴工作中可能会遇到如何收集引用标准的问题。这是因为引用标准可能涉及不同级别、不同部门所制定的各种法律、法规、制度等，在很多情形中司法会计鉴定人可能并不完全掌握鉴定事项所涉及的一些引用标准，这就需要采取一些方法保证能够收集到相关的引用标准。

首先，司法会计鉴定人可以通过网络查询、向相关主管部门咨询等途径，了解鉴定事项涉及的引用标准类型、颁布时间等。

其次，司法会计鉴定人可以通过专家咨询了解鉴定事项所涉及引用标准的范围以及相关标准的含义等。

最后，司法会计鉴定人可以通过查阅卷宗、与送检人交谈、参与相关的询（讯）问等途径，了解鉴定事项涉及一些背景情况，进而确定鉴定事项涉及的财务会计业务的依据。

（二）需要送检方提供的司法会计鉴定标准

司法会计鉴定需要引用的标准中，国家及有关部门制定的法律、法规、制度通常由司法会计鉴定人收集，但涉及单位制定的财务会计制度以及经济合同中规定的财务会计制度等，需要由送检方收集并提供。

---

① 目前有的送检人制有一式两份的检材目录，鉴定人可以在核对检材后在检材目录上签收，不再制作《收检表》。有的鉴定机构采用《受案表》取代收检手续的做法不可取，一是，《受案表》本身还包括了鉴定机构的内部审批手续、结案手续等内容；二是，《受案表》通常无法填列检材的明晰情况。

送检方应当按照收集财务会计资料证据的程序，收集鉴定所需的相关单位制定的财务会计资料证据及合同。

第二节 初步检验阶段

初步检验阶段，是指司法会计鉴定人通过阅读卷宗，检测检材质量，作出初检意见，并据以制定详细检验论证方案的司法会计鉴定过程。

一、阅读卷宗

阅读卷宗，即阅读送检部门已取得的诉讼证据材料。其目的是进一步熟悉鉴定事项所涉及的财务会计事实，了解和掌握有关财务会计事项的一些具体细节。①

通常情况下，司法会计鉴定人只需查阅案卷中与鉴定事项有关的证据材料，而无须将送检部门已取得的所有材料全部进行阅读，以节约检案时间。阅读卷宗的重点通常包括司法会计检查资料和其他相关资料。

1. 阅读本案通过司法会计活动取得的资料。如财务会计资料证据、司法会计检验报告、司法会计检查笔录、已有的司法意见（如侦查终结报告）等。

通过阅读司法会计检查资料：（1）明确本案已取得的司法会计检查结果；（2）审查财务会计资料证据是否完备，有无可能影响鉴定的重要遗漏；（3）审查司法会计检查的程序和方法是否正确和恰当，看其是否影响检材的正常提取；（4）查看有关的财务会计资料证据对案件事实的记载情况。

在阅读司法会计检查资料中，如发现检材不足时，可建议进行补充；如发现司法会计检查中存在重要技术缺陷，并可能影响检材质量时，可建议采取措施进行补救。

2. 阅读有关的询（讯）问材料。如刑事被告人的供述与辩解、民事原告人的叙述、证人证言等。

通过阅读询（讯）问材料：（1）了解有关当事人及证人对鉴定事项所涉及的财务会计业务的阐述或看法；（2）考察有关财务凭证内容的真实性和虚假财务凭证来源等情况；（3）了解有关财务会计业务经管人的业务范围、专业经历及专业水平等。

---

① 鉴定人阅读卷宗有利于鉴定活动的顺利进行，但并非是初步检验的必经程序，同时，司法会计鉴定人在阅读案卷过程中应当避免形成先入为主的情形。因此，是否阅读卷宗以及阅读的详细程度，通常取决于鉴定人的专业经验。

二、检测检材质量

检材是司法会计鉴定人据以作出鉴定意见的证据依据。检材质量如何,不仅会涉及鉴定意见的质量,还会影响到鉴定能否进行的问题。所以,鉴定人应当在初步检验过程中对检材的质量状况进行检查和测试,判明检验鉴定的难易程度以及所需增加的非常规检验项目,为制定详细检验论证方案打下基础。

检材质量的检测项目可以包括:(1)鉴定事项涉及主要检材的质量检测;(2)账务处理水平的检测;(3)特殊账户核算内容的检测;(4)会计标准的检测;(5)其他与作出本项鉴定的初步鉴定意见有关的检测项目。

具体鉴定中需要进行哪些检测项目,应当由司法会计鉴定人根据案情、鉴定事项等自行确定。以下我们介绍几种检测项目的实施方法。

(一)鉴定事项涉及主要检材的质量检测

鉴定事项涉及主要检材,是指直接记录鉴定事项涉及的资金流转、账务处理事项、账务处理结果等内容的检材。

检测鉴定事项涉及主要检材,是为了判明检材的完备性和可验证性,以确定能够实施详细检验的项目及要求。

通常需要检测的内容包括:(1)检材类型是否完整,如鉴定事项涉及转账业务的是否有背书资料;(2)相关账簿记载的会计事项是否与会计期间同期;(3)期末余额接转是否正常;(4)鉴定事项涉及账户的余额是否存在等。鉴定事项涉及会计业务较多的,还应当进行账务处理水平的一般检测。

(二)账务处理水平的检测

涉及会计问题鉴定以及采用借用会计法的财务问题鉴定,需要进行账务处理水平的检测。

检测账务处理水平的目的是确定涉及账务处理事项的详细检验的项目及要求。通常需要检测的内容包括:(1)检测会计资料的完备程度;(2)察看账簿余额计结的及时性;(3)检测记账凭证编号情况及编号方法;(4)测试记账凭证附件内容的完整性;(5)察看财务手续的完备性;(6)检测账户设置标准化程度。

(三)特殊账户核算内容的检测

特殊账户,包括隐形账户、虚假账户、特设账户等。其中,隐形账户,是指有实际核算内容,但未被记入明细会计账簿的账户;虚假账户,是指其账簿记载的内容完全(或基本)不真实的明细账户;特设账户,是指一些单位为了核算特定的经济指标,而特别设置的名不副实的明细账户。

检测特殊账户核算内容的目的主要是测定账户问题鉴定涉及的特殊账户的可识别性,为进一步检验确认该账户的内容及相关账项做好准备。

检测特殊账户核算内容可以通过抽查特殊账户发生额是否具有会计凭证的依据、余额是否计结等方法进行。

（四）会计标准检测

基于目前国内存在着不同会计标准，因而对涉及会计问题的鉴定事项，鉴定人应当检测相关单位所采用的会计标准的类型，以便确定应当采用的会计标准。

通常采用的检测方法有：

一是，将相关单位总账账户名称与不同类型会计标准设计的会计科目表进行核对，如果与某一类型基本相符，既可确认该单位采用的是该套会计标准。

二是，查验鉴定事项涉及的某一具体的会计处理凭证，确定其所采用的会计方法符合哪一种会计标准。

（五）其他检测

其他检测，是指根据具体鉴定事项的特殊需要而进行的检测事项。

例如，在涉及资产应结存额问题、经营损益等问题的鉴定中，如果收入或支付凭证存在缺失，会对鉴定意见产生不利影响，因而需要检测资产收付凭证的完备性。检测收付款凭证的完整性可以借助的信息包括：收入凭证编号的连续性；参考证据中对资产收付凭证完备性的说明或阐释；基本证据提供的相关信息。

又如，账面价值确认、成本核算正确性等鉴定事项，通常需要对相关单位采用的会计计量基础是否符合一贯性原则检测。检测方法主要是通过抽取两个会计年度的相同会计事项的处理凭证，分析确认其计量基础是否相同。

三、作出初检意见

司法会计鉴定人在阅卷、检材质量检测和获取必要的补充检材后，便可以对已掌握的情况进行分析研究，并作出初检意见。

所谓初检意见，是指司法会计鉴定人在对阅卷及检材质量检测结果进行初步分析的基础上所作的结论性意见。

初检意见的内容，大致包括两项：一是针对是否能够继续进行鉴定的问题所作的结论；二是针对鉴定事项所作的初步鉴定意见。

（一）关于能否继续进行鉴定的问题

司法会计鉴定人应当根据通过初检确认的基本证据状况，推断依据现有的基本证据能否在以后就提请鉴定的问题作出明确的鉴定意见。这一过程的研究重点是基本证据对未来鉴定意见的支持程度，即按照常规来研究和推断作出明确的鉴定意见所需检验的基本证据是否已经或能够获取，检材的质量能否达到要求等，并作出下列处理：

一是，认为已有的基本证据比较充裕，且检材质量尚好，确定继续进行鉴定。

二是，认为依据已有的基本证据尚难以解决鉴定事项涉及的财务会计问题，但仍有补充证据的可能，应当要求送检方继续补充检材。如果现有检材无法继续鉴定工作的，可确定暂时中断鉴定，待收到补充证据后再继续进行鉴定。

三是，认为现有的基本证据有明显的缺陷，且无法通过补充证据予以弥补的，确定终结鉴定。

司法会计鉴定人在作出中断或终结鉴定的决定后，应当制作《中止鉴定通知书》或《终结鉴定通知书》，说明中断或终结鉴定的理由，书面通知送检方。

《中止鉴定通知书》参考格式：

中止鉴定通知书

××〔20××〕×号

_____：

  贵_____于 年 月 日要求对_____一案的司法会计鉴定，因_____，已经影响继续鉴定，故暂时中断鉴定。

  特此通知。

鉴定机构名称
（鉴定机构公章）
年 月 日

《终结鉴定通知书》参考格式：

终结鉴定通知书

××〔20××〕×号

_____：

  贵_____于 年 月 日要求对_____一案的司法会计鉴定，因_____，无法作出鉴定意见，故终结鉴定。

  特此通知。

鉴定机构名称
（鉴定机构公章）
年 月 日

（二）作出初步鉴定意见

所谓初步鉴定意见，是指司法会计鉴定人根据对初步检验的结果分析判断，就最终的鉴定意见的内容所作的推测性意见。

在司法会计鉴定的初步检验阶段作出初步鉴定意见的意义在于：第一，初步鉴定意见是司法会计鉴定人制定详细检验方案的前提；第二，初步鉴定意见是未来鉴定的目标，在未来进行的详细检验中将发挥主导作用。

值得注意的是，初步鉴定意见毕竟是在缺乏详细检验论证的情况下得出的一种推测意见，其相对于最终推断的鉴定意见而言，不仅实质意义不同，还有以下两个突出的特点：

第一，初步鉴定意见是一种不确定的鉴定意见，司法会计鉴定人在对检材进行详细检验后，根据详细检验和鉴别分析的结果，既可以对其进行确认，也可以加以否定。

第二，初步鉴定意见可以是明确的鉴定意见，也可以是不明确的鉴定意见。即初步鉴定意见既可以是肯定的或否定的鉴定意见，也可以是或然性的鉴定意见。

四、制定详细检验论证方案

所谓详细检验论证方案，是指司法会计鉴定人根据检材状况及初步鉴定意见所编制的进行详细检验论证的计划。

制定详细检验论证方案，是司法会计鉴定中的重要一环。该方案并不一定要形成书面文件，但需要解决两个基本问题：一是未来鉴定意见的形成原理，包括鉴定标准和论证思路；二是未来详细检验的工作内容及步骤。

（一）详细检验论证方案的内容

详细检验论证方案主要包括下列事项：

1. 鉴定原理，即鉴定所采用的主要标准、基本方法、技巧与路线；
2. 具体的检验分析项目以及各项目的目的要求；

所谓检验分析项目，是指司法会计鉴定中需要进行检验分析的技术事项的类型，即对哪些财务会计业务涉及的哪些财务会计资料进行检验。检验分析的目的要求，包括通过检验应当取得的检验结果是什么、对不符合检验目的的检验结果是否需要进行进一步处理等。

3. 检验结果的汇总顺序；
4. 检验中需要特别注意的事项。

（二）制定详细检验论证方案的主要步骤

司法会计鉴定人制定详细检验论证方案，可以参照下列步骤进行：

第一步，根据初步鉴定意见及检材质量，设定鉴定原理，明确本项鉴定所采用的主要鉴定标准、鉴定方法、鉴定技巧、鉴定路线。

第二步，根据鉴定事项的类别和鉴定标准，设定具体的检验分析项目，并明确各检验项目的检验方法和所要达到的目的要求。

第三步，根据具体检验分析项目与初步鉴定意见的关系，设定对各个检验分析项目进行检验分析的顺序，该顺序还需要考虑初步鉴定意见所包含的某些鉴定事项。

第四步，对内容较为复杂的检验分析项目，根据该项目的具体构成及检材特点，设定该项目的具体检验分析的方法与步骤。

第五步，设定其他需要明确的检验分析事项，如对可能难以实现的检验项目的调整、无法取得相应检验结果时的具体对策、检验鉴定的分工等。

五、设计制作鉴定表格

（一）鉴定表格的种类

鉴定表格，是指司法会计鉴定人根据检验鉴别分析的需要而设计的，用来记录、汇总详细检验论证过程和结果的专用表格。通常采用电子表格设计，常用的鉴定表格可以制成电子模版，以方便反复使用。

在具体的司法会计鉴定中，鉴定表格的种类和格式，无须统一的要求，由鉴定人根据具体案件的检验分析及论证的需要而自行设计。常用的鉴定表格主要有：

1. 记录参照客体的账户余额调节表、复记账户的"账页"等；
2. 汇总有关财务收支事项的收入汇总表、支出汇总表或财务收支汇总表等；
3. 记录试算账户平衡关系的余额平衡表及各种重新制作的会计报表等；
4. 汇总有关财物收付事项的财物入库汇总表、财物出库汇总表或财物收付汇总表等；
5. 分析汇总特定会计事项处理情况的会计分录汇总表等；
6. 分析汇总会计错误的错误账项汇总分析表等；
7. 投资损益计算表；
8. 税金计算表；
9. 利润计算表；
10. 信用证使用情况汇总表等。

（二）鉴定表格的作用

鉴定表格在司法会计鉴定中的作用，主要表现为：

1. 鉴定表格可以用来记录检验情况，作为司法会计鉴定人的工作底稿；
2. 鉴定表格可以汇总鉴定所需的情况及数据，以方便对鉴定问题的鉴别、分析和论证；

3. 鉴定表格可以用于制作司法会计鉴定文书的附件。

第三节 详细检验阶段

详细检验阶段，是指司法会计鉴定人根据详细检验论证方案，采用既定的方法及各检验分析项目的具体要求，通过深入细致的检验、分析和鉴别，获取确定鉴定意见所必需的检验及鉴别分析结果的司法会计鉴定过程。

本节主要介绍详细检验论证的一般步骤及注意事项。

一、详细检验阶段的主要工作步骤

首先应当明确的一点是，详细检验的实施步骤会因鉴别判定财务会计问题及具体检材情况的不同存在较大的差异。因此，详细检验的具体实施步骤应当根据详细检验论证方案实施，不能一概而论。

从总体上讲，详细检验应按照详细检验论证方案确定的检验分析项目及检论证顺序进行。就每一具体的检验分析项目而言，都需要对检材进行检验并形成鉴别、分析意见。其中，检验检材，即对检验分析项目所涉及的检材进行具体的检验，并取得检验结果；鉴别、分析意见，即根据该检验分析项目的检验所见及目的要求，鉴别、分析检验结果，判明该项检验结果是否符合详细检验论证方案的要求。

（一）检验检材

检验检材，大致可按下列步骤和方法进行：

首先，根据检验项目的目的要求，采用相应的检验方法查验有关检材对检验分析项目的记载情况，并就检材本身所存在的对同一财务会计事项的关联记录、矛盾或差异进行鉴别分析，确定该项目的检验结果。

其次，对有关财务会计核算结果或核算错误进行研究、分析和鉴别。

最后，将检验所见与鉴别、分析、论证结果录入鉴定表格，并根据鉴定表格的设计要求，计算出有关的数据，形成最终的检验结果。

（二）提出鉴别分析意见

这里所谓的鉴别分析意见，并非是指鉴定意见，而是指司法会计鉴定人对具体的检验分析项目实施详细检验后，对该项检验结果进行鉴别分析所作的结论性意见。

鉴别分析意见，通常包括以下几点内容：

1. 对检验中发现的财务会计错误的鉴别分析意见；
2. 对除财务会计错误以外的检验结果的鉴别分析意见；
3. 检验结果对其他检验分析项目的影响、检验结果对初步鉴定意见的影响等的分析评断意见。

二、详细检验阶段应当注意的事项

（一）注意及时补充和修正检验论证方案

在检验、鉴别、分析中，如果发现检验结果与方案设定的不符，应当考虑初步鉴定意见是否还能成立，如果不能成立应当考虑重新进行结论。如果发现详细检验论证方案存有不足或设计错误，但尚不足以影响基本的检验论证思路时，可对方案进行补充或修正。但如果发现方案存有严重的缺陷，足以影响到最终的鉴定意见时，则应当考虑重新制定详细检验论证方案。

（二）注意对直接证据的内容进行全面地验证

对用作直接证据的财务凭证、记账凭证、账簿、会计报表，应采用逐一验证编制（或登记）的依据、复算计算结果等方法，全面地验证其真实性、正确性、合规性。对验证中发现的问题，应及时记录到有关的鉴定表格中，并鉴别、判定这些问题的存在对其他检材记录及鉴定意见的影响。

（三）注意对检验结果进行复验

复验，是指对已取得的检验结果进行的复核。复验的主要目的是确保检验结果的正确可靠，防止鉴定失误。实施鉴定通常会有两名以上的鉴定人，应由一鉴定人对其他鉴定人取得的检验结果进行复核验证。

（四）注意鉴别账务处理的合理性

由于会计人员的账务处理习惯或对会计制度的理解不同等原因，司法会计鉴定人在检验中可能会发现许多不合规定做法的账务处理事项。对此，鉴定人应根据具体的会计事项重点考察鉴别其合理性，切忌因该结果不合标准规范便视为不真实记录的做法。例如，会计账簿中可能会出现未编制记账凭证的调账事项，对此应根据调账的具体内容、调整方法及调整结果，全面地考察分析调账是否合理，而不应片面地强调其无凭证依据，即将其确认为虚调账项（或非法调整账项）。

第四节 制作鉴定意见阶段

制作鉴定意见阶段，是司法会计鉴定的最后阶段。这一阶段主要包括作出司法会计鉴定意见、制作司法会计鉴定文书和鉴定收尾三项工作内容。

一、作出司法会计鉴定意见

（一）作出鉴定意见的一般程序

司法会计鉴定意见，是司法会计鉴定人就提请鉴定的财务会计问题所作的结论性意见。司法会计鉴定人对各个检验分析项目进行详细检验论证后,汇总各检验项目的检验、鉴别、分析结果,如果符合详细检验论证方案的要求,则可以确定鉴定意见。

这里必须强调的一个重要步骤是复核鉴定意见。所谓复核鉴定意见,是指司法会计鉴定人根据鉴定原理,对其所作出的鉴定意见的内容、依据等进行的复核。复核鉴定意见的一般方法是:根据本项鉴定意见的形成原理,重新审视该鉴定意见的形成所必需的事实和标准方面的依据,审查各检验结果及鉴别、分析结果是否能够满足鉴定意见的要求。经过复核,确认检验、鉴别、分析结果符合鉴定意见的要求,则可以着手制作鉴定文书。

经复核发现检验、鉴别、分析结果不能满足鉴定意见的要求,则应考虑补充检验。补充检验,主要是指对遗漏的检验事项进行补充检验,以便完善鉴定意见的依据。通过补充检验发现根本不可能获取新的检验结果或未能取得理想的检验结果的,应当考虑根据现有的检验、鉴别、分析的结果,重新作出鉴定意见。如果通过补充检验发现了新的证据,并足以影响鉴定意见,则应考虑重新制定和实施详细检验论证方案,并重新进行检验工作,以便作出正确的鉴定意见。

(二)确定鉴定意见的类型

由于不同类型的鉴定意见所需制作的鉴定文书的类型不同,所以应当根据鉴定背景、检材状况、标准状况等确定鉴定意见的类型。包括下列情形:(1)根据司法会计鉴定证据及所采用的标准状况,确定采用鉴定结论、分析意见或咨询意见;(2)根据鉴定意见的方向,确定采用肯定性意见或否定性意见;(3)根据鉴定意见的结论程度,确定采用确定性意见和限定性意见。

二、制作司法会计鉴定文书

司法会计鉴定人在作出鉴定意见后,应当制作司法会计鉴定文书,以书面形式提供司法会计鉴定意见。

司法会计鉴定文书的具体制作方法,我们将在第十章中予以介绍。这里主要说明制作司法会计鉴定文书之前应当做好的几项工作:

(一)整理鉴定表格

在检验中形成的各种鉴定表格大致可分为两类:一类是各种检验记录表格,通常可作为司法会计鉴定工作底稿经整理后存档,以便于鉴定复核或出庭时使用;另一类是各种记录检验分析结果的汇总表格,这类表格通常在制作鉴定文书时需要引用,并作为鉴定文书的附件,需要进行整理并根据文书写作的使用顺序逐一编号。

(二)整理复制鉴定证据

对鉴定文书中所需引用的各种证据材料应当全部进行复制,并按照检验部分的叙述顺序进行整理，以便于制作鉴定文书时使用。对整理中发现应当提取固定的诉讼证据而送检部门尚未提取的，应当建议送检部门提取固定。

（三）与办案人员沟通

在着手制作鉴定文书之前，司法会计鉴定人应与送检方人员进行沟通。

沟通的内容主要包括通报鉴定结果以及征询有关司法会计鉴定文书所需重点阐述和论证的事项。

三、收尾工作

司法会计鉴定人在鉴定完毕后，应做好下列收尾工作：

1. 非职业鉴定人独立出具鉴定文书的，应当加盖本单位公章，以证明其身份。职业鉴定人出具鉴定文书，应当按照本鉴定机构规定的审核程序，办理审核手续，并加盖检验鉴定专用章。

2. 职业鉴定人应当将鉴定文书底稿、发出鉴定文书的副本连同鉴定表格、证据材料等一并归档。

3. 制作出庭文件，包括鉴定说明和答辩提纲（具体内容见第八章）。

4. 司法会计鉴定人将司法会计鉴定文书的正本，连同应当退回的检材一并送达送检部门，并应办理送达手续。

第五节 鉴定案例

本节以张某职务侵占案件涉及的司法会计鉴定活动为例，说明司法会计鉴定的程序。

一、受理

某区公安分局侦查某银行基山支行信用卡科柜员张某涉嫌职务侵占案过程中，聘请司法会计师实施司法会计鉴定。

（一）侦查人员送检

20××年2月28日，分行计算机维护人员发现该支行16号工作站出现异常，该站所在的基山支行信用卡存款总账与明细账余额合计不符，进一步调查发现有人通过虚假账务处理，通过该站82716002955信用卡户获取银行公款154,000元，但因科长刘某和柜员张某均知道该站密码，无法确认嫌疑人，随向区公安分局报案。

公安分局接到报案后，分别询问了刘某和张某，结果柜员张某承认其作案，并交代了犯罪动机，但说不清作案过程及作案机理。张某为了侵占银行资金，于20××年1月8日以"某经济建筑总公司"的名义在本行开立了82716002955信用卡户。张某并不懂得如何通过计算机做假账,往 82716002955 信用卡户里打钱。张某通过数十次反复做账试验,于 1 月 12 日转入该户 752,169.21 元公款,1 月 15 日提取现金 32,000 元、18 日提取现金 26,000 元、19 日转出 96,000 元均占为己有。张某在 1 月 22 日操作该账户操作时,计算机屏幕出现了待清户的提示,其反复操作了多次,仍然不能消除提示。张某恐他人操作计算机时发现不正常现象,于 1 月 24 日进行了清户,并销毁了转入存款以及清户形成的凭证。经该银行市分行的计算机及会计专家查账确认,张某存入该账户的 752,169.21 元款项系通过 95304 账户过渡从总账账户转入的,清户时作了相反的会计处理,通过 95304 账户过渡将余款转回总账。

公安机关提出的鉴定事项有三项:(1)752,169.21 元公款是如何通过总账转入某经济建筑总公司账户的;(2)某经济建筑总公司账户清户时的余款是如何转回总账的;(3)张某三次通过某经济建筑总公司账户转出的款项共计 154,000 元是否是公款。

(二)司法会计鉴定人的受理过程

司法会计鉴定人听取了案情介绍后,与送检方进行了下列沟通。

1. 明确该鉴定事项的鉴定目的是查明张某作案的犯罪对象、作案过程、作案手段以及犯罪数额。

具体涉及到存入某经济建筑总公司账户的 752,169.21 元款项是否是银行的公款,犯罪嫌疑人如何通过计算机操作将公款 752,169.21 元转入某经济建筑总公司账户的,进而确定犯罪数额应当是 752,169.21 元,还是被其提取、转出的三笔共计 154,000 元。

2. 指出侦查机关所设鉴定事项中不妥之处。

首先,"752,169.21 元公款是如何通过总账转入某经济建筑总公司账户的"以及"某经济建筑总公司账户清户时的余款是如何转回总账的"的鉴定事项中存在先入为主的情形,即已经假定 752,169.21 元是公款以及假定某经济建筑总公司账户与该银行总账账户之间存在互转关系。

其次,"张某三次通过某经济建筑总公司账户转出的款项共计 154,000 元是否是公款"属于本案的鉴定目的,该问题应当由侦查机关根据证据确认。其中,通过司法会计鉴定如果能够确认张某支付款项的来源,则可以为侦查机关证明张某通过某经济建筑总公司支付的 154,000 元是否是公款提供证据。

3. 提出修改鉴定事项的建议。

首先,从鉴定目的讲,确认涉案款项来源应当属于财务问题鉴定,但从已掌握的口供、证言看,建筑总公司账户并没有实际存入款项,该账户余额发生增加与虚假账务处理有关,而虚假账务处理所涉及的鉴定问题类型应当是会计问题鉴定。因此,涉及 752,169.21 元来源的问题可以通过鉴定解决某经济建筑总公司账户贷方发生额的形成原因,为侦查部门确认该款项是否是公款提供证据。

其次,三次提取、转出的154,000元是否是公款问题,可以通过解决其资金来源问题的鉴定意见所证明。

最后,某经济建筑总公司账户1月24日清户过程中发生的会计处理事项,涉及该账户余额是否被转入其他账户以及该账户余款是否被贪污的问题。因此,可以通过鉴定借方发生额形成原因和账务后果问题的鉴定意见来证明该账户余额的去向。同时,1月24日贷方发生额的来源涉及清户余额的形成,也应一并确定其形成原因及账务后果。这两项鉴定的类型也属于会计问题鉴定。

经过沟通和协商,送检方确定将鉴定事项修改为:(1)确认某银行某某市基山支行82716002955"某某经济建筑总公司"信用卡账户20××年1月12日贷方发生额形成原因及其账务后果。(2)确认某银行某某市基山支行82716002955信用卡账户发生的20××年1月15日提取现金32,000元、1月18日提取现金26,000元、1月19日转账提出96,000元所用资金来源。(3)确认某银行某某市基山支行82716002955"某某经济建筑总公司"信用卡账户20××年1月24日借方及贷方发生额形成原因及其账务后果。

鉴定事项确定后,某区公安分局给司法会计鉴定人出具了《聘请书》。

(三)收取检材

该案涉及银行的财务会计资料较多,需要进行现场检验,司法鉴定人请送检方准备好下列检材:(1)基山支行82716002955存款账户明细账页、尚未销毁的银行凭证;(2)基山支行20××年1月资金日结表、总分账余额日报表;(3)某银行计算机储存的已销毁凭证的会计处理记录。

(四)备鉴

各银行的会计制度并不完全相同,因此,司法会计鉴定人在侦查人员的协助下,从银行获取了其尚在执行的会计制度,主要熟悉了会计科目核算内容及科目代码。与本项鉴定有关的会计科目及代码包括:(1)8271为信用卡备用金存款总账科目,827100113、82716002955均为该科目下的明细科目;(2)95304为手续费收入总账科目;(3)9601为利息支出总账科目;(4)90409为辖内往来总账科目。

二、初步检验

(一)初步检验与分析

司法会计鉴定人查验了82716002955账户分户账页。该账户1月8日开户,至1月24日清户共发生8笔业务:

(1)1月8日存入现金　　　　400.00元(贷方)

(2)1月8日支付支票费用　　12.20元(借方)　　　　余额:387.80元

（3）1月12日转入　　　752,169.21元（贷方）　　余额：752,557.01元
（4）1月15日提取现金　32,000.00元（借方）　　余额：720,557.01元
（5）1月18日提取现金　26,000.00元（借方）　　余额：694,557.01元
（6）1月19日转账提出　96,000.00元（借方）　　余额：598,557.01元
（7）1月24日计息　　　709.47元（贷方）　　　余额：599,266.48元
（8）1月24日转出　　　599,266.48元（借方）　　余额：　　　0.00元

某经济建筑总公司签发的现金支票、转账支票均已获取。从上述账户记录中可以看出，该公司1月15日提取现金32,000元、1月18日提取现金26,000元、1月19日转出96,000元，主要来源于银行总账转入的752,163.28元。

司法会计鉴定人与侦查人员一起到分行计算机处调取了16进制下（已销毁凭证）的文件，通过判读文件内容确认82716002955账户1月12日、24日的发生额涉及如下会计处理事项：

（1）1月12日相关会计分录：

借：8271　　　　　　　752,163.28
贷：95304　　　　　　 752,163.28
借：82716002955　　　-752,169.21
贷：95304　　　　　　-752,169.21

据张某口供证实，上述两组分录的数字不一致原因是：张某在做完前一个分录后没有记清其记账的数据，因而在录入第二份会计分录时出现了数字差异。

司法会计鉴定人初步分析了1月12日会计分录，在不考虑操作错误形成差额的情况下，两组分录中涉及95304账户的发生额借记正、负发生额，即后一组会计分录的借记95304账户负发生额冲销了第一组会计分录的借记发生额，对该账户余额不构成影响，因而该项处理具有过渡性意义。影响银行账户余额的业务为借记8271账户的发生额和借记82716002955账户的负发生额（从对余额的影响角度讲，82716002955账户的借方负发生额相当于贷方发生额）。除去95304账户的发生额为一借一贷的过渡性会计处理，上述两组会计分录可以简化为：

借：8271　　　　　　　752,163.28
贷：82716002955　　　752,169.21

根据银行会计科目借、贷方含义，8271信用卡存款账户的借方反映付款业务，贷方反映收款业务，因而简化后的会计分录反映1月12日（作案人通过95304账户过渡）从8271总账账户转入82716002955明细账户752,169.21元。这一初步分析结果与银行计算机及会计专家的分析意见雷同。

（2）1月24日相关会计分录：

借：9601　　　　　　　790.47

贷：82716002955　　　　790.47
借：82716002955　　　599,266.48
贷：90409　　　　　　　599,266.48
借：8271　　　　　　　-599,266.48
贷：95304　　　　　　　-599,266.48
借：90409　　　　　　　599,266.48
贷：95304　　　　　　　599,266.48

初步分析1月24日相关会计分录：

第一组分录反映基山支行转入82716002955账户790.47元存款利息。

第二至四组会计分录中涉及的90409、95304账户发生额为借记正、负发生额或一借一贷，未影响这两个账户的余额，因而其会计处理具有过渡性意义。影响银行账户余额的业务为借记82716002955账户的发生额和借记8271账户的负发生额（从对余额的影响角度讲，8271账户的借方负发生额相当于贷方发生额）。除去90409、95304账户的借记正、负发生额或一借一贷的过渡性分会计处理，上述三组会计分录可以简化为：

借：82716002955　　　599,266.48
贷：8271　　　　　　　599,266.48

根据银行会计科目借、贷含义，8271信用卡明细账户的借方反映付款业务，贷方反映收款业务，因而简化后的会计分录反映1月24日（作案人通过90409、95304账户过渡）将82716002955账户余额599,266.48元转回8271账户。这一分析结果也与银行计算机及会计专家的分析意见雷同。

（二）初步鉴定意见

首先，根据初步检验结果，本鉴定所涉及的一些会计凭证虽被销毁，但能够通过计算机恢复凭证记载的会计处理事项内容，因而该项鉴定能够进行；其次，根据前述分析，作出如下初步鉴定意见：

1. 82716002955账户1月12日贷方发生额系通过95304账户过渡，由8271总账转入形成，导致82716002955账户余额虚增；

2. 82716002955账户提取现金和转账支付的款项主要来源于该银行总账；

3. 82716002955存款账户1月24日贷方发生额、借方发生额，均因处理该账户清户业务由计算机自动形成，其后果是通过95304和90409账户过渡，将82716002955存款账户虚增的部分账户余额转回8271总账。

（三）详细检验论证方案

1. 初步鉴定意见成立涉及"总账账户余额等于其所统驭的明细账户余额合计"鉴定原理。

据此，如果82716002955账户的75万多元的贷方发生额是由其总账账户转入的，则总账账户余额虚减75万多元，明细账户余额虚增75万多元，这必然会造成总账余额小于明细账余额合计且差额为两倍于双方虚列账项金额。

2. 检验项目及要求：

（1）根据基山支行20××年1月份账户余额日结表，制作基山支行1月11日至29日8271账户余额汇总表并验证8271总账与其所统驭的明细账余额合计的平衡，证实总账余额小于明细账余额合计，且差额为两倍于虚列账项金额。

（2）检验基山支行1月12日、1月24日会计凭证并与明细账进行核对，证实82716002955账户的当日发生额无会计凭证依据，一方面，为本项鉴定中利用16进制下计算机文件提供依据；另一方面，该项检验结果也可以为送检方证明犯罪嫌疑人已将这些会计凭证销毁提供间接证据。

（3）检验基山支行1月12日、24日相关总账账户资料，证实前述会计分录中涉及8271、95304、90409总账账户发生额均已记账，因而不影响总账账户余额。

（4）检验作案期间的总账账户余额平衡，证实上述错误的形成没有实际影响其他账户，从而排除其他可能存在的会计错误。

三、详细检验

按照详细检验方案进行具体检验的结果是：其他检验结果都符合详细检验论证方案的要求，1月11日前信用卡存款总账账户余额与明细账账户余额合计相符，自1月12日起出现总账账户贷方余额小于明细账账户贷方余额合计的不平衡现象，但其差额并非双倍于虚列账项的金额，这不符合详细检验论证方案对该检验结果的要求，显然初步鉴定意见不能成立。其中，1月12日至1月23日总账账户余额小于明细账户余额的差额为752,164.20元；1月24日至案发差额为152,897.72元。

鉴定人重新研究1月12日的会计分录，结合会计电算化的特点，发现了结症所在：借记8271总账账户发生额会导致总账账户余额的减少，但不能引起82716002955等明细账户余额的变化，这会导致双方账户余额不平衡，其差额应当等于虚列账项的金额；但是，82716002955明细账户的贷记发生额却会被计算机同时计入8271总账的贷方发生额，因而可以同时引起8271总账账户和82716002955明细账户贷方余额的同金额变化，并不会对双方账户余额的平衡关系造成影响。按照这一原理1月12日的两组会计分录应当为：

借：8271　　　　　　752,163.28
贷：95304　　　　　　　　　752,163.28
借：82716002955　 -752,169.21
借：8271　　　　　 -752,169.21（前一发生额被同时计入总账账户发生额）

贷：95304　　　　　　　　　　－752,169.21

将上述会计分录合并后则会发现能够影响相关账户余额的发生额为：

借：8271　　　　　　　　　　－5.93

贷：95304　　　　　　　　　　－5.93

借：82716002955　　　　　　－752,169.21

  由于借记 82716002955 账户的 －752,169.21 元中的 －5.93 亦同时被计入 8271 总账借方，因而这部分金额不会影响总、分账户余额平衡金额，而 －752,169.21 元与 －5.93 元的差额为借记 －752,163.28 元（实际为贷方 752,163.28 元）则会影响账户余额，导致信用卡总账账户余额与信用卡明细账户余额合计出现差额 752,163.28 元。但是，这与 1 月 12 日至 1 月 23 日 8271 总、分账账户余额的实际差额 752,164.20 元仍然存在 0.92 元的差额。这检验结果表明基山支行还有其他能够影响 8271 总、分账账户余额平衡的账项，因而应当增加查找其他可能影响账户余额平衡的账项的检验项目。于是，司法会计鉴定人对 1 月 12 日基山支行的账证进行了核对，发现当日还有一笔无凭证记账业务：

借：8271　　　　　　　　　　0.92

贷：95304　　　　　　　　　　　　0.92

借：827100113　　　　　　　－0.92

贷：95304　　　　　　　　　　　　－0.92

  将这两组分录的对账户余额的影响与前述道理相通，进行简化后结果为：借记 827100113 账户 －0.92 元（即贷记 0.92 元），其影响 8271 账户总、分余额平衡的差额正是 0.92 元。送检方再次提审张某后证实，这一会计分录是张某进行实验的账目之一，正是由于这笔账目实验成功，张某才实施了作案。检验还发现，张某于 1 月 15 日通过借记 827100113 账户 0.92 元和贷记 95304 账户 0.92 元，冲销了其给 827100113 账户虚增的 0.92 元余额。

  基于上述检验分析结果，相关初步鉴定意见应当修订为：82716002955 账户 1 月 12 日贷方所列发生额 752,169.21 元，除从手续费收入账户转入 5.93 元外，其余系单方虚列发生额所致。由于 1 月 24 日除利息外只是反方向进行的账务处理，其借方发生额 599,266.48 元，也系单方虚列发生额所致。

四、制作鉴定意见

  本项鉴定意见出具前，司法会计鉴定人与送检方进行了沟通并告知鉴定意见。为了使送检方能够理解这一鉴定意见所揭示作案手段，司法会计鉴定人打了一个比方：单方虚列发生额就好像手工记账中，柜员直接在银行客户存款明细账（存款底卡）的贷方虚记一笔发生额，进而增加客户存款的账户余额，客户就可以自由提取虚列账项所形成的"存款"。

在司法会计鉴定人征求送检方关于撰写鉴定文书的要求时，送检方提出：因此项鉴定前，银行专家都认为该笔存款是从总账户转入的，请在鉴定意见中说明这一发生额的产生与其他账户无关。

本项鉴定的鉴定文书如下：

司法会计鉴定书

技发〔20××〕第17号

根据××市××区公安分局〔20××〕第1号聘请书，受该局聘请，对原×银行××市基山支行信用卡科柜员张某等人涉嫌职务侵占一案涉及的财务会计问题进行司法会计鉴定。

鉴定事项：

1. 确认×银行××市基山支行82716002955"××经济建筑总公司"信用卡账户20××年1月12日贷方发生额形成原因及其账务后果；

2. 确认×银行××市基山支行82716002955信用卡账户开户人"××经济建筑总公司"20××年1月15日提取现金32,000元、1月18日提取现金26,000元、1月19日转账提出96,000元所用资金来源；

3. 确认×银行××市基山支行82716002955"××经济建筑总公司"信用卡账户20××年1月24日借方及贷方发生额形成原因及账务后果。

20××年3月1日至3月6日，由××市××区公安分局经济犯罪侦查大队李××、徐××在场，在×银行××市基山支行（以下简称"基山支行"）、×银行××分行计算机处对该行相关财务会计资料进行了检验。

一、检验

（一）基山支行开户资料记载：82716002955信用卡账户系"××经济建筑总公司"于20××年1月8日开立。根据该账户账页记载：该账户自开户日至1月24清户共发生8笔存、取款业务：

1. 1月8日存入现金　　　400.00元（贷方）　　　余额：400.00元
2. 1月8日支付支票费用　12.20元（借方）　　　余额：387.80元
3. 1月12日转入　　　　752,169.21元（贷方）　　余额：752,557.01元
4. 1月15日提取现金　　32,000.00元（借方）　　余额：720,557.01元
5. 1月18日提取现金　　26,000.00元（借方）　　余额：694,557.01元
6. 1月19日转账提出　　96,000.00元（借方）　　余额：598,557.01元
7. 1月24日计息　　　　709.47元（贷方）　　　余额：599,266.48元
8. 1月24日转出　　　　599,266.48元（借方）　　余额：0.00元

检验基山支行信用卡科2003年1月会计凭证证实，上述第1、2、4、5、6

项发生额均有银行结算票据作为记账依据,未见第3、7、8项发生额的记账依据。

(二) 根据计算机信息资料,该支行20××年1月12日存在下列错误的会计处理事项:

1. 借:8271　　　　　　　　　0.92
   贷:95304　　　　　　　　　　　　　0.92
2. 借:827100113　　　　　　 -0.92
   贷:95304　　　　　　　　　　　　　-0.92
3. 借:8271　　　　　　　　　752,163.28
   贷:95304　　　　　　　　　　　　　752,163.28
4. 借:82716002955　　　　　 -752,169.21
   贷:95304　　　　　　　　　　　　　-752,169.21

检验基山支行信用卡科20××年1月12日会计凭证,未见处理上述会计处理事项的会计凭证。

(三) 检验基山支行信用卡科20××年1月份账户余额日结表发现,8271信用卡总账账户余额与信用卡明细账账户余额自1月12日起出现总账账户贷方余额小于明细账账户贷方余额合计的不平衡现象。其中,1月12日至1月23日差额为752,164.20元;1月24日至29日差额为152,897.72元(详见附件)。

(四) 检验计算机信息资料发现,基山支行20××年1月15日存在下列会计处理事项:

借:827100113　　　　　　0.92
贷:95304　　　　　　　　0.92

检验基山支行信用卡科20××年1月15日会计凭证,未见处理上述会计事项的会计凭证。

(五) 检验计算机信息资料发现,基山支行82716002955信用卡账户于20××年1月24日清户,由计算机进行了下列会计处理:

1. 借:9601　　　　　　　　　790.47
   贷:82716002955　　　　　　　　　790.47
2. 借:82716002955　　　　　 599,266.48
   贷:90409　　　　　　　　　　　　　599,266.48
3. 借:8271　　　　　　　　　-599,266.48
   贷:95304　　　　　　　　　　　　　-599,266.48
4. 借:90409　　　　　　　　　599,266.48
   贷:95304　　　　　　　　　　　　　599,266.48

检验基山支行信用卡科20××年1月24日会计凭证,未见上述会计处理事项的会计凭证。

（六）检验发生额日报表、账簿、账户余额表证实，上述（二）至（五）项会计处理事项均已记账。

（七）经验证基山支行各日总账账户余额表证实，1月12日至24日该行总账账户余额均符合会计平衡关系。

（八）根据某银行会计科目表所示，上述检验结果中涉及的会计科目代码所代表的会计科目分别是：

1. 8271为信用卡备用金存款科目，827100113、82716002955均为信用卡备用金存款明细账户；

2. 95304为手续费收入科目；

3. 9601为利息支出科目；

4. 90409为辖内往来科目。

二、论证

（一）本项论证中涉及的鉴定原理包括：

1. 账户发生额与账户余额关系：借方发生额或贷方负发生额导致账户贷方余额的减少，借方负发生额及贷方发生额导致账户贷方余额的增加。

2. 计算机平行记账原理：单独登记总账账户发生额只引起总账账户余额的变化，不引起所属明细账户余额变化；登记明细账户发生额在引起明细账户余额变化的同时，引起总账账户余额的同方向、同金额变化。

（二）根据账户发生额与账户余额的关系，第（二）项检验结果所列第1、2项会计处理事项中，95304账户贷方发生额分别为0.92和-0.92元，呈递减关系，两项账务处理的后果对95304账户余额未构成影响。

第（二）项检验结果所列第1项8271总账账户借方发生额为0.92元，将导致该账户贷方余额减少0.92元，但对8271账户所属明细账户余额不构成影响，因而会导致8271总账账户余额小于其所属明细账户余额合计0.92元；而第（二）项检验结果所列第2项827100113账户借方发生额为-0.92元，其记账结果在导致该明细账户贷方余额增加0.92元的同时，还导致8271总账贷方余额增加0.92元。这两项会计分录分别造成8271总账账户同金额一增一减，没有对最终账户余额造成影响，仅导致827100113信用卡明细账户贷方余额增加0.92元。

按照发生额对最终账户的影响，第（二）项检验结果所列第1、2项会计分录简化为：

借：827100113   -0.92

信用卡账户借方发生额反映客户存款余额的减少，由于该项发生额为负数，因而实际增加了客户存款余额。由于第1、2项会计处理事项均没有记账依据（见第（二）项检验结果），因而该项会计处理属于虚记发生额。

根据上述论证,第(二)项检验结果所列第1、2项会计处理事项结果是:单方虚列827100113账户借方发生额-0.92元,并造成该账户存款余额虚增0.92元。

(三)根据账户发生额与账户余额的关系,第(二)项检验结果所列第3、4项会计处理事项中,95304账户贷方发生额分别为752,163.28元和-752,169.21元,由于贷方负发生额大于正发生额5.93元,其记账结果导致95304账户贷方余额减少5.93元。

第(二)检验结果所列第3项8271总账账户借方发生额为752,163.28元,将导致该账户贷方余额减少752,163.28元,但对8271账户所属明细账户余额不构成影响,因而会导致8271总账账户贷方余额小于其所属明细账账户余额合计752,163.28元;第(二)项检验结果所列第4项8271002955账户借方发生额为-752,169.21元,其记账结果在导致该明细账户贷方余额增加752,169.21元的同时,还导致8271总账贷方余额增加752,169.21元。这两项会计分录分别造成8271总账账户余额增加752,169.21元和减少752,163.28元,造成8271总账账户贷方余额增加5.93元(752,169.21元-752,163.28元),同时造成8271总账账户贷方余额小于其所属明细账账户余额合计752,163.28元的后果。

按照发生额对最终账户的影响,第(二)项检验结果所列第3、4项会计分录简化为:

借:8271　　　　　　　　-5.93
贷:95304　　　　　　　　-5.93
借:82716002955　　　　-752,169.21

信用卡账户借方发生额反映客户存款余额的减少,由于82716002955信用卡账户所列借方752,169.21元发生额为负数,因而实际增加了客户存款余额。同时因第3、4项会计处理事项均没有记账依据(见第(二)项检验结果),所以,该项会计处理结果属于虚列发生额。该虚列账项已经处理完毕,造成:(1)信用卡存款总账存款贷方余额虚增5.93元,手续费收入总账贷方余额虚减5.93元;(2)82716002955信用卡账户余额虚增752,169.21元。

上述论证结果表明:716002955信用卡账户2003年1月12日所列增加752,169.21元存款,没有实际发生存款业务,其数据来源:(1)单独虚列752,163.28元借方负发生额;(2)虚减手续费收入账户贷方余额形成发生额5.93元。

(四)根据总账账户余额与其所属的明细账账户余额相等的原理,如单方记账,则会造成余额不平衡的结果。

第(二)项检验结果所列第1、3项中借方发生额只列总账发生额,未列出明细账发生额，根据上述原理，则会造成 8271 账户总账贷方余额少于其明细账贷方余额合计 752,164.20 元（752,163.28 元 + 0.92 元）的账务结果；而第（二）项详检结果所列第 2、4 项所列明细账户借方负发生额中虽只列出明细账户发生额，但根据计算机平行记账原理不会影响总、分账户余额的从属平衡关系。因此，上述会计处理会造成 8271 总账账户余额与明细账账户余额自 1 月 12 日出现总账账户贷方余额小于明细账账户贷方余额 752,164.20 元的不平衡现象，第（三）项检验结果所列 1 月 12 日至 1 月 23 日差额 752,164.20 元证实这一结果。

（五）第（四）项详检结果所列会计处理事项无会计处理依据，属于虚列会计处理事项，会导致 827100113 信用卡账户贷方余额虚减 0.92 元，对论证（二）所述第（二）项检验结果所列第 1、2 项会计处理事项导致 827100113 信用卡账户虚增 0.92 元形成递减关系。

（六）根据第（一）项检验结果所列第 1、2 项资金收支业务，82716002955 账户 2003 年 1 月 12 日前的存款余额应为 388.34 元（400 元 - 12.20 元），因而不足以支付该项检验结果所列第 4 项 1 月 15 日提取现金 32,000 元、第 5 项 1 月 18 日提取现金 26,000 元、第 6 项 1 月 19 日转账支付 96,000 元，总计 154,000 元的资金支出账项，这三笔支付资金主要来源 1 月 12 日虚增存款 752,169.21 元。因此，82716002955 账户支付的 154,000 元款项中，除存款余额 388.34 元外，其余 153,611.96 元为透支的基山支行资金。

（七）根据银行会计制度，第（五）项检验结果所列第 1 项会计分录中，借记 9601 账户 790.47 元的含义为增加银行利息，贷记 82716002955 账户 790.47 元的含义为增加该账户，该款项处理事项的含义为，基山支行列支利息 790.47 元转入 8271716002955 账户。该项业务增加 82716002955 账户存款余额 790.47 元。

（八）根据总账账户余额与其所属的明细账账户余额相等的原理，如单方记账，则会造成余额不平衡的结果。

第（五）项检验结果所列第 2、4 项会计分录中，90409 账户为借贷方同金额记账，其记账结果对 90409 账户余额未构成影响；第 3、4 项会计分录中，95304 账户为贷方同金额相反数记账，其记账结果对 95304 账户余额未构成影响；第 2 项 82716002955 账户借方发生额为 599,266.48 元，按照计算机平行记账原理，该借方发生额同时被计入 8271 总账的借方发生额，因而对 8271 总账账户余额与所属明细账户余额合计的平衡关系不构成破坏；第 3 项 8271 总账账户借方发生额为 -599,266.48 元，该笔账项与前述借方发生额同金额反方记账，两者递减后其账务处理不会引起 8271 账户最终余额发生变化，但该笔账项不会同时计入 8271 所述明细账户借方发生额，因而会导致 8271 总账账户余额大于其所述明细账户余额合计的结果。根据上列会计处理对账户余额影响，第（五）项检验结果所列第 2、3、4 项会计分录可以简化为：

借：716002955　　　　　　599,266.48

信用卡账户借方发生额反映客户存款余额的减少，由于第 2、3、4 项会计处理事项均没有记账依据（见第（六）项检验结果），该项会计处理结果属于虚列借方发生额 599,266.48 元。该虚列账项已处理完毕，虚列 82716002955 信用卡账户借方发生额造成 8276002955 账户贷方余额减少 599,266.48 元。

上述会计处理的结果是，82716002955 信用卡账户借方虚列发生额 599,266.48 元，并造成该信用卡账户余额虚减 599,266.48 元，没有实际发生提取款项业务。

（九）论证（四）证明第（二）项检验结果所列虚假会计处理事项，导致基山支行 1 月 12 日后 8271 总账账户贷方余额小于其所属明细账账户贷方余额合计 752,164.20 元差额的账务后果；而论证（八）证明第（五）项检验结果所列虚假会计处理事项，会导致基山支行 1 月 24 日 8271 总账账户贷方余额大于明细账账户贷方余额合计出现 599,266.48 元的账务后果，这会递减前述错误的后果，使 1 月 24 日出现 8271 总账账户贷方余额小于明细账账户贷方余额合计 152,897.72 元，这与第（三）项检验结果相符。

（十）第（八）项检验结果所述会计总账账户平衡原理为：

资产类账户余额合计 = 负债类账户余额合计 + 所有者权益类账户余额合计

三、鉴定结论

根据对某银行某某市基山支行财务会计资料的检验、分析结果确认：

1. 某银行某某市基山支行 82716002955 "××经济建筑总公司" 信用卡账户 20××年 1 月 12 日贷方所列发生额 752,169.21 元，除从 "手续费收入" 账户转入 5.93 元外，其余系单方虚列存款发生额所致，与其他账户之间无发生额结转关系。该错误账项导致在 "××经济建筑总公司" 没有实际存入款项的情况下，其信用卡账户余额虚增 752,169.21 元。

2. 某银行某某市基山支行 82716002955 信用卡账户开户人 "某某经济建筑总公司" 20××年 1 月 15 日提取现金 32,000 元、1 月 18 日提取现金 26,000 元、1 月 19 日转账支票提款 96,000 元，共计 154,000 元，除 1 月 15 日存款 388.34 元外，其余 153,611.96 元均系透支该支行资金。

3. 某银行某某市基山支行 82716002955 "××经济建筑总公司" 信用卡账户于 2003 年 1 月 24 日清户，该账户当日借方发生额 790.47 元，系因清户业务转入的存款利息；同日该账户借方发生额所列转出存款 599,266.48 元，系单方虚列付款发生额所致，与其他账户未发生额结转关系，且未实际提取款项。

××市人民检察院

司法会计师：×××

二〇××年×月××日

附件：8271账户余额差额汇总表

附件：

8271账户余额差额汇总表

（编制依据：16号站账户余额日结表）

日期 ①	总账账户余额 ②	明细账余额合计 ③	总、分余额差 ④ = ③ - ②
01.11	6633443.73	6633443.73	0.00
01.12	7938027.85	8690192.05	752164.20
01.13	7938027.85	8690192.05	752164.20
01.15	9024647.79	9776811.99	752164.20
01.16	7858830.11	8610994.31	752164.20
01.17	7550230.82	8302395.02	752164.20
01.18	7228912.86	7981077.06	752164.20
01.19	6964506.22	7716670.42	752164.20
01.20	6964506.22	7716670.42	752164.20
01.22	7023511.31	7775675.51	752164.20
01.23	6832570.74	7584734.94	752164.20
01.24	7510651.09	7663548.81	152897.72
01.25	7686414.71	7839312.43	152897.72
01.26	7822308.28	7975206.00	152897.72
01.27	7822308.28	7975206.00	152897.72
01.29	7757944.53	7910842.25	152897.72

本案例小结：

1. 此案的鉴定目的是查明犯罪所侵害的客体和损失额，这一目的仅涉及财务事实的认定，但为了揭示作案人提取的款项来源，在鉴定事项中设计了两个会计问题的鉴定，既为确认作案人所取款项行为的性质提供了证据，又为确认近 60 万元的犯罪中止行为提供了证据。

2. 此案的鉴定过程说明，通过初步检验确定初步鉴定意见和鉴定原理并制定详细检验方案的重要性。初步鉴定意见在详细检验论证中能够被推翻，便是基于方案中根据初步鉴定意见的鉴定原理设定了检验项目要求的结果。同时表明，本章所设计的这套司法会计鉴定程序具有防错功能。①

---

① 曾经有数百名参加司法会计鉴定业务培训的人员接受了该鉴定案例的测试，99% 的测试者都以初步鉴定意见作为最终鉴定结论。主要原因是没有根据初步鉴定意见成立的条件确定总、分账户差额的检验项目，甚至都没有注意测试中给出总、分账户差额在此案例中的鉴定意义。

第七章　司法会计鉴定的特别程序

司法会计鉴定的特别程序涉及补充鉴定、鉴定复核和重新鉴定的程序。

第一节　补充鉴定程序

司法会计鉴定的补充鉴定，是指诉讼机关为了弥补原鉴定意见缺陷或不足，组织作出原鉴定意见的鉴定人，在原鉴定意见基础上补充进行的司法会计鉴定。

补充鉴定程序包括启动、受理、补充检验和制作补充鉴定文书等步骤。

一、补充鉴定的启动

（一）补充鉴定的原因

补充鉴定的主要原因是原有鉴定意见存在缺陷和不足。所谓缺陷，是指鉴定意见存在不符合科学性、可靠性的内容；所谓不足，是指鉴定意见未能完整地回答鉴定事项所涉及的财务会计问题，或者原鉴定事项的设定存在不足，导致鉴定意见不能实现相应的鉴定目的。造成鉴定意见缺陷或不足的原因可能是鉴定人操作失误、检材存在瑕疵、鉴定事项存在缺陷等。

1. 由于司法会计鉴定人的操作不当导致鉴定意见出现瑕疵，需要通过补充鉴定修订原鉴定意见。

司法会计鉴定人的操作不当，可能涉及鉴定标准选用失误、检验方案设计失误、检验操作失误、鉴定意见表达失误、文书制作失误等方面。

2. 由于送检方提供的检材存在瑕疵，导致鉴定意见出现瑕疵。

送检方提供的检材可能会因查账失误、提取不当等原因出现瑕疵，这类瑕疵会导致司法会计鉴定中的检验结果出现瑕疵，进而导致鉴定意见出现瑕疵。例如，涉案单位存在账外经营活动，而送检方没有发现，这就会影响到诸如收入、成本、经营损益等鉴定的检验结果，进而导致鉴定意见出现瑕疵。案件在后来的诉讼中，诉讼机关可能会在证据审查、补充调查或当事人质疑的过程中发现这些瑕疵，进而引起补充鉴定。

3. 诉讼机关对案件事实作出了新的判断，需要对原鉴定事项进行调整。

原鉴定事项是送检方根据当时判断的案件事实而设定的。在后来的诉讼中，送检方或其他诉讼机关可能会因新证据的出现而对案件事实作出新的判断，进而发现原鉴定事项的设定存在不足，需要进行调整，并提出补充鉴定的要求。

（二）启动补充鉴定的两种情形

补充鉴定可以由原送检方启动，也可以由主持后来诉讼阶段的诉讼机关启动。原送检方或后来诉讼阶段的诉讼机关都可以作为启动补充鉴定的送检方。

从诉讼程序角度讲，启动补充鉴定主要包括诉讼机关直接决定启动和当事人申请启动两种情形。

1. 诉讼机关直接决定补充鉴定的启动。

诉讼机关在审查司法会计鉴定意见时，发现司法会计鉴定意见存在瑕疵或者不足时，首先应当询问司法会计鉴定人。司法会计鉴定人能够作出合理解释的，不需要启动补充鉴定；司法会计鉴定人认同存在瑕疵或不足，或者无法作出合理解释的，诉讼机关可以直接启动补充鉴定。

有一种特殊情形是，司法会计鉴定人出具鉴定意见后，发现或被发现有文字、数字书写错误但能够通过文字、数字的修正予以解决的，可以在已出具的文书错误之处进行修正，并在修正处加盖鉴定机构校对章，无须进行补充鉴定。司法会计鉴定人自己发现鉴定意见出现瑕疵，且不能通过文字、数字的修正予以改正的，可以主动建议送检方启动补充鉴定。

2. 当事人申请补充鉴定的启动。

当事人和代理人、辩护人认为司法会计鉴定意见存在瑕疵或者不足时，可以依法申请诉讼机关启动补充鉴定。诉讼机关对当事人和代理人、辩护人提出的补充鉴定申请应当进行审查，主要是通过审查鉴定意见，确认当事人、代理人、辩护人所提出的瑕疵、不足等情形是否存在、申请理由是否合理。

诉讼机关经过审查认为需要补充鉴定的，应当启动补充鉴定；认为不需要补充鉴定的，应当说明理由，并可以通过庭外释证、法庭调查等途径，由司法会计鉴定人回答当事人、代理人、辩护人提出的质疑。

（三）补充鉴定的启动手续

送检方决定实施补充鉴定的，应当向原司法会计鉴定人说明启动补充鉴定的原因和理由。司法会计鉴定人同意实施补充鉴定的，诉讼机关应当办理补充鉴定手续，并提供相应的检材。

启动补充鉴定的文书可以采用《补充鉴定通知书》或《咨询函》。通常情况下，由于司法会计鉴定人操作不当引发的补充鉴定采用《补充鉴定通知书》；送检方（诉讼机关）原因导致的补充鉴定可以采用《咨询函》。

补充鉴定通知书

×××〔20××〕××号

_____：

你于_____年__月__日出具的_____〔20__〕__号《_____》存在下列问题，请通过补充鉴定解决：

请于_____年__月__日前提供补充鉴定意见。

（送检方公章）

年　　月　　日

图 7 – 1

原鉴定人所在机构为中介机构，且补充鉴定是由于检材瑕疵或诉讼机关修订了鉴定事项的，启动补充鉴定的诉讼机关应当与鉴定机构商定确定补充鉴定费用，并签订相应的协议文书。

二、补充鉴定的受理

补充鉴定应当由鉴定人所在的司法会计鉴定机构统一接收。司法会计鉴定机构接受补充鉴定，应当要求送检方出具相应的法律文书，提供送检人身份证明、检材和相关证据材料，并介绍案情、鉴定目的和鉴定事项。除司法会计鉴定人建议启动补充鉴定的情形外，司法会计鉴定人应当听取诉讼机关关于启动补充鉴定的原因和理由的介绍，并对补充鉴定的合法性、合理性进行审查。

第一，司法会计鉴定人对原送检方以外的诉讼主体要求补充鉴定的，应当审查该主体是否具备启动补充鉴定的资格。启动补充鉴定的诉讼主体应当是该案件某一诉讼阶段承办案件的诉讼机关，比如，公诉阶段应当是检察机关，审判阶段应当是法院。对要求启动补充鉴定的诉讼主体不适格的，司法会计鉴定人应当建议其按照法律规定启动补充鉴定。

第二，司法会计鉴定人应当审查补充鉴定的理由是否充分。司法会计鉴定人审查后认为补充鉴定的理由不充分的，可以不受理补充鉴定，但应当向送检方说明理由。比如，原鉴定意见存在文字瑕疵但鉴定意见没有错误的，可以通过更正文字解决；如果原鉴定文书的检验、论证部分的表述存在不易理解或不够明确的，可以通过鉴定人出庭解决。

第三，司法会计鉴定人应当审查补充鉴定事项是否妥当。其中，诉讼主体就同一案件提出的原鉴定事项以外的其他鉴定事项，不属于补充鉴定，司法会计鉴定人应当按照初次鉴定程序受理和实施鉴定。

司法会计鉴定人认为补充鉴定事项不妥当的，可以与送检方协商修改鉴定事项。送检方同意修改鉴定事项的，应当在相关法律文书中写明修改后的补充鉴定事项。

三、补充鉴定的实施

（一）司法会计鉴定意见存在缺陷的补充鉴定的实施

原鉴定意见本身出现缺陷的，司法会计鉴定人应当针对具体情况缺陷出现的原因，采用不同的方法进行补充鉴定。

1. 对原检验结果存在错误的，应当重新检验，获取新的检验结果后，根据原鉴定标准调整鉴定意见的内容。

2. 对原检验结果不充分的，应当通过补充检验，增加相应的检验结果，并根据原鉴定标准调整鉴定意见的内容。

3. 对原鉴定标准采用错误的，应当选用鉴定标准，并根据新选用的鉴定标准和原检验结果，重新确定鉴定意见的内容。

4. 对原鉴定文书的论证部分中出现逻辑错误的情形，应当重新调整逻辑证明思路，重新证明鉴定意见。

（二）司法会计鉴定意见不足的补充鉴定的实施

对原鉴定意见因未能完全回答鉴定事项涉及的财务会计问题，司法会计鉴定人应当重新设定鉴定事项，并根据重新设定的鉴定事项设计检验论证方案，确定需要补充检验的事项具体实施鉴定。司法会计鉴定人实施补充检验后，根据补充检验的结果及相关鉴定标准，作出补充鉴定意见。

如果原鉴定意见不足部分能够单独形成鉴定意见的，也可以与送检方协商，通过单独设定鉴定事项，作出新的鉴定意见作为原鉴定意见的补充。

（三）修订鉴定事项的补充鉴定的实施

对诉讼机关修订鉴定事项的，司法会计鉴定人应当根据重新修订的鉴定事项，确定需要补充检验的事项，并根据补充检验结果和原鉴定标准重新作出鉴定意见。

四、制作、发出补充鉴定文书

补充鉴定均采用报告式。司法会计鉴定人作出补充鉴定意见后，应当选择适当的文书类型表达补充鉴定意见。

通常情况下，对鉴定意见存在缺陷或不足的情形，司法会计鉴定人可以出具

《鉴定说明》；对诉讼机关修订鉴定事项的，司法会计鉴定人可以出具《司法会计咨询意见书》。

司法会计鉴定人制作补充鉴定文书后，应当根据其所在鉴定机构的规定，办理签发鉴定文书的手续。

补充鉴定结束后，司法会计鉴定人应当将鉴定文书的正本连同应当退回的检材，一并送达送检方。

司法会计鉴定人应当根据本鉴定机构的规定，将补充鉴定文书及相关资料整理归档。

案例 7-1：投资纠纷案件。

甲、乙、丙投资成立 A 公司，甲担任公司董事长，乙担任公司总经理，丙担任出纳员，公司会计人员由 A 公司聘任。该公司从第二年起连年亏损，甲要求审计，乙、丙则直接停止了经营业务，但不配合审计。甲起诉乙、丙，并要求就 A 公司经营损益问题进行司法会计鉴定。法院收集了 A 公司四年的财务会计资料并启动了司法会计鉴定。鉴定意见确认 A 公司亏损 12 万元，法院根据该鉴定意见进行了判决。

甲不服判决提出上诉。二审过程中，甲通过询问 A 公司会计人员，得知该公司有小金库，便提出证据保全。二审法院通过证据保全收集到该公司小金库资料，认为小金库的存在会影响到对 A 公司经营损益额问题的鉴定结果，随即向原司法会计鉴定人发出《补充鉴定通知书》，启动了补充鉴定。

司法会计鉴定人通过补充鉴定，确认该公司盈利 6 万元，出具了《鉴定说明》。二审法院根据补充鉴定意见，撤销一审判决，重新作出了判决。

案例 7-2：屈某贪污案件。

屈某于 1998 年 3 月至 1998 年 5 月担任某县水利局下属弘扬水电站报账员期间，贪污公款 13 万余元。侦查中查出 1998 年屈某存入个人储蓄账户现金 16 万余元。

弘扬水电站的账目由县水利局会计代管。站长负责管理银行存款，屈某保管现金并负责报账。县水利局会计设"应收款——屈某"核算弘扬水电站的库存现金，但该站自设"清淤现金"和"副业现金"两账户分别核算该站清淤工程和其他副业的现金使用情况。案发时该站尚有大量账目未记账。

检察机关立案后，指派司法会计师就弘扬水电站现金应结存额问题进行了司法会计鉴定。鉴定结果认定该水电站现金应结存额为 138,570.83 元。该案起诉后，法院根据当事人要求，委托某司法会计鉴定所进行了重新鉴定。重新鉴定结果认定该水电站现金应结存额为 3,873.83 元。检察机关认为审查重新鉴定意见存在问题，随即委托上级检察机关司法会计鉴定机构再次进行重新鉴定。

上级检察机关的司法会计师首先审查了前两次司法会计鉴定文书。两次鉴定都采用了借用会计法,鉴定结果出现差异主要涉及一笔134,697元的现金收入业务。初次鉴定人认为该笔收入已经发生并记账,因而未对现金账户余额进行调整;重新鉴定人则认为该笔现金收入未发生,应当调减现金账户余额。根据这一情形,上级检察机关的司法会计师认为,该案两次鉴定的焦点十分明确,完全可以通过补充鉴定解决,建议县检察院针对该争议账项组织补充鉴定。县检察院接受了这一建议,向初次鉴定人发出了《补充鉴定通知书》,要求鉴定人就县水利局弘扬水电站1998年11月第12号记账凭证所反映的134,697元的现金收入业务对认定该站现金应结存额的影响问题进行补充鉴定。初次鉴定人进行补充鉴定后,出具了《鉴定说明》,确认:某县水利局弘扬水电站1998年11月第12号记账凭证所反映的对134,697元现金收入业务的账务处理结果,对该站现金账户余额的真实性和正确性未构成影响,因而不影响原鉴定意见的成立。县法院最终采信了初次鉴定结果和《鉴定说明》。

解决诸如此类涉及两次司法会计鉴定意见出现差异的问题,可以采用文证审查、补充鉴定、鉴定复核、重新鉴定等途径解决。其中,如果在不涉及具体检验结果的科学性和可靠性的情况下,由司法会计师实施文证审查的做法比较简便,审查意见可以作为法官判断鉴定意见的参考,但本案涉及补充检验事项,因而不能通过文证审查解决问题,应当采用补充鉴定途径解决。鉴定复核以及重新鉴定也能够解决这类问题,且由第三方解决会更有利于法官的判断,但由于鉴定复核、重新鉴定均需要重新检验涉案财务会计资料及相关证据,因而耗时较多。

第二节 鉴定复核程序

鉴定复核,是指诉讼机关为了确认已有鉴定意见的科学性和可靠性,指派或聘请原鉴定人以外的司法会计鉴定人,对原鉴定意见进行的复核性鉴定。

鉴定复核程序包括启动、受理、复核性检验和制作鉴定复核文书等步骤。

一、鉴定复核的启动

鉴定复核启动的主要原因是因诉讼主体对原鉴定意见的科学性、可靠性存在质疑。

对原鉴定意见提出质疑的原因可能是多名原鉴定人对鉴定事项作出了不同的鉴定意见,诉讼机关为了确定能够作为定案根据的鉴定意见,启动鉴定复核;或者是诉讼主体在审查原鉴定意见时虽然没有发现有明显的缺陷和不足,但对其科学性、可靠性存在争议的,通过鉴定复核确认原鉴定意见的科学性和可靠性。

鉴定复核由相应诉讼阶段的诉讼机关作为送检方。通常选择原鉴定机构的上一级技术机构或其他鉴定机构、鉴定委员会等原鉴定人以外的司法会计鉴定人实施。

诉讼机关聘请司法会计鉴定人进行鉴定复核，应当向鉴定复核人出具《聘请书》。

送检方应当向鉴定复核人介绍案情、鉴定复核的原因，并提供原鉴定文书等。鉴定复核人同意受理鉴定复核的，送检方应当提供原鉴定所利用的全部检材。复核鉴定人认为原鉴定的工作记录可能有助于鉴定复核的，送检方应当收集提供原鉴定的工作记录。

二、司法会计鉴定复核的受理

司法会计鉴定复核应当由司法会计鉴定机构统一接受。司法会计鉴定机构接受鉴定复核业务时，应当要求送检方出具送检文书，提供送检人身份证明、原鉴定文书，并说明鉴定复核的理由和要求。复核程序大致包括受理、复核性检验、作出复核意见等步骤。

由于鉴定复核通常需要消耗大量的检验时间，因而鉴定复核人在受理鉴定复核时应当先对原鉴定意见进行文证审查。如果发现原鉴定的鉴定事项不妥当、鉴定原理或鉴定结论存在明显错误，显然不需要再进行鉴定复核，应当根据具体情况作出处理：如果原鉴定文书所列鉴定事项存在超范围鉴定的情形，鉴定复核人应当建议送检方考虑重新组织司法会计鉴定；如果原鉴定原理、鉴定意见存在明显的错误，则直接通过文证审查提出否定意见。

发现原鉴定事项、鉴定原理或鉴定意见存在明显错误的，鉴定复核人可以根据送检方的要求，出具《司法会计文证审查意见书》，指出原鉴定文书中的错误，并建议另行组织司法会计鉴定或进行重新鉴定。

鉴定复核人审查原鉴定文书没有发现明显错误的，可以作为鉴定复核受理。

三、复核性检验

原鉴定事项、鉴定原理、鉴定意见没有明显错误的情况下，鉴定复核的重点是对鉴定文书所述检验结果进行复核性检验。

司法会计鉴定人应当根据鉴定事项和检材情况，编制复核性检验方案。该方案通常应当包括（但不限于）下列内容：

1. 根据原鉴定事项，确定应当采用的鉴定原理和应当实施的检验项目；
2. 需要对原检验项目实施复核性检验的方法；
3. 需要增加的检验项目及目的要求；
4. 鉴定标准的复核项目及要求；
5. 复核性检验结果的汇总顺序；
6. 鉴定复核人的工作分工；

7. 复核性检验中需要特别注意的事项。

司法会计鉴定人应当根据复核性检验方案，对检材进行复合性检验和分析。

对原检验项目进行复合性检验，应当将检验分析结果与原鉴定文书所列检验部分的记载事项进行比对，确定原检验结果是否正确。

司法会计鉴定人应当根据本人的知识和经验，判断原鉴定所采用的鉴定标准是否恰当。

司法会计鉴定人应当根据复核性检验结果，结合鉴定标准就鉴定事项作出鉴定意见，并与原鉴定意见进行比对。

四、制作、发出鉴定复核意见文书

司法会计鉴定人应当根据复核性检验结果和鉴定意见，对原鉴定意见的科学性、可靠性作出评价，并形成鉴定复核意见。

司法会计鉴定人应当根据鉴定方式选择适当鉴定复核意见文书，表达鉴定复核意见。其中，采用报告式鉴定的，应当制作《司法会计鉴定复核意见书》，并根据司法会计鉴定机构的规定，办理签发鉴定文书的手续；采用会议式鉴定的，应当在《司法会计鉴定笔录》中签名。

鉴定复核结束后，司法会计鉴定人应当将鉴定文书的正本连同应当退回的检材，一并送达送检方。

司法会计鉴定人应当根据本鉴定机构的规定，将鉴定复核文书及相关资料整理归档。

第三节　重新鉴定程序

重新鉴定，是指在同一案件诉讼中，就同一财务会计问题重新提请和组织原鉴定人以外的司法会计鉴定人进行的司法会计鉴定。

重新鉴定相对于鉴定人而言是初次鉴定，因此，重新鉴定程序与一般鉴定程序相同，包括启动、受理、初步检验、详细检验和制作鉴定文书等步骤。

一、重新鉴定的启动

（一）重新鉴定的原因

重新鉴定的主要原因是原鉴定意见存在或可能存在问题，不能作为定案的根据，或者存在需要补充鉴定的情形但无法补充鉴定的。所谓不能作为定案的根据，主要是因为鉴定人不具备鉴定人主体资格条件、鉴定程序严重违法、鉴定意见不科学或不可靠、多名鉴定人的结论意见不一致等；所谓无法补充鉴定，主要是指原鉴定意见存在缺陷或不足，但原鉴定人拒绝补充鉴定。

(二) 启动重新鉴定的两种情形

重新鉴定可以由原送检方启动,也可以由主持后来诉讼阶段的诉讼机关启动。原送检方或后来诉讼阶段的诉讼机关都可以作为启动重新鉴定的送检方。

从诉讼程序角度讲,启动重新鉴定主要包括诉讼机关直接决定启动和当事人申请启动两种情形。

1. 诉讼机关直接决定重新鉴定的启动

诉讼机关在审查司法会计鉴定意见时,发现存在需要重新鉴定的情形,可以直接启动重新鉴定。

2. 当事人申请重新鉴定的启动

当事人和代理人、辩护人认为存在需要重新鉴定的情形时,可以依法申请诉讼机关启动重新鉴定。诉讼机关对当事人和代理人、辩护人提出的重新鉴定申请应当进行审查,主要是通过审查原鉴定程序和原鉴定意见,确认申请理由是否合理。

诉讼机关经过审查认为需要重新鉴定的则启动重新鉴定;认为不需要重新鉴定的,应当说明理由,并可以通过庭外释证、法庭调查等途径,由司法会计鉴定人回答当事人、代理人、辩护人提出的质疑。

(三) 重新鉴定的启动手续

决定实施重新鉴定的诉讼机关应当告知司法会计鉴定人本项鉴定属于重新鉴定,并说明启动重新鉴定的原因。司法会计鉴定人同意实施重新鉴定的,诉讼机关应当按照司法会计鉴定一般程序办理启动手续,并提供相应的检材。

二、重新鉴定的受理

重新鉴定应当由其所在的司法会计鉴定机构统一接收。司法会计鉴定机构接受重新鉴定,应当要求送检方出具相应的法律文书,提供送检人身份证明、检材和相关证据材料,并介绍案情、鉴定目的和鉴定事项。

司法会计鉴定人应当审查原鉴定事项是否妥当。如果原鉴定事项妥当,方可按照重新鉴定受理;如果原鉴定事项不妥当,则应当与送检方沟通,根据案情和鉴定目的与送检人协商另行确定鉴定事项。如果送检方不同意另行确定鉴定事项,司法会计鉴定人应当拒绝鉴定。

司法会计鉴定人可以要求送检方提供原鉴定文书,但不能针对原鉴定文书的内容实施相应的检验、鉴定程序。

三、重新鉴定的实施

司法会计鉴定人受理重新鉴定后,按照一般鉴定程序实施收检、备鉴、初步检验、详细检验和制作鉴定意见。

（一）收检与备鉴

司法会计鉴定人应当根据鉴定目的、鉴定事项、送检方介绍的检材情况及专业经验来确定检材范围，并对送检方提供的检材进行审查。在确定检材能够满足鉴定需要后，办理收检手续，并收集和熟悉鉴定所需的司法会计鉴定标准。如果涉及单位制定的财务会计制度以及经济合同中规定的财务会计制度等，应当通知送检方收集并提供。

（二）初步检验

首先，司法会计鉴定人需要通过阅读卷宗、检测检材质量，确定该项鉴定能够进行。对因检材缺陷无法继续鉴定的，应当终结鉴定，并书面告知送检方终止鉴定的原因。

其次，对能够继续鉴定的，作出初步鉴定意见，并根据该意见和相关标准，制定详细检验论证方案。

最后，根据详细检验论证方案，编制检验、鉴定所需的鉴定表格。

（三）详细检验

首先，根据检验论证方案设计的检验项目实施相应的检查、验证活动，取得检验结果。

其次，根据检验所取得的信息和鉴定原理，对检验结果进行鉴别、分析。

最后，根据各项检验结果的鉴别、分析情况确定鉴定意见。

四、制作、发出重新鉴定文书

制作、发出重新鉴定意见的操作程序与初次鉴定相同，主要包括：

1. 确定重新鉴定意见的具体内容，并告知送检方，同时向送检方征询有无关于鉴定文书需要重点表达的事项；
2. 根据鉴定意见的类型，确定需要采用的鉴定文书的类型，撰写鉴定文书；
3. 根据司法会计鉴定机构的规定，办理签发鉴定文书的手续；
4. 将鉴定文书的正本连同应当退回的检材，一并送达送检方；
5. 根据本鉴定机构的规定，将鉴定文书整理归档。

第八章　司法会计鉴定人的出庭质证

司法会计鉴定人出庭参与对鉴定意见的质证，是某些案件司法会计鉴定的后续程序。本章将介绍司法会计鉴定人出庭业务的操作要点。

第一节　司法会计鉴定人的出庭质证概述

一、司法会计鉴定人出庭质证的含义

司法会计鉴定人出庭质证，是指司法会计鉴定人出具鉴定意见后，根据法律规定和法院的通知，出席法庭，亲自宣读鉴定意见并回答法庭各方提出问题的一项法庭调查活动。

司法会计鉴定人出庭的主要任务是参与质证。所谓质证，是指在审判长主持下，对在法庭上提出的证据，通过控辩双方（或原、被告双方）及相关诉讼参与人的发问、质疑和辩论，判定证据能否作为定案依据的法庭调查过程。司法会计鉴定人的出庭质证就是参与法庭调查活动，并就鉴定意见向法庭进行陈述，解答公诉人、当事人和辩护人、诉讼代理人当庭提出的质疑。

正确理解司法会计鉴定人出庭的含义，需要把握好两点：

第一，司法会计鉴定人出庭，是一种法庭调查活动。按照诉讼法律规定，法院对提起诉讼的刑事案件、民事案件、行政案件应当开庭审理。法庭审理案件的主要程序包括法庭调查、法庭辩论、法官评议和法庭宣判等。其中，法庭调查的主要内容之一就是在法官主持下，参与诉讼的各方通过出示证据、质疑证据，查明证据的关联性、合法性和客观性。在各方出示的证据中，可能包括司法会计鉴定意见，如果各方对鉴定意见存有异议，则司法会计鉴定人就需要出庭参与质证，以阐释司法会计鉴定意见的客观存在、鉴定意见的科学性及可靠性，为法庭辩论、法官评议和法庭宣判提供必要的信息。

第二，法庭质证的对象是证据，即质证中所质疑的对象是证据，是针对证据进行的阐释、质疑和答辩，而非针对提供证据的人。提供证据的证人、鉴定人等不是质证的对象。因此，司法会计鉴定人出庭的任务是参与对鉴定意见及相关证据的质证，协助法庭解决在质疑鉴定意见过程中出现的异议和问题，而不是"接受质证"。司法会计鉴定人虽然在法庭上需要回答各方针对鉴定意见的形成、

内容、含义等方面提出的问题，甚至包括鉴定人的鉴定资格等与鉴定主体适格性有关的问题，但鉴定人自身并非是质证的对象。① 事实上，司法会计鉴定人出庭参与质证，也可能会在回答各方提问过程中，发现自己所出具的鉴定意见存在他人没有发现的问题，进而通过补充鉴定等程序完善鉴定意见。

二、司法会计鉴定人出庭的法律规定

（一）刑事、民事诉讼法律的一般规定

司法会计鉴定人既不是案件当事人，也不代表诉讼机关参与诉讼，其实施鉴定并提供鉴定意见，本质上是以特殊证人的身份向法庭提供特定证据。因此，当法庭各方对司法会计鉴定人提供的鉴定意见提出质疑时，司法会计鉴定人有义务亲自出庭作证，阐释其所提供的鉴定意见的科学性和可靠性。为此，我国刑事、民事诉讼法律均规定在符合一定条件下，鉴定人必须出庭作证。其中，在刑事诉讼中，公诉人、当事人或者辩护人、诉讼代理人对鉴定意见有异议，人民法院认为鉴定人有必要出庭的，鉴定人应当出庭作证；② 在民事诉讼中，当事人对鉴定意见有异议或者人民法院认为鉴定人有必要出庭的，鉴定人应当出庭作证。③

笔者认为，司法会计鉴定人依法出庭参与质证的目的，主要是为了质证司法会计鉴定意见的科学性、可靠性和唯一性，使法庭能够正确地理解和使用司法会计鉴定意见证明案件事实。人民法院在确认司法会计鉴定人是否有必要出庭时，应当考虑以下三个方面的问题。

第一，法庭各方对司法会计鉴定意见有无异议。

法庭各方包括法官、提起诉讼的一方（包括公诉人、原告人与受害人及其代理人）、被提起诉讼的一方（包括被告人及其诉讼代理人或辩护人）、第三人等。通常情况下，法庭各方在开庭前就已经获得了鉴定意见，并会对鉴定意见进行审查。如果法庭各方在审查鉴定意见时发现存在错误、瑕疵或不足，需要司法会计鉴定人出庭作出解释或证实，司法会计鉴定人就有出庭的必要；而如果法庭各方对鉴定意见没有提出异议，司法会计鉴定人出庭显然就失去了诉讼意义，也就没有必要出庭。

第二，法庭各方对司法会计鉴定意见的异议是否具体。

法庭各方对司法会计鉴定意见提出异议，应当有具体的内容，例如，鉴定主体资格问题、鉴定事项合法性问题、检验结果的客观性与完整性问题、鉴定标准

---

① 现实中，由于少数学者、专家将司法会计鉴定人视为质证的对象，要求司法会计鉴定人出庭"接受质证"，影响了司法会计鉴定人出庭的积极性。
② 参见《中华人民共和国刑事诉讼法》第187条第3款。
③ 参见《中华人民共和国民事诉讼法》第78条。

的适用性问题、鉴定意见的科学性与可靠性问题等。司法实践中，有些当事人并没有提出具体异议，而只是因为其他原因（如个别辩护人、诉讼代理人为了显示"为当事人出头"），司法会计鉴定人则没有出庭的必要。这是因为法律规定鉴定意见可以由举证方在法庭上宣读，而如果法庭各方没有对司法会计鉴定意见提出具体的异议，司法会计鉴定人则没有需要回答的具体问题，其出庭也就只是一种形式而已。

第三，法庭各方对鉴定意见的异议是否在开庭前已经解决。

法庭各方针对鉴定意见提出的异议，可能会在开庭前的庭前示证过程中得到解决。所谓庭前示证，是指法院根据相关法律规定，在开庭审理案件之前，组织起诉、被起诉各方通过出示或交换证据，明确各方对证据是否存在争议的一种庭前审理活动。按照诉讼法律的规定，法院在刑事诉讼中可以启动庭前会议程序①，在民事诉讼中可以启动庭前交换证据程序②。这两个程序都包含了庭前示证活动，如果在法院启动这两个程序过程中，法庭各方针对鉴定意见提出的异议已经解决，也就没有必要再通知司法会计鉴定人出庭。

综上所述，只有在法庭各方对司法会计鉴定意见提出了具体的质疑并在开庭前没有得到解决的情况下，法院才有必要通知司法会计鉴定人出庭。

（二）刑事、民事诉讼法律关于鉴定人不出庭后果的规定

司法会计鉴定意见具有科学性、唯一性和局限性的特点，这些特点决定了当法庭各方对司法会计鉴定意见提出质疑时，通常只有司法会计鉴定人本人能够给予更为科学、合理的解释。因此，如果司法会计鉴定人不出庭，则难以解决法庭各方提出的质疑，法院也就难以判明鉴定意见能否作为定案的根据。因此，我国刑事、民事诉讼法律均规定，经人民法院通知，鉴定人拒不出庭作证的，鉴定意见不得作为定案的根据。同时，民事诉讼法还规定，经人民法院通知，鉴定人拒不出庭作证的，支付鉴定费用的当事人可以要求返还鉴定费用。

（三）刑事诉讼法律对司法会计鉴定人出庭的特别保护规定

由于鉴定人在刑事诉讼中可能会提供有罪证据，因而其人身安全需要受到特殊保护。我国刑事诉讼法对鉴定人作了特别保护性规定，③ 即对于危害国家安全犯罪、恐怖活动犯罪、黑社会性质的组织犯罪、毒品犯罪等案件，鉴定人因在诉

---

① 庭前会议是一种听证程序，是指人民法院在刑事案件开庭前，可以根据《中华人民共和国刑事诉讼法》第182条第2款的规定，由审判人员召集公诉人、当事人和辩护人、诉讼代理人，对回避、出庭证人名单、非法证据排除等与审判相关的问题，了解情况，听取意见。

② 庭前交换证据程序，是指人民法院对需要开庭审理的民事案件，通过要求当事人交换证据等方式，明确争议焦点，也称为庭前示证。

③ 参见《中华人民共和国刑事诉讼法》第62条。

讼中作证，本人或者其近亲属的人身安全面临危险的，人民法院、人民检察院和公安机关应当采取以下一项或者多项保护措施：

1. 不公开真实姓名、住址和工作单位等个人信息；
2. 采取不暴露外貌、真实声音等出庭作证措施；
3. 禁止特定的人员接触证人、鉴定人、被害人及其近亲属；
4. 对人身和住宅采取专门性保护措施；
5. 其他必要的保护措施。

刑事诉讼法还同时规定，鉴定人认为因在诉讼中作证，本人或者其近亲属的人身安全面临危险的，可以向人民法院、人民检察院、公安机关请求予以保护。人民法院、人民检察院、公安机关依法采取保护措施，有关单位和个人应当配合。

三、司法会计鉴定人出庭的诉讼意义

司法会计鉴定人出庭质证的意义在于有利于出庭各方对司法会计鉴定意见进行审查，质证司法会计鉴定意见的证据效力，使法庭审理更为严谨和科学，也是强化诉讼证据的一种有效形式。

（一）司法会计鉴定人出庭有利于法庭各方认可鉴定意见

司法会计鉴定意见是司法会计鉴定的结果，尽管司法会计鉴定文书对鉴定意见的科学性作出了相应的论证说明，但受鉴定文书的篇幅和文字语言表达水平的影响，在说明结论的科学性方面可能会存在一些不足之处，进而引起法庭相关方的质疑。司法会计鉴定人通过出庭参与质证，对不足部分作进一步的阐述，以便使法庭各方都能认可鉴定意见。

（二）司法会计鉴定人出庭有利于消除反驳鉴定意见一方的疑虑

司法会计鉴定意见是司法会计鉴定人在检验案件中的财务会计资料及相关证据后，通过分析鉴别检验结果，就提请鉴定的财务会计问题所作的结论性意见，这一鉴定意见是在检材客观、标准适当的基础上作出的，但庭审中反驳证据的一方可能会提出新的检材，或对该结论采用的标准提出质疑。鉴定人通过回答并解释新提出的检材能否影响鉴定意见及采用标准是否适当等问题，可以消除反驳证据一方对鉴定意见是否科学及唯一的疑虑。

（三）司法会计鉴定人出庭有利于法庭辨别不同鉴定意见的科学性

司法会计鉴定人在同一案件中针对同一鉴定事项可能会出具不同的鉴定意见，这会导致法庭对鉴定意见的采信出现困难。作出不同鉴定意见的司法会计鉴定人出庭，一方面，可以阐释清楚自己出具鉴定意见的科学性，使法庭能够正确的理解和判断其所出具的鉴定意见的可采性；另一方面，司法会计鉴定人也可以通过对质等途径，阐释他人出具的鉴定意见的不科学或不可靠性，也使法庭对其

他鉴定意见的可采性作出合理的判断。

第二节 司法会计鉴定人出庭前的准备工作

司法会计鉴定人出庭参与质证，是司法会计鉴定人的诉讼义务，但这一义务的履行应当以审判机关的出庭通知为前提。根据我国诉讼法律规定的精神，人民法院决定司法会计鉴定人出席法庭，应当至迟在开庭三日以前将通知书送达鉴定人。根据这一规定，司法会计鉴定人出席法庭前通常有足够的时间做好出庭准备工作，主要包括准备文件、重温案情及检案情况、制作鉴定说明、制作出庭答辩提纲等准备事项。如果法院未能在法定期限前通知司法会计鉴定人，导致司法会计鉴定人无法做好出庭准备的，司法会计鉴定人可以在法庭通知书回执中注明。

一、准备文件

司法会计鉴定人需要准备的文件通常包括：

1. 准备鉴定卷宗，包括鉴定文书、工作记录等；
2. 准备能够证明司法会计鉴定人身份与鉴定资格的证件或复印件，通常包括工作证、鉴定资格证书原件以及专业资格文件的复印件（如：注册会计师证书、会计职称证书的复印件）。

二、重温案情及鉴定情况

一般来讲，从司法会计鉴定人出具司法会计鉴定文书到法庭开庭会间隔一段时间，有的甚至间隔时间很长，这可能导致司法会计鉴定人对案情及鉴定情况有所遗忘。因此，司法会计鉴定人在接到出庭通知后，应当马上通过翻阅鉴定资料，回顾案情及鉴定情况，做好出庭前的准备工作。

司法会计鉴定人重温案情及鉴定情况的重点通常包括：

1. 熟悉鉴定事项涉及的财务会计主体的称谓及相关财务会计关系；
2. 熟悉鉴定事项涉及的主要检材及相关证据的称谓以及检材之间的关联关系；
3. 熟悉鉴定标准的出处或推导过程；
4. 熟悉鉴定意见的含义及用途。

通过上述准备工作，一方面，为出庭质证中熟练地表达鉴定意见所涉及的财务会计主体、财务会计关系、检材及相关证据做好准备；另一方面，也为编写、修正鉴定说明和答辩提纲等找出依据。

在重新熟悉案情后，司法会计鉴定人应当考虑是否有必要与向法庭提供该项鉴定意见的相关公诉人、律师或法官进行交谈，了解案件进展情况与现况。一方面,可以了解使用鉴定意见的一方有无发现鉴定意见的瑕疵或不足;另一方面,可以了解反驳鉴定意见的一方已经提出的异议内容,以便明确需要进一步做好准备的工作内容,有针对性地制作、修定鉴定说明和答辩提纲。

三、制作《鉴定说明》

(一)《鉴定说明》的含义

司法会计鉴定人为出庭所准备的《鉴定说明》,是指司法会计鉴定人开庭前制作的,针对鉴定事项涉及的某些问题进行阐释、说明的一种书面文件。司法会计鉴定人在法庭上可以通过宣读《鉴定说明》,主动向法庭阐释、说明鉴定事项所涉及的某些问题。

司法会计鉴定人为出庭所制作的《鉴定说明》与补充鉴定后所出具的《鉴定说明》不属于同一类文书。首先,两者针对的事项不同,前者针对出庭所需,而后者针对鉴定意见的使用者提出的问题;其次,两者的作用不同,前者通常不需要向法庭等相关方面提供,而后者属于补充鉴定文书,需要向启动补充鉴定的诉讼主体正式出具。

通常情况下,司法会计鉴定人在出具鉴定意见后,应当立即制作《鉴定说明》,以备可能需要出庭时使用。在鉴定结束时制作《鉴定说明》,最有利的方面就是由于鉴定刚刚结束,案情及鉴定情况都是现成的,制作起来比较方便。司法会计鉴定人如果在鉴定结束时已经制作了《鉴定说明》,那么在出庭前只需要根据案情变化或者新了解到的情况,有针对性地做些修改即可;但如果鉴定结束时没有制作《鉴定说明》,在接到出庭通知后通常需要先重温案情和鉴定情况,才可能有针对性地制作《鉴定说明》。

(二)司法会计鉴定人制作、发表《鉴定说明》的意义

首先,司法会计鉴定人通过制作《鉴定说明》,能够相对完整、清晰地归纳和总结鉴定事项所涉及的某些重点问题,理清法庭上需要主动阐释、说明的鉴定事项中的一些关键点,进而做到心中有数,有利于提高出庭的信心。

其次,司法会计鉴定人通常会因出庭需要回答法庭各方的提问,因而感到比较被动或者紧张,但是,由于《鉴定说明》中通常会包含法庭各方提出的某些问题,且鉴定说明是在回答法庭各方提问之前主动发表的,这使得司法会计鉴定人在《鉴定说明》中已经回答的问题不需要在他人提问下进行回答,显然会改善司法会计鉴定人在法庭上的被动状态。

(三)《鉴定说明》的编写要点

《鉴定说明》可以涉及以下内容:

1. 鉴定人的基本概况。主要是通过概要介绍鉴定人学业、工作经历、技术资格等阅历情况,说明鉴定人具备鉴定资格和解决本项鉴定问题的能力。

2. 检材情况。重点是介绍检材地来源、检材状况,说明检材来源的合法性和完整性。同时,如果存在检材争议情形,还应当说明鉴定中采纳或不采纳相关检材的理由,比如,有参考证明相关检材内容为虚假的情况下,鉴定人为何视为内容真实的检材予以采纳。

3. 鉴定原理。重点是介绍主要鉴定标准的出处、来源及其财务会计原理,同时,如果存在鉴定标准争议情形,还应当说明鉴定中采用或不采用某项标准的理由。

4. 鉴定意见的含义。重点是采用通俗的语言阐释鉴定意见的含义以及其所能证明事实的范围。

案例 8-1:经营纠纷案

某科技文化服务中心与某文化传播公司签订合作转录光盘合同。合同规定,文化传播公司提供母盘,垫付 200 万元光盘采购成本并负责提供销售途径,科技文化服务中心负责转录和销售,并按照毛利的 50% 支付文化传播公司的收益。双方履行合同后,科技文化服务中心提供了毛利的计算单,按照毛利的 50% 支付给文化传播公司 75 万元。文化传播公司认为科技文化服务中心隐瞒了毛利,在交涉无果的情况下将科技文化服务中心诉至法院,并申请进行司法会计鉴定。

司法会计鉴定人就"××科技文化服务中心经营音像制品毛利额"问题进行了鉴定,鉴定文书如下:

司法会计鉴定书

×检技发〔20××〕第 × 号

根据××市××区人民法院20××年×月×日第1号《聘请书》,受该院聘请,对××文化传播公司诉××科技文化服务中心经营纠纷一案涉及的财务问题进行司法会计鉴定。

鉴定事项:确认××科技文化服务中心经营音像制品的毛利额。

20××年×月×日,××市××区人民法院审判员郭××送来××科技文化服务中心(以下简称"××服务中心")20××年至20××年的财务会计资料。

一、检验

1. ××检验服务中心20××年至20××年会计资料证实,该中心20××年至20××年共支付购进光盘款 2,135,330.40 元(详见附件一);20××年至20××年未发生购进空白光盘业务。

2. 检验××服务中心20××年至20××年财务会计资料证实,××服务中心20××年至20××年共支付光盘加工费等费用 64,252.00 元(详见附件二)。

3. 检验××服务中心20××年至20××年财务会计资料证实,××服务中心

20××年至20××年共取得销售音像制品收入款（含增值税）5,068,808.00元（详见附件三）；20××年至20××年未发生销售音像制品业务。

4. 检验××服务中心20××年至20××年财务会计资料证实，××服务中心20××年至20××年共交纳增值税款194,964.93元（详见附件四）。

二、论证

1. 根据第3、4项检验结果，××服务中心20××年至20××年不含增值税的音像制品销售收入额（即含增值税商品销售收入额－已交增值税额）为4,873,843.07元（5,068,808.00元－194,964.93元）。

2. 本项鉴定采用下列标准：

毛利＝不含增值税音像制品销售收入－音像制品销售成本

其中，音像制品销售成本＝光盘采购成本＋光盘加工费等费用

3. 根据第1、2项检验结果及论证1的结论，××服务中心20××年至20××年的音像制品销售成本为2,199,582.40元（2,135,330.40元＋64,252.00元），毛利额为2,674,260.67元（4,873,843.07元－2,199,582.40元）。

三、鉴定结论

根据对××科技文化服务中心会计资料的检验分析结果确认：

××科技文化服务中心20××年至20××年经营音像制品毛利额为2,674,260.67元。

××市人民检察院

司法会计师：××

二○××年×月×日

附件一：××科技文化服务中心购光盘款明细表
附件二：××科技文化服务中心付光盘加工费等费用明细表
附件三：××科技文化服务中心收销售音像制品款明细表
附件四：××科技文化服务中心交纳增值税明细表

司法会计鉴定人根据上述鉴定结果，编写了下列《鉴定说明》：

审判长：

根据法庭安排，刚才我宣读了×检技发〔20××〕第×号《司法会计鉴定书》。现就本项鉴定中涉及的几个基本问题，向合议庭作进一步说明。

（一）关于鉴定资格的说明

本鉴定人从1975年起先后从事过两个行业的会计工作。1987年获得会计师职称。1990年担任××市人民检察院司法会计师，当年出具了第一份司法会计鉴定文书，被××市中级人民法院采信。1992年首批取得司法会计鉴定资格

证书。

此次受××市××区人民法院聘请，以鉴定人身份成为本案的诉讼参与人。在实施检验鉴定过程中，本人依法独立行使鉴定权，没有受到来自于我所在检察机关及其他相关方面的不当影响，也没有履行警官、检察官和法官的职责，独立出具了×检技发〔20××〕第×号《司法会计鉴定书》表达鉴定意见。

（二）关于本项鉴定的类型及鉴定路线

本鉴定事项是"确认××科技文化服务中心经营音像制品的毛利额"，属于财务问题鉴定。××科技文化服务中心会计核算资料比较齐全，因而本项鉴定采用了借用会计法。

（三）相关说明

1. 本项鉴定中的检材由本案审判员郭××提供，根据司法会计鉴定的假定前提，本项鉴定所用检材的可靠性由法庭确认。

2. 鉴定意见确认的毛利额不含销售费用。

3. 本项鉴定意见可用于证明本案中可分配毛利总额。

（四）鉴定涉及的主要技术标准的来源

1. 国务院1993年发布的《中华人民共和国增值税暂行条例》。

2. 财政部1993年发布的《中华人民共和国增值税暂行条例实施细则》。

3. 国家税务总局1995年6月2日国税函发〔1995〕288号文，《增值税问题解答（之一）》。

4. ××主编：《中级财务会计学》，××大学出版社19××年版。

5. ××著：《司法会计学》，××出版社20××年版。

谢谢审判长、陪审员

四、制作《答辩提纲》

（一）《答辩提纲》的含义

司法会计鉴定人为出庭所准备的《答辩提纲》，是指司法会计鉴定人根据案情及检案情况事先准备的，主要列明出庭时针对法庭各方相关提问的答复要点的一种书面文件。

向法庭提供鉴定意见的一方如果对鉴定意见存有疑问，通常会在开庭前直接向司法会计鉴定人提出，而反驳鉴定意见的一方通常则是在开庭后提出。因此，《答辩提纲》的编写主要针对反驳鉴定意见的一方可能提出的异议。

（二）司法会计鉴定人制作《答辩提纲》的意义

司法会计鉴定人在出庭前制作《答辩提纲》有着重要意义：一则，通过制作《答辩提纲》可以进一步回顾并熟悉鉴定情况，有利于出庭时面对法庭各方的提问时尽快作出反应；二则，通过制作《答辩提纲》，预测法庭各方可能提出的问题，进而理顺回答法庭各方提问时的思路，有利于减少回答法庭各方提问的盲目性，防止答辩失误。

(三)《答辩提纲》制作要点

《答辩提纲》所列答复要点，可能会涉及司法会计鉴定的合法性、检材质量、鉴定标准、论证逻辑、鉴定意见、鉴定程序与理论等方面。

1. 关于司法会计鉴定的合法性问题

有关司法会计鉴定的合法性发问，可能涉及鉴定手续的合法性、鉴定人的回避、鉴定人的专业资格、检材来源的合法性等方面的问题。

有关鉴定手续合法性问题的发问，可能涉及司法会计鉴定的启动主体的合法性问题，如反驳证据的一方提出启动主体没有依法为司法会计鉴定人办理指派、聘请手续。

有关司法会计鉴定人回避问题的发问，可能涉及司法会计鉴定人与本案的利害关系问题，如反驳鉴定意见的一方提出司法会计鉴定人系侦查机关司法会计师，其与案件有利害关系进而要求司法会计鉴定人回避。

有关司法会计鉴定人专业资格问题的发问，可能涉及司法会计鉴定人是否取得司法鉴定资格或是否具备诸如税务、期货、证券等特殊行业资格问题，如反驳鉴定意见的一方提出司法会计师没有注册税务师资格，不能担任本案涉及纳税问题的鉴定人。

有关检材来源合法性问题的发问，可能涉及检材是否由送检部门依法提取并提供、是否是由司法会计鉴定人自行提取等问题。

2. 关于检材的质量与采纳问题

有关检材的质量与采纳问题，可能涉及检材的完整性、检材的证明力、检材中特定事项对鉴定意见的影响等方面的问题。

有关检材完整性问题的发问，可能涉及相关检材没有作为鉴定证据采用等问题，如反驳证据的一方提出鉴定书中没有表述对某一财务资料的检验结果。

有关检材证明力问题的发问，可能涉及质量较差的检材对鉴定意见的影响问题，如反驳证据的一方提出鉴定结论认定的收入仅仅是依据一方当事人提供的某一财务凭证，没有核实该证据内容的真实性。

有关特定事项对鉴定意见影响问题的发问，可能涉及言词证据证明内容的采纳等问题，如反驳证据的一方提出某一言词证据已经证明某一财务凭证内容是虚假的，但鉴定人却作为内容真实予以采用。

3. 关于鉴定的标准问题

有关司法会计鉴定标准问题，可能涉及鉴定标准的出处、标准的适用范围、标准适用错误等方面的问题。

有关鉴定标准出处问题的发问，可能涉及鉴定文书中所列鉴定标准的来源、颁布机关或单位等问题，如反驳鉴定意见的一方提出鉴定书中所列鉴定标准并不存在。

有关标准适用范围问题的发问，可能涉及司法会计鉴定书所列标准是否适用于本项鉴定等问题，如反驳鉴定意见的一方提出司法会计鉴定书所列鉴定标准没有规范到本项鉴定涉及的财务会计问题。

有关标准适用错误问题的发问，可能涉及司法会计鉴定人采用鉴定标准的适当性等问题，如反驳鉴定意见的一方提出本项鉴定应当采用其他鉴定标准。

4. 关于鉴定意见论证的逻辑性方面的问题

有关鉴定意见论证的逻辑性方面的问题，可能涉及鉴定意见推断过程的科学性、参照客体的制作、鉴定文书中未论证事项等方面的问题。

有关鉴定意见推断过程科学性问题的发问，可能涉及鉴定意见推导过程是否符合逻辑等问题，如反驳鉴定意见的一方提出按照鉴定文书所列标准和检验结果无法推导出鉴定意见。

有关参考客体制作问题的发问，可能涉及采用比对鉴别法的鉴定中参照客体制作错误等问题，如反驳鉴定意见的一方提出参照客体存在金额、科目选择或科目方向性等方面的意义。

有关鉴定文书中未论证事项的发问，可能涉及鉴定意见的论证过程缺失等问题，如反驳鉴定意见的一方提出鉴定书所列论证部分只是对检验结果的重复，没有针对鉴定意见阐述论证意见。

5. 关于鉴定意见的证据意义问题

有关鉴定意见的证据意义方面的问题，可能涉及鉴定意见用语的含义、鉴定意见未揭示某一涉案财务会计事实、鉴定意见所能证明的事实范围等方面的问题。

有关鉴定意见用语含义问题的发问，可能涉及鉴定意见用语是否恰当、含义是否明确等问题，如反驳鉴定意见的一方提出鉴定意见用词不当，超出了司法会计鉴定意见的结论范围。

有关鉴定意见未揭示某一涉案财务会计事实问题的发问，可能涉及鉴定人是否有意隐瞒某一涉案财务会计事实的问题，如反驳鉴定意见的一方提出案件涉及的某项收入或支出没有被纳入鉴定意见。

有关鉴定意见所能证明案件事实范围问题的发问，可能涉及鉴定意见证明案件事实的类型、证明程度等问题，如反驳鉴定意见的一方提出鉴定意见仅证明了会计事实。

6. 关于司法会计鉴定的操作规程的问题

有关司法会计鉴定的操作规程的问题，可能涉及司法会计鉴定的鉴定方法、鉴定技巧、鉴定路线、鉴定步骤、本项鉴定是否符合鉴定程序等方面的问题。

7. 其他与鉴定事项有关的问题

其他与鉴定事项有关的问题，可能涉及司法会计鉴定的某一基本理论、鉴定事项涉及的财务会计理论等方面的问题。

第三节　司法会计鉴定人出庭要旨

一、司法会计鉴定人的出庭程序

司法会计鉴定人出席法庭，通常涉及回答审判长就身份问题的发问、发表鉴定意见和鉴定说明、回答法庭各方就鉴定过程和鉴定意见提问、退庭等步骤。

1. 司法会计鉴定人到庭后，应当根据法庭安排，在法庭上标识有"鉴定人"的席位入座。

2. 开庭后，通常先由审判长核实鉴定人的身份，通常是询问姓名、职业，鉴定人可以回答姓名、就职单位及职务等，并根据审判长的要求提供执业证明。

审判长还会询问司法会计鉴定人是否与本案存在应当回避的关系，告知鉴定人应当如实地提供鉴定意见和有意作虚假鉴定要负的法律责任，并向鉴定人出示如实说明鉴定结论的保证书，司法会计鉴定人应当在保证书上签名。

3. 司法会计鉴定人根据审判长的要求，宣读鉴定文书或鉴定意见。如果审判长要求宣读司法会计鉴定文书，则应全文宣读鉴定文书。实际出庭中，由于鉴定文书内容较长，审判长通常要求司法会计鉴定人宣读鉴定意见，此时，司法会计鉴定人可以只宣读鉴定文书的叙言部分和鉴定意见部分，其他部分可以根据后面质证的需要有选择地宣读。

4. 司法会计鉴定人宣读鉴定文书后，审判长询问鉴定人是否还有其他需要说明的情况时，司法会计鉴定人可以宣读《鉴定说明》。

5. 申请法庭要求司法会计鉴定人出庭的一方当事人及其律师等向鉴定人发问，鉴定人答复提问。

6. 其他出席法庭的人员向司法会计鉴定人发问，鉴定人答复提问。

7. 遇有专家对质情形时，可以向其他专家发问。

8. 法庭各方结束发问后，司法会计鉴定人应当根据审判长的指示退庭。

二、司法会计鉴定人出庭时的表达事项

司法会计鉴定人出席法庭过程中的表达事项，是指司法会计鉴定人在法庭上应当表达、必须表达或可以拒绝表达的内容。包括主动表达内容、被动表达内容和拒绝表达内容。

1. 主动表达内容。所谓主动表达内容，是指司法会计鉴定人作为诉讼参与

人在法庭上无须他人发问,便可以直接发表的内容,包括宣读司法会计鉴定意见和鉴定说明。

司法会计鉴定人出席法庭后,根据审判长的提示内容,宣读鉴定文书或鉴定意见。宣读鉴定意见后,司法会计鉴定人可根据审判长提示宣读《鉴定说明》,也可以主动向审判长提出作进一步说明的要求,经审判长许可后可以宣读《鉴定说明》。

另外,在出庭中遇有专家对质的情形中,司法会计鉴定人可以经审判长允许后,就一些专业问题向其他专家提出问题,并要求其解答。

2. 被动表达内容。所谓被动表达内容(答辩内容),是指司法会计鉴定人对法庭各方就与本项司法会计鉴定有关的发问进行回答的内容。

司法会计鉴定人被动表达的内容,应当限定在与本案司法会计鉴定有关的问题。如鉴定的受理依据、检材来源、鉴定过程、鉴定的原则、鉴定标准、鉴定意见的科学性和唯一性等。另外,对涉及司法会计鉴定人鉴定资格的直接发问(如与案件的利害关系、技术资格等问题),司法会计鉴定人也应当作出答复。

3. 拒绝表达内容。所谓拒绝表达内容(拒绝答辩内容),是指司法会计鉴定人对法庭各方就与本项司法会计鉴定无关的发问可以拒绝回答的内容。由于司法会计鉴定人对这类提问可以不予解答,所以也可称其为拒绝答辩的内容。

原则上讲,司法会计鉴定人对与本项司法会计鉴定无关的发问均可拒绝回答。如本案涉及财务会计人员为何制作虚假财务会计资料问题、财务会计行为的法律定性问题、非本项鉴定涉及的财务会计技术问题、与本项鉴定无关的鉴定人个人经历问题等都属于与本案司法会计鉴定无关的发问,但如果这类问题司法会计鉴定人认为可以回答的,应当在表明这些问题与本项鉴定意见无关的情况下作出适当的答复。

司法会计鉴定人对发问人所提与本项无关的发问、诱导式发问以及采用威胁性语言、损害鉴定人人格尊严的语言等,可以要求审判长制止,审判长应当制止。

三、司法会计鉴定人出庭质证应当注意的问题

司法会计鉴定人出庭质证时应当注意以下几点:

1. 司法会计鉴定人出庭质证,应当注意衣着、形象、文明举止等礼仪问题,但侦查机关鉴定机构的司法会计鉴定人不应当穿着制服。

2. 司法会计鉴定人应当提前到庭,即应当在开庭前到达法庭。

3. 司法会计鉴定人对各方提出的问题,首先应当注意所提问题的适当性及其意图、含义等,确定是否应当回答和如何回答。对反驳证据一方提出的合理发

问无论有无难度，均应当给予回答，但如果某一方的发问中带有"如果"、"假设"等假设性词语、假定前提、假定内容的发问，可以拒绝回答。

4. 司法会计鉴定人回答发问时要注意把握节奏，既不要抢答，也不要超出所提问题范围侃侃而谈。把握好回答问题的节奏，既可以保证在回答问题时不至于出现纰漏，也便于对疑难发问的回答。

5. 司法会计鉴定人遇到一些特殊情况或答辩困难的问题，可以经过谨慎思考后再回答。这里例举一些情形：

（1）出席法庭的某一方提出了新的书证，并依此证明某一检材存在错误或虚假内容，或说明该书证会影响鉴定意见的可靠性；

（2）出席法庭的某一方提出对鉴定标准的不同理解，并依此证明鉴定意见不可靠；

（3）出席法庭的某一方指责鉴定人采用理论标准，并以此证明鉴定意见不科学；

（4）出席法庭某一方发问的问题是鉴定人事先没有预料到的；

（5）出席法庭的某一方提出了不应当由司法会计鉴定人回答的问题；

（6）出席法庭的某一方指责鉴定人不熟悉案情、鉴定标准等。

6. 司法会计鉴定人应当注意反驳证据一方的发问陷阱。所谓发问陷阱，是指法庭上反驳证据的一方，通过设计一个或一系列发问，引导证人、鉴定人作出错误回答的做法。

案例 8-2：辩护律师的发问陷阱

鉴定情况：甲集团公司总经理张某与李某欲成立个人公司——A 有限公司，商定用甲集团公司 400 万元作为该有限公司的注册资金。张某将欲成立个人公司的想法告诉甲集团公司财务部部长于某，并与其商定了向 A 有限公司注册资金专用账户划款的方法。于某利用转账票据，采用当天进出的办法，并向张某的合伙人提供了 400 万元的进账单，作为验资凭证。张某的合伙人持此进账单验资，因账户上没有余额，未完成验资。张某的合伙人为此再次找到张某，明确告诉张某第一次进账单上的 400 万元在验资用账户中停留的时间太短，要求重新划 400 万元并在账上多停留几天。张某找到于某，再次指使于某尽快完成验资的手续。在这种情况下，于某按照张某的指示，第二次开出转账支票，转入验资用账户 400 万元，并嘱托银行监督此款项。21 天后，验资完成，于某通过银行将 400 万元资金划回 A 集团公司账户。随后，于某指示 A 集团公司对该项划款业务作了会计处理：借记和贷记"银行存款"科目 400 万元。

该案在审查起诉过程中，提出了司法会计鉴定事项：确认 A 集团公司对该笔业务进行账务处理的正确性，以查明 A 集团公司财务部门隐瞒该笔资金去向的事实。司法会计鉴定人经过鉴定出具了下列鉴定意见：

司法会计鉴定书

〔20××〕×检技鉴会字第×号

根据××人民检察院×检反贪委鉴〔20××〕×号《送检报告》，受本院检察长指派，对××集团有限公司总经理张×挪用公款案涉及的财务会计问题进行司法会计鉴定。

鉴定事项：××集团有限公司20××年12月第26号记账凭证的账务处理是否正确。

20××年×月×日至×日，由本案公诉人×××、×××在××集团有限公司（以下简称×集团公司）会议室，对该公司××年的财务会计资料进行了技术检验，×月×日公诉人×××送来×集团公司……4858、……4859号转账支票以及×有限公司……3402工商银行账户分户账页、进账单和特种转账传票复印件。

一、检验

（一）送检的×集团公司20××年12月26号记账凭证，会计分录为：

借：银行存款——工行5851   4,000,000.00
贷：银行存款——工行5851   4,000,000.00

该记账凭证摘要栏记载"注册资金"。该记账凭证附单据三张：

1. 工商银行……4858、……4859号转账支票存根两张，存根内容均为：出票日期××年12月1日，收款人"×有限公司"，金额200万元；

2. 工行××支行20××年12月22日特种转账传票一张，付款单位为"×有限公司"，账号……3402，收款单位为×集团公司，账号……5851，金额400万元。

经检验×集团公司银行日记账，上述收付款业务均记账。

（二）检验×集团公司在工商银行××支行开设的……5851存款账户的银行对账单证实：×集团公司于××年12月1日支票付出200万元资金两笔，共计400万元，凭证编号分别为4858、4859。

（三）检验工商银行……4858、……4859号转账支票×有限公司……3402工商银行账户分户账页、进账单、特种转账传票复印件证实：×集团公司于××年12月1日签发工商银行……5851存款账户……4858、……4859号转账支票，分别转入×有限公司工商银行……3402验资用账户各200万元，共计400万元，该验资用账户存续期间仅有这400万元款项存入，后于20××年12月22日×有限公司将……3402验资用账户的400万元通过银行签发的特种转账传票转回×

集团公司工商银行……5851存款账户。

（四）送检的×有限责任公司验资报告记载，张某、李某各出资200万元注册资金用于注册×有限责任公司。经验证×有限责任公司验资用……3402银行专户分户账页复印件证实，验资报告所附两张各200万元，系前述检验结果所列×集团公司20××年12月1日转入该账户的400万元。

（五）经检验集团公司×年往来账户的全部账簿，未发现对上述收付款业务的记载。

二、论证

根据财政部颁布的《企业会计制度——会计科目和会计报表》第1002银行存款、第1133其他应收款的规定精神，企业通过银行转账支付暂付款项，应当借记"其他应付款"、贷记"银行存款"；企业通过银行转账收回暂付款项，应当借记"银行存款"、贷记"其他应付款"。

根据上述规定精神，前述×集团公司暂付×有限公司400万元注册资金和收回该项资金的业务分别应当于业务发生时进行下列会计处理。

20××年12月1日转账付出400万元业务：

借记：其他应付款——×有限公司　400万元
贷记：银行存款——工行5851　　400万元

20××年12月22日转账收回400万元业务：

贷记：其他应付款——×有限公司　400万元
借记：银行存款——工行5851　　400万元

第（一）项检验结果所列会计处理为：

借：银行存款——工行5851　　400万元
贷：银行存款——工行5851　　400万元

根据该会计处理事项所依据凭证及其他检验结果证实，×集团公司没有按照支付、收回400万元业务的时间和会计标准进行账务处理，而是将两项会计处理合并后，没有列示借记"其他应收款——×有限公司"400万元和贷记"其他应收款——×有限公司"400万元的会计处理事项，因此，第一项检验结果所列会计处理事项存在错误，未通过借记"其他应收款——×有限公司"400万元和贷记"其他应收款——×有限公司"400万元的账务处理反映×集团公司支付400万元的去向和收回400万元的来源。第（五）项检验结果也证实，该集团公司没有通过"其他应收款——×有限公司"账务反映、监督400万元往来账项。

三、鉴定意见

×集团公司20××年12月第26号记账凭证所列的账务处理存在错误：未通过"其他收款——×有限公司"科目反映该集团有限公司20××年12月1日支付×有限公司400万元注册资金，以及12月22日从×有限公司收回400万元的往来账项。

×××人民检察院
高级会计师：×××
二○××年×月×日

该案起诉后，法庭通知司法会计鉴定人出庭。辩护律师在法庭上没有评价该鉴定意见的科学性和可靠性，而是向鉴定人发问了与鉴定意见关联不大的问题："从会计角度看，这400万元款项是否脱离了×集团有限公司的控制。"司法会计鉴定人回答道："没有脱离控制。"律师随后以司法会计专家认为该400万元款项没有脱离×集团公司的控制为依据，邀请知名法学家对该案进行了论证。参加论证的法学专家均认为"挪用公款的款项应当已经脱离原单位的控制才能构成挪用公款，因而出具了该案犯罪嫌疑人的行为不构成挪用公款的《法律意见》。该律师又以司法会计专家证言为事实依据，以法学专家的论证为法理根据，向高级法院提出书面意见，认为张某不构成挪用公款罪。最终，法院没有支持检察机关的起诉意见，将挪用公款罪判决为虚假出资罪，即由重罪判决为轻罪。

从司法会计鉴定角度讲，该案存在的主要错误是司法会计鉴定人没有正确回答辩护律师的提问，所回答的内容与其鉴定意见相佐，从而使辩护律师得以借题发挥，最终导致法院未能认定挪用公款罪。

首先，司法会计鉴定人出具的鉴定文书已经反映出×集团有限公司在支付400万元后没有及时处理账项，导致400万元支出事项已经脱离了会计控制的事实。会计对款项收、付款业务的控制，主要是通过会计核算和账户余额进行控制，×集团有限公司在支出400万元款项后的20多天内，既没有进行会计核算（导致银行存款账户没有反映其银行账户已经支出400万元的财务事实），也没有设置"其他应收款——"账户并通过该账户余额控制×有限公司对其债务。因此，如果从会计角度看，这400万元款项在支出后未收回前已经脱离了×集团有限公司的控制。由于本案中×集团有限公司的财务人员一直参与该项挪用公款活动，因而司法会计鉴定人误认为财务人员代表×集团有限公司对该款项进行了控制——并将实际的财务控制错误地理解为会计控制，导致其回答辩护律师提问时出现错误。

其次，挪用公款本身属于财务事实，法理上所讲未脱离原单位的控制，主要是指从财务方面的控制。从财务会计事实理论角度讲，挪用公款的会计事项是否为会计所反映和控制，并不直接影响到挪用公款行为的成立，因为挪用公款属于财务错误事实，而会计上没有实施核算和控制行为属于会计错误。很多情况下挪用公款的事项也会被会计控制（比如律师擅自挪用事务所的公款的业务，会计上也需要通过"银行存款"、"其他应收款"账户予以反映和控制,从会计上讲该款项的支出受到了会计上的控制),但并不影响挪用公款的成立。因此,本案中辩护律师利用司法会计鉴定人出庭质证中出现的错误借题发挥,进而对判决施加了错误的影响,最终导致被告人没有被追究挪用公款罪,而改判被告人犯虚假出资罪。

从司法会计鉴定角度讲,本案中的鉴定工作很正常,但由于司法会计师在基本理念上没有分清财务与会计的不同概念,导致回答问题的内容与其所出具的鉴定意见之间出现矛盾,最终导致被告人重罪变为轻罪。当然,如果从另一个角度讲,检察官、法官等未能正确理解本案进行上述司法会计鉴定的目的,以及未能正确理解司法会计鉴定意见的含义,也是导致本案判决错误的一个重要原因——这也说明检察官、法官都需要掌握一些司法会计鉴定的常识。

四、法庭质证中发现鉴定或鉴定意见存在缺陷或不足的处理

法庭对鉴定意见进行质证的重要作用之一,就是发现鉴定意见的缺陷或不足,这些缺陷和不足有些是因为司法会计鉴定人操作不当所至,有些则是送检方的失误所致。因此,司法会计鉴定人在出庭过程中有可能发现鉴定意见存在缺陷或不足,并应当庭承认。

司法会计鉴定人在法庭上确认鉴定过程或鉴定意见确实存在缺陷或不足时,通常可以根据缺陷或不足的原因作出相应的处理:

1. 如果属于笔误,可以在庭审后通过修正程序予以更正;
2. 如果鉴定意见的依据、标准等出现错误,可能影响鉴定意见科学性和可靠性的情形,可以建议法庭进行补充鉴定(可以在庭审后由法院启动补充鉴定)。

五、司法会计鉴定人未出庭的处理

司法会计鉴定人未出庭,是指司法会计鉴定人接到法院出庭通知书后,因各种原因未能出席法庭的情形。

(一)司法会计鉴定人未出庭的原因

司法会计鉴定人可能会因下列原因未能出庭:(1)因健康原因不能出庭的;(2)因路途遥远不能出庭的;(3)因自然灾害等不可抗力不能出庭的;(4)因出差等执行公务原因不能出庭的;(5)其他有正当理由不能出庭的。

按照诉讼法律规定的精神,如果司法会计鉴定人因故不能出庭,经法院准许可以不出庭。

(二)对司法会计鉴定人未出庭情况的处理

司法会计鉴定人因故未能出席法庭,法院不能作为鉴定人拒绝出庭情况处

理,而是应当根据需要司法会计鉴定人出庭的具体原因,采取相应的方法进行处理:一是可以临时休庭,待司法会计鉴定人未出庭原因消除后,继续要求司法会计鉴定人出庭;二是可以采用庭外咨询的方式,解决鉴定人应当出庭回答的相关问题。

司法会计鉴定人不能出庭或法院没有通知鉴定人出庭,但在庭审调查中各方对鉴定意见及鉴定人资格、鉴定程序等提出质疑的,法官可在休庭期间对司法会计鉴定人进行庭外咨询。

庭外咨询可以采用下列方式进行:(1)询问司法会计鉴定人并制作询问笔录;(2)要求司法会计鉴定人对与法庭调查中提出的与鉴定有关的问题作出书面答复。

司法会计鉴定人在回答咨询过程中,发现鉴定程序、鉴定操作或鉴定意见存在缺陷或不足的,可以建议法院组织补充鉴定。法院也可以根据法庭调查过程中发现的鉴定缺陷或不足,直接书面通知司法会计鉴定人进行补充鉴定。

司法会计鉴定人补充鉴定后,应当根据具体情形,出具补充鉴定意见。其中:属于回答咨询性质的问题,可以出具《司法会计咨询意见书》;对需要解释某些问题的,可以出具《鉴定说明》,但该项鉴定说明与前述出庭所用的《鉴定说明》的不同之处在于,其内容只针对庭外咨询提出的问题作出说明。

庭外咨询涉及原鉴定事项没有包含的但需要鉴定的财务会计问题时,法院应当按照初次鉴定程序办理新的鉴定手续。

这里需要特别指出的是,第一,法官的庭前咨询、庭外咨询仅适用于司法会计鉴定人确实因故不能出席法庭的特殊情况,不能适用于司法会计鉴定人拒绝出庭的情形,司法会计鉴定人拒绝出庭,其所出具的鉴定意见依法不得作为定案的根据;第二,法官的庭外咨询并不能完全取代司法会计鉴定人出庭,这是因为司法会计鉴定人出庭过程中,当事人可能会提出更多的质疑。

第九章　司法会计鉴定意见

司法会计鉴定意见是司法会计鉴定人实施鉴定后向送检方提供的证据。本章主要介绍司法会计鉴定意见的含义及类型、鉴定意见的表达内容和要求以及如何审查、运用司法会计鉴定意见等。

第一节　概　　述

一、司法会计鉴定意见的概念

（一）司法会计鉴定意见的含义

司法会计鉴定意见，是指司法会计鉴定人针对送检方提请鉴定的财务会计问题，根据对财务会计资料及相关证据的检验结果，采用一定的标准进行鉴别、分析和判断后作出的结论性意见。

第一，司法会计鉴定意见是一种结论性意见。

对司法会计鉴定意见一词，应从其诉讼证据的基本属性来理解，即它只是针对涉案问题提出的评断或评判性的看法，这种看法需要"写出来"从而形成司法会计鉴定文书。这里需要强调的是，司法会计鉴定意见与作为鉴定意见载体的司法会计鉴定文书是截然不同的两个概念，前者只是一种思维结果，而后者则是一种书面文件，不应将鉴定意见理解为是一种书面文件。笔者之所以强调这一点，是因为学术界很早就出现了将鉴定意见表述为书面文件的做法，这可能会让司法会计鉴定人忽略了鉴定意见本身的属性，而过多地关注鉴定文书的表达形式。

第二，司法会计鉴定意见是由司法会计鉴定人作出的结论性意见。

我国实行鉴定人负责制，同时法律要求司法会计鉴定人出具鉴定意见，因而司法会计鉴定意见只表示司法会计鉴定人的意见，不应当理解为司法会计鉴定人代表其所在单位或机构出具的结论性意见。笔者强调这一点，主要是针对实践中的一些错误认识和做法：一则，无论是一些媒体或是某些法院的判决文书，常常会把隶属于某侦查机关、中介机构的司法会计鉴定人出具的鉴定意见视为其所在侦查机关或中介机构出具的鉴定意见；二则，有的中介鉴定机构拉拢有鉴定资格证书的人在本机构任职，实际的鉴定工作却是由没有鉴定资格的人实施的，只是让有鉴定资格的人最后在鉴定文书上签字。这些误识和不当做法，轻者会误导受众，重者则可能导致错案。

第三，司法会计鉴定意见是司法会计鉴定人针对诉讼中的财务会计专门性问题作出的结论性意见。

司法会计鉴定意见作为一种结论性意见，其结论的对象是诉讼中的财务会计问题——送检方要求解决的财务会计问题。司法会计鉴定意见的这一特点，要求其结论的内容既不能回避提请鉴定的问题，也不能超出提请鉴定问题的范围。① 司法会计鉴定意见之所以有如此明确的针对性，一是，因为案件诉讼中只有涉及到财务会计问题时，才会提请进行司法会计鉴定，因而司法会计鉴定活动全部是针对鉴定事项展开的，鉴定意见也应当针对鉴定事项作出回答；二是，司法会计鉴定意见本身是一种诉讼证据，如果回避提请鉴定的问题或者超出提请鉴定的问题而发表鉴定意见，其内容将会因缺乏关联性、合法性而失去证据资格。

第四，司法会计鉴定意见是全部司法会计鉴定活动的结果。

司法会计鉴定意见是鉴定人在取得检验结果，并进行鉴别、分析和判断后作出的结论性意见，是全部司法会计鉴定活动的结果。首先，司法会计鉴定人在鉴定过程中，通过检验会取得相应的检验结果，如果需要专项报告这类检验结果，司法会计鉴定人可以应送检方的请求，单独出具《司法会计检验报告》报告专项的检验结果，但不能以检验结果取代鉴定意见；其次，司法会计鉴定人在鉴定结束前，如果无法作出结论性意见，应当终止鉴定，向送检方出具《终止鉴定通知书》，而不能向审计活动那样出具拒绝发表意见的审计意见。②

（二）司法会计鉴定意见与司法会计鉴定文书的关系

司法会计鉴定文书，是司法会计鉴定人在进行司法会计鉴定结束时制作的，主要载明检验鉴定过程、鉴别分析意见及鉴定意见的司法会计文书，是司法会计鉴定意见的载体。

司法会计鉴定意见只是司法会计鉴定文书的内容之一。司法会计鉴定文书的内容，不仅包括司法会计鉴定意见，还应当包括司法会计鉴定的法律依据、鉴定事项、送检情况、检材概况、检验所见事实、鉴定标准、鉴定意见的分析论证等

---

① 这是司法会计鉴定意见与审计意见的区别之一：由于审计目标可以不具体，因而在舞弊审计报告中，审计人员可以根据审计结果自行确定审计意见的范围。例如，审计人员感到对审计目标发表意见可能会带来不利影响时，则可以回避发表意见。又如，如果审计中发现了审计目标所能够概括的问题，则可以"看见什么说什么"，不受具体审计事项的限制。

② 例如，审计结果无法形成相关问题的判断时，审计意见则可以直接表述为不发表意见。

内容。司法会计鉴定文书之所以要包括鉴定意见以外的其他与鉴定有关的内容，主要是为了便于鉴定意见的使用者审查判断鉴定意见。明确这一点，对正确理解司法会计鉴定意见应当表述的内容至关重要，比如，鉴定意见中仅需要表述司法会计鉴定人对鉴定事项的结论性意见，不需要表述这一意见的依据及论证过程等内容。

概括地讲，司法会计鉴定意见是司法会计鉴定文书的主文内容，而司法会计鉴定文书则是鉴定意见的载体。

（三）关于司法会计鉴定意见的称谓

我国以前的诉讼法律将鉴定意见称为鉴定结论，因而司法会计鉴定意见也就被称为司法会计鉴定结论。2005年全国人大常委会颁布的《关于司法鉴定管理决定》将鉴定结论改称为鉴定意见，随后在2012年全国人大常委会修改刑事诉讼法、民事诉讼法时，也将鉴定结论改称鉴定意见。根据这些法律的规定，司法会计理论上在2005年后也将司法会计鉴定结论改称为司法会计鉴定意见。

关于将鉴定结论改称鉴定意见的理由，学者们最集中的看法是，鉴定结论只是鉴定人的个人意见，因而将其称为鉴定结论，会影响到对其进行审查判断——因为既然是结论，就不需要进行审查判断了。笔者不同意这类理由，认为无论称之为鉴定结论还是鉴定意见，在定义这一概念时所用的属概念都是"结论性意见"，称谓的更改并没有影响到人们对鉴定意见的本质认识，因而这类修改理由并不成立。但是，笔者同意将鉴定结论改称为鉴定意见，其主要理由是司法实践中鉴定意见的类型很多，并非只有鉴定结论这一种形式，还包括了分析意见、咨询意见等。因此，如果将鉴定意见称为鉴定结论，则不方便对其进行分类，而改成鉴定意见后，可以将鉴定结论作为鉴定意见的一种类型，使鉴定意见成为各种结论意见的总称谓。

另外，笔者认为虽然司法鉴定人出具的结论性意见可以统称为鉴定意见，但在实际操作中还是应当根据鉴定意见的具体依据不同采用具体的称谓（如鉴定结论、分析意见、咨询意见等）来表达结论性意见，以方便诉讼主体能够根据鉴定意见的可靠程度的不同，科学地审查和运用鉴定意见来证明案件事实。

二、司法会计鉴定意见与司法结论的关系

司法会计鉴定意见属于诉讼证据，这是司法会计鉴定意见的基本属性。司法结论，是指诉讼机关根据诉讼证据和自由心证的结果，对案件事实作出的结论性意见，包括侦查结论、检察结论和审判结论。① 司法结论事项所依据的诉讼证据范围很广，包括当事人陈述、证人证言、电子证据、书证、物证等，有些案件也包括鉴定意见。因此，司法会计鉴定意见作为诉讼证据，是诉讼机关作出司法结论的依据，而形成司法结论则是司法会计鉴定意见的唯一用途。

由于历史上司法会计鉴定意见被误解为诉讼机关出具的结论性意见，且往往会对案件事实作出整体判断，很难与司法结论相区分。例如，诉讼事件中存在的类似"犯罪嫌疑人利用职务之便，采用某一作案手段，非法占有公共财产多少元"、"某某人没有实施贪污的财务事实"等所谓司法会计鉴定意见，显然就是对贪污案件事实的一种结论性意见。司法实践中这种做法的产生，既与司法会计鉴定产生的背景有关，也与一些学者、专家将舞弊审计理念直接用于司法会计鉴定的理论研究和司法实践有关。

受传统习惯和司法实践中错误做法的影响，一些学者和专家会将司法会计鉴定意见误认为是一种司法结论，而且在实践中也大量存在着以司法结论的内容和形式表述司法会计鉴定意见的做法。实际上，司法会计鉴定意见与司法结论是有明确区别的，不能混为一谈。

第一，两者出具主体不同。司法会计鉴定意见是由司法会计鉴定人作出的，且只能表达司法会计鉴定人的个人意见；而司法结论则是由法定诉讼机关在相应的诉讼阶段结束时，针对该诉讼阶段所能认识的案件事实作出的结论性意见，它本身所体现的并非某一办案人员的个人意见，而是诉讼机关的结论意见。这一差异决定了司法会计鉴定意见与司法结论的不同法律地位。

第二，两者所依靠的权力（利）不同。司法会计鉴定意见是司法会计鉴定人行使鉴定权的结果；而司法结论是诉讼机关行使侦查权、检察权或审判权的结果。根据我国诉讼法律中有关司法权与鉴定权分离的诉讼原则，尽管有的司法会计鉴定人在本案诉讼外可能具备侦查、检察等人员的身份，但在诉讼中是不能行使侦查权、检察权或审判权的。这一差异决定了司法会计鉴定人依法无权制作司法结论。

第三，两者所依据的判定标准不同。司法会计鉴定意见的判定标准是司法会计鉴定标准，因而只能依据司法会计鉴定标准作出；而司法结论事项所依据的判定标准涉及刑法、民法和行政法等实体法律的运用。这一差异决定了司法会计鉴定意见与司法结论的不同属性。

第四，两者所依据的证据范围不同。司法会计鉴定意见主要是依据财务会计

---

① 司法结论的内容通常包括对案件事实的判断和对案件事实的法律评判两个部分。例如，贪污案件的司法结论包括对案件事实的判断和对犯罪嫌疑人行为性质的法律评判（是否属于贪污行为以及是否构成犯罪等）两个部分。

资料及相关诉讼证据作出，司法结论是依据诉讼获取的能够作为定案根据的全部诉讼证据作出的。由于所引用的证据范围不同，结论事项所判定的事实范围也不会相同，其所能判定的事实内容也不会相同。①

第五，两者所采用的判断方法不同。司法会计鉴定意见的判断方法是严格的逻辑方法（即所谓科学的方法）；而司法结论通常需要采用自由心证的方法。这一差异决定了司法会计鉴定意见可以作为司法结论的根据，但司法结论不能作为司法会计鉴定意见的根据。

第六，两者的性质不同。司法会计鉴定意见属于诉讼证据，是诉讼机关作出司法结论的事实依据之一；而司法结论则属于法律性结论，是诉讼机关依据诉讼证据对整个案件事实所作的结论性意见。这一差异决定了司法会计鉴定意见具有证据属性，但司法结论在本案中不能作为证据使用。②

三、司法会计鉴定意见的特殊属性

司法会计鉴定意见作为一种诉讼证据，其本身具备诉讼证据的一般属性，即具备证据的关联性、合法性。③但如果我们从专业角度分析，司法会计鉴定意见还具有科学性、唯一性和局限性的特点。

（一）司法会计鉴定意见的科学性

司法会计鉴定意见的科学性，是指司法会计鉴定意见以其科学活动的结果来反映案件事实的属性。司法会计鉴定意见的这一技术属性，是由司法会计鉴定的科学性所决定的。司法会计鉴定的科学性主要表现为其存在科学依据（即财务

---

① 由于司法结论事项所依据的事实根据中可能包含了司法会计鉴定意见，因而司法会计鉴定意见的某些内容会构成司法结论对某具体案情的表达内容。例如，非法经营案件的司法结论中，会涉及非法经营额的确认，这一确认的事实依据可能涉及司法会计鉴定意见对相关财务主体销售收入额的判定结果，因而司法结论事项所表达的非法经营数额的这一具体案情通常会与司法会计鉴定意见中所表达的销售收入数额相同，这其实是反映了司法会计鉴定意见在形成司法结论中的作用以及两者之间的关联。

② 这里需要说明的是，刑事诉讼中的侦查结论、检察结论不能作为审判结论的根据，而审判结论是本案的最终法律结论，也不可能作为前两项司法结论的根据。但是，由于已经生效的审判结论事项所认定的事实在其他相关案件诉讼中属于免证事项，因而审判结论在其他案件中可以起到证据作用，并作为其他案件司法结论的根据。

③ 笔者在这里没有提到证据一般属性中的客观性，这是因为任何鉴定意见都是建立在一定假定条件下作出的，因而任何鉴定意见的内容都不一定是客观的。鉴定意见之所以能够作为证据被采信，主要是强调它的科学性，而不是要求其具备像当事人陈述、证人证言那样的客观性要求。当然，司法会计鉴定意见在被作为证据使用时，其本身必须是客观存在的。正确理解司法会计鉴定意见的客观性问题，有助于正确理解司法会计鉴定的诉讼意义、司法会计鉴定范围以及本书所讨论的各类司法会计鉴定规程的设计原理等问题。

会计特性），鉴定操作过程是按照特定的技术标准实施的，同时，在解决财务会计问题的过程中是严格按照逻辑推理进行的。

司法会计鉴定意见的科学性，是其能够作为诉讼证据的根本所在。从理论上讲，否定司法会计鉴定意见的科学性，也就否定了司法会计鉴定的科学性，否定了司法会计鉴定在诉讼中的存在价值；从司法实践上讲，任何一份司法会计鉴定意见，只要能够指出其不科学之处，则可以否定其证据价值。前者决定着司法会计鉴定能否作为司法鉴定的一个门类存在，后者决定着一份具体的司法会计鉴定意见能否被作为定案的根据。

（二）司法会计鉴定意见的唯一性

司法会计鉴定意见的唯一性，是指在同一案件中对同一财务会计问题的鉴定结果只有唯一的司法会计鉴定意见的属性。也就是说，对同一诉讼中的同一财务会计问题只能有一份司法会计鉴定意见被作为定案的根据，不可能有两份或两份以上内容不同的司法会计鉴定意见同时被采信。

司法会计鉴定意见的唯一性，是司法会计鉴定意见科学性的具体体现，也是其能够被作为定案根据的基本要求。既然是科学活动的结果，其所反映的"真理"也只能存在一个；既然是被用来证明案件事实，由于案件事实只有一个，因而鉴定意见也只有一份是科学的。司法会计鉴定意见的唯一性，决定了司法实践中如果对同一具体的财务会计问题有两份或两份以上内容不同的司法会计鉴定意见时，其中必有错误的鉴定意见，或者所有的鉴定意见都是错误的。

（三）司法会计鉴定意见的局限性

司法会计鉴定意见的局限性，是指司法会计鉴定意见只能反映和证明特定方面的案件事实，而不能反映和证明全部案件事实的属性。

司法会计鉴定意见的局限性，是由司法会计鉴定的特点所决定的。一方面，由于鉴定意见仅是依据鉴定证据（而不是所有的诉讼证据）所反映的事实作出的，所以不可能反映案件事实的全貌；另一方面，由于鉴定意见只是司法会计鉴定人的个人看法，因而可能会受到鉴定人的学识、经验等水平的限制而存在瑕疵。司法会计鉴定意见的局限性，决定了司法会计鉴定意见并非是所谓的"证据之王"，当诉讼主体采用司法会计鉴定意见来证明案件事实时，同样应当对其能否作为定案的根据进行审查判断。

四、司法会计鉴定意见的种类

司法会计鉴定意见，可以按其依据、程度、方向等不同，划分为若干类型。

（一）按依据不同划分

司法会计鉴定意见的形成依据主要是对检材的检验结果和相关的鉴定标准。司法会计鉴定意见按照其形成的依据不同，可以划分为鉴定结论、分析意见和咨询意见等若干类型。① 表达不同类型的鉴定意见所采用的鉴定文书也不同。

1. 司法会计鉴定结论

司法会计鉴定结论，是指司法会计鉴定人依据充分的检验结果和规范的鉴定标准作出的司法会计鉴定意见，其表达形式是司法会计鉴定书。

这里所谓充分的检验结果，是指确定一份鉴定意见所需要的全部信息都能够体现出来的检验结果。所谓规范的鉴定标准，是指相对于理论标准而言的司法会计鉴定标准。

2. 司法会计分析意见

司法会计分析意见，是指司法会计鉴定人依据不够充分的检验结果和规范的鉴定标准，或者依据充分的检验结果和经验作出的司法会计鉴定意见，其表达形式是司法会计分析意见书。

这里所谓的不够充分的检验结果，是指存在着个别缺乏可验证证据情形的检验结果。例如，确认收入存在的证据主要是发票，但如果无法通过收款证据或其他销售证据验证，这一检验结果则不够充分。

3. 司法会计咨询意见

司法会计咨询意见，是指司法会计鉴定人依据送检方提出的特别假定事项及其他检验结果和规范的鉴定标准作出的司法会计鉴定意见，其表达方式是司法会计咨询意见书。

司法会计咨询意见的事实依据中如果存在送检方提出的特别假定事项，这一事项通常无法取得相应的检材，因而司法会计鉴定人依据该特别假定事项作出鉴定意见，其可靠性显然低于鉴定意见或分析意见。

4. 不同鉴定意见的表达差异

从鉴定意见的表达差异看，由于鉴定结论和分析意见的差异主要表现在某些检验结果的可验证性方面，因而司法会计鉴定人在具体表达鉴定结论和分析意见时，其所要表达的结论性意见的内容方面并无差异，只是在称谓方面出现差异，目的是提示鉴定意见的使用者关注分析意见的可靠程度，便于正确运用。但司法会计咨询意见不同，它不仅在称谓方面出现差异，在内容方面还必须说明送检方所设定的特别假定事项。

---

① 笔者在《司法会计学》（第三版）中对司法会计鉴定意见的分类还包括了司法会计测算意见。司法会计测算意见，是指司法会计鉴定人依据相应的检验结果、特别假定和专业经验标准作出的推测性意见。在后来的研究中，笔者发现司法会计师在对财务指标的测算活动中，需要依据大量假定事项和专业经验标准，因而其主观随意性较强，测算意见作为推测性的结果很难达到唯一性的要求。所以，司法会计师的财务指标的测算业务本身不能被视为司法会计鉴定业务，其所形成的测算意见也就理所应当地被排除在鉴定意见之外。

这里假定司法会计鉴定人确认某账户某年度发生透支额累计 350 万元,三者之间的表达差异主要表现为:

如果送检方提供了充分的发生额凭证、银行分户账页,那么司法会计鉴定人能够取得充分的检验结果(其中 8 月份没有发生透支)和规范的鉴定标准,因而可以出具鉴定结论:某账户某年度累计发生透支额 350 万元。

如果送检方仅提供了该账户的银行分户账页(该账页的 8 月份也显示没有发生透支),那么司法会计鉴定人就无法验证银行分户账页所列发生额的真实性,因而应当出具分析意见:某账户某年度累计发生透支额 350 万元。①

如果送检方在提供了除 8 月份以外的该账户的发生额凭证、银行分户账页,由于无法提供 8 月份的银行账户资料,要求鉴定人确认该年度该账户透支额,显然不具备鉴定条件,如果送检方根据各方面的陈述、证言等提出特别假定事项:确认在不计算 8 月份透支额的情况下,某账户某年度发生的透支总额,这一鉴定事项实际上已经假定 8 月份没有发生透支。司法会计鉴定人在这一特别假定事项的前提下,可以进行鉴定,但应当出具咨询意见:在不计算假定 8 月份透支额的情况下,某账户某期间累计发生透支额 350 万元。

5. 按依据不同划分鉴定意见的诉讼意义

按照依据不同划分鉴定意见中,采用哪一种鉴定意见来表达对鉴定事项的结论性意见,应当由司法会计鉴定人主要根据实际鉴定中的检验结果的可验证性程度来确定:检验结果完全可验证的,出具鉴定结论;部分可验证的,出具分析意见;送检方咨询形成的部分特别假定事项则属于未取得检验结果的部分,无须验证,因而应当出具咨询意见。检验结果的可验证程度,显然会影响到鉴定意见的可靠程度。因此,从诉讼意义角度讲,将司法会计鉴定意见分为鉴定结论、分析意见、咨询意见的诉讼意义在于能够区别不同鉴定意见的可靠性程度。其中,鉴定结论的可靠性程度最高,分析意见其次,咨询意见的可靠性程度最低。

(二)按结论程度不同划分

司法会计鉴定意见按照其确定的程度不同,可以划分为确定性鉴定意见和限定性鉴定意见两类。

1. 确定性鉴定意见

确定性鉴定意见,是指结论内容完全确定,不附带判定条件的司法会计鉴定意见。

所谓附带判定条件,是指司法会计鉴定人作出司法会计鉴定意见时所作的某

---

① 分析意见与鉴定结论的具体表述通常不存在差异,只需要在标题中区分"分析意见"与"鉴定结论"。在标题中明确"分析意见",可以提示诉讼主体该项鉴定意见的可靠程度低于鉴定结论。

一特别说明，这一特别说明通常涉及例外情形。

司法实践中，司法会计鉴定人只有排除了例外情形后，方可作出确定性鉴定意见。

2. 限定性鉴定意见

限定性鉴定意见，是指附带有一定判定条件的司法会计鉴定意见。

司法实践中，鉴定人在可能存在影响鉴定意见的例外事项的情况下，应当附带说明鉴定意见所包含（或未包含）某项特定事项的范围。也就是说，限定性鉴定意见是在附加了包含（或不包含）某项特定事项判定条件的情况下作出的。

3. 按结论程度不同划分鉴定意见的诉讼意义

对确定性鉴定意见而言，由于其不含有附带的判定条件，因而在诉讼中只要经过审查其鉴定意见是科学的，便可直接作为定案的根据；对限定性鉴定意见而言，因其含有附带的判定条件，所以在诉讼中，除需要审查其鉴定意见的科学性外，还结合能够证明附加判定条件的其他相关证据的采信情况，才能确定如何采用限定性意见作为定案的根据。

例如，如果司法会计鉴定的基本证据中涉及虚假财务凭证，但司法会计鉴定人无法利用专业技能确认这一财务凭证内容虚假性的情况下，应当根据财务真实的一般假定，按照该财务凭证内容真实来形成鉴定意见。但是，由于参考证据中已经证实该财务凭证的内容存在虚假，这就需要考虑附加一项判定条件，表明该鉴定意见是按照某财务凭证内容真实确认的。诉讼主体在运用该鉴定意见时，就需要考虑是否采信言词证据中证明该财务凭证内容虚假的部分，如果不采信这部分言词证据，则应当在不考虑附加判定条件情况下采信鉴定意见；如果采信这部分言词证据，那么就需要按照虚假财务凭证对鉴定意见的影响，在剔除影响部分的情况下，采信鉴定意见。

（三）按照结论方向划分

司法会计鉴定意见按照其确认的方向不同，可以划分为肯定性鉴定意见和否定性鉴定意见两类。

1. 肯定性鉴定意见

肯定性鉴定意见，是指肯定某一财务会计事实的发生、存在、真实、正确、合规的司法会计鉴定意见。

例如，确认财务收入、支出、费用、成本、资产价值、资产结存额、应纳税额等财务数据鉴定意见，以及确认会计处理、会计处理结果真实性、正确性、合规性的鉴定意见。

2. 否定性鉴定意见

否定性鉴定意见，是指否定某一财务会计事实的发生、存在、真实、正确、合规的司法会计鉴定意见。

例如，确认某一财务事实的未发生、否定某一财务资料内容的真实性、否定某一会计处理存在、否定某一会计处理内容真实性、正确性、合规的鉴定意见。

3. 关于或然性意见的探讨

或然性意见，也称倾向性意见，是指即不肯定也不否定，或只确认某种可能性的鉴定意见。

在司法会计鉴定中，有时会遇到因鉴定证据不充分或检材质量问题，而既不能作出肯定性鉴定意见，也不能作出否定性鉴定意见的情形。关于司法会计鉴定人在遇到这类情形时能否作出司法会计鉴定意见的问题，不仅理论界存在着争议，司法界也存在着不同做法。

从理论界而言，有的学者认同或然性意见，认为或然性意见是司法会计鉴定的结果，通过鉴定文书中向送检方报告倾向性意见，对认识案件有着参考作用；也有的学者反对，认为或然性结论不具备鉴定意见的科学性要求，也不能作为证据采信。

从司法实践中看，既有采信或然性意见的判例，也有不采信或然性意见的判例。这反映了司法界对这一问题存的不同理念和做法。

笔者认为，或然性意见的确是司法会计鉴定中可能出现的一种工作结果，但这与其能否作为鉴定意见提供给送检方是两回事。

其一，或然性意见不符合鉴定意见的属性要求。

或然性意见显然是因为无法按照科学方法作出明确结论的情形产生的，同时，或然性意见表现为未能肯定或否定某一事实，因此，或然性意见不符合鉴定意见的科学性和唯一性的要求。事实上，或然性意见的产生通常有两个原因，一是，由于鉴定证据不足，即因为缺乏必要的基本证据，无法推导出鉴定意见；二是，由于鉴定标准不足，即由于缺乏必要的鉴定标准，无法判断相关财务会计问题所涉及的财务数据或会计处理事项。

其二，或然性意见很难通过鉴定文书表达。

司法实践中，司法会计鉴定人往往会采用《分析意见书》来表达或然性意见，并作为鉴定结果提供给送检方。但实际上，无论因为基本证据不足还是因为鉴定标准的缺失，司法会计鉴定人都无法通过科学的论证形成所谓"倾向性意见"。

其三，或然性意见不符合作为定案根据的基本要求。

司法会计鉴定意见作为一种诉讼证据，它不仅是司法会计鉴定的一种工作结果，还必须是对案件事实的一种描述。由于或然性意见本身只能表明司法会计鉴定的工作结果，却不能科学地反映案件事实，因而送检方实际上无法将其作为定案的根据。这就好比目击证人的证言："我好像看到了某某人在现场。"这样的证言显然不会作为定案的根据。

总之，或然性意见不仅理论上不具备鉴定意见的特征，实践中也难以科学地提供或然性意见或者将其作为定案的根据，因而司法会计鉴定人不应当也没有必要出具或然性意见。那么，司法会计实践中如果遇到此类情形应如何处理呢？笔者提供以下建议供参考：

第一，如果无法作出明确的鉴定意见，司法会计鉴定人应当中断或中止鉴定。其中，由于基本证据不足导致无法作出明确鉴定意见的，在中断鉴定后，如送检方能够补充鉴定证据，则可以通过继续鉴定作出鉴定意见；如送检方无法补充基本证据，则应当终止鉴定。

第二，在无法作出明确的鉴定意见的情况下，可以通过向送检方提供《终结鉴定通知书》，说明无法作出明确鉴定意见的原因。同时，如果鉴定中已经取得的检验结果，送检方认为有必要的话，司法会计鉴定人可以就已经获取的检验结果出具《司法会计检验报告》。①

第三，司法会计鉴定人如果因为能力所限，导致无法作出明确的鉴定意见时，可以考虑通过组织会检，在更多专家的参与下解决送检方提请鉴定的财务会计问题。

第四，司法会计鉴定人可以将其形成的倾向性意见，作为对案情的分析与送检方沟通交流，即告知送检方自己对鉴定事项的倾向性看法。

第五，送检方或后续诉讼中诉讼机关遇有或然性意见时，应当考虑组织重新鉴定，以便确定能否解决提请鉴定的财务会计问题。

第二节 司法会计鉴定意见的表述方法

首先需要指出的是，初学者往往会把学习司法会计鉴定的主要精力放在鉴定意见的表述方面。这里有两类原因：一类是，认为既然司法会计鉴定解决的是财务会计问题，司法会计鉴定本人应当是解决这方面问题的专家，因而在鉴定操作方面都是轻车熟路了，困难就应当集中在财务会计专业没有涉及的鉴定意见的表达方面；另一类是，错误地认为司法会计鉴定解决的是法律问题（或法律性问题），司法会计鉴定人本身也熟悉法律，因而在解决法律问题过程中不会存在难题，关键是如何在表达法律问题的鉴定意见时，既能体现出司法会计鉴定人的技术性一面，也能表达出司法会计鉴定人的法律性一面。因此，在学习司法会计鉴

---

① 这里需要特别指出的是，司法实践中，有的司法会计鉴定人对自己作出的司法会计鉴定意见感到没有把握，便以《司法会计检验报告》的形式出具司法会计鉴定意见。笔者认为这种做法是不可取的，因为司法会计鉴定人以《司法会计检验报告》的形式出具鉴定意见，并不能避免因出具或然性意见而产生的鉴定风险。

定知识时，往往很难对司法会计鉴定理论、理念、操作规程等感兴趣，而是直奔如何撰写鉴定意见这一"主题"。但是，学习后往往比较失望——因为司法会计鉴定理论上并没有像会计学、报表审计学那样就操作结果给出一些统一的表达模式。①

关于如何表达司法会计鉴定意见的问题，一方面，鉴定意见的表达方法本身其实是容易搞明白的——司法会计鉴定人按照具体鉴定事项要求通过鉴定解决了财务会计问题后，直接表达对这个问题的认识即可，并不需要理论上设定表达模式；另一方面，如何表达鉴定意见的问题理论上也不可能给出一个统一的答案，原因是不同的涉案财务会计问题的内容不同，鉴定意见也就不同，即使相同的涉案财务会计问题，由于鉴定证据、鉴定标准采用等方面存在的差异，理论上也不能给出一个统一的表达模式。因此，本节主要介绍司法会计鉴定意见的一般表述方法，而非具体的表述模式，特别是关于鉴定事项内容的表述方面，笔者将在以后各章中结合不同类型财务会计问题的鉴定规程，给出一些供司法会计鉴定人参考的表达模式。

一、司法会计鉴定意见的结构

司法会计鉴定人对已经鉴定解决的具体财务会计问题，需要作出结论性意见。具体回答财务会计问题的内容则构成了结论事项。所谓结论事项，就是指司法会计鉴定人回答涉案财务会计问题的具体内容。关于司法会计鉴定意见的表述方法，主要是指围绕与结论事项有关的财务会计事实的表述思路。

司法会计鉴定意见通常由下列内容构成：

1. 结论事项的依据，即形成司法会计鉴定意见所依据的鉴定证据范围。

2. 结论事项的归属，即司法会计鉴定意见所涉及的财务会计事项的发生时间和涉及的财务会计主体。

3. 结论事项内容，即通过司法会计鉴定所确认的财务会计事项的具体内容或者具体评断意见等。

二、结论事项依据的具体表述方法

鉴定意见中的结论事项依据部分，主要用来表达司法会计鉴定意见所依据的

---

① 会计学会就会计处理事项给出具体的一系列表达模式，如借记某科目、贷记某科目；报表审计学也给出了审计意见的表达模式，如无保留意见的审计意见表达模式、有保留意见的审计意见的表达模式。会计学、报表审计学之所以能够给出工作结果的表达模式，主要是由其工作对象、工作结果所具备的一些特性所决定的，但司法会计鉴定对象并不具备类似特性，因而在工作结果不特定的情况下，无法给出统一的鉴定意见的表达模式。

鉴定证据范围，它由主要鉴定证据的时间范围和主要鉴定证据的称谓组成。该部分通常构成鉴定意见的首段，如"根据对某单位某年度财务会计资料的检验分析结果确认"。

司法会计鉴定意见中对结论事项依据的表述，一方面，司法会计鉴定人对鉴定意见的证据依据作出限定，有利于在鉴定后案件中出现超这一限定的鉴定证据时作出合理的解释和应对；另一方面，对结论事项依据的表述，也有利于鉴定意见的使用者概括地了解鉴定意见所依据的鉴定证据的范围，正确地审查和运用鉴定意见。

（一）鉴定证据的时间范围

鉴定证据的时间范围，通常以作为司法会计鉴定意见依据的鉴定证据所涉及会计期间为准来进行表述。

在实际表述鉴定证据的时间范围时，通常有明确表述和隐含表述两种方法。

所谓明确表述，是指对鉴定证据的具体时间范围给予明确表述。这种方法明确表达了鉴定意见所运用的鉴定证据的时间范围，其含义是，本项鉴定意见只是依据对该期间的财务会计资料的检验结果作出的。在采用限定检材范围法进行鉴定并作出鉴定意见的情形中，必须采用明确表述法。其他情形中，司法会计鉴定人可以根据自己的判断决定是否采用明确表述法。

所谓隐含表述，是指对鉴定证据的时间范围不予表述。这种方法隐含了所表达的鉴定证据的时间范围，其含义是，本项鉴定意见是依据所有应当涉及期间的财务会计资料的检验结果作出的。司法会计鉴定人确认鉴定意见所应当依据的鉴定证据没有时间缺陷的情形中，可以采用隐含表述法。例如，对某一会计处理事项正确性的判断中，如果该会计处理事项不涉及其他复杂的财务会计业务的，就可以采用隐含表述法。

（二）鉴定证据的称谓

鉴定证据的称谓通常由主要鉴定证据的财务会计主体归属和主要鉴定证据的类型组成。

主要鉴定证据的归属，是指司法会计鉴定中检验的主要财务会计资料来源于哪些财务会计主体。通常的表述方法是："某某单位的（鉴定证据名称）……"司法实践中，如遇鉴定所依据的鉴定证据范围较宽泛或其他不易准确地表达财务会计主体的情形时，可以表述为"送检的（鉴定证据名称）……"，但在鉴定文书的序言部分应当分别表述清楚送检的鉴定证据的具体归属。

主要鉴定证据的类型，是指鉴定意见所依据的主要鉴定证据的类型范围。关于主要鉴定证据的类型，通常的表述方法有会计资料、财务资料、财务会计资料、财务会计资料及相关证据等，这些主要证据类型的各有其具体含义。

会计资料，即鉴定意见只是依据涉案会计凭证、账簿、会计报表等会计核算资料作出的。

财务资料，即鉴定意见只是依据涉案财务凭证、经济合同等财务资料作出的。

财务会计资料，即鉴定意见是依据涉案财务资料及会计核算资料作出的，但不包括对这些资料内容具有证明意义的财务会计资料证据。

财务会计资料及相关证据，即鉴定意见是依据涉案财务会计资料及相关的财务会计资料证据作出的。

三、结论事项归属的具体表述方法

表达结论事项的归属问题，主要涉及结论事项涉及的时间和财务会计主体。

（一）结论事项涉及时间的表述

表达结论事项的涉及时间，通常有以下三类方法供选择：

1. 指出结论事项涉及的具体日期，即明确结论事项所确认的财务会计事实系某一具体时间发生的。例如，"该公司于××年×月×日购进……"采用这种具体日期的表述方法，需要有标明具体时间的鉴定证据作为依据，且应当分清结论事项所涉及的财务会计业务的类型及与之相关的具体财务资料、会计资料及相关证据。比如，鉴定事项涉及财务事实时，应当根据财务资料或财务资料证据所标明的时间进行表述；鉴定事项涉及会计事实时，则应当根据会计资料或会计资料证据所标明的时间进行表述。

2. 指出结论事项涉及的具体起止时间，即明确结论事项所确认的财务会计事实发生于某年至某年，或某年某月至某年某月，或某年某月某日至某年某月某日等。

3. 指出结论事项涉及的会计期间，即明确结论事项所确认的财务会计事项发生于某年，或发生于某年某季度，或发生于某年某月等。

（二）结论事项涉及主体的表述方法

结论事项所涉及的主体，是指结论事项所表达的财务会计事项归属于哪个或哪些财务会计主体。

结论事项涉及主体的表述方法，主要有直述法和引述法两种。

所谓直述法，是指在结论中直接使用相关财务会计主体的名称进行表述的方法。直述法适用于基本证据可以直接证明，无须利用参考证据证明的财务会计主体的表述。例如，银行票据及相关书证同时能够证实的财务会计主体的名称，便可直接表述。

所谓引述法，是指在结论中表述结论事项涉及主体时，使用引号将该主体的名称进行括引的表述方法。引述法适用于需要利用参考证据证明的财务会计主体的表述。例如，财务会计资料记载经办人姓名通常就需要参考证据证明，因而就需要采用引述法来表述。

直述法与引述法所表达含义的不同在于：采用直述法表明司法会计鉴定人已经确认了财务会计行为的主体是谁，而采用引述法则表明司法会计鉴定人并不确认该财务会计行为的主体是谁，只是引用鉴定证据中所记载的财务会计主体，是对鉴定证据记录内容的一种复述。

引述法通常用于表述基本证据中所反映的经办人、批准人等财务会计业务行为人的表述。基本证据中记录的人名的真实性通常无法利用司法会计技术方法予以验证。这是因为实际的财务会计活动中，在财务会计资料上签名的人不一定是财务会计业务经办人的情形经常发生：有的可能是代签的情形、有的可能是伪造的情形。财务会计资料中记录的人名都可能会存在与实际不符的情形。但是，司法会计鉴定人在鉴定意见中采用直述法表述人名，则表示鉴定人认定了结论事项涉及的某人为了某种财务会计行为，从逻辑上讲，这是一种缺乏验证根据的推测结果，因而不应当成为结论事项的内容。① 因此，司法会计鉴定人在鉴定意见中表述财务会计业务经办人时应当采用引述法。

四、结论事项内容的具体表述方法

由于不同种类的财务会计问题其结论事项内容不同，即使同一财务会计问题在不同案件诉讼中所作结论的内容也会存在差异，因此，具体结论事项的内容应当由司法会计鉴定人根据鉴定结果确定，以下仅就结论事项的表述方法提出一些参考性建议。

（一）结论事项内容的构成

具体的结论事项的内容，按照是否包含对财务会计事实评价分为评价性结论事项和非评价性结论事项。②

1. 评价性结论事项

评价性结论事项，是指鉴定意见中包含了对诉讼涉及的财务会计事项作出的评价内容的结论事项。通常是指对会计处理事项、会计处理后果等会计事项的真实性、正确性及合规性的评价结论；对可认识的经济活动的形成、过程和结果等

---

① 目前司法会计鉴定实践中仍然存在着在鉴定意见中采用直述法表述财务会计行为人的情形，除对这一问题的认识不足外，一些送检方因为无法获取能够验证财务会计行为人的相关证据，便要求司法会计鉴定人确认财务会计行为人，而有的司法会计鉴定人为了给送检方提供"良好的服务"，便在鉴定意见中采用直述法确认财务会计行为人。这种不符合科学性要求的操作，已经引发了一些错案。

② 与前述鉴定意见的分类不同，鉴定意见中是否包含评价性结论事项，不是由鉴定人确定的，而是由鉴定事项所决定的。鉴定事项中含有评价要求的，则结论事项中必须包括评价性内容；而鉴定事项中不包含评价要求的，结论事项则通常不包括评价性内容。

财务事实的真实性、合规性的评价结论。

评价性结论事项，按照其评价结果不同其具体内容的构成也不同。其中：

（1）肯定性鉴定意见通常包括对原事实状态的表述和肯定性评价等内容。例如，某公司某年度《资产负债表》所列"实收资本"23亿元的核算结果正确。

（2）否定性鉴定意见应当包括对原事实状态的表述、否定性评价以及相关错误后果等方面的内容。例如，确认某账面余额存在虚假内容的结论事项，通常需要包括：原账面余额（含方向、金额等）、确认其不真实的评价、正确的余额（含方向、金额等）、差额等。还可以包括造成账面余额差额的主要账项，或尚不能确认的可能会影响实际账面余额的账项等内容。

2. 非评价性结论事项

非评价性结论事项，是指鉴定结论意见中不包含评价性内容的结论事项。通常是指认定资产、负债、所有者权益、收入、支出、损益等财务事实的结论事项，少数情况下也包括确认会计核算状况和结果的结论事项。

非评价性结论事项表述内容较为简单，通常包括财务会计事实的类型和相关金额。例如，利润多少元、某项资产的账面价值多少元等。

（二）结论事项不应包含的内容

司法会计鉴定意见的结论事项不应包含法律判断事项、推测性事项和非财务会计事实的事项。

1. 法律判断事项

法律判断事项，依法应当由诉讼主体作出，司法鉴定所判断的事项，依法应当限于专门性问题的范围。就司法会计鉴定而言，鉴定意见所含结论事项只能涉及财务会计问题，超出这一范围的问题，显然不属于司法会计鉴定人回答的问题，因而也就不应当构成司法会计鉴定结论事项的内容。例如，与涉案财务会计业务有关的法律事项，包括判断财务会计行为是否是合法的事项等。

2. 无检验结果给予支持的推测性事项

司法会计鉴定意见的结论事项，应当是司法会计鉴定人通过鉴定推断出的财务会计事实，如果司法会计鉴定中没有取得相应的检验结果，司法会计鉴定只能对相关问题进行推测，而无法作出结论性意见。因此，没有取得检验结果给予支持的推测性事项，不能成为司法会计鉴定意见结论事项的内容。包括：对财务会计事项发生、发展过程及后果的推测；对财务会计行为人的推测；对财务会计行为人主观心理状态的推测；对财务凭证内容是否真实的推测等。另外，需要通过自由心证才能确认的事项也不能纳入司法会计鉴定意见的结论事项，例如对财务会计人员业务水平及其工作态度的评价等。

3. 非财务会计事实的事项

诉讼中启动司法会计鉴定的目的是查明涉案财务会计事实，司法会计鉴定的任务则是解决涉案财务会计问题，因此，鉴定意见应当表达财务会计事实，并被作为证据来证明案件事实。如果结论事项表达了非财务会计事项，其显然无法起到证明作用。比如，确认结论事项的理由、各类建议性意见等内容都不能用于证明案件事实，因而不应当作为结论事项的内容。其中，确认结论事项的理由应当在鉴定文书的论证部分加以表述；各类建议性意见可以在鉴定意见之外作为与送检方沟通的内容。

（三）结论事项表述不适当内容的原因分析

目前无论是司法实践还是有的司法会计教科书中，仍然存在着司法会计鉴定的结论事项包含不适当内容的情形，其原因包括历史的、现实的和学术失误等因素。

首先，早期司法会计鉴定被用于解决贪污案件的定性、定量争议，因而法律问题被视为应当由司法会计鉴定人解决的问题，而对司法会计鉴定人属性的理解错误（即将诉讼参与人误理解为侦查机关的一种特殊主体），则导致应当通过自由心证解决的问题也被视为司法会计鉴定人的权力。这类历史上的做法对当时的学术界造成了影响，而学术界认可这一做法的研究成果又反过来作用于司法实践，导致司法会计鉴定解决法律问题、自由心证问题的做法长期难以改变。无论是在法律专家还是司法会计专家那里，受最初形成的这种根深蒂固的理念误导，一时都难以对这些不适当的做法进行重新审视，因而这些做法也就被部分延续了。

其次，从诉讼主体一方看，有些诉讼主体在遇到无法查明或难以查明的一些案件事实时，会要求司法会计鉴定人取而代之。最方便的方法就是通过设定超出司法会计鉴定范围的鉴定事项，进而要求司法会计鉴定人针对鉴定事项所设定的问题出具鉴定意见，进而用所谓的司法会计鉴定意见来取代其他未能获取的证据。这里举个例子：某侦查机关在办理一起贪污案件时，因未能获取作案人实施犯罪的直接证据，便要求司法会计鉴定人确认所谓责任人——涉案财务会计行为人（即确认犯罪嫌疑人），司法会计鉴定人告知侦查人员这个问题应当由侦查部门解决，不属于司法会计鉴定的范围，因而拒绝受理。侦查人员问道：如果你不能解决责任人问题，要你司法会计鉴定人做什么？司法会计鉴定人反问道：如果司法会计鉴定人能够解决这个问题，要你侦查人员干什么？在这个例子中，侦查人员显然是要把应当由自己通过侦查完成的确认犯罪嫌疑人的任务转移给了司法会计鉴定人，而司法会计鉴定人的回答则是在提示侦查人员的职责。在目前的司法实践中，这种以鉴代侦的做法仍然存在。其实，在很多犯罪案件或民事案件的调查中都会涉及涉案财务会计行为人的查证问题，有些情况下司法会计鉴定人可以通过鉴定涉案财务会计问题来为案件调查涉案财务会计行为人这一案情提供证据，但具体行为人是谁的问题显然需要通过大量的调查措施的运用才能解决，而非是司法会计鉴定人的职责所在。从司法会计鉴定人一方看，传统的认识和做法一开始就让司法会计鉴定人担任了"办案人"的角色，这种传统使得一些司法会计鉴定人自扮"司法专家"的角色，以符合"司法"会计鉴定人的身份，因而不仅在受理案件时会主动承担超出司法会计鉴定范围的鉴定事项，也会在其所出具的"鉴定意见"中"大胆"地表达自己对案件的看法（而非对涉案财务会计问题的看法）。这里也举个例子：法院在审理某刑事案件过程中，辩护律师提出了无罪辩解，并要求对某一涉案账务处理事项的合规性问题进行司法会计鉴定。法院聘请某位司法会计师进行鉴定，但遭到了鉴定人拒绝，理由是"我认为被告人不构成贪污"。这个理由显然与这位检察机关的司法会计师长期对一些法律问题实施所谓"司法会计鉴定"有关。除了传统影响外，某些司法会计鉴定人不熟悉司法会计鉴定的基本理论，没有建立起完整的司法会计鉴定理念，也是其作出内容不适当的结论事项的原因之一。

最后，无论司法会计理论研究者还是司法会计鉴定人，其管理学专业的理论基础，使得他们形成了扎实的会计、审计理论功底，但他们中的一些人也因此将司法会计鉴定理解为舞弊审计。一方面，一些理论研究者一直持有司法会计鉴定就是"司法审计"的理念，因而从舞弊审计意见角度来设计违法犯罪案件的鉴定意见的结论事项，甚至一些教科书里所展示的"司法会计鉴定书"除文书名称和使用"鉴定"一词取代"审计"外，其内容与舞弊审计报告没有区别；另一方面，一些司法会计鉴定人因缺乏诉讼法理基础，也按照舞弊审计思路进行所谓司法会计鉴定操作，这显然都会将诸如涉案财务会计行为人、责任人、建议等作为结论事项的内容。

上述原因可以归结到一点就是，司法会计鉴定理念更新的缺失，是导致鉴定意见结论事项一直存在不适当内容现象的主要根源。因此，通过理论创新、培训、学习、交流等途径更新司法会计鉴定理念，是减少以至最终消除这类现象的根本所在。

第三节 司法会计鉴定意见的审查评断与运用

一、概述

（一）司法会计鉴定意见的审查判断

根据我国诉讼法的有关规定，一切证据必须经过查证属实，才能作为定案的根据。司法会计鉴定意见属于证据的一种，同样也需要查证属实，才能作为定案的根据。审查、评断司法会计鉴定意见,是判明司法会计鉴定意见是否属实的主要途径。

司法会计鉴定意见的审查评断,是指对司法会计鉴定意见的关联性、合法性、科学性、唯一性和可靠性进行的审查判断。审查的主要目的是判明鉴定意见能否作为定案的根据,进而确定能否使用或如何使用这一鉴定意见来证明案件事实。

(二) 审查判断司法会计鉴定的途径

司法会计鉴定意见的审查评断,通常是通过审查、评价司法会计鉴定文书进行的,对审查中发现的疑点还可以通过法庭质证、庭外调查等途径予以判明。

司法会计鉴定文书不仅记载了司法会计鉴定意见,还表明了鉴定的启动、鉴定事项、检材来源、检验结果、鉴定标准以及形成鉴定意见的逻辑过程等内容,这些内容为审查判断鉴定意见提供了依据。

法庭质证是审查判断司法会计鉴定意见的特殊途径,主要是通过司法会计鉴定人出庭,采用交叉询问、专家询问等方法,对司法会计鉴定意见进行审查。另外,还可以通过预先质证[①]途径审查判断司法会计鉴定意见。

庭外调查包括刑事补充侦查以及法官在开庭前、休庭过程中实施的调查活动,是审查判断司法会计鉴定意见的一种辅助途径。主要是在审查判断司法会计鉴定发现需要通过调查排除的疑点时,通过调查鉴定人资格条件、鉴定人回避条件、鉴定过程是否存在违法行为以及询问其他专家等,查明司法会计鉴定的合法性、科学性和可靠性。

(三) 审查判断司法会计鉴定意见的主体

原则上,凡是运用司法会计鉴定作为定案根据的诉讼主体或者案件涉及的当事人都有权审查、判断司法会计鉴定意见。具体包括:

1. 诉讼机关承办本案的侦查、起诉或审判人员;
2. 本案的当事人及其诉讼代理人、辩护人;
3. 受诉讼机关指派或聘请的司法会计师等专家;
4. 受当事人、律师的委托参与出庭质证的司法会计师等专家。

(四) 审查判断司法会计鉴定意见的重点

审查判断司法会计鉴定意见的重点,包括司法会计鉴定意见的内容和司法会计鉴定意见的程序。

通常情况下,由于送检方本身启动并监督了司法会计鉴定过程,因而其对司

---

① 所谓预先质证,通常是指法庭开庭前的所有诉讼阶段中将鉴定意见交付当事人质证的做法。包括侦查、公诉阶段将鉴定意见交付犯罪嫌疑人或受害人质证,庭前示证中对鉴定意见的质证。预先质证与庭审质证不同,其主要作用是听取当事人对鉴定意见的看法。

法会计鉴定意见的审查重点主要是司法会计鉴定意见的内容,而送检方以外的其他审查判断主体,除需要对鉴定意见内容进行审查外,还需要对司法会计鉴定意见的形成和运用有关的程序进行审查判断。

二、司法会计鉴定意见内容的审查评断要点与方法

(一)审查司法会计鉴定意见的内容是否符合要求,判断鉴定意见的证据意义

第一,应当审查司法会计鉴定意见的含义是否明确,即审查鉴定意见肯定或否定的某一财务会计事实的表述是否清晰明确。

案例9-1:某公司偷税案件

某公安机关侦查某公司偷税案件中,委托税务机关对该案进行税务鉴定。税务机关出具的鉴定意见为:"××公司在经营某项业务两年中,根据《中华人民共和国增值税条例》第×条规定逃税×××元。"这一鉴定意见最终被法院采信,并以逃税罪追究了该公司及其法人代表的刑事责任。这一鉴定意见经过了侦查、公诉、审判、律师、当事人等诉讼主体的审查,却没有人发现这一鉴定意见的含义:××公司的逃税行为是依照法律实施的,但由于诉讼主体没有认真审查,将这一"无罪证据"当作"有罪证据"运用了。

第二,注意审查司法会计鉴定意见是否回答了提请鉴定的财务会计问题,特别是在有多项鉴定事项的情形中,应当注意有无遗漏应当结论的事项内容。

第三,审查鉴定意见类型,即该鉴定意见是鉴定结论、分析意见还是咨询意见,是确定性意见还是限定性意见,以判明鉴定意见的可靠程度。其中,对于分析意见应当注意其证据缺陷;对咨询意见应当搞清特别假定事项的含义;对限定性意见应当明确附加判定条件的含义。

通过上述审查应当判明司法会计鉴定意见是否符合一般要求及所能证明的案件事实范围。

(二)审查司法会计鉴定意见的依据是否充足和客观,以判断鉴定意见的依据是否真实可靠

审查鉴定文书论证部分的每一具体的鉴别分析意见,是否都有具体的论据作为鉴别分析的依据。这些论据包括引用检验部分所述的事实依据和论证部分所述的标准依据。司法会计鉴定意见是由司法会计鉴定人依据一定的鉴定标准,对检验结果(事实依据)进行鉴别分析后得出的。如果鉴定文书所列具体的鉴别分析意见缺乏依据或者依据不充分,那么根据这些分析意见所推出的鉴定意见便不具备可靠性。

审查鉴定意见的依据是否充足、客观的方法有二:

一是,审查据以推断鉴定意见的检验结果在鉴定文书的检验部分是否有详细

的表述，从而判明鉴定意见的事实根据是否充分、客观。这里所谓充分，是指鉴定文书的检验部分对检验结果的表述是否包含了检材名称、检验所见等与检验结果相关的事项；所谓客观，是指鉴定文书对检验所见的表述是否客观地反映了检材内容，必要时应当核对检材。对较为关键的证据材料，应当考虑逐一通过查阅案卷进行对照审查。

二是，审查据以推断鉴定意见所依据的鉴定标准的具体出处和适用范围，从而判明这些技术标准是否存在及运用的是否恰当。特别应注意排除司法会计鉴定人以自己的习惯认识代替法定标准，或以现行标准取代历史标准（或反之）的情形。

（三）审查得出司法会计鉴定意见所采用的分析论证方法是否恰当，判断鉴定意见的推导过程是否科学

首先，注意审查所运用的司法会计鉴定方法是否恰当。特别是应当注意审查有无采用非司法会计技术方法进行鉴别判定的情形。例如，引用参考证据进行论述，并据以推断鉴定意见等情形。同时，对于鉴定中设定的"参照客体"、鉴定表格的内容，可以根据鉴定文书中所列的计算方法进行核验。

其次，注意审查鉴定文书的论证过程是否符合逻辑，有无违反逻辑规律或推理不当的错误。司法会计鉴定文书中常见的逻辑错误主要有以下几种：

1. 概念混淆

所谓概念混淆，是指鉴定文书中所使用概念、名词存在张冠李戴等概念混淆情形。概念混淆通常表现为专业术语运用不当、偷换概念等。例如，将会计事项与会计处理事项的混淆，可能表现出将会计调整账项业务表述为资金转移业务的情形。

2. 自相矛盾

自相矛盾，是指鉴定文书中对检验结果的分析论证前后不一、自相矛盾。例如，一方面确认了某一账务处理系弊端账项，另一方面在调整错账涉及的账户余额时又认为无须对该账项进行调整。又如，在同一诉讼中不同鉴定事项的鉴定意见中，有的鉴定意见是在认定某单位财务会计资料虚假基础上作出的，而有的鉴定意见则是在认定该单位财务会计资料不存在虚假的基础上作出的。

3. 推不出

推不出，是指鉴定文书中所列鉴定意见缺乏合乎逻辑的推断，即根据鉴定文书中表述的检验结果、鉴定标准等无法合乎逻辑地推出鉴定意见。例如，只对错误账项进行了会计分析，便得出存在财务收付错误的结论。

4. 循环论证

例如，使用平衡分析法进行鉴定的，其鉴定文书的论证部分，先使用分析量来分析确认参照量，而后又使用参照量来鉴别确认分析量。

（四）审查司法会计鉴定意见与其他证据之间有无矛盾，以判断鉴定意见的可靠性及其证明力

例如，言词证据、书证等相关证据的内容与司法会计鉴定意见表述是否存在矛盾。

三、司法会计鉴定意见程序的审查评断要点

（一）审查司法会计鉴定的受理程序是否合法

主要涉及：（1）审查司法会计鉴定人是否具备进行鉴定的技术资格；（2）审查指派或聘请司法会计鉴定人的手续是否完备；（3）审查是否存在司法会计鉴定人应当回避的情形。

（二）审查鉴定事项是否合法、合理

主要是看送检方提出的鉴定事项是否属于专门性问题，考察鉴定事项是否超出了司法会计鉴定范围。

（三）审查司法会计鉴定意见的内容有无超出司法会计鉴定的范围

主要是审查司法会计鉴定意见是否确认了不应由司法会计鉴定人解决的法律问题或其他专门性问题。

（四）审查司法会计鉴定的过程是否合法

主要是审查司法会计鉴定人的诉讼权利的使用情况和诉讼义务的履行情况。例如，审查据以作出司法会计鉴定意见的鉴定证据是否由送检方依法提供，司法会计鉴定人是否存在自行收集检材的情形。

（五）审查司法会计鉴定意见的应用是否合法和恰当

例如，刑事诉讼中的司法会计鉴定意见是否已告知被告人，以及是否存在需要进行补充鉴定或重新鉴定的情形。

四、司法会计鉴定意见的运用

（一）司法会计鉴定意见评断结果的处理方法

对司法会计鉴定意见进行审查评断后，应当根据评断的结果分别作出处理。

1. 对论据真实充分、论证严谨，结论明确，并能够解决案件涉及的财务会计问题的司法会计鉴定意见，应当作为定案的根据。

2. 对论据不足，或论证有疏漏，或结论意见不全面的司法会计鉴定意见，应当进行补充鉴定。补充鉴定后，将原鉴定意见与补充鉴定意见一并作为定案的依据。

3. 对论据不真实、论证谬误较多或结论不明确而司法会计鉴定人不能进行补充鉴定的，或者不具备鉴定资格的鉴定人所制作的司法会计鉴定意见，均不得作为定案的根据，应当组织重新鉴定。

4. 对司法会计鉴定意见与本案的其他证据之间有矛盾，或对同一鉴定事项已形成不同结论意见的情形，可以组织鉴定复核。复核后，可将复核意见与复核认同的原司法会计鉴定意见一并作为定案的根据。对复核结论中提出否定原结论意见的，应当组织重新鉴定。

（二）司法会计鉴定意见运用中应当注意的事项

1. 在确认某一司法会计鉴定意见不能作为本案的证据使用后，应当提出具体的审查意见，由案件承办人员记录在案。任何案件承办人员都不得随意决定对司法会计鉴定意见的取舍，以维护司法会计鉴定活动的严肃性。例如，法官不采信司法会计鉴定意见，应当在判决书中说明理由。

2. 在运用司法会计鉴定意见证明案件事实时，注意不要将限定性结论直接当作确定性结论使用，并应当尽量收集相关证据，以便进行补充鉴定或为限定性结论的运用提供证据环境。

3. 应当区分涉及财务和会计的不同事实内容的鉴定意见运用，尤其应当防止误将会计问题的鉴定意见当作财务问题的鉴定意见使用的情形。

4. 在案件的侦查和调查中，可以运用司法会计鉴定意见寻找突破案件的方法和途径，但应当切忌以鉴定意见作为唯一可靠的证据定案，更不得用鉴定意见来胁迫当事人承认或否认案件事实的某一具体情节，以防止因司法会计鉴定意见有误而导致错案。

第十章 司法会计鉴定文书

司法会计鉴定文书涉及程序文书和证据文书，本章主要介绍司法会计鉴定文书的含义以及证据文书的制作要点。

第一节 司法会计鉴定文书概述

一、司法会计鉴定文书的含义

一般意义上的司法会计鉴定文书，是指由司法会计鉴定人在鉴定结束时制作的，主要载明鉴定程序、检验结果、鉴别分析意见及鉴定意见的司法鉴定文书。这里所谓司法鉴定文书，是指载明司法鉴定意见并作为诉讼证据运用的法律文书。①

广义的司法会计鉴定文书，还包括程序文书。所谓司法会计鉴定的程序文书，是指用于启动、受理、中止、终止司法会计鉴定活动而制作的司法会计文书，主要包括送检报告、委托书、聘请书、补充检材通知书、中止鉴定通知书、终止鉴定通知书、咨询函等。其中，送检报告、聘请书由送检方制作；补充检材通知书、中止鉴定通知书和终止鉴定通知书由司法会计鉴定人制作；咨询函可由诉讼机关或当事人（及其律师）制作。司法会计鉴定的程序文书的制作要点等已经结合鉴定程序在第五章、第六章、第七章中予以阐释，本章主要介绍作为证据文书的司法会计鉴定文书。

二、司法会计鉴定文书的类型

司法会计鉴定文书是用来表达鉴定意见的法律文书。因鉴定意见存在不同情形，因而司法会计鉴定文书可以按照不同情形进行不同的划分。

（一）按照鉴定意见类型划分

司法会计鉴定意见包括鉴定结论、分析意见、咨询意见、复核意见、补充意见等，为了反映不同鉴定意见的特征，在司法会计鉴定实践中通常分别采用司法会计鉴定书、司法会计分析意见书、司法会计咨询意见书、司法会计复核意见

---

① 例如，我国司法部专门制定了《司法鉴定文书规范》，用于规范司法鉴定证据文书。

书、鉴定说明等鉴定文书进行表达。其中，司法会计鉴定书是用于表达司法会计鉴定结论的鉴定文书；司法会计分析意见书是用于表达司法会计分析意见的鉴定文书；司法会计咨询意见书是用于表达司法会计咨询意见的鉴定文书；司法会计鉴定复核意见书是用于表达司法会计鉴定复核意见的鉴定文书；鉴定说明是用于表达司法会计鉴定补充意见的鉴定文书。

（二）按照鉴定文书的标准化程度不同划分

司法会计鉴定文书按照标准化程度不同，可以划分标准鉴定文书和非标准鉴定文书。

标准鉴定文书，主要是指用于表达确定性鉴定结论的司法会计鉴定书。

非标准鉴定文书，是指用于表达限定性意见、分析意见、咨询意见、补充鉴定意见、鉴定复核意见等鉴定意见的司法会计鉴定文书。

另外，目前司法实践中也存在着将司法会计鉴定文书统称为"司法会计鉴定意见书"的情形。①

三、司法会计鉴定文书的基本制作要求

司法会计鉴定文书的基本制作要求是：叙事概炼、完整，论述符合逻辑，结论明确，文字语言准确。

（一）叙事要概练、完整

司法会计鉴定文书的叙事内容可能涉及鉴定程序、检验所见及检验结果、鉴定意见表述方面。

法律文书的一大特点就是叙事概练、完整，不能采用细腻的手法叙述事实，也不得遗漏重要事实内容。作为法律文书的司法会计鉴定书也不例外。这就要求在关注叙事概练的同时，还应注意叙事的完整性。

所谓叙事要概练，是指司法会计鉴定文书在叙事语言文字方面应当力求概括和精练。尽管司法会计鉴定文书可能会涉及比较复杂的事实内容，但过多、过细地描述事实不仅会冲淡人们对主要事实内容的判断，也容易言多必失。尤其是在表述检验所见事实时，通常应概括表述检验所见检材所表达的财务会计事实，不需要对相关检材内容一律进行全面细致的描述；对大量同类检验结果所涉及的检材内容，可通过附表集中说明。

---

① 基于我国鉴定法律将"鉴定结论"改称鉴定意见，司法部于 2007 年 8 月 7 日颁布《司法鉴定程序通则》，将司法鉴定文书称为"司法鉴定意见书"和"司法鉴定检验报告书"。据此，目前一些中介机构出具的司法会计鉴定文书统称为"司法会计鉴定意见书"。笔者认为，将司法会计鉴定文书统称为一种文书，既不利于表达不同类型的鉴定意见，也不方便表达不同情形的司法会计鉴定事项。

所谓完整,是指司法会计鉴定文书的叙事内容应当根据推断鉴定意见的需要进行全面叙述。必要的叙事内容(如检验项目)不应省略,如果省略了必须交代的事实内容,将会影响人们对司法会计鉴定意见科学性和可靠性的判断。

(二) 分析论述要符合逻辑

所谓分析论述符合逻辑,是指对司法会计鉴定意见形成过程的表述应当符合形式逻辑的基本规则。

司法会计鉴定意见都是按照一定的逻辑思维方式形成的。司法会计文书对这一逻辑思维过程的表述主要表现为各种分析论证过程和评断。如果司法会计文书中的分析论述不符合逻辑,显然不能说明鉴定意见的科学性和唯一性,这势必会影响诉讼主体对鉴定意见科学性和可靠性的判断。换句话说,即使鉴定文书所表达的司法会计鉴定意见是正确的、科学的、可靠的,但由于鉴定文书的分析论证过程存在着逻辑错误,其也难以被作为定案的根据。这就要求司法会计文书的论述过程必须符合形式逻辑的判断、推理、证明等规则。

(三) 结论要明确

结论性意见是司法会计鉴定文书的关键部分,也是诉讼机关引以作为诉讼证据的基本内容。从诉讼证据的角度讲,证据是用来作为定案的根据的,如果鉴定意见不能明确地表述对涉案财务会计问题的判断结果,其也就无法被作为定案的根据予以采信。作为司法会计鉴定文书所表述的结论意见,都必须明确地表明结论制作人所确认的事实。即使因检材所限不能直接确认某一客观情况的全部内容,也应当在通过附加判定条件来加以说明,切忌出现似是而非、模棱两可的表述。当然,结论要明确,并非是说鉴定意见的内容必须使用完全肯定或完全否定的语言进行表述,完全肯定或完全否定只是用来表述确定性鉴定意见的用语,而表述限定性鉴定意见时则可以根据具体情况,通过附加判定条件的表述,对肯定或否定的内容加以限制。

(四) 文字用语要准确

司法会计文书在文字表述方面应当准确。比如司法会计文书通常会使用大量的司法会计和财务会计方面的术语,如果运用术语不当,会导致人们对鉴定文书内容的歧义或运用错误。在使用这类技术术语时,一是,应当注意分清财务术语与会计术语的不同含义和作用。在表述财务事实时,应当使用财务术语,在表述会计事实时,则应当使用会计术语,不得混用。二是,表述所用财务会计术语应当具体,比如,表述收入时应当具体表述收入的类型,如经营收入、主营收入、现金收入、转账收入等。三是,在表述财务会计现象时,应当采用规范的财务会计术语,不宜使用如"挂账"、"平账"等财务会计的口语或俗语。

四、关于规范司法会计鉴定文书几个问题的讨论

大部分学者、专家在讨论司法会计鉴定规范问题时，都会埋怨司法会计鉴定文书缺乏统一的格式，缺乏鉴定意见的统一表述方法。这里讨论一下关于司法会计鉴定文书是否需要规范以及如何规范、司法会计鉴定意见能否统一表述的问题。

（一）关于司法会计鉴定文书应当规范的内容

司法会计鉴定文书作为法律文书应当进行规范，这是一种通识。笔者认为，规范司法会计鉴定文书的目的，应当是为了保证司法会计鉴定文书达到作为证据文书的基本要求，保证鉴定人能够完整地表述司法会计鉴定过程、鉴定意见，方便文书使用者审查判断鉴定意见。根据这一目的，相关管理部门应当统一规范司法会计鉴定文书的基本内容，使司法会计鉴定人能够按照基本内容的要求完善鉴定文书，也方便司法会计鉴定意见的使用者从形式上判断鉴定文书内容的完整性。

关于司法会计鉴定文书格式的统一问题，相关部门制作了统一的司法鉴定文书格式（例如，最高人民检察院技术部门、司法部司法鉴定管理部门分别制定和颁发过司法鉴定文书格式），则反映了一些统一司法鉴定文书的认识。[①] 对此，笔者持不同的看法，即司法会计鉴定人有权自行决定文书的格式。司法会计鉴定人作为独立向法庭提供鉴定意见的诉讼参与人，其如何表达鉴定过程和鉴定意见显然应当是其诉讼权利的组成部分，因而没有必要统一规范司法会计鉴定文书的格式。笔者提出形成这一认识是基于对统一格式做法存在缺陷的考量。

首先，从司法会计鉴定文书主文的排列格式讲，目前较为统一的司法会计鉴定文书格式中，其主文部分排列顺序为检验结果、分析论证和鉴定意见。这种格式符合我国文书的常用逻辑形态，即论据、论证和结论。但是，这种格式在实际运用中却存在着明显的缺陷。比如，司法会计鉴定人出庭时，通常不需要完整地宣读鉴定文书的全部内容，而是只宣读鉴定事项和鉴定意见，但上述排列格式使得司法会计鉴定人在宣读鉴定事项后，需要在法庭上不断翻页，才能在鉴定文书中找到鉴定意见，十分不方便；又如，司法会计鉴定文书的使用者最关心的内容是鉴定意见，由于鉴定意见不在鉴定文书的前部，很多情况下（如存在附件或附件较多时）查找起来也不方便。所以，如果司法会计鉴定人将鉴定意见放在鉴定文书主文的前面，显然在运用鉴定意见时会更为方便。因此，这种格式问题由司法会计鉴定人根据个人习惯自行确定可能更符合实际需要。

[①] 例如，司法部颁布的《司法鉴定程序通则》第34条第3款规定：司法鉴定文书的制作应当符合统一规定的司法鉴定文书格式。

其次，从司法会计鉴定文书的主文的表述方法来讲，鉴定文书的表述方法包括检验论证式和夹叙夹议式两种。前者是将鉴定文书的主文部分明确地分为检验、论证和鉴定意见三个部分，将检验所见和检验结果单独在检验部分进行表述，论证部分主要表述鉴定标准和鉴定意见的论证过程；后者则是不划分检验和论证部分，而是直接按照论证鉴定意见的思路，在表述相关检验所见或检验结果后，直接论证这一检验所见或检验结果对鉴定意见的影响。鉴定文书主文部分的这两种表述方法各有优缺点，但目前有关方面在规范鉴定文书的格式时统一规定为检验论证式，很多司法会计鉴定人并不习惯于这种表达方式，因而虽然在形式上采用了检验论证式，但在具体表述过程中往往存在重复表述、遗漏表述的情形，导致鉴定文书的使用者在审查判断鉴定意见时出现困难。因此，司法会计鉴定文书主文部分表述方法由司法会计鉴定人自行确定效果可能更好。

笔者认为，为了便于初入行者撰写司法会计鉴定文书，相关管理部门可以提供一些参考格式，供司法会计鉴定人操作时参照即可，司法会计鉴定文书的格式并不需要统一规范。

（二）关于如何表述司法会计鉴定意见的统一规范问题

司法会计鉴定意见是司法会计鉴定人针对涉案财务会计问题作出的结论性意见，它反映了司法会计鉴定人对涉案财务会计问题的认识，是对鉴定人思想的一种表达。制约表达司法会计鉴定意见范围的应当是鉴定事项，鉴定事项不同决定了鉴定意见的内容不同，因而司法会计鉴定人需要根据鉴定事项和鉴定结果确定鉴定意见的内容。在实际的司法会计鉴定中，即使完全相同的鉴定事项，基于鉴定事项所涉及的历史时期不同，其所涉及的引用技术标准不同；基于具体鉴定事项所涉及的鉴定证据的内容和质量不同，其所涉及依据的证据也会存在差异，因此，即使相同的鉴定事项也会产生不同的鉴定结果。根据这一原理，如何表达司法会计鉴定意见的问题显然应当由司法会计鉴定人根据具体情况确定，不需要统一规范，也无法统一规范。但是，无论是在学术界还是实务界，要求统一规范司法会计鉴定意见表述内容和表述方法的呼声却持续了二十多年，且从未间断。究其原因，主要是源于对司法会计鉴定范围和鉴定意见证据意义的误解。

在司法会计鉴定活动的初期，司法会计鉴定仅运用于贪污案件的诉讼中。当时因司法会计鉴定的系统理论尚未形成，加之受舞弊审计理念的影响，将贪污案件事实的认定作为司法会计鉴定对象，因而鉴定结论的内容与司法结论的内容几乎完全相同，都包含了贪污的主体、动机、过程、手段、结果等内容。这种做法持续了很长时间。司法会计师职业出现后，一些学者和专家对司法会计鉴定结论内容表述贪污事实的做法提出异议，认为对贪污问题进行判定应当是法官的事，司法会计鉴定人不应当认定"贪污"。由此，关于如何表述贪污案件的司法会计鉴定意见出现争议。①

　　最先争议的内容是司法会计鉴定意见能否表述"贪污",赞成者认为"贪污"一词在会计学词典中存在,因而司法会计鉴定结论中完全可以将"贪污"作为会计名词用于司法会计鉴定结论中;反对者认为"贪污"一词属于法律概念,在鉴定结论中不宜采用,需要研究取代名词。这一阶段赞成者和反对者实际上都赞成将贪污案件事实作为司法会计鉴定的对象,只是在如何表达鉴定意见方面存在分歧。后来反对者找到了一个名词,叫作"所有权转移",即如果司法会计鉴定人判断犯罪嫌疑人贪污了多少公共财物,鉴定结论就表述为"多少公共财物的所有权转移到(犯罪嫌疑人)×××手中";如果司法会计鉴定人判断犯罪嫌疑人不是贪污而是挪用公款,鉴定结论则表述为"多少元公款的占有权、使用权转移到(犯罪嫌疑人)×××手中"。这种名词替换的做法通过一些培训被广泛传播到司法会计鉴定人那里,一度"所有权转移"、"占有权、使用权转移"大量地出现在贪污、挪用公款案件的鉴定意见中。

　　转机出现在1995年之后,一是,司法会计师的岗前培训中开始明确司法会计鉴定对象是涉案财务会计问题,因而贪污案件的司法会计鉴定结论与其他案件的司法会计鉴定结论的表述内容,均为对涉案财务会计问题的结论意见;二是,一些判断贪污事实的"鉴定结论"不断被法官拒绝采信,也促使实务部门改变对司法会计鉴定对象的认识。但是,由于受传统做法的影响,在贪污案件中的司法会计鉴定结论表述贪污事实或者"所有权转移"的做法仍然在延续。目前虽然基本上不存在表述"所有权转移"的鉴定意见,但由于部分会计专业出身学者、专家仍然按照舞弊审计理念来阐释司法会计鉴定,教科书中引用的案例以及司法实践中仍然存在着认定贪污事实的做法,只是不再使用"贪污"一词而已,比如教科书中、司法会计鉴定实务中仍然能够看到类似"犯罪嫌疑人×××,利用职务便利,采用某种手段,非法占有公款多少元"的"鉴定意见"。

　　事实上,产生类似争议的另一个重要原因是送检方无法设定需要通过司法会计鉴定解决的涉案财务会计问题,他们往往将鉴定目的(认定贪污事实、情节)当作鉴定事项交给司法会计鉴定人,因而司法会计鉴定人也就需要考虑如何在鉴

---

① 由于贪污案件中的司法会计鉴定意见存在不同的表述方法,1992年全国检察机关司法会计工作研讨会专门设置了"贪污案件中如何表述鉴定结论"的议题,与会人员围绕在鉴定结论中是否能够表述"贪污"一词出现了非常激烈的争论。笔者没有参与争论,而是在发言中列出了涉案财务会计问题的类型,并提议按照对涉案财务会计问题的鉴定结果表述鉴定意见,但没有得到参与争论的任何一方的认可。原因很简单,参与争论的双方本身都认为司法会计鉴定结论应当表达鉴定人对贪污事实的判定,因而无法理解贪污案件中的司法会计鉴定结论应当表达鉴定人对涉案财务会计问题判定的做法。

定意见中表述贪污事实或贪污情节的问题。

从上述关于要求统一司法会计鉴定意见的表述规范的原因可以看出，未来如果能够统一对司法会计鉴定对象、鉴定目的以及两者之间关系的认识，要求规范司法会计鉴定意见的表述内容的呼声自然也就会平息了。

第二节 司法会计鉴定书形式要件与参考格式

一、司法会计鉴定书的形式要件

司法会计鉴定书的形式要件，是指司法会计鉴定书应当包含的基本内容。这些基本内容是保证司法会计鉴定结论能够符合诉讼要求的前提，也涉及到使用者对司法会计鉴定结论的审查、判断，因而需要有关部门统一规范。①

根据司法会计鉴定书的用途以及审查、判断鉴定结论的需要，司法会计鉴定书通常应当包含标题与文号、鉴定依据与鉴定事由、鉴定事项、接受检材概况、检验所见及检验结果、鉴定结论的论证、鉴定结论、鉴定机构名称及业务专用章、鉴定人签名、报告日期、附件情况等基本内容。

（一）文书的标题与文号

文书标题反映司法会计鉴定文书的类型，司法会计鉴定书的标题即为"司法会计鉴定书"。

文号，是指司法会计鉴定机构对鉴定书进行的编号，例如：高检技鉴字〔20××〕×号。文号反映了鉴定书是由职业鉴定人的执业行为结果，也方便使用者引用和查询鉴定书。

（二）鉴定依据与鉴定事由

鉴定依据，是指启动本项司法会计鉴定的法律依据，包括送检方名称、启动文书名称等。鉴定依据是鉴定书的使用者审查司法会计鉴定合法性的依据，但目前司法实践往往缺少对鉴定依据的表述。

鉴定事由，是指本项司法会计鉴定所涉及的具体案件的称谓，用于明确本项鉴定是在哪一案件的诉讼中进行的。例如，×××涉嫌非法经营案件；×××诉×××房屋纠纷案件等。

---

① 我国最早规范司法鉴定文书形式要件的文件是最高人民法院于2001年12月颁布的《关于民事诉讼证据的若干规定》，根据该规定第29条，司法鉴定文书的形式要件包括：(1) 委托人姓名或者名称、委托鉴定的内容；(2) 委托鉴定的材料；(3) 鉴定的依据及使用的科学技术手段；(4) 对鉴定过程的说明；(5) 明确的鉴定结论；(6) 对鉴定人鉴定资格的说明；(7) 鉴定人员及鉴定机构签名盖章。

(三) 鉴定事项

鉴定事项，是指本项司法会计鉴定所要解决的财务会计问题。鉴定事项应当与送检方在启动鉴定文书中所列示的鉴定事项一致。

(四) 接受检材概况

接受检材概况，是指送检方提供检材或其他鉴定材料的基本情况，通常包括送检人、送检日期、主要检材名称等。

(五) 检验所见及检验结果

检验所见，是指司法会计鉴定人在检验中看到的与鉴定结论相关的检材所记录的内容。

检验结果，是指司法会计鉴定人对检材内容进行验证的结果。

(六) 鉴定结论的论证

鉴定结论的论证，是指司法会计鉴定人利用鉴定标准、检验所见及检验结果，通过逻辑分析推导出鉴定结论的内容和过程。

(七) 鉴定结论

鉴定结论，是指司法会计鉴定人在鉴定书中所表达的对鉴定事项的结论性意见。

(八) 司法会计鉴定人所在鉴定机构名称及业务专用章

在鉴定书中写明司法会计鉴定人所在鉴定机构的名称并加盖业务专用章，是为了证明司法会计鉴定人的身份。

(九) 司法会计鉴定人签名

司法会计鉴定人应当亲自在鉴定书中签名，以示对鉴定结论负责，同时也可以防止他人以其名义出具鉴定书。

(十) 文书制作日期

文书制作日期，是指司法会计鉴定人完成鉴定书制作并签名的日期。

(十一) 附件情况

附件情况，是指在鉴定书存在附件的情况下对附件名称的表述。

二、司法会计鉴定书的参考格式

所谓司法会计鉴定书的格式，是指司法会计鉴定书的形式要件的排列方式。

司法会计鉴定书的格式，通常分为一般格式、分论式格式和总论式格式等，各种格式均适用于各种标准文书和非标准文书。

(一) 司法会计鉴定文书的参考格式

这里以司法会计鉴定书为例，说明不同格式司法会计鉴定文书的结构。

1. 一般格式

司法会计鉴定书

×××〔20××〕第×号

（绪言）

……

一、检验

……

二、论证

……

三、鉴定结论

……

××（鉴定机构）
司法会计师：×××
二〇××年×月×日

附件：

图 10-1

一般格式是司法会计鉴定中最常采用的一种鉴定书的格式，通常适用于表达一个鉴定事项的鉴定结论，也可以用于表达具有相同鉴定原理的多个鉴定事项的鉴定结论，例如，在同一个案件中，同时需要确认不同年度的应纳增值税额，而不同年度的应纳增值税额的鉴定原理相同，这就可以在同一份鉴定书中表达不同年度应纳增值税额的鉴定结论。另外，如果在同一案件中，除一个鉴定事项外，同时还需要在鉴定书的结论部分表达一个或若干个需要在鉴定书中特别列示的检验结果，由于检验结果无须进行论证，因而也可以使用一般格式同时表达鉴定结论和相关检验结果。例如，同一案件的鉴定事项是确认某单位某年某项销售收入金额，同时还要求在结论部分表达某项具体销售收入的入账情况。前者通常需要加以论证后写出鉴定结论，而后者通常无须进行论证，可将检验结果直接列入结论部分。

在同一案件中，如果存在不同鉴定原理的多个鉴定事项，每一鉴定事项都应当单独采用一份鉴定书表达鉴定结论。这是因为如果采用检验、论证、鉴定结论的正文表达方式，由于鉴定原理不同，其论证的内容和思路不同，因而将同一案件中的多个不同鉴定原理的鉴定事项采用同一份鉴定结论表达，不利于使用者审查鉴定结论；同时，在同一案件中不同鉴定原理的不同鉴定事项可能涉及不同的鉴定目的，如果每一鉴定事项单独采用一份鉴定书表达，会方便法庭出示、质证。

2. 分论式格式

司法会计鉴定书

×××〔20××〕第×号

（绪言）
……
（一）
一、检验
……
二、论证
……
三、鉴定结论（一）
……
（二）
一、检验
……
二、论证
……
三、鉴定结论（二）
……
（三）
一、综合论证
二、鉴定结论
（结论一）
……
（结论二）
……
（综合结论）
……

××（鉴定机构）
司法会计师：×××
二〇××年×月×日

附件：

图 10 – 2

分论式格式的正文部分是由两个或两个以上的分论部分加综合鉴定结论部分组成。这种格式实际上是将两份或两份以上的一般格式的鉴定书合并，而省略了首部、绪言及尾部的重复表述。分论式格式适用于对同一案件需要解决多个具有一定关联的财务会计问题鉴定事项的表述。例如，确认某账户中存在的不同会计错误的鉴定事项，会涉及确认不同会计错误的鉴定事项，但这些鉴定事项可能与确认某账户余额正确性的鉴定事项存在关联，因而采用分论式格式可以在表达确认不同财务会计错误的鉴定结论的同时表达综合鉴定结论（即确认账户余额正确性的鉴定结论）。

3. 总论式格式

司法会计鉴定书

×××〔20××〕第×号

（绪言）

……

一、相关鉴定结论

×××（20××）第×号司法会计鉴定书所列鉴定结论：……

×××（20××）第×号司法会计鉴定书所列鉴定结论：……

……

二、补充检验

……

三、论证

……

四、鉴定结论

……

××市人民检察院

××（鉴定机构）

司法会计师：×××

二○××年×月×日

附件：

图 10-3

在同一案件中有多项类型相似的鉴定事项，需要分别出具鉴定书，但这些鉴定事项都涉及一个总的鉴定事项。这种情况下，如果采用分论式格式可能存在诸多不便，如鉴定书过长，不便使用者阅读；相关鉴定结论被用于证明不同的案件事实，也不便在法庭上出示和质证，这就需要在多份鉴定结论的基础上，汇总表达总的鉴定事项的鉴定结论，这便是总论式格式。

总论式格式，通常是先引用相关鉴定结论，作为事实依据的"相关鉴定结论"，同时还要表述总的鉴定结论特殊的检验事项，并与"相关鉴定结论"共同构成总的鉴定结论的事实依据部分，然后根据鉴定原理对总的鉴定结论进行"论证"推断。

第三节 司法会计鉴定书的制作要点

司法会计鉴定书是唯一的标准鉴定文书。标准的鉴定文书通常由首部、绪言、检验、论证、鉴定结论、尾部六部分组成，本节将分别阐释一下这六部分的制作要点。

一、司法会计鉴定书首部的制作要点

司法会计鉴定书的首部由文书名称和文号组成。

（一）司法会计鉴定文书名称的写作要求

司法会计鉴定书的文书名称应当直接表述"司法会计鉴定书"即可，并不需要冠以鉴定机构、案件的名称。

基于一些传统的司法鉴定理念，目前绝大多数司法会计鉴定的名称中会冠以鉴定机构的名称。笔者认为这种做法不妥当的主要理由是：司法会计鉴定文书是司法会计鉴定人独立发表鉴定结论的载体，而在鉴定书的名称前冠以鉴定机构的名称，其内容则应当是反映鉴定机构的意见，[1]而非司法会计鉴定人的个人意见。尽管在鉴定书的尾部有鉴定人的签名，这也会被解释为司法会计鉴定人代表其所在鉴定机构出具的鉴定结论。

另外还有一些司法会计鉴定人习惯于在鉴定文书的标题中写明案由和鉴定事项，例如，××案件的某某事项司法会计鉴定书。笔者不赞成这种标题的书写方式，认为这种书写方式缺乏合理性。首先，司法会计鉴定书是针对特定案件出具的法律文书，不是为社会所阅读的文书，因而没有必要将案由作为文书标题；其次，很多案由、鉴定事项内容比较长，将其列入标题中不方便展开表述，而简述

---

[1] 媒体上经常出现"某某公安局、某某检察院出具的司法会计鉴定意见"，甚至个别判决书中也有"某某市人民检察院出具的鉴定意见"的表述，这都是基于鉴定文书名称中被冠以鉴定机构名称的做法而使得鉴定意见的使用者或公众对鉴定意见的出具主体产生误解。

则说不清楚；最后，案由和鉴定事项在鉴定文书的绪言中有专门的表述（且比较详细），再将其列入标题中是重复表述。

（二）司法会计鉴定文书文号的写作要求

司法会计鉴定文书的文号，各司法会计鉴定机构的编写方法不同。这与司法会计鉴定机构的业务范围、编写文号的习惯有关，并不需要规范划一。通常包括文字、年份和序号三个组成部分。以"鲁明会鉴〔2012〕12号为例"：

文字部分，通常写明司法会计鉴定机构的缩略名、专业缩略语、文书性质缩略语，例如，鲁明会鉴，就分别标识了山东明鉴司法会计鉴定所、司法会计、鉴定文书。

年份部分，即出具鉴定文书的年份。通常写明年份数字即可，不需要加"年"字。

序号部分，即司法会计鉴定机构对该文书的编号，直接写明"×号"即可。

二、司法会计鉴定书绪言部分的制作要点

司法会计鉴定书的绪言部分写作要求存在两种情形：一是，根据司法会计鉴定文书的形式要件的要求必须写明的事项；二是，根据司法会计鉴定人及其所在机构的鉴定文书的写作习惯可以另外写明的事项。

（一）绪言部分必须写明的事项

绪言部分必须写明受理司法会计鉴定的根据、鉴定事由、鉴定事项及收检概况等内容。

1. 司法会计鉴定书的首段可由受理依据和鉴定事由构成

（1）鉴定的受理依据，即司法会计鉴定人实施鉴定的诉讼依据。内容包括送检方名称、送检日期、文号、文书名称、启动鉴定的方式等。例如，根据（本检察）院×年×月×日反贪字×号《送检报告》，受检察长指派，……"；"根据××（诉讼机关）×年×月×日××字〔20××〕×号《聘请书》，受该（诉讼机关）的聘请，……"等。

（2）鉴定事由，即对哪一案件的涉案财务会计问题实施司法会计鉴定。内容包括案由及主要当事人的姓名、所在机构的名称及职务（或职业）。例如，"对××（机构）××（职务）××（人）涉嫌××（案由）一案涉及的财务问题进行司法会计鉴定"；"对××（原告人）诉××（被告人）××（案由）一案涉及的会计问题进行司法会计鉴定"等。

上述两部分内容组成鉴定书的首段，例如，"根据××（诉讼机关）×年×月×日××字〔20××〕×号《聘请书》，受该（诉讼机关）的聘请，对××（原告人）诉××（被告人）××（案由）一案涉及的财务会计问题进行司法会计鉴定"。

2. 鉴定事项

鉴定事项，即司法会计鉴定的对象——送检方要求确认的涉案财务会计问题的内容。在表述鉴定事项时，应当注意明确写明具体的财务会计问题，避免过于笼统。如果鉴定结果与受理时的鉴定事项有差异时，应当与送检人协商修订鉴定事项，以保证鉴定文书所体现的鉴定事项与鉴定结论在内容上能够相互对应。

在鉴定事项部分中有一种特殊情形是，对送检方要求单独报告某项检验结果的检验事项，也可以单独在鉴定事项部分列出。比如，确认账户余额正确性问题的鉴定中，送检方要求单独报告某些发生额的记账情况，则可以在鉴定事项部分单独列示这一检验事项。

在具体表述方法方面，鉴定事项的表述通常为"确认……（问题）"，例如，确认某单位某项资产的成本价值；检验事项的表述通常为"查明……（事实）"，例如，查明某单位对某项业务是否记账。

3. 收检概况

收检概况，即司法会计鉴定人接收或接触检材的情况。其中：

对移送检材的情形，收检概况包括收检时间、送检人的法律职务及姓名、主要检材的名称等内容，例如，二○××年×月×日本案审判长×××、审判员×××送来下列检材：……

对在案发地、办案地等就地检验的情形，应当写明检验地点、到达时间、在场送检人的姓名及职务、检材状况等，例如，二○××年×月×日，由本案侦查人员×××、×××在场，对××（单位）的20××年的财务会计资料进行了检验。

对鉴定过程中实施了补充检材的情形，应当单独进行表述。表述内容包括送检人、补充的主要检材的名称。

（二）绪言部分可以写明的其他事项

按照司法会计鉴定人及其所在机构的鉴定文书的表述习惯，在绪言部分可以写明的其他事项主要包括案情简介、鉴定人概况、检验概况等事项。

1. 案情简介

案情简介（有的文书中称为"案情摘要"），是指概要地写明送检方介绍的案情。通常包括鉴定目的涉及的全部案情或部分案情。

如果表述案情简介，一般应写在鉴定事项的前面，以起到说明鉴定目的的作用。

表述案情简介的好处在于，可以明确鉴定目的，并在鉴定文书存档后的任何时间查阅该文书时，能够明确该项鉴定的背景。

表述案情简介的不利之处在于，司法会计鉴定通常是在案件调查过程中进行的，如果在随后的诉讼中案情出现变化，该项表述将可能成为不采信本项鉴定意见的理由。另外,案情简介也容易给人以先入为主的感觉,从而影响对鉴定结论可靠性的判断。

2. 鉴定人概况

鉴定人概况,主要是指鉴定人的技术职务及所在机构的名称等。

鉴定人的职务及其所在鉴定机构的名称,在鉴定文书的最后签名处应当有所体现,因而在绪言部分表述鉴定人概况,有些重复。

3. 检验概况

检验概况主要包括检验的开始时间、司法会计鉴定人的检验分工等情况。

三、司法会计鉴定书检验部分的制作要点

(一) 检验部分的表述内容

检验部分主要说明鉴定结论的事实依据,具体应当表述的内容由司法会计鉴定人根据论证鉴定结论的需要设定。检验部分可能涉及的表述内容包括检验范围、重点检材的主要内容、涉及资金流转的检验结果、涉及验证平衡的检验结果、涉及汇总运算的检验结果以及其他需要写明的检验结果。

1. 检验范围

检验范围,通常是指检验项目及被检验资料涉及的会计期间、名称等,如检验涉及的主要财务事项或主要会计事项的类别、被检验资料的会计期间、资料名称等。由于检材概况已经在绪言中写明,因而很多司法会计鉴定人不会在检验部分重复表述。

2. 重点检材的主要内容

所谓重点检材,主要是指在司法会计鉴定文书的论证部分需要引用其内容作为根据的检材。

对重点检材主要内容的表述,是司法会计鉴定人对检验所见的描述,这种描述内容应当根据论证部分需要引用的检材决定,比如,时间、金额、资金流向、会计处理、会计处理结果等。表述时应当注意的是,检验所见检材的内容不仅包括检材记载的内容,还包括检材应当记载而没有记载的内容。例如,某单位某年某月第某号记账凭证对"张三投资款"业务的账务处理为:借记"银行存款"300万元,贷记"实收资本——张三"300万元。

3. 涉及资金流转过程各环节及关联性的检验结果

对资金流向及关联性的检验结果的表述,应当分别表述款项来源或去向以及所依据的财务会计资料的名称、编号等。例如,甲单位某时间签发某号转账支票,支付从乙单位采购电视机所用款多少元(详见甲单位某年某月第某号记账凭证及附件);甲单位某银行某账户某时间收取该银行签发某编号特种转账支票转入贷款40万元(见甲单位某年度某银行账户对账单)。

4. 涉及验证平衡的检验结果

对验证平衡检验结果的表述，应当明确平衡或不平衡，不平衡的应当表述差额及差额方向。

验证平衡涉及对原记账项进行了调整的，应当记述调整的具体账项及调整结果，其中涉及对大量同类账项进行了调整的，可采用列表法进行记述，以减少检验部分的叙事篇幅。

表述验证平衡及调整账项时，只需要表述检验结果，无须阐释平衡原理和调整理由——这部分内容可在论证部分加以说明。

5. 涉及汇总运算的计算结果

对汇总的数据，应将有关的计算结果在检验部分进行记述。其中，对大量的汇总数据可以采用列表法记述，并将表格作为附件，这里仅表述计算结果即可。

6. 其他需要写明的检验结果

例如，引述其他司法会计技术文书的检验结果等。

（二） 检验部分的表述方法

检验部分表述检验所见及检验结果事实的表述方法，包括文字表述法、引述法、列表法和图示法等。

1. 文字表述法

所谓文字表述法，就是直接采用书面文字语言表述检验所见和检验结果，通常情况下可以按照鉴定结论所涉及的财务会计事实的发生顺序进行文字表述。

如果需要表述的检材内容较多，可以按照一定的标准进行分项表述，防止表述上的杂乱无章。分项表述时，可以根据检验所见和检验结果的实际情况，采用不同的分项方法进行表述。

（1） 按财务会计错误类型分项表述

检验发现了大量财务会计错误并需要表述时，可以按照财务会计错误的类型（如收入未记账、支出未记账、无据记账等）分项进行表述。

（2） 按财务会计事项类别分项表述

检验涉及大量财务会计事项的，可以根据论证部分的引用所需，按照财务事项类型、组成或会计要素的类别分项进行表述。

（3） 按资料涉及的会计机构分项表述

检验所见和检验结果涉及多个单位，每个单位的财务会计资料的检验结果可以进行汇总表述的，可以先表述重点检验的会计机构的检验情况，再按照对与重点资料有关的其他会计机构资料的验证情况分项进行表述。

（4） 按会计期间分项表述

对涉及收入、支出、财务成果的检验结果，可以考虑按照会计分期分项进行表述。

2. 引述法

引述法，是指采用引述其他检验结论来表述相同检验结果的方法。引述法主要适用于同一案件中对同一检验结果的重复表述。

如果司法会计鉴定人对同一案件进行了多项检验，其中某一检验事项已经单独出具了《司法会计检验报告》的，可以在鉴定书的检验部分直接引用《司法会计检验报告》的检验结果。

采用引述法时，应当写明所引用的文书名称、文号及该文书所表达的检验结果。如果《司法会计检验报告》存在多项检验结果的，而本鉴定文书只需引用其中的一项或几项检验结果的，只需引用所需表述的其中一项或几项检验结果。

3. 列表法

列表法，是指采用表格形式表述检验结果的方法。

列表法主要适用于对大量同类检材的内容或检验结果的集中表述。如检验所见的大量收入凭证的内容，通过列表可以逐一表述每张凭证的内容，同时还可以表述凭证所列示的收入总额。

列表内容行数不多时，可将表格放在检验部分；如果列表内容行数较多，则可以作为附件处理，在检验部分只需表达汇总结果并说明"见附件×"即可。

4. 图示法

图示法，是指采用图画形式表述检验结果的方法，主要适用于对检材所反映的资金流向、财务关系等内容进行表述，如财务关系图示、资金流向图示等。

采用图示法可以更为简明、清晰地说明检验结果，但因司法会计鉴定人所设计的图示不一定能够完全说明相关细节，因而采用图示法必须以相关的文字表述为前提，不得直接使用图表代替文字表述。

案例 10-1：资金流向图示

关于鲁成公司 1994 年 5 月 30 日签发 03040202 转账支票付立新公司 400 万元资金去向的检验结果。

（1）立新公司 1994 年 6 月 2 日签发 00201034 号转账支票支付国宏财务公司 130 万元（详见立新公司 1994 年 6 月第 4 号付款凭证及其附件、转账支票复印件）。国宏公司于 1994 年 7 月 8 日签发 43234142 号转账支票将该款项中的 10 万元转付给跃进公司，用于结算"张××"对跃进公司的欠款；于 1994 年 7 月 9 日签发 43234144 号转账支票将其中的 50 万元转账支付给伟建家具厂，用于"张××"购买红木家具一套；其余 70 万元于 1994 年 7 月 11 日签发 43234149 号转账支票存入西门储蓄所 023040560-2032"张××"储蓄账户。存入"张××"储蓄账户的 70 万元于 7 月 11 日被提取现金 35 万元，于 10 月 7 日转账支付亚洲房地产公司，用于支付"张××"购房款 20 万元。

（2）立新公司于 1994 年 6 月 16 日签发 00201076 号转账支票转付亚洲房地

产公司，用于支付"张××"购房款 80 万元。

（3）立新公司于 1994 年 7 月 15 日签发 00201138 号转账支票转回鲁成公司 176 万元。

综上所述，鲁成公司 1994 年 5 月 30 日支付立新公司 400 万元资金，除收回 176 万元外，其余 224 万元资金去向为：通过立新公司转付跃进公司 10 万元用于结算"张××"对跃进公司的欠款；转付伟建家具厂 50 万元，用于"张××"购买红木家具一套；转付亚洲公司 100 万元，用于支付"张××"购房款；"张××"提取现金 35 万元；尚存西门储蓄所"张××"储蓄账户 15 万元；尚存立新公司 14 万元。

具体资金流向见图 10 – 4

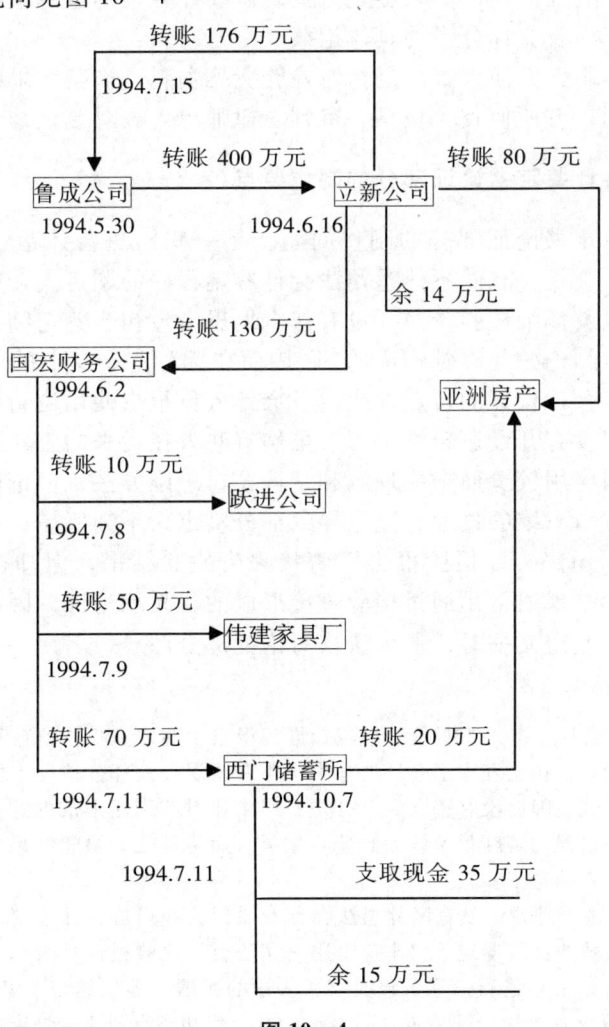

图 10 – 4

（三）检验部分的制作要求

检验部分的基本制作要求是：客观全面，详略适当，便于引用，方便审查。

所谓客观全面，是指检验部分应当如实完整地反映检验过程及检验所见的客观情况，不能用无依据的推测代替检验结果，也不应当遗漏与论证及结论事项有关的检材内容和检验结果。

所谓详略适当，是指在表述检验所见及检验结果时，应当根据论证的需要及结论的内容，合理地确定叙述内容的详略程度。例如，对会计记账凭证内容的叙述，如果鉴定事项仅涉及财务问题未涉及会计处理正确性的确认问题，则只需写明该检验结果所依据的记账凭证的年月日、编号及名称等即可，无须对会计分录、摘要等事项展开记述；如果鉴定需要确认会计处理的正确性等问题，则需要详细写明会计事项及会计分录的具体记载。

所谓便于引用，方便审查，是指对检验所见资料、检验结果的排布，要便于论证部分的引用，方便侦查、检察、审判、律师等人员对鉴定结论的审查。

四、司法会计鉴定书论证部分的制作要点

司法会计鉴定书论证部分的制作问题，是一些司法会计鉴定人最感头疼之事。究其原因：一是，有的不熟悉司法会计鉴定程序的鉴定人，在司法会计鉴定的初步检验阶段及详细检验阶段，没有认真地思考过初步鉴定结论的形成原理及逻辑关系，鉴定结论是凭直觉作出的，① 因而在撰写鉴定文书的论证部分时便无从下手；二是，会计核算的特定性决定了会计人员很少使用逻辑思维，大部分会计学专业因此都没有开设逻辑学课程，虽然有些人在后来的工作中学习了一些逻辑学知识，但因应用较少而未能理解和掌握逻辑思维方法，但论证部分的制作却需要表达一种逻辑思维的过程，这也导致部分鉴定人不知所措；三是，有些检验事项本应出具《司法会计检验报告》直接报告检验结果，但却被作为鉴定事项处理，由于检验结果通常是通过检验直接形成的，无须论证，因而将其作为鉴定事项处理并出具鉴定文书时，便无法撰写论证部分。②

---

① 一些司法会计鉴定人明明是经过逻辑推理得出了鉴定意见，但自我感觉不到这是逻辑推断的结果。例如，检验发现了会计处理事项存在错误，大部分情况下司法会计鉴定人一眼就能看出其错误性，因而没有感觉到自己是采用了比对鉴别法形成的这一结论，甚至连自己对这一会计处理错误的判断都不认为是鉴定结果，而将其视为检验结果。这种情形中就很难思考如何论证鉴定结论了。

② 历史上，由于理论上没有区分司法会计专项检验和司法会计鉴定，因而司法实践中将专项检验也视为司法会计鉴定，将本应采用《司法会计检验报告》表达的检验结果也一律采用《司法会计鉴定书》进行表达，该文书所表达的所谓"鉴定结论"其实就是检验结果，导致"论证"部分仅是对检验结果重复。为此，90年代初还有司法会计专家曾经提出要求取消鉴定文书的论证部分。

（一）论证部分的功能

司法会计鉴定书论证部分的功能是表达形成鉴定结论的逻辑过程，即运用鉴定原理、引用技术标准等，对检验结果进行分析、论证和说明，以推导出鉴定结论。

有些鉴定结论可能只需要一次推断便可形成，比如，判断某一普通账务处理的正确性的鉴定结论，按照比对鉴别法的原理可以直接判断出账务处理是否正确；但大部分的鉴定结论则可能包含了多次推断过程，比如，推断利润的过程就包含了各种收入、成本费用的推断过程。如果把每一次推断过程所形成的结论性意见称为鉴别分析意见，那么，有些鉴定结论则直接由某一鉴别分析意见构成，有些鉴定结论则是在形成诸多的鉴别分析意见基础上进行二次推断才能形成。

（二）论证部分的表述内容

根据论证部分的功能，司法会计鉴定论证部分应当包括鉴定原理、鉴别分析意见、技术说明等事项。

1. 鉴定原理

所谓鉴定原理，即指具体的鉴别分析意见所依据的财务或会计原理，其具体体现为各种具体的判定标准，包括引用标准、专用标准。

鉴定原理是推断鉴定结论的大前提，因此，在论证部分表述各种鉴别分析意见时必须列示判定标准，进而说明推断鉴定结论的标准依据。

2. 鉴别分析意见

所谓鉴别分析意见，即利用鉴定原理对检验结果进行鉴别分析所形成的意见。例如，对账项处理正确性的鉴别分析意见、对财务事项真实性的鉴别分析意见、对财务会计错误关系的鉴别分析意见等。

3. 技术说明

所谓技术说明，即对财务会计的技术方法、财务会计指标的计算过程等所作的说明。

（三）论证部分的表述方法

论证部分的具体表述方法需要根据制作鉴定结论的需求而定，通常的表述方法主要有证明式和说明式两种。

1. 证明式

证明式，是指按照逻辑推理的方式，表述论证过程及论证结果的一种方法。

以采用三段论的推理方式论证为例，通常先表述鉴定原理作为推理的大前提，然后引用检验部分所述检验所见和检验结果作为推理的小前提，结论便是鉴别分析意见。

证明式通常适用于表述对财务会计业务的鉴别分析意见。

采用证明式撰写论证部分，应当注意以下几点：

第一，在表述鉴定原理时，应当完整地表述鉴定原理的具体内容，不能以"根据会计原理"、"根据×种鉴定方法"等类似笼统语言代替。

第二，引用检验结果时，通常需要表述检验结果的项目编号。例如，根据第×项检验结果。

第三，在鉴定原理比较复杂的情况下，需要根据原理将鉴定结论分为若干具体的论证事项，根据具体的鉴定原理及检验结果进行分析得出的具体鉴别分析意见，而鉴定结论的最终得出需要根据一定的鉴定原理，运用具体鉴别分析意见推断而出，这种情形中应当注意将各鉴别分析意见按照推断鉴定结论逻辑关系顺序进行表达。

2. 说明式

说明式，是指对相关检验结果中涉及的计算原理进行说明的一种表述方法。通常的做法是直接说明检验部分相关计算结果所运用的计算公式。

说明式通常适用于不需要推断结果的鉴定事项的论证。例如，检验部分记述"经验证，某单位某年某月总账账户余额符合会计平衡关系"，在论证部分则需要说明该项检验结果所依据的试算平衡公式。

（四）正确处理检验部分与论证部分的关系

司法会计鉴定书作为一种论说文，包括论点、论据和论证。其中，论点即指鉴定人对案件涉及的财务会计问题的看法——鉴定结论；论据包括检验所见、检验结果及鉴定标准。从这个意义上讲，鉴定文书的检验部分与论证部分的关系，是论据与论证的关系。

正确处理司法会计鉴定书的检验部分与论证部分的关系，需要把握好两者的性质、相互照应、逻辑关系以及各自表述内容的完整性等。

首先，应当注意明确检验部分与论证部分表述内容的性质，防止出现相互交叉、互为代述的情形。检验部分只是对检查、验证事项的记述，其记述的检验所见事实，可能包括检材的记载内容、检材所反映的财务会计业务内容，但不应包含对这些事实的鉴别分析意见；论证部分则必须表述鉴别分析意见，而不能只是对检验所见事实的汇总说明。如果出现了相互交叉、互为代述的情形，通常会影响人们对鉴定结论的理解，甚至会引起人们对鉴定结论可靠性的怀疑。

其次，应当注意表述顺序方面的相互照应。特别是检验部分对检验结果的排列顺序应当照顾到论证部分表述的需要；而论证部分中的鉴别分析意见的排列也应与检验部分资料排列顺序大致相同。这样做，既可以防止遗漏应表述的内容，又便于审查。因此，在撰写检验部分时应当考虑鉴定结论的论证过程，并按照这一过程安排好检验部分对检验所见、检验结果的表述顺序。

最后，应当注意检验部分与论证部分在表述内容方面的逻辑关系。检验部分的表述通常是为论证部分的表述服务的，除需要在鉴定结论部分单独列示检验结果的个别情形外，检验部分不得叙述论证部分无须引用的事实；而论证部分所引用的事实则必须来源于检验部分，不应引用检验部分未作表述的事实。换句话说，检验部分对论证部分需要引用的事实应作全面完整的记述；而论证部分对检验部分记述的检验结果，均应作出必要的说明或释义。

五、司法会计鉴定书鉴定结论部分的制作要点

关于司法会计鉴定结论的表述问题，笔者已在第九章中作了专门介绍，这里则着重说明一下鉴定结论部分的一些写作要求。

1. 鉴定结论的内容必须与绪言部分所述鉴定事项相照应，即鉴定结论只能回答绪言部分要求鉴定的问题，切忌答非所问

任何司法会计鉴定都是围绕着送检方设定的特定鉴定事项进行的。但在实际鉴定过程中，司法会计鉴定人可能会发现或确认一些与鉴定事项无关的财务会计问题。如果这类问题与案件有关联，司法会计鉴定人可口头告知送检方，如果送检方认为需要增加或修订鉴定事项的，应当增加或修订鉴定事项，司法会计鉴定人根据增加或修订的鉴定事项，进而增加或修订鉴定结论的内容，以有利于诉讼；如果这类问题与案件无关联，或送检人不同意增加、修订鉴定事项，司法会计鉴定人则只能通过其他途径表达看法，不得顺手牵羊地写在鉴定结论中。总之，鉴定人不能随意增加超出鉴定事项确定范围的结论事项内容。

2. 鉴定结论的内容必须以检验部分所列事实为根据

鉴定结论的内容只能以检验部分所列事实为根据。对鉴定中通过非技术检验途径所获取的信息（如阅读卷宗、与送检方沟通等途径获取的与鉴定事项有关的信息），不能作为鉴定结论的依据。如果鉴定结论中将含有检验部分没有列示的信息作为依据，从逻辑上讲该鉴定结论属于"推不出"，会被视为不科学的鉴定结论。

实际操作中容易出现的问题是，司法会计鉴定人有意或无意地根据参考证据的内容作出了鉴定结论，即鉴定结论表述的某一内容是依据参考证据作出的。由于参考证据的内容无法在检验部分进行表述，从形式上看，含鉴定结论的部分内容没有将检验部分所列示的事实作为根据。

3. 鉴定结论必须准确地使用规范的财务会计术语

司法会计鉴定结论是一种技术性证据，在表述时，应当使用规范的技术术语，而不应当采用所谓"通俗"的语言。同时，还应当规范地使用财务会计术语。例如，"利润"一词通常是指经营利润，在鉴定结论涉及销售收入与采购成本的差额时，应当使用"毛利润"一词；在鉴定结论涉及销售收入与销售成本的差额时，应当使用"销售利润"一词；在鉴定结论涉及投资收入大于投资成本的差额时，应当使用"投资收益"一词，而不应当统统使用"利润"一词。

有观点认为，鉴定结论应当使用通俗易懂的词语进行表达，其理由是司法会计鉴定人的任务之一就是将检材中的财务会计术语翻译为通俗语言，以方便使用者理解。笔者认为这种做法欠妥，理由也不充分。财务及会计术语都具有确定的含义，而通俗语言往往没有确定的含义，因而在鉴定结论中使用所谓通俗的语言可能会造成歧义。司法会计鉴定人表述鉴定结论时必须采用专业术语才能准确无误地表达相关财务会计事实，实际工作中如果需要采用通俗的语言进行说明的，应当通过其他途径进行。例如，可与鉴定结论的使用者进行口头解释，出庭采用通俗的语言阐释相关财务会计术语的含义等。

4. 鉴定结论必须完整地表述财务会计事实

司法会计鉴定结论作为一种诉讼证据，应当完整地表述相应的财务会计事实。根据具体的鉴定事项，凡是通过司法会计鉴定所能够确认财务会计事实的内容，均应当在鉴定结论中表述清楚。例如，在表述对会计处理问题的鉴定结论时，既应当表述对该项会计处理的判断结果，也应当说明该项会计处理涉及的会计事项的内容。

5. 鉴定结论用语必须确切

鉴定结论必须使用确切的语言，有以下三层含义：

第一，在鉴定结论中，只能使用肯定用语或否定用语，而不得使用或然用语（例如，"不排除虚开发票的可能"）。这是因为或然用语所表述的是或然性鉴定结论，而笔者在第九章已经明确指出司法会计鉴定人不得发表或然性鉴定结论。

第二，鉴定结论用语的语义必须确切，不得含混不清。例如，因虚列现金支出已造成库存现金账户余额虚减多少元的账务后果，应当直接表述该项错误对现金账户余额的影响，不要表述为"账面短少现金××元"，因为"账面短少"一语缺乏确切的含义。

第三，鉴定结论用语之间的配搭要有逻辑性。主要是主语、谓语和宾语之间的配搭要符合客观情况。

6. 表述鉴定结论应当照顾到一般逻辑思维习惯

在同一文书中表达多项鉴定结论时，应当注意表述顺序。可以按照时间顺序排列，也可以按照鉴定结论之间的逻辑关系排列。

六、司法会计鉴定书尾部的制作要点

司法会计鉴定书的尾部由鉴定机构（单位）名称、业务专用章、鉴定人签名、文书制作日期、附件情况等内容构成。这里需要讨论的是鉴定人签名和附件问题。

（一）关于鉴定人签名问题的讨论

鉴定人签名需要讨论的问题主要涉及是否需要表述"鉴定人"、是否需要列

明职称、是否需要打印姓名等。

关于在鉴定人签名处是否需要表述"鉴定人"的问题，目前司法鉴定文书都习惯于在鉴定人的签名处打印"鉴定人"三个字然后签名。笔者认为鉴定人签名处没有必要表述"鉴定人"三个字，因为文书标题以及绪言部分均已表明文书的制作者是鉴定人，在签名的前面加上"鉴定人"三个字是多余的表述。

关于鉴定人的职务或职称，目前除注册会计师外，因在鉴定人签名的前面已经加上了"鉴定人"三个字，因而不方便再表述鉴定人的职务或职称。笔者认为，在鉴定人签名的前面应当打印鉴定人的职务或职称，以便鉴定文书的使用者明确鉴定人的专家身份。

关于鉴定人签名的同时是否需要打印鉴定人姓名问题，目前的做法不一。有的打印鉴定人姓名，有的则不打印。笔者赞同文书的签名处应当同时打印鉴定人姓名，这是因为鉴定人的签名有时比较潦草，在鉴定人签名的同时打印姓名，便于鉴定文书的使用者能够看清鉴定人的姓名。

（二）关于司法会计鉴定文书附件内容的探讨

司法会计鉴定文书的附件，是指随同司法会计鉴定书一并发出的鉴定文件，是鉴定文书的组成部分。

关于鉴定文书附件的内容，最早是将鉴定文书中引以为据的各种资料的复印件均作为附件，附送送检人。这一做法主要借鉴于笔迹鉴定文书和审计报告。由于笔迹鉴定涉及的检材不多，且将检材作为附件时往往在上面列出一些特征标识，以方便鉴定文书的使用者审查鉴定结论；审计（主要是指舞弊审计）报告也往往会将被发现存在问题的财务会计资料复印件作为附件处理，这是因为舞弊审计通常是一项独立的社会活动，因而审计人员在报告审计结果时考虑到他人审查报告的需要，会将审计结论所依据的资料作为附件处理。事实上，方便鉴定文书使用者对鉴定结论的审查，也是早期将这些检材作为司法会计鉴定文书的附件，附送送检方的主要理由。笔者在1992年专门研究了这个问题，并于当年召开的全国检察机关司法会计工作研讨会上提出不再将主要检材复印件作为鉴定文书的附件的建议。这一建议后来得到了司法会计师的广泛接受，目前除少数地区仍然存在将主要检材复印件作为司法会计鉴定文书附件的情形外，多数司法会计师已经取消了这一做法。

笔者认为，作为鉴定结论依据的各种鉴定证据，是司法会计鉴定文书的制作依据，鉴定人应当将其复印后存档，但如果将主要检材的复印件作为司法会计鉴定文书附件，既没有必要，也会造成大量的浪费。

首先，作为主要检材的财务会计资料证据及《勘验、检查笔录》等司法会计鉴定证据，均系诉讼中已经（或应当）提取的诉讼证据，鉴定结论的使用者完全可以通过查阅案卷中的这类证据，来审查司法会计鉴定结论的事实依据，如再将这些证据随附鉴定文书，显然是重复的，因而没有必要。如果司法会计鉴定人在鉴定中发现财务会计资料中存在应当作为诉讼证据的资料，可以提示送检方将其作为诉讼证据提取固定。

其次，司法会计鉴定涉及的检材往往数量惊人，很多情况下其复印件甚至比本案案卷还要多，即使只复印主要检材，也会消耗大量的复印时间和纸张。既然主要检材中的财务会计资料证据已经作为诉讼证据入卷，就应当避免这种浪费。

但是，司法会计鉴定人需要将与鉴定结论有关的鉴定表格作为附件，附送送检人。这些表格本身组成了检验所见和检验结果的内容，是鉴定文书检验部分的内容，因而应当连同鉴定文书一起提供给送检方，以方便他人审查使用鉴定结论。鉴定表格的内容，有些是鉴定人制作的参照客体，有些是汇总大量同类财务会计资料证据的检验结果，如不附送诉讼机关，势必会影响对司法会计鉴定书的阅读和审查。因此，应当将与鉴定结论有关的鉴定表格作为附件内容。

第四节　非标准司法会计鉴定文书的制作要点

非标准司法会计鉴定文书主要包括司法会计分析意见书、司法会计测算意见书、司法会计咨询意见书、司法会计鉴定复核意见书、鉴定说明以及包含限定性意见的司法会计鉴定书等，分别承载司法会计分析意见、司法会计测算意见和司法会计补充鉴定意见等。另外，座谈式鉴定时还会形成"鉴定笔录"这种特殊的司法会计鉴定文书。

一、司法会计分析意见书的制作要点

司法会计分析意见书，是指司法会计鉴定人在部分检验所见缺乏适当验证的情况下形成分析意见时出具的鉴定文书。

司法会计分析意见书通常应当包含标题与文号、鉴定依据与鉴定事由、鉴定事项、接受检材概况、检验所见及检验结果、分析意见的论证、分析意见、鉴定机构名称及业务专用章、鉴定人签名、报告日期、附件情况等基本内容。

司法会计分析意见书的格式与前述司法会计鉴定书的参考格式相同，也包括一般格式、分论格式和总论格式。

由于司法会计分析意见书与司法会计鉴定书的形式要件和格式雷同，因而可以参照前述司法会计鉴定书的制作要点进行制作。从具体制作要点方面需要强调以下四点：

一是，文书标题应当为"司法会计分析意见书"。

二是，由于分析意见所依据的部分证据缺乏可靠的验证，因而在检验部分应当客观地反映这一情形，主要是应当直接客观地反映无法验证的检验所见，不要

采用"经验证证实"等表述语言。

三是，鉴定意见的称谓应为"分析意见"。

四是，分析意见通常是采用检材范围限定法进行鉴定的结果，因而司法会计鉴定人在表述分析意见结论事项依据时，应当注意说明具体所依据的资料范围，以间接说明未能验证的部分。

二、司法会计咨询意见书的制作要点

司法会计咨询意见书，是指司法会计鉴定人按照送检方设定的特别假定前提下形成咨询意见时所出具的鉴定文书。

司法会计咨询意见书通常应当包含标题与文号、鉴定依据与鉴定事由、咨询事项、接受检材概况、检验所见及检验结果、咨询意见的论证、咨询意见、鉴定机构名称及业务专用章、鉴定人签名、报告日期、附件情况等基本内容。

司法会计咨询意见书的参考格式见图10-5。

司法会计咨询意见书

×××〔20××〕第×号

（绪言）

……

一、检验

……

二、论证

……

三、咨询意见

……

××（鉴定机构）

司法会计师：×××

二○××年×月×日

附件：

图10-5

由于司法会计咨询意见书与司法会计鉴定书的形式要件和格式雷同，因而可以参照前述司法会计鉴定书的制作要点进行制作。这里主要强调以下几点：

一是，文书标题应为"司法会计咨询意见书"。

二是，由于咨询意见是建立在送检方提供的特别假定条件下作出的，因而在表述咨询事项时应当特别注意将送检方提出的特别假定内容表述到位。

三是，鉴定意见的称谓应为"咨询意见"。

四是，在表述咨询意见的结论事项依据时，应当同时表述送检方设定的特别假定事项的内容。

三、司法会计鉴定复核意见书的制作要点

司法会计鉴定复核意见书，是指司法会计鉴定人对他人出具的鉴定意见进行复核后，用于表达复核意见的鉴定文书。

（一）司法会计鉴定复核意见书的形式要件与格式

司法会计鉴定复核意见书通常应当包含标题与文号、鉴定复核依据与事由、复核事项、接受检材概况、检验所见及检验结果、复核意见的论证、复核意见、鉴定机构名称及业务专用章、鉴定人签名、报告日期、附件情况等基本内容。

司法会计鉴定复核意见书参考格式见图 10-6。

司法会计鉴定复核意见书

×××〔20××〕第×号

（绪言）

……

一、检验

……

二、论证

……

三、复核意见

……

××（鉴定机构）

司法会计师：×××

二○××年×月×日

附件：

图 10-6

（二）司法会计鉴定复核意见书的制作要点

司法会计鉴定复核意见书的首部和尾部的制作，可以参照前述司法会计鉴定书的首部和尾部的制作要点编写。这里重点介绍一下司法会计鉴定复核意见书的绪言、检验、论证以及复核意见等部分的制作问题。

1. 绪言部分制作要点

司法会计鉴定复核意见书的绪言部分，通常包括受理鉴定复核的根据、复核事由、复核事项及收检概况、原鉴定意见等内容。

（1）司法会计鉴定复核意见书的首段可由受理依据和鉴定事由构成，包括送检方的名称、提请鉴定复核的文件名称及文号、案由及主要当事人的姓名（所在机构的名称职务或职业）、复核事项。例如，"根据××（诉讼机关）××年×月×日××字〔20××〕×号《聘请书》，受该（诉讼机关）的聘请，对×× （原告人）诉××（被告人）××（案由）一案涉及司法会计鉴定事项进行复核"。

（2）复核事项，即需要进行复核的鉴定事项。在表述复核事项时，通常应当写明原鉴定机构名称及鉴定人、鉴定文书的名称与文号及原鉴定事项等。例如，"对××鉴定机构×××、×××鉴定人出具的×××〔20××〕×号司法会计鉴定书所列××鉴定事项进行复核"。

（3）收检概况，即司法会计复核鉴定人接收或接触检材的情况，具体表述可以参照前述司法会计鉴定书表述送检或现场检验的方法。

（4）原鉴定意见，即需要进行鉴定复核的鉴定意见，通常应当写明鉴定文书的文号和标题以及鉴定意见的类型、内容。如果原鉴定文书中有多个鉴定意见，但复核事项仅涉及其中某项鉴定意见的，可以在表述清楚鉴定意见的序号前提下，只表述需要复核的鉴定意见。

2. 检验部分的制作要点

检验部分主要说明复核意见的事实依据。鉴定复核中进行的检验可能涉及两种情形：一是，对原鉴定文书中所列检验结果进行的复核性验证结果；二是，鉴定复核人增加的检验项目的检验所见和检验结果。其中，表述复核性验证结果，应当根据验证结果肯定或否定原鉴定文书检验部分所列检验所见和检验结果。

肯定原检验所见或检验结果的，可以归纳原鉴定文书所列检验情况并加以肯定即可；否定原检验所见或检验结果的，应当在归纳原鉴定文书所列检验情况后，说明正确的检验所见或检验结果，指出原检验结果的错误。

根据复核鉴定事项的鉴定原理和检验事项，复核鉴定人认为原鉴定文书的检验部分所列某些检验所见和鉴定结果与鉴定意见无关的，不需要进行复核性验证，也不需要在检验部分评价原鉴定文书所表述的这一检验情况，可以在论证部分说明这一检验情况与原鉴定意见无关。

3. 论证部分的制作要点

鉴定复核意见书的论证部分与其他鉴定文书的论证部分不同，其论证的主要目标是原鉴定意见的科学性和可靠性——对原鉴定意见的评价，这决定了鉴定复核意见书表述内容的特殊性。

鉴定复核意见书中应当写明对鉴定原理的评价。如果原鉴定文书所述鉴定标准适用正确，给予肯定评价，如果原鉴定文书所述鉴定标准存在错误，应当表述正确的鉴定意见，说明理由，并指出对原鉴定意见的不当影响。

对原鉴定文书所列检验结果存在错误，进而导致原鉴定文书论证出现错误的，应当指出检验结果对原鉴定意见的不当影响。

对原鉴定文书所列论证过程存在逻辑错误的，应当指出其错误所在。

对原鉴定文书论证部分存在上述错误的，最后应综合写明鉴定意见论证部分存在的错误对原鉴定意见的影响。

如果原鉴定意见存在错误，在鉴定复核中作出新的鉴定意见的，应当通过论证，说明新的鉴定意见的根据和推导过程。

4. 复核意见部分的制作要点

复核意见部分，应当表述对原鉴定意见的科学性和可靠性的评价。如果原鉴定意见存在错误可以指出其错误所在；如果鉴定复核中作出了新的鉴定意见的，应当同时表述新的鉴定意见。

四、带有附加判定条件的司法会计鉴定文书的制作要点

司法会计鉴定人基于合理的考虑，在表达鉴定结论、分析意见、咨询意见时，均可附加判定条件，即作出限定性意见。带有附加判定条件的鉴定意见可以采用司法会计鉴定书、司法会计分析意见书、司法会计咨询意见书进行表达。

鉴定意见中增加的附加判定条件的内容主要是用于说明结论事项所基于的某些特别事项，包括运用一般假定中涉及的特别事项，如鉴定意见所认定财务会计事实包含或未包含特别指出的财务凭证所证明的财务事实；运用特别假定事项是所假定的财务会计事实，如假定初期账户余额正确这一会计事实。

表述限定性鉴定意见时，通常是先表述基本的鉴定意见，然后说明附加判定条件。

五、司法会计鉴定笔录的制作要点

司法会计鉴定笔录，是指记录会议式鉴定过程及鉴定意见的笔录。会议式鉴定通常仅用于司法会计鉴定复核。

司法会计鉴定笔录的形式要件主要包括首部、鉴定过程、鉴定意见和尾部。

司法会计鉴定笔录参考格式见图10-7。

_____鉴定笔录

送检方：_____
鉴定地点：_____
鉴定时间：_____ 至 _____
鉴定人（职务、姓名）： _____
鉴定人（职务、姓名）： _____
鉴定人（职务、姓名）： _____
记录人（职务、姓名）： _____
鉴定事项：_____
……
检验、鉴定情况：
_____
……
鉴定意见：
_____
……

××（鉴定机构）司法会计师：（签名）
××（鉴定机构）司法会计师：（签名）
××（鉴定机构）司法会计师：（签名）
记录人：（签名）
二〇××年×月×日

图 10 - 7

（一）首部及鉴定事项部分的制作要点

首部应当写明司法会计鉴定笔录的名称、送检方名称、鉴定会议的地点和时间、鉴定人职务和姓名、记录人的职务和姓名等。

鉴定事项应当按照《聘请书》所列鉴定事项填列。

（二）鉴定过程部分的制作要点

首先，应当记录送检方向鉴定人提供检材的概况，包括检材名称、原鉴定文书等。

其次，应当记录各鉴定人针对检材、鉴定标准提出的看法以及所发表的鉴别分析意见。

(三) 鉴定意见部分的表述

鉴定意见部分应当记录鉴定人现场归纳的统一鉴定意见。对有不同意见的，应当具体记录不同鉴定人的鉴定意见的内容。

(四) 尾部部分的制作要点

尾部应当写明各鉴定人所在鉴定机构的名称以及各鉴定人的职务或职称，并由各鉴定人签名。同时，记录人应当签名并写明记录形成的时间。

六、司法会计鉴定说明的制作要点

司法会计鉴定说明，是司法会计鉴定人对已经出具的鉴定意见进行补充说明时所制作的鉴定文书。鉴定说明只能由出具鉴定意见的司法会计鉴定人出具，通常用于对鉴定意见进行补充说明或书面答复诉讼主体针对鉴定书提出的质询。

司法会计鉴定说明的形式要件包括标题、文号、接受单位、内容和鉴定机构及业务专用章、鉴定人签名、制作日期等。其中：

1. 司法会计鉴定说明的标题，可以表述为"鉴定说明"；
2. 司法会计鉴定说明的接受单位，即鉴定说明发往的单位；
3. 司法会计鉴定说明的内容，应当根据具体解释或答复的问题而定。通常应当表述制作说明的原因（如鉴定人需要说明或接受单位的咨询）、鉴定说明所针对的鉴定文书的文号和标题、说明事项等。

第十一章　资产价值问题鉴定实务

本章主要介绍资产价值问题鉴定含义、类型、适用案件与鉴定目的，以及各种资产的成本价值、账面价值等问题的司法会计鉴定原理与操作要点。

第一节　资产价值问题鉴定概述

一、资产价值问题鉴定的含义

资产价值，是指以价值形式所表现的资产的数额。

司法会计鉴定理论中的资产价值问题鉴定，专指对诉讼涉及的资产成本价值或资产账面价值问题进行的司法会计鉴定。

诉讼中需要确认的资产价值，包括货币交易价值、成本价值、账面价值、公允价值、清算价值等情形，由于各种价值的含义及价格确认标准不同，因而诉讼中所采用的价值确认方法及确认途径也会不同。

（一）货币交易价值的含义与诉讼确认途径

货币交易价值，是指以资产的实际交换价格为标准确认的资产价值。货币交易价值的确认以资产交易过程中实际支付货币资金为标准。

货币交易价值反映了财产形成时的实际价格，因而诉讼中涉及需要按照实际价格来认定案件事实的，应当采用货币交易价值确认。例如，按照有关司法解释，刑事案件中应当按照实际价值确认赃物的价值，从而证明犯罪数额。

从证据角度讲，能够证明货币交易价格的证据主要有货币交易的发票、收据、金融凭证等书证或者言词证据，因而诉讼中采用货币交易价值来证明案件事实，需要根据侦查机关或法庭调查确认的实际买卖价格确认货币交易价值。这种侦查或调查活动主要包括收集、辨别书证、当事人陈述、证人证言等。同时，货币交易价值需要通过自由心证认定，而自由心证方法不属于司法会计鉴定方法，因而货币交易价值的确认不能通过司法会计鉴定解决。

（二）成本价值的含义与诉讼确认途径

成本价值是指以资产的历史成本价格为标准确认的资产价值。

成本价值不同于货币交易价值之处在于，货币交易价值仅指资产本身的价格（即价款），而成本价值包含了取得该项资产的价款及相关费用，这些费用有的是为购买某一资产而单独支付的费用，也有些是为购买不同资产同时支付的，还有些是在资产形成过程中耗费的（如管理费用）。因此，成本价值虽然也需要以购买资产所形成的财务资料作为基本依据，但由于涉及不同的成本计算标准，通常需要通过专业的财务计算才能确认。

成本价值反映了财产在形成时所耗费的所有资产（包括人工费用），诉讼中需要根据成本来认定案件事实的，应当采用成本价值确认。成本价值既可以用来证明某一资产的价值确认问题，也可以用来证明经营损益的确认问题。例如，案件涉及资产损失额的确认问题时，可以采用成本价值来确认资产的损前价值；经营纠纷案件中，可能需要通过成本价值鉴定，确认销售利润、经营损失等案件事实。

从证据角度讲，各种财务资料证据是证明成本价值的基础证据，但由于需要利用财务会计专业知识才能识别和计算成本，这就在诉讼中形成了成本价值这一财务问题，因而需要具有财务专业知识的人通过司法会计鉴定途径解决。

（三）账面价值[①]的含义与诉讼确认途径

账面价值是指以会计核算价格为标准确认的资产在某时点的净值。由于会计核算价格需要通过一定的账务处理才能形成，因而利用会计价格计算出来的价值也就被称为账面价值。

账面价值显然不同于货币交易价值，从价值含义角度讲，货币交易价值反映资产形成时的交易价格（价款），账面价值通常是以成本价值为基础[②]反映该项资产的现实价值；从证据角度讲，货币交易价值可以直接体现于财务资料之中，而账面价值则只能体现于会计资料之中。

账面价值也不同于成本价值，从计算资产原值方面讲，账面价值是以会计核算标准为依据确认的资产原值，不包括按照会计标准不允许通过成本账户核算的其他成本费用，而成本价值鉴定是以财务标准为依据确认的资产原值，包括与资产形成有关的所有成本费用；从资产价值意义方面讲，账面价值反映以会计核算标准为依据确认的资产现值，成本价值则反映资产取得时的价值。

账面价值是通过会计核算形成的，利用账面价值来证明案件事实时就会遇到两个问题：一是，账面价值的核算是通过资产账户和备抵账户两个账户核算形成的，因而诉讼中证明某一具体的涉案资产的账面价值常常需要通过专业计算才能

[①] 从会计学角度讲，资产的账面价值应当是指在单位资产负债表上列示的资产价值，通常由核算某项资产的账户余额与核算该项资产的备抵账户余额的差额构成。例如：固定资产的账面价值 = 核算固定资产原值的账户余额 - 核算该固定资产折旧账户余额。

[②] 为了反映资产的现实价值，单位会以公允价值形成历史成本，因很多情况下账面价值会以公允价值为基础。

明确；二是，账面价值的核算结果会因会计核算过程出现差错而不准确，因而即使会计报表能够直接反映某一具体资产的账面价值，也需要通过专业判断确认其核算结果的合规性。这两个问题在诉讼中表现为财务会计问题，可以通过司法会计鉴定解决。因此，诉讼中采用账面价值确认资产价值事实，需要通过司法会计鉴定途径确认账面价值。

由于账面价值并不能客观地反映资产的实际价值，因而在诉讼中很少运用。诉讼中对账面价值的运用通常有三类情形：一是，刑事案件中不方便采用其他资产价值来确认案件事实时，可以运用账面价值鉴定来确认涉案资产的价值；二是，在民事案件中当事人各方约定或同意按照账面价值来确认案件事实时，可以通过账面价值鉴定来确认涉案资产价值；三是，案件事实本身涉及账面价值事实的，可以通过账面价值鉴定查明涉案账面价值的数额。

(四) 公允价值的含义与诉讼确认途径

公允价值是指以市场公允价格为标准确认的资产价值。

市场公允价格是指在公平交易条件下进行交易所形成的价格，而非是涉案资产的实际交易价格，也非是以历史成本为基础确认的价格。这是公允价值与其他类型价值的主要区别。

公允价格需要采用诸如重置成本、收益现值法、市场比较法、可变现净值、现值等价格计算方法确认，即公允价格并非是在实际的交易或交换过程中形成的，因而不会像交易价格那样存在交易过程中形成的财务资料或意识痕迹，这也就无法直接采用一般调查方法和司法会计鉴定方法解决公允价格问题。诉讼中采用公允价值来确认案件事实，需要通过资产估算途径确认，包括聘请注册资产评估师、注册会计师等进行资产评估或价值鉴证，但不能通过司法会计鉴定途径解决公允价值的确认问题。

既然司法会计鉴定和评估都是通过计算来确认资产价值，司法会计理论上为什么未将公允价值的确认问题纳入司法会计鉴定范围。这里有两个原因：一是，公允价值计算方法，大都以估计价格（包括现实价格和未来价格）为基础，不同经验的人估计的结果会不一样，这就会导致公允价值的确认结果存在差异，因而不符合司法会计鉴定意见唯一性的特殊属性要求；二是，司法实践中确认公允价值时，通常需要考虑这一价值的实际用途，并根据这一用途来判断对基础价格的调整系数，因而这种调整系数的随意性较大，其判定结果显然也就不具备司法会计鉴定意见科学性的特殊属性要求。因此，尽管公允价值的确认具有专业计算特征，但其并不具备司法会计鉴定的特征，因而不能作为司法会计鉴定的对象。

公允价值在诉讼中的运用很频繁，主要涉及无法确认货币交易价值的赃物的价值确认、各类投资或经营纠纷案件标的物的公允价值的确认或当事人约定按照公允价值判断案件事实等情形。这里需要提示的是，由于公允价值是一种估计价值,因而其结果并不能真实地反映资产的市场价格,诉讼主体在采用公允价值来判断案件事实时,应当留有余地。

(五)清算价值的含义与诉讼确认途径

清算价值是指以资产的清算价格为标准确认资产价值。清算价格是指资产在财务会计主体清算过程中的实际变现价格。

司法实践中,清算价格只适用于确认待清算财务会计主体的涉案资产价值,通常由清算组确认。

综上所述,司法会计鉴定理论中所研究的资产价值问题鉴定,主要是指资产成本价值或资产账面价值的鉴别和确认。换句话说,司法会计鉴定中的所谓资产价值问题鉴定,仅涉及资产成本价值鉴定和资产账面价值鉴定。

在诉讼中,资产价值问题鉴定可以单独构成鉴定事项,但也会构成经营损益及相关会计事项等问题的司法会计鉴定的内容。司法会计鉴定人在对相关问题进行鉴定时需要进行资产价值问题鉴定的,除非送检方提出专门的资产价值问题鉴定事项,否则不需要在鉴定意见中单独列示资产价值问题的鉴定意见。

二、资产价值问题鉴定的类型

资产价值问题鉴定可以按照不同标准划分为不同种类。

(一)按照资产类型划分

资产价值问题鉴定可以按照涉案资产类型划分为存货成本价值鉴定、固定资产价值问题鉴定、无形资产价值问题鉴定及其他类型资产的价值鉴定。

1. 存货成本价值鉴定,是指原材料、委托加工材料、外购商品、自制半成品、自制成品等存货的价值问题的司法会计鉴定。

2. 固定资产价值问题鉴定,是指固定资产的价值问题的司法会计鉴定。

3. 无形资产价值问题鉴定,是指无形资产的价值问题的司法会计鉴定。

4. 其他类型资产价值问题鉴定,包括应收资产、生物资产、投资等资产的价值问题的司法会计鉴定。

本章主要讨论实物性资产和无形资产的价值鉴定问题。

(二)按照价值类型进行划分

资产价值问题鉴定可以按照涉及的价值类型划分为资产原值鉴定和资产账面价值鉴定。

所谓资产原值鉴定,即对资产的成本价值问题进行的司法会计鉴定。

所谓资产账面价值鉴定,即对资产的账面价值问题进行的司法会计鉴定。

三、资产价值问题鉴定的适用案件及鉴定目的

资产价值问题鉴定,主要用于解决诉讼涉及的某项资产或某类资产的成本价

值、某期间生产某类产品的总成本价值、资产的账面价值等问题。这类鉴定主要涉及一些经济案件，鉴定目的主要是查明涉案金额。以下列举一些适用案件及鉴定目的的例子。

1. 贪污、职务侵占、盗窃、诈骗财物等侵犯实物财产的犯罪案件。这类案件中需要查明犯罪所得的价值，以便确认犯罪数额。诉讼主体认为需要采用成本价值或账面价值确认资产价值时，通过资产价值鉴定，可以为证实侵犯财产案件的犯罪数额提供鉴定意见作为诉讼证据。

2. 假冒专利、侵犯著作权、侵犯商业秘密的犯罪以及知识产权民事纠纷等涉及知识产权的案件。这类案件中往往需要查明因侵害知识产权而给权利人造成的损失数额。例如，侵犯知识产权的刑事案件中经济损失数额是犯罪构成的组成部分；侵犯知识产权的民事诉讼案件中，经济损失数额则是起诉被告人要求赔偿的依据。这类案件的诉讼中通过司法会计鉴定确认无形资产等知识产权的取得成本价值或账面价值问题，可以为证实侵权损失数额事实提供鉴定意见作为诉讼证据。

3. 玩忽职守、滥用职权、失职被骗等各类渎职犯罪案件以及涉及财务会计主体管理纠纷的民事案件、行政案件。这类案件也需要查明渎职导致的经济损失数额，如果诉讼主体采用资产成本价值或账面价值来确认经济损失数额时，就需要通过资产价值问题鉴定获取能够证明资产的损前价值的鉴定意见作为诉讼证据。

4. 买卖合同纠纷、合作经营纠纷、合资经营纠纷等民事纠纷案件。这类案件中实施资产价值问题司法会计鉴定的目的，主要是为了查明有关当事人履行合同涉及的标的物的价值额。

5. 其他与资产价值确认有关的案件，如通过资产价值问题鉴定可以查明涉案一方支付能力等事实。

第二节　存货价值鉴定

存货价值鉴定，分为外购存货成本价值鉴定、非货币交易途径获取存货的成本价值鉴定、委托加工存货成本价值鉴定、自制存货成本价值鉴定、存货账面价值鉴定等。

一、外购存货成本价值鉴定的操作要点

（一）外购存货成本价值鉴定原理

1. 外购存货成本价值鉴定的一般原理

外购存货成本价值鉴定所确认的存货价值，是指外购存货的采购成本，即采

购该存货所耗费的价款和各项费税的总和。

外购存货的采购成本,包括购买价款、进口关税和其他税费、运输费、装卸费、保险费以及其他属于采购该项存货的费用。例如:

境内外购存货的采购成本 = 买价(原价 − 商业折扣 − 现金折扣)+ 运输费 + 装卸费 + 保险费 + 外购存货负担的税金 + 其他费用(如专用借款费用等)

直接进口存货的采购成本 = 到岸价格 + 境内费用 + 外购存货负担的进口环节税金 ± 外汇价差

或

直接进口存货的采购成本 = 离岸价格 + 进口途中费用 + 境内费用 + 外购存货负担的进口环节税金 ± 外汇价差

2. 外购存货费用分配原理

外购存货中产生的可分费用可以直接计算到外购存货的成本中。

外购存货中产生的共同费用(不可分费用),可以根据计费单价确认某项存货应分摊的费用,或根据费用计价依据计算出费用分摊率,再依据费用分摊率计算出应分摊的费用。其中:

应分摊费用 = 外购存货数量 × 计费单价

费用分摊率 = 同批次外购存货费用总额 ÷ 同批次外购存货买价总额 × 100%

应分摊费用 = 某项外购存货金额 × 费用分摊率

(二)外购存货成本价值鉴定所需检材

进行外购存货成本价值鉴定,通常需要具备下列检材:

1. 外购存货的订货合同或订货清单;
2. 发票、入库单、出库单等证明外购存货数量和金额的财务凭证;
3. 发票、收据等证明外购存货支付价款、费税额的财务凭证;
4. 发票、收据、金融票据等证明外购存货成本结算情况的财务凭证;
5. 证明外购存货核算情况的记账凭证、账簿;
6. 外购存货盘点表或检查外购存货数量的检查笔录;
7. 证明外购存货业务真实性的其他财务会计资料证据。

(三)采用直接鉴定法进行外购存货成本价值鉴定的操作要点

如果外购存货的种类不多,或者费用计算比较简单的,或者送检方无法提供会计核算资料的,可以采用直接鉴定法进行外购存货成本价值鉴定。

1. 有订货合同或订货清单的,检验订货合同或订货清单,明确外购存货的品种、数量及价款、费用的相关约定内容。

2. 检验发票、入库单(或其他证明已接受货物的记录),确认实际外购存货的品种、数量、金额等情况。

3. 检验发票、收据、利息单等,确认外购存货的税费。其中,对需要分配费用的,应当归集费用并计算应分摊金额。

4. 根据上述检验结果及外购存货的鉴定原理,计算确认外购存货的采购总成本。

5. 鉴定事项要求确认存货单位价值的,根据总成本和数量计算确认单位成本。

(四) 采用借用会计法进行外购存货成本价值鉴定的操作

鉴定事项涉及的存货业务较多且有独立账户核算的,通常采用借用会计法鉴定外购存货的采购成本。

1. 检验鉴定事项涉及的存货明细账户资料,并对核算外购存货品种、数量、价款相关的发生额的真实性、正确性、合规性进行鉴定,确认外购存货的数量和价款额。

2. 检验鉴定事项涉及的存货明细账户资料记载的外购存货费用发生额,验证运输费、装卸费、保险费、外购存货负担税金及其他费用发生额是否真实、正确,确认费用总额。

3. 检验同期财务会计资料,排除或发现存货外购成本被记入其他账户的情形。

4. 上述鉴定、检验中发现财务会计错误的或者需要调整的其他账项,应当编制账项调节表,列示应当调整的账项并说明理由。

5. 根据上述鉴定、检验结果和外购成本鉴定原理,计算确认外购存货的总成本额。

6. 鉴定事项要求确认外购存货单位价值的,根据总成本额和数量计算确认单位成本额。

(五) 外购存货成本价值鉴定中的注意事项

1. 采用借用会计法时,应当注意按照财务标准对相关事项进行调整。

(1) 借款费用问题。为采购存货而支付的借款费用应当属于外购成本,因而在采用借用会计法鉴定时,应当注意将财务会计主体列入"财务费用"账户核销的借款费用计入采购成本。

(2) 现金折扣问题。现金折扣可以实际减少外购成本,因而在采用借用会计法时,应当注意将财务会计主体依据会计标准未计入采购成本的现金折扣从外购成本中扣除。

(3) 商业流通主体的采购费用。采购费用应当是采购成本的组成部分,因而在采用借用会计法确认商业流通主体外购存货成本时,应当注意将财务主体根据会计标准列入其他账户的实际发生的采购费用计入采购成本。

2. 参考证据显示外购存货的财务凭证存在虚假内容的,应当结合检验外购存货的合同、盘点表或检查笔录进行分析,确定是否需要在结论事项中附加判定条件，说明已经将这类财务凭证记载的价款、费用计入了外购成本。

（六）外购存货成本价值鉴定意见

外购存货成本价值问题鉴定意见的主文部分，通常包括购销存货的主体、外购时间、种类（名称、型号）、数量、成本价值额等内容，例如，某财务主体某时点从某单位外购多少数量的某种商品的成本总额为多少元；某财务主体某时期外购某种材料的总成本为多少元；某财务主体某时点库存某种外购商品的总成本为多少元；某财务主体某时期外购某种商品的平均成本为多少元等。

二、非货币交易途径获取存货成本价值鉴定的操作要点

非货币交易途径获取的存货，是指财务主体通过接受投资、接收捐赠、债权换入、投资换入、易货贸易、无形资产换入等途径取得的存货。

接受投资形成的存货，是指财务主体接受的投资者以材料、商品等存货投资形成的存货。

接受捐赠形成的存货，是指财务主体接受的捐赠人捐赠的材料、商品等存货。

下列情形属于非货币资产换入存货：

债权换入存货，是指财务主体通过放弃债权换入的存货，包括财务主体主动用放弃债权换入的存货和财务主体被动放弃债权换入的存货。

投资换入存货，是指财务主体转让投资换入的存货。

易货贸易换入存货，是指财务主体转让存货等实物资产换入的存货。

无形资产换入存货，是指财务主体转让无形资产换入的存货。

（一）非货币交易途径获取存货的成本价值鉴定原理

非货币交易途径获取存货的成本价值鉴定原理，应当按照其形成途径的不同来确定。

接受投资形成存货的成本价值，应当按照投资合同约定价值、协议约定价值或公允价值来确定，原则上不需要通过司法会计鉴定确认，但如果发生了价外成本的，可以合同、协议的成本价值或公允价值为基础，确认其成本价值。

捐赠者将其购入的存货进行捐赠的，可以按照其外购存货成本进行成本价值鉴定；捐赠者将其自制的存货进行捐赠的，可以按照其自制存货成本进行成本价值鉴定。

非货币资产换入存货的成本价值 = 转出资产价值 − 可抵扣增值税进项税额 + 相关税费 − 收取补价 + 支付补价

其中，转出资产价值通常应当按照该资产取得成本确定，如果采用换出资产的账面价值或其他价值确认换入资产价值的，应当在鉴定意见中附加说明。

（二）非货币交易途径获取存货成本价值鉴定所需检材

进行非货币交易途径获取存货的成本价值鉴定，通常需要具备下列检材：

1. 转出资产换入存货的相关资产交换合同或协议，如债务重组合同、货物抵债协议、投资转让协议、易货贸易合同、无形资产转让合同等；

2. 交易存货形成的发票、出库单、入库单等证明存货数量和金额的财务凭证；

3. 核算换出资产和换入存货涉及的明细账户资料；

4. 涉及债权结存额鉴定、投资额鉴定、外购存货价值鉴定、存货结存额鉴定、无形资产价值问题鉴定等鉴定事项的，应当具备进行相关鉴定所需的检材及相关证据；

5. 证明换入存货、换出资产凭证内容真实性的其他财务会计资料证据等。

（三）非货币资产换入存货的成本价值鉴定操作要点

1. 检验有关债务重组、转让投资、易货贸易、转让无形资产等合同、协议，确定转出资产和换入存货的类型、价格、数量、金额等内容，并验证相关的计算是否正确。

2. 采用借用会计法，通过检验转出资产涉及的债权、投资、存货、无形资产等账户资料，进行相关的债权额价值鉴定、投资额价值鉴定、外购存货价值鉴定、存货应结存额鉴定、无形资产价值问题鉴定等，计算确认转出资产的价值。

采用换出资产的账面价值确定换入存货价值的，应当通过对换出资产的账面价值进行鉴定，确定其账面价值的正确性。

3. 检验换入存货的发票、入库等资料，验证换入存货的数量与合同、协议规定是否相符。

4. 检验换入存货的相关发票，验证可抵扣增值税进项税额、支出的税费等与合同、协议规定内容是否相符以及相关税费的支出金额。

5. 合同或协议规定补偿货币的，检验相关财务会计主体的货币资金账户资料，验证补偿货币的支出或收入金额及其与合同、协议是否相符。

6. 根据上述鉴定、检验结果和非货币资产换入存货的成本价值要素，计算确认换入存货的成本价值。

（四）非货币交易途径获取存货成本价值鉴定的结论事项

1. 接受投资、捐赠形成存货的取得成本鉴定意见的主文部分，通常包括投资或捐赠的财务主体、接受投资或捐赠的财务主体、接受投资或捐赠的时间、接受存货的种类（名称、型号等）、数量、成本价值等内容。例如，某财务主体某时点接受某投资者投资多少数量的某种存货，该项存货的取得成本为多少元；某财务主体某时点接受某捐赠者捐赠的某种存货数量多少，该项存货的取得成本为多少元。

2. 非货币资产换入存货形成存货的取得成本鉴定意见的主文部分，通常包括资产交易的主体、交易时间、转出资产和换入存货的种类（名称、型号等）、数量、成本价值等内容。例如，某财务主体某时点以某项资产换入多少数量的某项存货，按照换出（某项）资产成本价值计算，换入（某项）存货的成本价值为多少元；某财务主体某时点以某项资产换入多少数量的某类商品，按照其交易给某单位的（某项）资产的账面价值计算，换入的（某项）存货的成本价值为多少元。

三、委托加工存货成本价值鉴定的操作要点

委托加工存货，是指财务主体委托他人加工形成的材料、包装物、低值易耗品、商品等存货。

（一）委托加工存货成本价值鉴定原理

委托加工存货成本 = 耗用材料实际成本 + 加工费 + 运输费 + 装卸费 + 保险费

委托加工存货成本价值鉴定，通常采用直接鉴定法比较方便；鉴定事项涉及某类委托加工存货成本价值鉴定，可采用借用会计法进行。

（二）委托加工存货成本价值鉴定所需检材

进行委托加工存货的成本价值鉴定，通常需要具备下列检材：

1. 外购委托加工存货涉及原材料、商品外购价值鉴定的，应当具备外购存货成本价值鉴定所需的检材；

2. 委托加工存货合同或协议；

3. 委托加工存货涉及的原材料出库、运输凭证；

4. 支付委托加工存货涉及的运输费、加工费等费用的凭证；

5. 核算委托加工存货的会计凭证、明细账簿；

6. 证明外购存货业务真实性的其他财务会计资料证据。

（三）采用直接鉴定法进行加工存货成本价值鉴定操作要点

1. 检验委托加工合同等证据资料，确定委托加工存货的类型、价格、数量、金额、费用的类型与标准、结算方法等内容，并验证相关的计算是否正确。

2. 按照委托加工存货所耗用存货的取得途径，分别对其外购成本价值、自制成本价值、资产换入存货价值等进行鉴定，确认委托加工存货的原材料价值。

3. 检验委托加工存货支付加工费、运输费、装卸费、保险费等形成的费用凭证，验证费用凭证内容的正确性。

4. 根据前述鉴定、检验结果和委托加工存货的鉴定原理，计算确认委托加工存货的成本价值。

（四）采用借用会计法进行委托加工存货成本价值鉴定操作要点

1. 检验委托加工合同等证据资料，确定委托加工存货的类型、价格、数量、

金额、费用的类型与标准、结算方法等内容,并验证相关的计算是否正确。

2. 根据检验鉴定事项涉及的委托加工(物资、材料、商品等)存货明细账户资料借方列示的原材料、商品等耗用存货记录,对委托加工耗用材料、商品等进行成本价值鉴定。

3. 检验鉴定事项涉及的委托加工(物资、材料、商品等)存货明细账户借方列示的费用发生额,验证加工费用、运输费、装卸费、保险费等发生额是否真实、正确。

4. 检验同期财务会计资料,排除或发现委托加工存货成本被记入其他账户的情形。

5. 上述检验中发现财务会计错误的或者需要调整的其他账项,应当编制账项调节表,列示应当调整的账项并说明理由。

6. 根据上述鉴定、检验结果和委托加工存货价值鉴定原理,计算确认委托加工存货的总成本额。

(五) 委托加工存货成本价值鉴定意见

委托加工存货成本价值问题鉴定意见的主文部分,通常包括委托加工主体、受托加工主体、加工时间、加工存货的种类(名称、型号)、数量、价值额等内容,例如,某财务主体某时间委托某单位加工多少数量的某项商品的原材料成本为多少元、加工成本为多少元、运输费用为多少元、总成本为多少元;某财务会计主体某时点库存多少数量的某项委托加工商品的总成本为多少元等。

四、自制存货成本价值鉴定①的操作要点

(一) 自制存货成本价值鉴定原理

自制存货成本价值鉴定所确认的存货价值,是指生产、加工存货至某状态所耗费的各项费用的总和,通常包含耗用原材料成本、制造成本和其他成本。

1. 自制存货价值的构成

自制存货成本 = 制造成本 + 期间费用

其中:制造成本 = 直接费用 + 间接费用

期间费用 = 管理费用 + 财务费用

---

① 这里需要指出的是,自制存货的成本确认有的比较简单,有的则十分复杂。诉讼中涉及的这类问题鉴定较少,主要有涉及自制存货损失额确认的诉讼、涉及以自制存货成本为基础的合营纠纷的诉讼、反倾销诉讼等。各类诉讼中所涉及的鉴定原理及对成本的计算方法与精度不完全相同,因此,本书提出自制存货成本价值鉴定原理和规程仅是考虑一般诉讼情形。实践中涉及反倾销诉讼中的自制存货成本价值鉴定,请参考颜延:《反倾销司法会计》,中信出版社 2003 年版。

2. 期间费用的计算方法

某类自制存货的期间费用 = 该类自制存货的制造成本 × 期间费用率

自制存货的期间费用率 = 期间费用总和 ÷ 当期制造成本总和 × 100%

3. 在产品、半成品存货价值确认

对生产加工过程中未形成成品的在产品、半成品存货价值，按照生产耗费总额直接确认在产品成本总额；已经形成部分成品的，则需要根据不同情形，按照成品完工程度分配间接费用和期间费用。完工程度可以根据相关财务记录确认，但应当按照特别假定事项规则处理。

（二）自制存货成本价值鉴定所需检材

进行自制存货成本价值鉴定，通常需要具备下列检材：

1. 确认自制存货耗费原材料等其他存货成本价值涉及的外购存货、委托加工存货、非货币交易途径取得存货等价值鉴定所需检材；

2. 自制存货生产期间的全部会计凭证、账簿及会计报表，但自制存货耗费前期原材料的，还应包括生产期以前的会计凭证及相关账簿；

3. 自制存货生产期间的存货生产统计资料；

4. 自制存货生产期间的原材料及费用分配表、成本计算表；

5. 自制存货的材料、工时消耗定额；

6. 证明自制存货外购材料及相关费用凭证内容真实性的其他财务会计资料证据。

（三）采用借用会计法进行自制存货成本价值鉴定的操作要点

自制存货成本价值鉴定通常会涉及到自制存货主体采用的成本计算方法、自制存货主体成本核算的步骤、自制存货主体核算成本过程中形成的各种成本计算结果等事项。因此，考虑到一贯制原理，自制存货成本价值鉴定通常采用借用会计法。

1. 采用借用会计法，按照自制存货中耗费的其他存货类型，通过检验自制存货涉及的材料采购、委托加工材料、原材料、包装物、低值易耗品、材料成本差异、（自制半成品）等存货账户资料，对自制存货耗费原材料等实物资产的成本价值问题进行鉴定。

2. 检验自制存货涉及的各项存货、生产成本、制造费用等成本、费用类账户的发生额以及原材料汇总分配表，验证原材料成本结转方法是否合理、结转金额是否正确。

3. 检验制造费用、管理费用、财务费用等相关费用账户发生额以及各类费用分配表，验证各费用账户结转前的余额计算是否准确，以及各项发生额是否真实、合理。

4. 检验各生产成本、制造费用、管理费用、财务费用账户涉及的预提费用、汇兑损益等账户资料，验证相关费用的摊销方法以及结转金额的合理性。

5. 检验生产成本、成品、半成品等账户资料结合检验自制存货成本计算表、完工产品入库、盘库资料，验证结转半成品、产成品的数量与金额是否正确。

6. 根据上述鉴定、检验结果，汇总鉴定、检验中存在的核算错误，结合自制存货构成要素，调整或制作成本计算表，计算确认自制存货的总成本价值。

7. 鉴定事项要求确认自制存货单位成本价值的，根据上述鉴定确认的自制存货的总成本价值和数量，计算确认自制存货的单位成本。

（四）采用借用会计法进行自制存货成本价值鉴定时应当注意的事项

1. 检验成本费用账户资料发现弊端账项时，应在该账户检验完毕后，采用相应的方法调整计算出该项成本费用的总额。

2. 对补充或剔除的成本费用，均应逐笔列表进行说明。

3. 对采用平行结转分步法计算成本的中间步骤的在产品进行价值鉴定的，应同时检验以前各步骤的制造成本账户资料，并参照该财务主体所采用的费用摊销分配方法，按逐步结转分步法重新归集和分配费用，以便准确地计算和确认中间步骤的在产品的价值。

4. 对采用计划价格核算自制存货的，应根据实际成本与计划成本的实际差异，验证原账目中结转的成本差异是否正确。对采用实际价格核算的，应注意验证当期成本结转方法是否一致，不一致的应当根据主要结转方法进行调整。

5. 检验中发现材料结转数量与产品结转数量存在明显差异，经测试发现差异较大的，应当通知送检方核查。

6. 生产主体已不具备会计基本假设条件的，应当对相关材料账户、预提费用、待摊费用、管理费用等账户中未计入存货成本中的费用的合理性进行职业判断，确认是否应当全部计入成本。

（五）采用直接鉴定法进行自制存货成本价值鉴定的操作要点

诉讼涉及定制或专门生产某种自制存货，且生产加工程序十分简单，或者送检方无法提供会计核算资料等情形中，可以采用直接鉴定法。

1. 将财务资料按照材料、人工费、其他费用进行分类，以便分别进行检验，汇总各种成本和费用。

2. 根据合同、原材料消耗计划单等资料，检验原材料、费用凭证，剔除非自制存货需要消耗的材料、费用的凭证。

3. 检验采购原材料、辅料等财务凭证，按照直接鉴定法，确认原材料、辅料的采购成本。

4. 根据材料耗费定额，分类汇总各种原材料、辅料的消耗数量，并分别验证耗费数量、金额的相符性，耗费数量与定额有明显差异的，应当通知送检方核查。

5. 编制原材料消耗汇总表，计算确认材料消耗数量及金额。

6. 检验工资单等人工费耗费资料，编制人工费汇总表，汇总人工消耗数量和金额，如发现工资单存在虚假可能或人工消耗数量明显超出定额的，应当通知送检方核查。

7. 检验其他费用凭证，并编制其他费用汇总表，计算确认其他费用金额，其中需要进行费用分配的，按照一定标准进行分配。

8. 根据上述鉴定、检验结果和自制存货成本构成要素，编制自制存货成本计算表，计算确认自制存货的成本价值。

9. 鉴定事项要求确认自制存货单位成本价值的，根据上述鉴定确认的自制存货的总成本价值和数量，计算确认自制存货的单位成本。

（六）自制存货成本价值鉴定意见

自制存货成本价值问题鉴定意见的主文部分，通常包括自制存货的主体、制造时期、种类（名称、型号）、数量、成本价值等内容。例如，某财务主体某时期生产的某一自制存货的总成本为多少元；某财务主体某时点库存多少数量的某种自制产品的总成本为多少元；某财务主体某时点某种在产品已耗生产成本为多少元；某财务主体制造的某种产品单位成本为多少元等。

五、存货账面价值鉴定的操作要点

（一）存货账面价值鉴定原理

存货账面价值的鉴定应当以会计主体执行或应当执行的会计标准为依据。

影响存货账面价值的计量要素包括存货的账面成本、存货可变现净值、成本摊销等。

其中：

账面成本＝按照会计标准核算的存货账面原值；

存货可变现净值＝存货的估计售价－至完工时将要发生的成本－销售费用－相关税费。存货可变现净值本身属于估计值，原则上不作为司法会计鉴定的对象，财务会计主体采用存货可变现净值计提跌价准备的，应当在分析其计提依据基础上直接采用，并在鉴定意见中附加说明。

存货中的周转材料、低值易耗品的成本摊销方法包括一次转销法、五五摊销法、分次摊销法等。成本摊销事项原则上不作为司法会计鉴定的对象，但司法会计鉴定人应当根据会计主体所执行的摊销方法及一贯性原则判断其所应用的摊销方法是否合理，发现存在明显错误的，应当在鉴定意见中附加说明。

（二）存货账面价值鉴定所需检材

进行存货账面价值鉴定，通常需要具备下列检材：

1. 存货明细账簿及其会计凭证和相关会计报表；

2. 存货跌价准备等备抵账户明细账簿及其会计凭证和相关会计报表；

3. 反映存货实际结存情况的盘点表或检查笔录；

4. 证明存货核算资料真实性的其他财务会计资料证据。

（三）存货账面价值鉴定的操作要点

存货账面价值鉴定均采用借用会计法。

1. 在初步检验中应当检测会计报表、存货账户余额、跌价准备账户余额是否相符，发现不相符情形时，应当在详细检验论证方案中增加相应的检验项目。

2. 检验存货明细账户资料，依据会计标准和鉴定证据，根据存货形成的不同途径，通过相应的鉴定确认存货原值。存货原值采用公允价值的，应当检验是否具备采用该种方法确认原值的相关证据，对不具备相关证据的应当通知送检方核查。

3. 涉及对某一类存货的账面价值进行鉴定的，应当复算存货明细账户余额，并与反映实际结存情况的资料进行核对，确认余额计算是否正确和真实。

4. 存在跌价准备情形的，检验存货跌价准备账户的会计凭证，验证其可变现净值的计算依据的合理性以及计算结果的正确性，其中涉及对某一类存货的账面价值进行鉴定的，应当复算存货跌价准备账户余额，验证该账户余额计算的正确性。

5. 上述检验中发现财务会计错误的或者需要调整的其他账项，应当编制账项调节表，列示应当调整的账项并说明理由。

6. 根据上述鉴定、检验结果和存货账面价值计量方法，计算确认存货的账面价值。

（四）存货账面价值鉴定意见

1. 一般结论事项。存货账面价值问题一般鉴定意见的主文部分通常包括存货的主体、账面价值的时点、存货数量和存货的账面价值等内容。例如，某会计主体某项存货在某时点的账面结存数量为多少、账面价值为多少元；某会计主体某时间某类存货的账面价值为多少元。

2. 特别结论事项。当存货账面价值鉴定中采用了特别假定事项，或者鉴定事项中存在特殊要求的，鉴定意见中就需要做一些特别说明。例如，对接受投资、捐赠形成的存货未对原主体账面价值问题进行鉴定的，应当在鉴定意见中予以说明；存货主体采用采用公允价值计价，但检验发现缺乏依据的，应当附加判定条件予以说明；如果鉴定事项中同时要求确认原账面价值正确性内容，而鉴定中发现确实存在会计错误的，应当在鉴定意见中指出错误类型及错误金额。

第三节 固定资产价值问题鉴定

固定资产价值问题鉴定分为外购固定资产原值鉴定、非货币资产换入固定资产原值鉴定、自行建造固定资产原值鉴定、未完工固定资产价值问题鉴定、改造后固定资产原值鉴定、固定资产账面价值鉴定等。

一、固定资产价值问题鉴定的原理

固定资产价值问题鉴定，是指对固定资产原值、未完工固定资产价值、改造后固定资产价值、固定资产账面价值等问题的司法会计鉴定。

固定资产的原值鉴定，即固定资产的历史成本价值鉴定。固定资产的历史成本包括固定资产达到可使用状态前所发生的各项费用，如买价或制造成本、包装费、运杂费、安装成本、税金、途中保险费、专项借款费用等。

1. 外购固定资产原值的确认

外购固定资产原值 = 买价 + 包装费 + 运杂费 + 安装成本 + 其他费用（如税金、途中保险费、专项借款费用等）

2. 非购建固定资产原值的确认

非购建固定资产是指通过接受投资、接收捐赠、债权换入、投资换入、易货贸易、无形资产换入等途径形成的固定资产。非构建固定资产价值的鉴定原理，应当按照其形成的途径不同确定。

接受投资形成的固定资产原值，应当按照投资合同约定价值、协议约定价值或公允价值的确定，原则上不需要通过司法会计鉴定确认。但如果在这一过程中发生了价外成本的，可以合同、协议的成本价值或公允价值为基础，确认其原值。

捐赠者将其购入的固定资产进行捐赠的，可以按照其外购固定资产成本确认原值；捐赠者将其自制的固定资产进行捐赠的，可以按照其自制固定资产成本确认原值。

非货币资产换入固定资产的原值 = 转出资产价值 − 可抵扣增值税进项税额 + 相关税费 − 收取补价 + 支付补价

其中，转出资产价值通常应当按照该资产取得成本确定，如果采用换出资产的账面价值或其他价值确认换入固定资产原值的，应当在鉴定意见中附加说明。

3. 自行建造固定资产原值的确认

自行建造固定资产原值 = 全部建造成本

4. 未完工固定资产成本价值的确认

未完工固定资产是指自行建造尚未达到可使用状态的固定资产，其成本价值为截至鉴定事项指定的时间已经投入该项固定资产建造的所有材料费、人工费、机械使用费及其他相关税费的总和。

5. 固定资产改造后价值确认

固定资产改造后价值 = 固定资产改造前账面价值 − 改造发生的变价净收入（不适用部分的账面价值与变价收入差额） + 改造增加的成本费用

6. 固定资产账面价值的确认

固定资产账面价值 = 固定资产账面原值 − 固定资产累计折旧额 − 固定资产减值额

其中，固定资产减值额是一项估计价值损失额，原则上不作为司法会计鉴定的对象，财务会计主体计提固定资产减值额的，应当在分析其计提依据基础上直接采用，并在鉴定意见中附加说明。

二、固定资产价值问题鉴定所需检材

进行固定资产价值问题鉴定，通常需要具备下列检材：

1. 与购建、非构建固定资产有关的经济合同、预决算表；
2. 固定资产的外购发票及费用凭证；
3. 固定资产采购期间的全部会计凭证、账簿及会计报表；
4. 形成非购建固定资产期间的全部会计凭证、账簿及会计报表；
5. 固定资产建造期间的全部会计凭证、账簿及会计报表；
6. 固定资产改造期间的全部会计凭证、账簿及会计报表；
7. 非购建固定资产价值问题鉴定涉及的相关财务会计主体的财务会计资料；
8. 证明上述资料内容真实性的其他财务会计资料证据。

三、外购固定资产原值鉴定的操作要点

（一）采用直接鉴定法进行外购固定资产原值鉴定的操作要点

外购固定资产的原值鉴定通常采用直接鉴定法。

1. 初步检验中需要阅读外购固定资产的合同，明确外购固定资产的买价、费用等结算方法与结算途径。

2. 检验外购固定资产的合同、发票，验证合同与发票记载的固定资产类型、数量的相符性以及金额计算是否正确，明确固定资产的买价。

3. 检验外购固定资产的合同以及费用发票、完税凭证、收据等财务凭证，验证支付费用、税金的合理性和金额计算的正确性，确认固定资产购置税费金额。如果发现可能还有应当计入固定资产的费用，应当要求送检方补充相关检材。

4. 根据上述检验结果和固定资产原值构成要素，计算确认固定资产的原值。

(二) 采用借用会计法进行外购固定资产原值鉴定的操作要点

批量购置的固定资产的原值鉴定，可以采用借用会计法鉴定。

1. 检验鉴定事项涉及的固定资产明细账户资料，对该账户发生额的真实性、正确性、合规性进行鉴定。

2. 检验鉴定事项涉及的固定资产明细账户余额，验证余额计算的正确性。

3. 检验同期财务会计资料，排除或发现固定资产购置成本被记入其他账户的情形。

4. 上述检验中发现财务会计错误的或者需要调整的其他账项，应当编制账项调节表，列示应当调整的账项并说明理由。

5. 根据上述鉴定、检验结果和固定资产原值构成要素，计算确认固定资产的原值。

四、非货币资产换入固定资产原值鉴定的操作要点

1. 检验换入固定资产业务涉及的债务重组、投资转让、易货贸易、无形资产转让等合同，明确转出资产和换入固定资产的类型、价格、数量、金额等内容，并验证相关的计算是否正确。

2. 采用借用会计法，按照转出资产的类型，进行相关的债权价值鉴定、投资额鉴定、外购固定资产价值问题鉴定、无形资产价值问题鉴定等鉴定，计算确认转出资产的价值。

采用换出资产的账面价值确定换入固定资产价值的，应当通过对换出资产的账面价值进行鉴定，确定其账面价值的正确性。

3. 检验换入固定资产的发票、入库等资料，验证换入固定资产的类型、数量等与合同、协议的规定是否相符。

4. 检验换入固定资产的相关发票，验证换入固定资产所支出的税费等与合同、协议规定的内容是否相符以及相关税费的支出金额。

5. 合同或协议规定补偿货币的，检验相关的货币资金账户资料，验证补偿货币的支出或收入金额及其与合同、协议是否相符。

6. 上述鉴定、检验中发现财务会计错误的或者需要调整的其他账项，应当编制账项调节表，列示应当调整的账项并说明理由。

7. 依据上述鉴定、检验结果和非货币资产换入固定资产的成本价值鉴定原理，计算确认换入固定资产的原值。

五、自行建造固定资产原值鉴定的操作要点

自行建造固定资产，通常会形成相应的会计核算资料，因而自行建造固定资产的原值鉴定，通常采用借用会计法。

1. 根据自行建造固定资产的种类和完工日期，检验会计资料，确定单独核算自行建造固定资产的在建工程账户名称以及账户余额的截至时点。如果鉴定事项涉及的在建工程账户中包含有其他固定资产在建项目的，应当根据固定资产的项目进行分户。

在建工程账户发生额不能直接反映固定资产建造费用的（如采用以拨代报方式记账的），应当通知送检方提供核算自行建造固定资产的明细账户资料。

2. 自行建造固定资产存在外包情形的，应当检验外包合同，明确外包合同中规定的材料、费用的类型、数量、金额以及结算方法，通过检验在建工程账户资料，验证外包费用支出的正确性。

3. 检验核算自行建造固定资产的在建工程账户资料，验证该账户所有发生额及余额，并根据建造合同、工程决算表和固定资产费用构成标准，剔除并汇总与固定资产建造无关的成本费用。

4. 检验与自行建造固定资产相关的其他账户资料，如货币资金、存货、销售、应收债权、管理费用、财务费用等账户资料，发现有应当列入在建工程账户的账项，应当调整固定资产账户的发生额。

5. 复算在建工程明细账户余额，发现或排除计算错误。

6. 上述检验中发现财务会计错误的或者需要调整的其他账项，应当编制账项调节表，列示应当调整的账项并说明理由。

7. 根据上述检验结果和自行建造固定资产原值的鉴定原理，确认固定资产原值。

六、未完工固定资产价值问题鉴定的操作要点

未完工固定资产成本价值问题鉴定的操作与固定资产原值操作要求相同，但在操作中应当考虑截至鉴定事项所列未完工固定资产鉴定时点已经发生且必须支付的各项费用。

已经发生且必须支付的费用，包括成本费用已经用于固定资产的建造，基于各种原因尚未取得相应的结算凭证的各种成本费用。此类费用的确认应当根据建造合同或合同、实物凭证、劳务费用消耗记录等确认。

七、改造后固定资产原值鉴定的操作要点

改造后固定资产价值问题鉴定，通常采用借用会计法进行。

1. 对固定资产改造前的账面价值进行鉴定。

2. 检验在建工程、营业外收支等账户资料，验证改造固定资产产生的变价净收入金额以及改造费用支出金额。

3. 上述鉴定、检验中发现在建工程账户财务会计错误的，根据其对固定资

产改造核算结果的影响,编制错误账项汇总表。

4. 根据上述鉴定、检验结果和改造后固定资产原值的鉴定原理,确认改造后的固定资产价值。

八、固定资产账面价值鉴定的操作要点

固定资产账面价值鉴定采用借用会计法。

1. 根据固定资产形成途径,按照会计标准对资产主体账面列示的固定资产原值进行鉴定。

2. 固定资产折旧核算资料列明固定资产折旧方法且单独提取折旧的,根据一贯性原则鉴别、确认折旧方法是否适当,并验证折旧金额是否正确。其中,固定资产折旧核算资料没有列明固定资产折旧方法的,可以通过测试确定其所采用的折旧方法。

对采用综合折旧率的,应当根据会计资料列示的折旧方法和固定资产原值,计算确认鉴定事项涉及的固定资产的折旧额。

3. 会计主体已经计提固定资产减值准备的,应当检验处理减值准备的会计凭证,验证其所采用的减值计算方法是否符合会计标准,主要是验证有无减值准备的计算依据以及验算减值计算是否存在错误。

4. 根据上述鉴定、检验结果和固定资产账面价值的鉴定原理,计算确认固定资产的账面价值。

九、固定资产价值问题鉴定的鉴定意见

(一) 固定资产原值的鉴定意见

固定资产原值问题鉴定意见中的主文部分,通常包括固定资产主体、固定资产形成的途径和时间、固定资产的数量和原值等内容。例如,某财务主体某时间从某单位购置某项固定资产,其购置成本为多少元;某财务主体某项固定资产的建造成本为多少元;某财务主体某时点接受某投资人投资形成的某项固定资产的取得成本为多少元;某财务主体某时点通过与某单位债务重组形成的某项固定资产的取得成本为多少元;某会计主体某项固定资产某时点更新改造后的原值为多少元;截至某时点,某财务主体在建某项固定资产已发生建造成本多少元。

固定资产成本价值鉴定中,送检方发现购建固定资产中核销成本、费用的财务凭证含有虚假内容的以及固定资产取得成本含公允价值的,应当在鉴定意见中附加说明。

(二) 固定资产账面价值的鉴定意见

固定资产账面价值问题鉴定意见中的主文部分,通常包括固定资产主体、固定资产账面价值的截止时间、固定资产的账面价值等。例如,某会计主体某项固

定资产某时点的账面价值为多少元等。

固定资产账面价值问题的结论事项中，也可以同时表述固定资产的原值、累计折旧额、已计提减值损失额。

第四节　无形资产价值问题鉴定

无形资产价值问题鉴定，包括无形资产的取得成本价值鉴定和无形资产账面价值鉴定。

一、无形资产价值问题鉴定原理

无形资产的取得途径包括外购、研发以及接受投资、接受捐赠、以资产换入等非研购途径。

外购无形资产的取得成本价值为全部外购费用支出总额，即外购无形资产达到用途所支付的价款、相关税费及专业服务费用、测试费用、借款费用等其他费用的总和。

研发的无形资产取得成本价值为全部研制费用总和，即研究、开发该项无形资产所支出的各项材料、人工、专用设备、设备分摊、借款费用、管理费分摊等费用总和。

非研购途径形成的无形资产，包括通过接受投资、捐赠以及采用其他资产换入的无形资产，其取得成本价值分别按照下列方法确认：（1）接受投资、捐赠形成的无形资产的取得成本为接受投资、捐赠的约定价值或公允价值；（2）以其他资产换入的无形资产的取得成本＝转出资产价值＋相关税费－收取补价＋支付补价

无形资产的账面原值（账面成本）为按照会计标准核算的无形资产价值。

无形资产的账面原值与取得成本价值的不同之处在于：无形资产的账面原值仅反映会计标准规定的费用范围，无形资产的取得成本则包括所有费用支出总额。例如，研发无形资产的账面原值仅包括开发阶段的费用，研发无形资产的取得成本还应包括研究阶段的费用。

无形资产的账面价值为按照会计标准规定的后续计量标准确认的折余价值。其中：（1）确定使用寿命无形资产的账面价值＝账面原值－累计摊销额－累计减值额；（2）无确定使用寿命无形资产的账面价值＝账面原值－累计摊销额

二、无形资产价值问题鉴定所需检材

进行无形资产价值问题鉴定，通常需要具备下列检材：
1. 外购、研发无形资产的相关合同、研究及开发报告、研发预决算表；

2. 外购无形资产的发票及支付费用凭证、账簿；
3. 研发无形资产期间的全部会计凭证及账簿；
4. 外购或研发无形资产期间的会计报表；
5. 非研购无形资产涉及的合同、协议及相关费用凭证、账簿；
6. 证明无形资产资料真实性的其他财务会计资料证据。

三、无形资产取得成本价值鉴定的操作要点

（一）外购无形资产的成本价值问题鉴定

外购形成的无形资产的成本价值问题鉴定，通常采用直接鉴定法。

1. 通过阅读无形资产交易合同等相关资料，明确购买无形资产的类型、买价、费用等方面的约定和执行情况。
2. 检验无形资产的交易合同及发票，验证支付无形资产价款金额是否相符及相关数据计算是否正确。
3. 检验外购无形资产支付费税、专业服务费用、测试费用、借款费用等相关费用的发票、收据等财务凭证，并根据合同、协议等验证费用支出的合理性。
4. 根据上述检验结果和无形资产原值的鉴定原理，计算确认无形资产的取得成本。

（二）研发的无形资产的成本价值问题鉴定

研发形成的无形资产成本价值问题鉴定，通常采用借用会计法。

1. 通过阅读研发合同、研发报告、研发预决算文书等证据，明确无形资产研究、开发涉及的会计期间和过程，确定其可能涉及的费用类型或预算金额。
2. 检验无形资产研究阶段的管理费用等账户资料中涉及无形资产研究费用的凭证，验证费用凭证金额，并汇总确认研究阶段的费用总和。
3. 检验核算无形资产的研发支出账户资料，验证该账户所有发生额，确认相关费用发生额的真实性、合理性，确定开发阶段的费用总和。其中，对无形资产研发过程中购置的消费性材料、外包研发项目的取得成本，应当进行鉴定。
4. 检验同期相关成本费用账户资料，对各种费用分摊额的正确性、合理性进行鉴定，同时确认有无遗漏应当计入该项无形资产的研发费用。
5. 上述检验中发现财务会计错误的或者需要调整的其他账项，应当编制账项调节表，列示应当调整的账项并说明理由。
6. 根据上述检验、鉴定结果及无形资产鉴定原理，计算确认无形资产的研发成本。

（三）非货币资产换入无形资产成本价值鉴定

以资产换入的无形资产的成本价值鉴定，通常采用直接鉴定法。

1. 检验债务重组、无形资产转让等相关合同，明确转出资产和换入无形资产的种类、数量、金额等，并验证相关的计算是否正确。

2. 通过对转出资产进行价值鉴定，确认转出资产的价值。

3. 检验无形资产的相关发票，验证换入无形资产支出的税费等与合同、协议规定内容是否相符以及相关税费的支出金额。

4. 合同或协议规定补偿货币的，检验相关货币资金账户资料，验证补偿货币的支出或收入金额及其与合同、协议是否相符。

5. 根据上述鉴定、检验结果和非货币资产换入无形资产的成本价值鉴定原理，计算确认换入无形资产的成本价值。

（四）接受投资、捐赠形成的无形资产成本价值鉴定

涉及接受投资、捐赠形成的无形资产的诉讼中，需要对投资人、捐赠人购买或研发无形资产的成本价值进行鉴定的，可以根据送检方提供的投资人、捐赠人的财务会计资料，参照前述外购、研发无形资产的鉴定规程进行鉴定。

四、无形资产账面价值鉴定的操作要点

无形资产账面价值鉴定采用借用会计法。

1. 根据固定资产形成途径，按照会计标准对账面所列固定资产原值进行鉴定。

2. 检验无形资产明细账户资料，验证无形资产摊销依据是否符合会计标准，确认无形资产累计摊销金额。

3. 检验无形资产减值准备账户资料，验证无形资产减值准备计提依据是否符合会计标准，确认无形资产减值准备金额。

4. 根据上述鉴定、检验结果和无形资产账面价值构成要素，计算确认某项无形资产的账面价值。

五、无形资产价值问题鉴定的鉴定意见

（一）无形资产成本价值鉴定的结论事项

无形资产成本价值问题鉴定的主文部分，通常包括无形资产的主体、形成的途径和时间、取得成本等内容。例如，某财务主体某时点从某单位购入某项无形资产的取得成本为多少元；某财务主体某时点以某项资产从某单位换入的某项无形资产的取得成本为多少元，包括支付对价多少元等。

（二）无形资产账面价值鉴定的结论事项

无形资产账面价值问题鉴定的结论事项，通常包括无形资产的主体、账面价

值的截止时间、账面价值等内容。例如，某会计主体某项无形资产某时点的账面价值为多少元；某会计主体某项无形资产某时点的账面价值多少元，其原值为多少元、累计摊销多少元、已计提减值准备多少元等。

第五节　资产价值问题鉴定中的相关事项

一、关于生物资产价值问题的鉴定

生物资产①的价值鉴定应当根据生物资产的特性，分别参照存货成本价值鉴定和固定资产价值问题鉴定的鉴定规程操作。

（一）生物资产原值的鉴定

外购生物资产原值，应当按照采购成本确定，并参照外购存货成本价值鉴定规程进行。

自行繁育、营造的消耗性生物资产原值，应当按照收获、郁闭、出售、入库前发生的繁育、营造成本确定，并参照自制存货成本价值鉴定规程进行。

自行繁育、营造的生产性生物资产原值，应当按照达到预定生产经营目的前发生的繁育、营造成本确定，并参照固定资产价值问题鉴定规程进行。

（二）生物资产账面价值的鉴定

消耗性生物资产的账面价值鉴定，参照存货账面价值鉴定规程进行。

生产性生物资产的账面价值鉴定，参照固定资产账面价值鉴定规程进行。

公益性生物资产的账面价值鉴定，按照该资产的原值鉴定规定进行。

二、公允价值对资产价值问题鉴定意见的影响及处理方法

由于各种原因，财务会计主体会使用重置成本、可变现净值、现值等公允价值表达资产的原值，这对资产价值问题鉴定会产生影响。

1. 公允价值会影响资产历史成本价值的确认。主要表现在财务会计主体的资产产生于非货币交换、投资、资产盘盈等情形中。

2. 公允价值会影响资产账面价值的确认。主要表现为财务会计主体对资产账面价值的核算自始采用公允价值模式计量。

根据上述情形，资产价值问题鉴定涉及原会计记录为公允价值的情形时，应当分别不同情形处理：

一是，资产原值鉴定中，有可以证明取得成本具体构成的鉴定证据的，应当

---

① 会计学上的生物资产，是指有生命的动、植物且不作为存货确认的资产。生物资产的特点之一就是其价值随时发生变化。

按照取得成本的构成确认资产原值。如果取得成本中的某一证据是采用公允价值表达资产原值的，应当在鉴定意见中单独列出。

二是，资产原值鉴定中，没有可以证明取得成本具体构成的鉴定证据的，不应当受理鉴定或终止鉴定，但可以建议送检方采取评估途径确定公允价值。

三是，资产账面鉴定中，对财务会计主体已经采用的公允价值形成账面价值的，应当对其公允价值的依据和过程进行职业判断，没有明显不合理情形的，按其公允价值为基础，确认账面价值；有明显不合理情形的，应当区别不同情形进行处理：（1）对缺乏计算依据或计算依据有明显错误的，如果有证据证明计算依据合理，可以在确认会计核算错误的同时继续鉴定；（2）对某类资产的账面价值鉴定中，其中某项原公允价值的确认缺乏计算依据且没有证据证明合理计算依据的，可以作出限定性结论，将缺乏计算依据的某项资产价值作为附加判定条件处理；（3）对某项资产账面价值鉴定中，该项资产的原公允价值缺乏计算依据，且没有证据证明合理计算依据的，应当终止账面价值鉴定，并在《终止鉴定通知书》中说明该项会计错误，但有证据证明资产取得具体成本的，可以按照会计标准下的成本计算方法确认账面价值；（4）原账面显示的公允价值的计算过程存在错误的，可以在确认会计核算错误的同时继续鉴定。

三、关于资产价值损失问题的鉴定

司法实践中，基于资产管理者的决策错误、管理失当、他人侵权行为、客观因素等情形，会导致资产价值的损失，因而诉讼中常常会要求司法会计鉴定人确认资产价值损失额问题。

诉讼中涉及的资产损失问题，特别是基于特定原因产生的资产价值损失问题，应当属于法律问题范畴，不得列为司法会计鉴定事项。

诉讼中涉及确认资产损失情形及解决方案的情形主要有以下几种：

一是，资产已经灭失。这种情形中资产价值已经完全不存在，因而诉讼主体可以利用司法会计鉴定意见所确认的资产成本价值来确认资产损失额。因此，此类情形中诉讼主体可以就相关资产价值、资产应结存额等问题提请司法会计鉴定，以确定该项资产的损前价值，不需要单独就资产价值损失问题提请司法会计鉴定。如果诉讼主体采用公允价值确认资产损失的，应当通过资产评估确认。

二是，由于侵权因素导致的资产数量的减少，而引起资产损失的，可以通过资产结存及结存差异类问题鉴定确认，但鉴定意见仅表述资产库存或结存差异数量，并不能直接确认案件损失额，案件损失额的问题应当由诉讼主体根据鉴定意见和其他证据来确认。

三是，因渎职等原因造成资产损失的情形中，往往需要采用公允价值和成本价值的差额来确认损失额。这类情形的解决方案是：就资产的成本价值进行司法会计鉴定，而资产的公允价值可以通过评估确认，诉讼主体根据对鉴定意见和评估意见审查结果确认资产损失额。

四是，由于侵权等因素导致的资产毁损，这种情形中资产损失额实际上是资产损前公允价值与损后公允价值的差额，应当通过资产评估确认相关损失额。

第十二章 资产结存额及结存差异问题鉴定实务

本章主要介绍资产结存及结存差异问题鉴定的含义、类型、适用案件与鉴定目的,以及资产应结存额、小金库、结存差异额等问题的司法会计鉴定原理与操作要点。

第一节 资产结存额问题鉴定概述

一、资产结存额的含义

资产结存额,是指财务主体某时点拥有和控制的某项资产的数额,包括结存数量和结存金额。

资产结存额按照其所表述的事实不同,分为实际结存额、账面结存额和应结存额。

1. 资产的实际结存额,是指财务主体在某一时点实际拥有和控制的某项资产的数额。

2. 资产的账面结存额,是指会计主体通过会计核算形成的某项资产在某时点的结存额,通常表现为资产的账户余额或会计报表中资产项目金额。

3. 资产的应结存额,是指根据资产的收入、付出凭证计算推定的资产结存额。

从诉讼角度讲,上述三类资产结存额表达的案件事实的含义不同,且证明涉案资产的实际结存额、账面结存额和应结存额的事实所需要的证据类型和需要采用的调查措施也各不相同。

首先,资产的实际结存额属于财务事实,其所表达的是财务主体拥有和控制的资产数额的客观状况,即实际的资产运行结果;资产的账面结存额属于会计事实,其所表达的是会计核算结果所反映的财务主体拥有和控制的资产数额的账面状况,即账面反映的资产运行结果;资产的应结存额并非是客观存在的财务会计事实,而是一种推定的财务事实,其所表达的是财务主体应当拥有和控制的资产数额的推定状况,即推定的资产运行结果。由于不同类型的资产结存额所表达的事实内容不同，因而诉讼中就需要采用不同类型的证据进行证明，且需要采用不同的调查措施来获取这些不同类型的证据。

其次，资产的实际结存额需要通过现场实际清点才能查明，因而诉讼中能够直接证明资产实际结存额的证据应当是能够反映实际清点结果的资产盘点表、资产交接表、检查笔录、当事人陈述、证人证言等；资产的账面结存额是会计核算的结果，因而诉讼中能够直接证明账面结存额的证据只能是反映资产核算结果的账页、会计报表等会计资料证据；资产的应结存额需要利用专门知识进行推定，因而诉讼中能够证明这一推定结果的证据应当是司法鉴定意见。

最后，诉讼中证明资产结存额的这一财务会计事实时，需要根据资产结存额的具体类型，采用不同的调查措施才能查明。资产实际结存额这一财务事实，需要通过司法会计检查、询（讯）问等调查措施，获取财务资料证据、检查笔录、言词证据等加以证明；资产账面结存额这一会计事实，则需要通过司法会计检查，获取会计资料证据加以证明；而证明资产应结存额这一财务事实则需要利用财务会计专业知识才能推定，因而需要通过司法会计鉴定这一调查措施，获取司法会计鉴定意见加以证明。

二、资产结存额问题鉴定的含义

资产应结存额问题鉴定，是指针对诉讼涉及的某财务主体的某项资产在某时点应当结存的数量、金额问题进行的司法会计鉴定。

本章主要讨论现金、有价证券、存货、固定资产等库存资产应结存额的确认问题，不包括债权、无形资产等其他资产的确认问题。

资产应结存额问题鉴定与资产价值鉴定的不同之处在于，资产应结存额问题鉴定包括现金、非投资性有价证券等价值、价物的应结存额的价值确认；资产应结存额问题鉴定除现金外，通常包括某时点资产应结存数量的确认。

在诉讼中，当涉及资产应结存额等问题的调查时，可以通过资产应结存额问题鉴定获得司法会计鉴定意见加以证明。特别需要强调的是，从财务角度讲，财务主体的某项资产无论是属于账内的还是账外的，都是该财务主体的该项资产。因此，资产应结存额问题鉴定既包括账内资产的应结存额问题的确认，也包括账外资产（如小金库）应结存额问题的确认。通常情况下，如果鉴定事项要求确认某财务主体某项资产的应结存额，应当同时包含该项资产的账内部分和账外部分。

在诉讼中，资产应结存额问题鉴定、资产结存差异问题鉴定可以单独构成鉴定事项，但也会构成财务收支、纳税、经营损益及相关会计事项等问题的司法会计鉴定的内容。司法会计鉴定人在对相关问题进行鉴定中需要进行资产应结存额问题鉴定时，除非送检方提出专门的资产应结存额问题鉴定事项，否则不需要在鉴定意见中单独列示资产应结存额问题的鉴定意见。

三、资产应结存额问题鉴定的适用案件及鉴定目的

资产应结存额问题鉴定常出现在与财产损害有关的案件中，鉴定目的通常是为了查明犯罪数额、经济活动的运行能力、运行结果等案件事实。以下列举几个例子。

1. 非法侵占公共财产或个体经营财产的犯罪案件，如贪污、职务侵占、盗窃公共财物案等。这类案件诉讼中需要查明侵占财产的行为是否存在以及被侵占财产的数额问题。通过确认涉案资产应结存额和结存差异问题，可以为证实相关资产是否被侵占以及犯罪数额等事实提供鉴定意见作为诉讼证据。例如：出纳人员贪污现金案中，现金的结存差异问题的鉴定结果为短库，则证明出纳人员可能已经非法占有了公款进而导致库存现金的短库情形，当然这一证据本身并没有指认出纳人员贪污了公款，但能够为证明犯罪后果起到证据作用。另外，这一鉴定意见中包含着具体的短库金额，在认定出纳人员贪污现金数额时，显然不能超出鉴定意见表达的短库金额，因而鉴定意见本身对证明犯罪数额会起到限定作用。

2. 涉及与资产数额有关的民事（欺诈）纠纷案件，如合作经营纠纷、委托加工纠纷等案件。这类案件纠纷中可能会涉及相关资产的交付事实的认定。通过司法会计鉴定确认涉案资产的应结存额或结存差异问题，其鉴定意见能够为证实有关当事人履行合同的能力或履行合同的结果等事实提供鉴定意见作为诉讼证据。

3. 涉及与资产数额有关的其他案件。鉴定目的可能是查明资产支付纠纷中的支付能力、查明财会服务中的资产核算错误等事实。

四、资产应结存额问题鉴定所需检材

进行资产应结存额问题鉴定，通常需要具备下列检材：

1. 鉴定事项要求确认应结存额资产的收入、付出凭证；
2. 资产收入、付出业务涉及的相关财务资料证据，如银行对账单（或银行分户账页）、资产收付凭证的相关张联；
3. 采用借用会计法进行鉴定的，需要具备鉴定涉及期间的全部会计资料；
4. 鉴定事项涉及小金库的，应当提供小金库全部核算资料；
5. 证明资产收付业务真实性的其他财务会计资料证据。

第二节　资产应结存额问题鉴定的操作

一、资产应结存额问题鉴定原理

（一）采用直接鉴定法进行资产应结存额问题鉴定

资产应结存额 = 资产收入凭证列示额合计 – 资产付出凭证列示额合计

（二）采用借用会计法进行资产应结存数额鉴定

资产应结存额为资产账面余额与资产核算差异的代数和。

资产账面余额，是指会计主体核算某项资产的账簿中记录的余额。

资产核算差异，包括资产账户余额应当增加的数额和资产账户余额应减少的数额。

资产账户余额应当增加的数额 = 借方漏记额 + 借方少记额 + 贷方虚记额 + 贷方多记额 + 借方余额漏计 + 借方余额少计 + 贷方余额虚计 + 贷方余额多计

资产账户余额应当减少的数额 = 借方虚记额 + 借方多记额 + 贷方漏记额 + 贷方少记额 + 借方余额虚计 + 借方余额多计 + 贷方余额漏计 + 贷方余额少计

原资产账户余额为借方时：

资产应结存额 = 原资产账户借方余额 ± 资产核算差异

原资产账户余额为贷方时：

资产应结存额 = ± 资产核算差异 – 原资产账户贷方余额

（三）检验期间的确定

资产应结存额是根据某期间资产收入额与资产付出额推断出的数额，这两个数额需要通过检验一定期间的财务会计资料获得。检验期间，是对检材时间范围的要求。检验期间的长短将导致鉴定涉及的资产收付业务多寡不同，检验期间的不同，可能涉及资产收付差异或核算差异不同，进而影响鉴定意见的结论事项内容，因而在资产应结存额问题鉴定中需要科学地设定检验期间。

司法会计鉴定人在确定检验期间时，通常需要考虑下列因素：

1. 鉴定意见的科学性和可靠性，由于检验期间的设定会影响到鉴定人获取检验结果内容的多寡，因而检验期间越长，其结论的科学性和可靠性会越高。

2. 检材的可收集性，即考虑客观上是否具备收集检材的条件，离鉴定时间越早的检材往往越难以获取。

3. 鉴定可用时间，即可利用的鉴定期内能否完成检验，检验期间越长需要耗费的检验时间越长，因而鉴定时间也就越长。

检验期间通常由司法会计师确定，也可以由送检方在鉴定事项中明确。

送检方在鉴定事项中明确检验期间的，司法会计师可以按照送检方确定的检验期间实施检验，并作为特别假定事项处理。如果司法会计师认为送检方确定的检验期间可能导致鉴定意见不可靠或不能达到鉴定目的，可以建议送检方修订鉴定事项。

二、资产应结存额问题鉴定的一般操作要点

资产应结存额问题鉴定大都采用借用会计法进行，但如果资产收付业务不多或者送检方不能提供会计资料的，则需要采用直接鉴定法。

（一）采用借用会计法进行资产应结存额问题鉴定的操作要点

1. 检测同期会计核算资料，确定鉴定事项资产涉及的账户情况，以便明确需要采用的具体鉴定方法。

2. 检验能够证明检验期间的期初资产结存额的交接表、盘点表等，确定鉴定事项资产账户期初余额的真实性，如果直接采用资产账户期初余额作为资产的期初结存额，应当在鉴定意见中附加说明。

3. 采用比对鉴别法对鉴定事项资产涉及的账户发生额的真实性、正确性问题实施鉴定。

4. 在检验资产账户发生额过程中，发现采用公允价值计价的发生额，应当专门进行汇总，以便在结论事项中附加说明。

5. 检验鉴定事项资产的账户余额，排除或确认余额计算错误。

6. 上述操作中发现错误账项或其他应当调整的账项，应当编制账项调节表，说明应调整账项账户余额的影响，并调整资产账户余额。

7. 根据上述操作结果，确认资产应结存额。

（二）采用直接鉴定法进行资产应结存额问题鉴定

1. 检验能够证明期初资产结存额的交接表、盘点表等，确定期初资产结存额，如果采用资产账户期初余额作为期初资产结存额，应当在鉴定意见中附加说明。

2. 检测送检的财务凭证，分别确认资产收入凭证和资产付出凭证。如果发现下列情形，应当分别作出处理：

（1）所列内容不属于本项鉴定需要确认的资产类别的，应当剔除；

（2）无法辨明资产的类型或收付业务无法识别的，通知送检人核查；

（3）存在能够影响结论事项的记录或计算错误的，通知送检人核查。

3. 检验送检财务凭证，逐一验证其所列内容为鉴定需要确认的资产，且无影响结论事项的内容。

4. 列表分别汇总计算资产收入凭证和资产付出凭证列示的数额。

5. 根据上述检验鉴定结果，计算确认资产应结存额。

三、连续确认资产各期应结存额问题的鉴定

连续确认资产各期应结存额，是指连续确认某项资产在某期间内的各期应结存额。送检方应当在鉴定事项中明确需要连续确认资产应结存额的整体期间和具体各期的时点。如确认某单位某年度各月末现金应结存额。

采用直接鉴定法进行连续确认资产各期应结存额问题鉴定，可以按照前述资产应结存额的直接鉴定法确认各期资产应结存额，同时将每期期末资产应结存额作为下一期间的期初结存额。

采用借用会计法进行连续确认资产各期应结存额问题鉴定，应当按照还原法程序进行操作：

1. 根据鉴定事项和初步检验结果确定初始期间和最后期间；
2. 对跨期记账等影响各期末值的业务进行调整；
3. 采用余额调节法或计算机辅助方法确认还原期间的各期末资产应结存额。

四、采用借用会计法实施资产应结存额问题鉴定中的注意事项

1. 无论送检人有无特殊的鉴定要求，在资产应结存额问题鉴定中，都应当对核算同一资产的所有账户资料一并进行检验。

2. 对同一资产账户核算两种或两种以上资产的情形，如果是以一种资产为主要核算内容，同时有少量其他核算内容的，可以通过剔除其他资产核算内容，确定鉴定事项涉及资产的账户内容；如该账户同时对两种以上资产进行大量核算的，则可采用分户方法，确定鉴定事项涉及资产的账户内容。

3. 鉴定事项涉及的资产同时具有多个账户（含账外账户）核算的，应当注意是否存在同一笔业务在多个账户同时登记情况，如果发现同时记账且能够识别的情形，应当只保留其中一项，其他则视为重复记账业务予以剔除；如果存在同时登记但无法直接识别的，则作为争议凭证通知送检人核查。

4. 对涉及某日某项资产支付能力鉴定目的的鉴定事项，应当注意合理地确定检验期间。通常应以该日以前的资产盘点日为检验的时间起点至该日以后的资产盘点日为止。如前后盘点有长短库情形的，还应适当扩大检验期间，以便科学准确地鉴别确认该日该项资产的实际结存情况。

5. 检验购进存货核算账户的贷方发生额时，要注意验证有关结转手续的完备性。特别应注意验证存货账户出现贷方余额的原因，以确认购进存货数量的真实性。必要时，应同时检验与之相关的成本费用、收入及货币账户资料。

五、资产应结存额问题鉴定意见

资产应结存额问题鉴定意见的主文部分通常包括资产主体、结论事项涉及的

时点、资产种类、资产应结存额（存货等资产包括应结存数量和价值）等内容。例如，某财务主体某时点库存现金应结存额为多少元；某财务主体某机构某时点某种存货的应结存数量多少（单位）、总成本为多少元等。

连续确认资产各期应结存额问题鉴定意见的主文部分通常包括资产主体、结论事项涉及的资产种类、各时点资产应结存额（存货等资产包括应结存数量和价值）等内容。例如：某财务主体某期间各月末库存现金应结存额为多少元（分别列示）。

案例 12-1：钟某某挪用公款案件

某省建筑设计院发现出纳员钟某某个人经营物流运输，便对其所管理的现金、银行存款业务进行了审计。审计发现钟某某挪用公款购置物流运输所需的大型车辆。该院向检察机关举报了钟某某挪用公款的事实。检察机关在侦查中发现，钟某某管理的账项十分混乱，现金账户余额长期在 100 万元左右，钟某某在物流运输经营中需要款项通常是直接从库存现金中拿走使用，自己也说不清挪用公款的具体情况。为了查明挪用公款给建筑设计院造成的现金损失数额，检察机关拟聘请其他机关的司法会计师就建筑设计院的库存现金应结存额与实际结存额是否相符问题进行鉴定。

被聘请的司法会计师通过与办案人员沟通发现，建筑设计院审计时没有对库存现金数额进行清点，检察机关接受案件后已经没有进行现场勘验的条件，因而该案不具备进行结存差异问题鉴定的条件，建议检察机关就建筑设计院现金应结存额问题进行鉴定，实际库存现金结存额的事实可以通过讯问犯罪嫌疑人和询问审计人员等途径查明，并将调查结果连同鉴定意见一并提供法庭，由法官确定该案造成的现金损失额，挪用公款的数额则以能够查明的将公款用于经营活动的金额确认。检察机关同意仅就建筑设计院库存现金应结存额问题进行司法会计鉴定。

根据侦查人员提供的情况，钟某某挪用公款应当是从 2001 年开始作案。由于在 2001 年前未能找到确定账实相符所需的库存现金清查资料，司法会计师决定将检验期间确定为钟某某担任出纳员期间，即 1996 年至案发。经过初步检验，司法会计师认为该设计院的会计资料比较完整，决定采用借用会计法实施鉴定。鉴定结果确认该设计院库存现金应结存额为 1,336,669.64 元。由于该金额与本案调查中查明的钟某某用于运输经营业务的花费只有 60 多万元存在较大差异，承办案件的法官与司法会计师讨论如何确定犯罪数额问题，司法会计师认为应当以查明的挪用公款用途的金额确定犯罪金额。法官采纳了这一建议，没有按照短库金额而是按照查明赃款的金额进行了定罪量刑。①

司法会计鉴定书

×检技鉴〔2003〕第×号

根据某市检察院2003年10月25日〔2003〕×检字第10号《聘请书》,受该院聘请,对某省建筑设计院原出纳员钟某某涉嫌挪用公款案涉及的财务会计问题进行司法会计鉴定。

鉴定事项:确认某省建筑设计院2003年5月171号记账凭证记账后现金日记账所列借方余额81,534.53元的正确性以及截止到5月16日的现金应结存额。

2003年10月25日至12月25日,由某市检察院副检察长××在场,在某省建筑设计院(以下简称省建筑设计院)招待所对本案涉及的财务会计资料及相关证据进行了技术检验。检验资料包括:(1)省建筑设计院1996年至2003年会计资料(含现金及银行存款日记账);(2)省建筑设计院2003年5月16日以前尚未进行账务处理的财务凭证;(3)省建筑设计院1996年至2003年工商银行、建设银行对账单等。

一、检验

(一)检验范围:省建筑设计院1996年11月至2003年5月现金账户涉及的账簿、凭证、银行对账单等资料。

(二)送检的省建筑设计院2003年现金日记账证实,该账簿记账至5月第171号记账凭证,该凭证内容记账后的账户余额为借方81,534.53元,之后没有账务记载。但检验省建筑设计院2003年会计凭证发现,该院已经编制第172号至177号记账凭证,并涉及下列现金支出业务:

172号:付××借款 31,219.00元

173号:发工资 91,624.80元

175号:付服务中心预借粮差 1,738.91元

---

① 笔者在授课中讲解过这一案例,有同行提出质疑,认为如果不是按照鉴定确认的短库数额认定犯罪数额,这项鉴定就没有意义了。笔者针对这一疑问解答道:本案诉讼中司法会计鉴定意见的意义在于锁定了单位短库现金的金额,正是由于这一金额大于其他查证结果认定的数额,才使得法官能够按照其他查证的结果认定犯罪事实。试想,如果本案中没有这项鉴定,如何确认被挪用的公款是否已经归还?比如假设本项鉴定意见低于其他查证结果,则应当证明部分公款已经归还了。该单位现金短库金额大于已经查明的挪用公款部分的金额,也许是被告人还有其他挪用、贪污公款的事实存在,但未能查明;也许是其他原因导致的短库,如丢失报销单据等。总之,鉴定意见认定的短库金额与认定犯罪数额是两码事,但其却为证明犯罪数额提供了有罪证据。

176号：付开发部借周转金　4,000.00元

上述现金支出合计128,582.71元。

（三）检验省建筑设计院2003年5月份171号以前登记的现金账户资料，未见对送检的下列现金收入凭证所列会计事项的核算记录。

1. 送检的12份现金支票反映的从银行提取现金事项，金额合计1,345,000元。其中：

（1）2001年6月1日签发05408153现金支票，通过工商银行122……8814账户提取现金260,000元；

（2）2002年3月1日签发06780104现金支票，通过工商银行1220……8814账户提取现金210,000元；

（3）2002年9月27日签发06780144现金支票，通过工商银行122……8814账户提取现金125,000元；

（4）2002年11月1日签发10748026现金支票，通过工商银行1220……8814账户提取现金90,000.00元；

（5）2002年12月2日签发10748031现金支票，通过工商银行1220……8814账户提取现金70,000.00元；

（6）2002年12月30日签发10748037现金支票，通过工商银行1220……8814账户提取现金220,000.00元；

（7）2003年1月10日签发10748038现金支票，通过工商银行1220……8814账户提取现金60,000.00元；

（8）2003年1月28日签发10748041现金支票，通过工商银行1220……8814账户提取现金110,000.00元；

（9）2003年2月27日签发10748043现金支票，通过工商银行1220……8814账户提取现金20,000.00元；

（10）2003年3月3日签发10748044现金支票，通过工商银行1220……8814账户提取现金110,000.00元；

（11）2003年4月11日签发10748050现金支票，通过工商银行1220……8814账户提取现金50,000.00元；

（12）2003年5月7日签发05432039现金支票，通过工商银行1220……8814账户提取现金20,000.00元。

2. 送检的2002年至2003年10月份《往来票据收据》收款单位记账联记载：收取"手续费"，金额合计3,168.14元（见附件一）；

3. 送检的2003年3月19日7005899号《往来票据收据》收款单位记账联记载：收取"刘××房租水电费"，金额100,000元；

4. 送检的2003年4月4日7024231号《往来票据收据》收款单位记账联

载："收取"秦××房租水电费"，金额3,500元；

5. 送检的2003年5月12日7024143号《往来票据收据》收款单位记账联记载："收取××房屋使用费"，金额6,000元。

上列未记账现金收入合计额为1,457,668.14元。

（四）检验省建筑设计院现金及银行存款账户资料发现，该设计院2001年9月28日签发05408179号现金支票提取现金310,000元，后于2001年11月编制第687号记账凭证列示现金科目借方发生额30,000元，实际登记现金日记账借方发生额30,000元。

上列账项少记现金账户借方发生额280,000元。

（五）检验省建筑设计院现金账户资料发现，该设计院现金账户贷方发生额存在下列少记错误：

1. 1997年12月第804号记账凭证列示贷方发生额295元，所附购物凭证金额合计295.20元，少列支0.20元；

2. 1998年9月第536号记账凭证列示贷方发生额1,113.60元，所附购物凭证金额合计1,298.60元，少列185元；

3. 1999年1月第59号记账凭证列示贷方发生额1,039.10元，所附购物凭证金额合计1,049.10元，少列10元；

4. 1999年4月第270号记账凭证列示贷方发生额1,075元，所附购写字板等凭证金额合计1,079元，少列4元；

5. 1999年9月第603号记账凭证列示贷方发生额1,181.50元，所附差旅费凭证金额合计1,289.30元，少列107.80元；

6. 1999年11月第789号记账凭证列示贷方发生额1,959.32元，所附购物凭证金额合计2,086.32元，少列127元；

7. 1999年12月第831号记账凭证列示贷方发生额320.20元，所附购物凭证金额合计511.20元，少列191元；

8. 2002年2月第75号记账凭证列示贷方发生额930元，所附购物凭证金额合计1,410元，少列480元；

9. 2002年6月第337号记账凭证列示贷方发生额222.80元，所附购物凭证金额合计552.30元，少列329.50元；

10. 2002年8月第433号记账凭证列示贷方发生额609元，所附购展示材料等凭证金额合计609.50元，少列0.50元；

11. 2002年9月第545号记账凭证列示贷方发生额11,127.96元，所附支付保险费等凭证金额合计11,128.56元，少列0.60元。

检验省建筑设计院现金日记账证实，上列记账凭证所列发生额已经记账，少记贷方发生额共计1,435.60元。

（六）检验省建筑设计院现金账户资料发现，该设计院现金账户贷方发生额存在下列多记错误：

1. 1997年3月第976号记账凭证列示贷方发生额710元，所附购物单据金额合计为471元，多列239元；

2. 1998年8月第502号记账凭证列示贷方发生额838.40元，所附购竞赛用品单据金额合计838.20元，多列0.20元；

3. 1998年9月第561号记账凭证列示贷方发生额501.50元，所附购刹车油等单据金额合计492.50元，多列9元；

4. 1999年7月第482号记账凭证列示贷方发生额698.70元，所附购办公品等单据金额合计696.70元，多列2元；

5. 2000年3月第184号记账凭证列示贷方发生额260元，所附出发费单据60元，多列200元；

6. 2002年6月第308号记账凭证列示贷方发生额1,320元，所附购书款单据金额合计1,260元，多列60元；

7. 2002年8月第451号记账凭证列示贷方发生额1,283.70元，所附购材料单据金额合计1,276.70元，多列7元；

8. 2002年9月第534号记账凭证列示贷方发生额908.80元，所附付维修费单据金额882.80，多列26.00元。

检验省建筑设计院现金日记账证实，上列记账凭证所列发生额已经记账，多记贷方发生额合计543.20元。

（七）检验省建筑设计院现金账户资料发现，该院支付现金业务采用结算人签收并加盖"现金付讫"结算章，但下列现金结算凭证中既无结算人签收，也未加盖"现金付讫"结算章：

1. 2000年12月第779号记账凭证所附原始凭证记载付×××住房公积金4,675元；

2. 2000年12月第779号记账凭证所附原始凭证记载付×××住房公积金3,825元；

3. 2000年12月第779号记账凭证所附原始凭证记载付×××住房公积金2,625元；

4. 2000年12月第779号记账凭证所附原始凭证记载付××住房公积金1,925元；

5. 2000年12月第779号记账凭证所附原始凭证记载付×××住房公积金2,800元；

6. 2000年12月第902号记账凭证所附原始凭证记载付×××保险费808.80元；

7. 2000年12月第905号记账凭证所附原始凭证记载付××住房补贴24,696.32元；

8. 2001年12月第866号记账凭证所附原始凭证记载付×××工资3,529元；

9. 2002年10月第643号记账凭证所附原始凭证记载付××住房补贴110,655.44元；

10. 2002年10月第644号记账凭证所附原始凭证记载付××住房补贴1,000元；

11. 2003年4月第103号记账凭证所附原始凭证记载付××差旅费347元；

12. 2003年5月第122号记账凭证所附原始凭证记载付购窗帘等款项452.10元；

13. 2003年5月第128号记账凭证所附原始凭证记载付×××差旅费265元；

14. 2003年5月第128号记账凭证所附原始凭证记载付×××差旅费358元；

15. 2003年5月第129号记账凭证所附原始凭证记载付×××差旅费564元；

16. 2003年5月第129号记账凭证所附原始凭证记载付×××差旅费418元；

17. 2003年5月第139号记账凭证所附原始凭证记载付购烟、水果1,141.72元；

18. 2003年5月第142号记账凭证所附原始凭证记载付电话费补助2,080元。

检验省建筑设计院现金日记账证实，上列记账凭证所列贷方发生额均已记账，虚记贷方发生额合计162,165.38元。

（八）经检验省建筑设计院2003年5月份171号以前登记的现金账户资料，未见对送检的下列现金支出凭证所列会计事项的核算记录：

1. 送检的各类费用支出凭证76份，金额合计46,851.40元（见附件二）。

2. 送检的借款条67份，金额合计218,371.90元（见附件三）。

3. 送检的2003年5月16日250,000元现金存款凭证。经检验对账单证实，上列款项已存入省建筑设计院开户银行（工商行1220……8814）账户。

上列未记账现金支出合计额为515,223.30元。

（九）经检验省建筑设计院1996年至2002年各年度现金日记账年度余额以及2003年至171记账凭证记账后的余额，未发现余额计算错误，且各年度余额、年度结转金额与总账现金账户相符。

二、论证

（一）本项鉴定涉及下列会计学原理：

现金账户借方发生额反映现金收入业务，贷方发生额反映现金支付业务，借方余额反映库存现金结存额。

现金账户期末借方余额 = 期初借方余额 + 当期借方发生额 - 当期贷方发生额

根据上述原理，如果当期出现虚记、多记借方发生额事项，将导致虚增现金账户期末借方余额的账务后果；如果当期出现未记、少记借方发生额事项，将导致少计当期现金账户期末借方余额的账务后果；如果当期出现虚记、多记贷方发生额事项，将导致虚减当期现金账户期末借方余额的账务后果；如果当期出现未记、少记贷方发生额事项，将导致多计当期现金账户期末借方余额的账务后果。据此，当现金账户发生额出现上述错误后，正确的现金账户借方余额应为：原账户借方余额－虚记、多记借方发生额＋未记、少记借方发生额＋虚记、多记贷方发生额－未记、少记贷方发生额。

本项鉴定采用借用会计法，即根据调整后的账户余额确认现金应结存额。

（二）第（二）项检验结果表明，省建筑设计院2003年172号至176号记账凭证所列现金支付业务共计128,582.71元未记账。根据前述鉴定原理，该类错误账项会导致库存现金账户借方余额应减少而未减少的账务后果，因而应当调减现金账户借方余额128,582.71元。

（三）第（三）项检验结果表明，省建筑设计院2003年5月份登记171号记账凭证存在收入现金未记账业务，包括：从银行提取现金1,345,000元、"手续费"收入3,168.14元、收取"刘××房租水电费"100,000元、收取"秦××房租水电费"3,500元、"收取××房屋使用费"6,000元，共计1,457,668.14元。根据前述鉴定原理，该类错误账项会导致库存现金账户借方余额应增加而未增加的账务后果，因而应当调增现金账户借方余额1,457,668.14元。

（四）第（四）项检验结果表明，省建筑设计院2001年11月登记687号记账凭证所列提取现金额业务时少记借方发生额280,000元。根据前述鉴定原理，该类错误账项会导致库存现金账户借方余额应增加而未增加的账务后果，因而应当调增现金账户借方余额280,000元。

（五）第（五）项检验结果表明，省建筑设计院1997年至2002年少记贷方发生额合计1,435.60元。根据前述鉴定原理，该类错误账项会导致库存现金账户借方余额应减少而未减少的账务后果，因而应当调减现金账户借方余额1,435.60元。

（六）第（六）项检验结果表明，省建筑设计院1997年至2002年多记贷方发生额合计543.20元。根据前述鉴定原理，根据前述鉴定原理，该类错误账项会导致库存现金账户借方余额虚减少的账务后果，因而应当调增现金账户借方余额543.20元。

（七）第（七）项检验结果表明，省建筑设计院1997年至2002年存在18笔共计162,165.38元的现金结算凭证中既无结算人签收，也未加盖"现金付讫"结算章的情形，本项鉴定中将其视为尚未支付现金业务，因而虚记贷方发生额162,165.38元。根据前述鉴定原理，该类错误账项会导致库存现金账户借方余额虚减少的账务后果，因而应当调增现金账户借方余额162,165.38元。

（八）第（八）项检验结果表明，省建筑设计院2003年5月份登记171号记账凭证以前，未登记各类费用支出46,851.40元、借出款项218,371.90元、存入银行250,000元，未记账现金支出合计515,223.30元。根据前述鉴定原理，该类错误账项会导致库存现金账户借方余额应减少而未减少的账务后果，因而应当调减现金账户借方余额515,223.30元。

（九）第（一）项检验结果显示省建筑设计院原库存现金账户余额为借方81,534.53元。根据前述鉴定原理及论述，截至2003年5月16日，省建筑设计院现金账户余额应为借方1,336,669.64元，即截至2003年5月16日，省建筑设计院现金应结存额为1,336,669.64元。计算过程如下：

原账户余额81,534.53元－未记账凭证（贷方）金额128,582.71元＋未记账借方发生额1,457,668.14元＋少记借方发生额280,000元－少记贷方发生额1,435.60元＋多记贷方发生额543.20元＋虚记贷方发生额162,165.38元－未记贷方发生额515,223.30元＝1,336,669.64元

鉴于第（七）项论述中将省建筑设计院1997年至2002年存在18笔共计162,165.38元的现金结算凭证中既无结算人签收，也未加盖"现金付讫"结算章的业务视为尚未支付现金业务，因而作为虚记贷方发生额业务而增加了现金应结存额162,165.38元。如果该18笔业务中存款已经实际支付现金业务，则无须增加相应金额的库存现金应结存额。

三、鉴定结论

根据对某省建筑设计院会计核算资料及送检的财务资料证据的检验分析结果确认：

截至2003年5月16日，某省建筑设计院库存现金应结存额为1,336,669.64元。本项鉴定意见中将18笔共计162,165.38元的既无结算人签收，付款凭证中也未加盖"现金付讫"结算章的业务视为尚未支付现金业务。

××市人民检察院
司法会计师：×××
司法会计师：×××
二零零三年十二月二十五日

附件一：省建筑设计院现金收费未记账业务汇总表
附件二：省建筑设计院2003年未记账现金支出业务汇总表
附件三：省建筑设计院未记账借款业务统计表

第三节 小金库问题鉴定

一、小金库问题鉴定的诉讼意义

小金库，是指为财务主体所拥有或控制，但不为其对外提供的会计报表所控制的资产，即账外资产。

小金库问题鉴定，是指涉及小金库的财务属性、资金结存额、资金结存差异等财务问题以及小金库核算结果等会计问题的鉴定。其中，小金库涉及的会计问题的鉴定按照本书第十九章《会计问题鉴定实务》介绍的鉴定规程进行。

所谓小金库财务属性问题，是指涉案资金是否属于小金库问题的判定。通过司法会计鉴定解决这一问题，可以为证实诉讼中涉及的资产归属问题提供证据。① 另外，小金库属性确认后，凡与小金库收支有关的财务会计事实的认定可以与财务会计主体的账内收支的财务会计事实一并认定。

小金库的财务属性问题鉴定往往会与账外账的认定同步进行，既可以通过确认小金库来确认相关核算资料为账外账，也可以通过确认账外账来确认该账核算的相关资金属于小金库。

二、小金库问题的鉴定原理

（一）确认小金库财务属性问题的鉴定原理

符合下列条件的资产可以确认为小金库：

1. 有检材证明该项资产来源于财务主体的收入、收益或其非正常支出的资产。

2. 财务主体未按照该项资产的会计属性进行会计核算，相关资产账户余额（或会计报表项目）不反映该项资产结存状态。

3. 有检材证明该项资产的全部或部分被用于财务主体的公共支出，即被用于资产主体的成本、费用支出。

凡是核算小金库资金的收、付、存业务，且其核算内容和核算结果未纳入会计主体正常核算体系的，均可确认为账外账。

（二）确认小金库应结存额、结存差异问题的鉴定原理

小金库的资金结存、结存差异等问题的鉴定原理，与本章介绍的资产结存

---

① 近年来，随着规范各种经济关系的法律规范越来越多，小金库涉及的案件的类型也越来越广，并导致诉讼中涉及小金库性质问题的司法会计鉴定也在逐年增加。贪污、私分国有资产、偷税、各种非法经营、离婚等许多类型的诉讼案件都涉及到小金库性质问题的鉴定。

额、结存差异问题的鉴定原理相同。

三、小金库问题鉴定所需检材

进行小金库问题鉴定,通常需要具备下列检材:
1. 能够证明小金库期初结存额的财务会计资料证据,如交接表、盘点表等;
2. 小金库资产的收入和付出的财务凭证;
3. 能够证实小金库资产收付凭证内容真实性的其他财务资料证据;
4. 财务主体在检验期间内的全部财务会计资料。

四、小金库性质问题鉴定的操作

(一)小金库财务属性问题鉴定的操作要点

1. 检验送检的财务会计资料,验证该资料反映的初始资金来源与资产主体的关联。
2. 检验送检资料中的外来收入凭证及相关财务会计资料证据,验证小金库收入与资产主体的经营或其他收入的关联。
3. 检验送检资料中的非外来收入凭证,并与财务主体账内支出凭证在时间、内容、数额方面进行相符性验证,验证一致的,确认小金库收入中含有资产主体账内支出的资产。
4. 检验送检资料中的资金支出凭证,根据凭证内容和费用支出用途,验证是否为财务主体的成本、费用支出。
5. 根据上述操作结果和小金库含义,确认送检资料所反映的资产的小金库属性。

(二)小金库其他问题鉴定的操作

小金库的资金结存、结存差异等问题的鉴定,可以按照本章所述资产应结存额、资产结存差异问题鉴定规程进行。

(三)小金库性质问题鉴定意见

小金库财务属性问题鉴定意见的主文部分,通常包括资产主体、小金库资料名称、小金库财务属性、小金库结存情况等。例如:送检的(具有某项特征的)财务会计资料所反映的资产系某资产主体的小金库资产;甲单位小金库某期间收入多少元、支出多少元、结存多少元,其中,结存资金包括银行存款多少元、现金多少元、存货取得成本多少元。

对能够确定小金库经营资金来源于某资产主体,但无法确认经营成果资产用途是公用还是私用,导致不能认定"小金库"的,结论事项可以表述为:送检的(具有某项特征的)财务会计资料反映了某资产主体的账外经营业务。

涉及小金库资金应结存额、结存差异问题的鉴定意见的主文部分,参照本章

第二节所述鉴定意见的表述方法进行表述,但应当包括对小金库财务属性的结论事项。

案例 12-2:杨某、范某贪污案

某市食品药品检验所所长杨某伙同该所下属创收单位某认证中心滨海分中心负责人范某截留滨海分中心的部分业务收入,单独存放,并由会计人员单独记账。2004 年 11 月 24 日至 2005 年 12 月,两人分别购买个人住房各一套,利用截留公款中的 391,565 元,支付首付款和部分按揭贷款,杨某实得 192,342 元,范某实得 199,223 元;另外,两人合谋将滨海分中心收入 37,276 元据为己有。两项贪污公款共计 428,841.6 元。2006 年杨某得知某检察院调查此事,便指使会计人员将账外账资料销毁,会计人员在销毁前暗中将账外账的账簿藏匿。

某检察院在该案侦查、审查起诉阶段均未组织司法会计鉴定。起诉至法院后,鉴于购房用赃款系从杨某、范某个人存款账户中获取,被告人辩解该款项系个人合法收入,法官要求提供证明其个人存款账户归属问题的司法会计鉴定意见,以证实购房所用款项为公款。检察院撤回起诉,拟委托中介机构进行司法会计鉴定,但注册会计师认为无法鉴定。后该检察院聘请了其他检察机关的司法会计师实施鉴定。

司法会计师通过与办案人员沟通,确定了鉴定事项:确认送检账簿所列账户内容的会计属性及与下列银行存款账户的关系:

(1) 工商银行某支行 16……5702"杨某"账户;
(2) 建设银行某支行 30……6711"杨某"账户;
(3) 工商银行某支行 16……3690"范某"账户;
(4) 工商银行某支行 16……3978"范某"账户。

司法会计师对送检账簿所列 400 多笔发生额进行了逐笔分类汇总,对与正式账有关的发生额通过检验该中心会计资料进行了逐笔验证,确认隐匿收入、挤占单位收入的现象存在,进而确认送检账簿内容为该单位账外账,反映该中心小金库资金收支情况。分类汇总的结果也确认该中心账外所借范某款项已全部归还,范某还使用了 23 万元,包括其购房所用的 15 万元,但检验结果未能确认两次还款所用 10 万元的现金来源于账外经营收入,因而只能证明占用该单位 13 万元。由于该中心账外凭证已被范某隐匿,检材尚不能满足作出鉴定结论的要求,因而只能出具分析意见。

该鉴定意见证实了两被告人的个人存款账户具备单位小金库的性质,从而为证明两被告人从该账户转出用于购房的款项系公款提供了证据。法院采信了鉴定意见,判决两被告人从个人存款账户(小金库资金)款项用于个人购房的行为构成贪污罪。

司法会计分析意见书

×检技鉴〔2007〕×号

根据×××人民检察院2006年12月12日××检反贪聘〔2006〕×号《聘请书》，受该院聘请，对××市食品药品质量检验所所长杨某、某认证中心滨海分中心范某涉嫌贪污一案涉及的财务会计问题进行鉴定。

鉴定事项：

（一）确认送检的标明"杨某"、"范某"账簿所列账户内容的会计属性。

（二）确认送检的标明"杨某"、"范某"账簿所列账户内容与下列银行存款账户的关系：

（1）工商银行某支行16……5702"杨某"账户；

（2）建设银行某支行30……6711"杨某"账户；

（3）工商银行某支行16……3690"范某"账户；

（4）工商银行某支行16……3978"范某"账户。

送检的资料包括：

（一）标有"杨某"、"范某"账户名称的明细账簿一本（以下简称送检账簿）。

（二）银行资料复印件，涉及：

（1）工商银行某支行16……5702"杨某"账户（以下简称工行杨某5702户）明细账复制件；

（2）建设银行某支行30……6711"杨某"账户（以下简称建行杨某6711户）明细账复印件；

（3）工商银行某支行16……3690"范某"账户（以下简称工行范某3690户）存折复印件；

（4）工商银行某支行16……3978"范某"账户（以下简称工行范某3978户）存折复印件；

（5）上述账户的部分结算凭证复印件。

（三）某认证中心滨海分中心（以下简称滨海分中心）2003年至2005年现金日记账、银行存款日记账、总账、明细账账簿及会计凭证。

一、检验

（一）送检账簿为活页式明细账簿，共记录"杨某"、"范某"两个账户，账户余额记录连续，该账簿无其他账户记录。其中：

1."杨某"账户设有16……5702（以下简称杨某5702户）和30……6711（以下简称杨某6711户）两个明细账户。

杨某5702户无期初余额，初始业务为2003年6月12日"工资款转入"

25,720元，截至2003年7月14日余额为借方36.03元，该余额被转入杨某6711户作为期初余额，截至2004年4月22日6711户余额为借方300.33元，此后未记载发生额。

经验证，上述两个明细账户的名称（代码）与送检的工行杨某5702户、建行杨某6711户的账户名称（账号）完全一致。

2. "范某"账户设有16……3690（以下简称范某3690账户）和16……3978（以下简称范某3978账户）两个明细账户。

范某3690户无期初余额，初始业务为2003年6月3日"收范某交款"20,000元，截至2004年6月28日余额为贷方147.61元，该余额被转入范某3978户作为期初余额，截至2005年11月29日3978账户余额为借方235,592.28元，此后未记载发生额。

经验证，上述两个明细账户的名称（代码）与送检的工行范某3690户、工行范某3978户的账户名称（账号）完全一致。

（二）检验送检账簿发生额"摘要"证实，"杨某"、"范某"账户的"借方"发生额核算收入资金业务，贷方发生额核算付出资金业务。

（三）送检账簿借方发生额中除"范某"交款业务外，共计163笔，金额合计1,932,798.86元。

1. "账内"核销"工资及交通补贴"31笔转入，计1,048,390元。验证滨海分中心同时期会计资料发现，送检账簿记录的每笔"工资转入"业务，该中心同时期会计资料均有同金额现金支付工资记录（详见附件一）。其中：

转入杨某5702户40,980元；

转入杨某6711户287,320元；

转入范某3690户107,420元；

转入范某3978户612,670元。

2. 收取认证费等经营收入96笔，计585,064.30元（详见附件二）。其中：

杨某6711户收入15,065.00元；

范某3690户收入335,577.50元；

范某3978户收入234,421.80元。

上述收入部分被列为"暂收"，后转入正式账或某认证中心。

3. "账内"核销"现金费用"转账外收入24笔，计230,867.76元。验证滨海分中心同时期会计资料，送检账簿记录账内核销转账外的大宗业务均有同事项同金额现金支付费用记录（详见附件三）。其中：

转入杨某6711户78,566.41元；

转入范某3690户22,157.93元；

转入范某3978户130,143.42元。

4. 利息收入及支付利息税业务 10 笔，利息净收入合计 426.80 元（详见附件四）。其中：

杨某 5702 户利息净收入 6.03 元；

范某 3690 户利息净收入 59.07 元；

范某 3978 户利息净收入 61.70 元。

5. 从正式账基本户转入 2 笔，计 68,050 元。其中：（1）2004 年 3 月 11 日滨海分中心从基本户提取现金 48,000 元（见该中心 2004 年 3 月第 9 号记账凭证及附件），当日送检账簿出现"由基本户借入款"48,000 元记录，后 4 月 5 日该账出现"账内多开会务费发票转入款 61,000 元"后，同日记录"归还由基本户借入款"48,000 元，检验该中心正式账现金日记账 2004 年 3 月份账户记录证实，该账户在支付会费 61,000 元款项之前，其账户余额一直保持在 48,000 元以上；（2）2004 年 4 月 28 日"范某"借现金 20,050 元（见该中心 2004 年 4 月第 32 号记账凭证及附件），当日送检账簿出现"由基本户借入款"20,050 元记录，后 6 月 10 日收回范某借款 20,050 元，送检账簿于 6 月 24 日出现"由基本户借入款"20,050 元记录。

（四）送检账簿贷方发生额中除"范某"借款业务外，共计 215 笔，金额 1,696,906 元。

1. 支付工资、奖金 33 笔，计 76,540 元（详见附件五），自 2003 年 6 月至 2005 年 11 月，每月都有"付工资"记录（2003 年 11 月 21 日单独记载"付范某 7~9 月份工资"2,400 元）。其中：

杨某 5702 户支付 1,800.00 元；

杨某 6711 户支付 18,050.00 元；

范某 3690 户支付 7,470.00 元；

范某 3978 户支付 49,220.00 元。

2. 支付管理费用 21 笔，计 39,354.80 元（详见附件六）。其中：

杨某 6711 户支付 280.00 元；

范某 3690 户支付 20,082.00 元；

范某 3978 户支付 18,992.80 元。

3. 支付审核费等营业费用 82 笔，计 373,126.25 元（详见附件七）。其中：

杨某 6711 户支付 86,991.71 元；

杨某 5702 户支付 250.00 元；

范某 3690 户支付 50,819.30 元；

范某 3978 户支付 235,065.24 元。

4. 汇付"总部"22 笔，计 500,500 元（详见附件八）。其中：

杨某 6711 户汇出 185,000 元；

范某 3978 户汇出 36,500 元；

范某 3690 户汇出 279,000 元。

5. 付开发票税金 2 笔，计 990.20 元。其中：2003 年 7 月 31 日 6711 户登记 665.40 元；2005 年 9 月 26 日，3978 户登记 324.80 元。

6. "转账内"账项 38 笔，计 408,345 元（详见附件九）。其中：（1）9 笔计 10 万元"转基本户做投资款"，验证正式账现金账户资料证实，同期有同金额"收某认证中心款"现金业务记账。（2）其余为收入款项转"账内"，计 308,345 元，记载的转账事由包括：交款单位要求开发票或交款单位多开发票、款项无法收回冲账等。验证正式账现金账户，同期有同金额或多于"转账内"金额的现金销售收入记录。其中：

杨某 6711 户转出 40,000.00 元；

杨某 5702 户转出 39,100.00 元；

范某 3690 户转出 68,160.00 元；

范某 3978 户转出 261,085.00 元。

7. 净付"范某借款"计 230,000 元（详见附件十）。其中：2004 年 2 月至 4 月份，"范某借款"4 笔，计 80,000 元；2004 年 11 月 29 日"付范某暂借款（卡自取）"120,000 元，2005 年 4 月 19 日"付范某暂借款（卡自取）30,000元。

另外，2003 年 6~7 月份借"范某"款 3 笔，计 21,200 元，至 2004 年 2 月全部归还"范某"；2004 年 4 月 15 日，"收范某交回暂借款"100,000 元，当日转付"范某、杨某联合垫付的投资款"100,000 元。

（五）检验工行杨某 5702 户资料证实：该账户开户后于 2003 年 6 月 12 日存入首笔存款 24,770 元，至 2003 年 7 月 14 日销户，余额 36.30 元转入建行杨某 6711 户。杨某 6711 账户 2003 年 6 月 12 日开户存入 36.30 元，至 2004 年 4 月期末余额为 300.33 元。之后，除银行结息、扣利息税及银行费用外，无其他收支业务。

（六）送检账簿"杨某"账户与工行杨某 5702 户、建行杨某 6711 户核算一致性检验结果。

1. 发生额一致性检验

送检账簿中"杨某"账户发生额或发生额差额与工行杨某 5702 户、建行杨某 6711 户记录相符。其中：有关利息、利息税日期、金额一致；当日或当月发生额收支差额为收入的，当日或当月有同金额存款存入银行；当日或当月发生额收支差额为支出的，当日或当月有同金额提取银行存款业务。

2. 余额一致性检验

送检账簿中"杨某"账户期初余额、月度余额、2005 年余额中，除 2004 年 2、3 月份正负差额 1.20 元（差额相抵为零）外，余额一致。

（七）检验工行范某 3690 户资料证实：该账户开户后于 2003 年 6 月 3 日存入

首笔存款 15,000 元，至 2003 年 6 月 28 日销户，余额 9,330.81 元（账面余额 9,274.15 + 利息净收入 56.66 元）转入工行范某 3978 户。范某 3978 账户 2003 年 6 月 28 日开户存入 9,330.81 元，至 2004 年 11 月期末余额为 234,971.85 元。之后，除银行结息、扣利息税业务外，12 月 6 日提取 5 万元，2006 年 1 月 24 日提取 1 万元。

（八）送检账簿"范某"账户与工行范某 3690 户、工行范某 3978 户核算一致性检验结果。

1. 发生额一致性检验

送检账簿中"范某"账户 2004 年 4 月 28 日前发生额或发生额差额与工行范某 3690 户记录相同。其中：有关利息、利息税日期、金额一致；当日或当月发生额收支差额为收入的，当日或当月有金额存款存入银行账户；当日或当月发生额收支差额为支出的，当日或当月有同金额款项提取。之后的下列发生额相符：

（1）送检账簿"范某 3690"户 2004 年 6 月 28 日记录"销户收利息"56.66 元、"销户本息合计转存范某 16……3978#"9,330.81 元；同日，送检账簿"范某 3978"户记录"16……3690 范某户转存款"9,330.81 元。

验证检验工行范某 3690 户，6 月 28 日清户前余额为 9,274.15 元，列支后余额清零；银行范某 3978 户同日存入 9,330.81 元。

（2）送检账簿"范某 3978"户 2004 年 7 月 1 日记录"收利息"0.90 元，"交税"0.18 元；验证银行范某 3978 户同日发生利息存入 0.90 元，扣利息税 0.18 元。

（3）送检账簿"范某 3978"户 2004 年 11 月 29 日记录"付范某暂借款（卡自取）"120,000 元，银行范某 3978 户 11 月 24 日支付 120,000 元，该银行账户同期无其他 120,000 元支出，银行取款凭证中客户签名为"范某"。

（4）送检账簿"范某 3978"户 2005 年 4 月 19 日记录"付范某暂借款（卡自取）"30,000 元，银行范某 3978 户 4 月 17 日支付 30,000 元，该银行账户同期无其他 30,000 元支出，银行取款凭证中客户签名为"范某"。

（5）送检账簿"范某 3978"户 2005 年 8 月 11 日记录"收利息（工行存折）"451.22 元，"交利息税"90.24 元；验证银行范某 3978 户 2005 年 7 月 1 日发生利息存入 451.22 元，扣利息税 90.24 元。

2. 余额一致性检验

送检账簿中"范某"账户期初余额、月度余额中，2004 年 4 月 28 日前余额一致。2004 年后，余额不一致，差额情况如下：

月　份	账户	账外账余额	银行余额	差　额
2004 年 5 月	范某 3690	74,147.82	43,695.57	30,452.25
2004 年 6 月	范某 3978	14,173.20	18,320.81	-4,147.61
2004 年 7 月	范某 3978	42,934.24	41,433.24	1,501.00
2004 年 8 月	范某 3978	79,284.06	60,806.10	18,477.96
2004 年 9 月	范某 3978	121,683.45	93,678.64	28,004.81
2004 年 10 月	范某 3978	127,923.61	98,678.64	29,244.97
2004 年 11 月	范某 3978	20,830.65	23,647.55	-2,816.90
2004 年 12 月	范某 3978	58,213.59	47,383.55	10,830.04
2005 年 1 月	范某 3978	85,301.49	91,383.55	-6,082.06
2005 年 2 月	范某 3978	80,807.55	81,730.27	-922.72
2005 年 3 月	范某 3978	69,413.55	69,730.27	-316.72
2005 年 4 月	范某 3978	64,565.41	62,219.60	2,345.81
2005 年 5 月	范某 3978	72,573.57	58,536.80	14,036.77
2005 年 6 月	范某 3978	90,440.77	92,196.80	-1,756.03
2005 年 7 月	范某 3978	102,502.57	89,871.85	12,630.72
2005 年 8 月	范某 3978	92,125.66	92,871.85	-746.19
2005 年 9 月	范某 3978	170,422.38	167,471.85	2,950.53
2005 年 10 月	范某 3978	199,347.38	199,971.85	-624.47
2005 年 11 月	范某 3978	235,592.28	234,971.85	620.43

（九）滨海分中心送检账簿发生额凭证未送检。

（十）检验滨海分中心 2003 年至 2005 年会计报表及总账，未见表外科目记载。

（十一）检验滨海分中心 2003 年至 2005 年会计报表及总账，未见记账、算账错误。

二、分析

（一）关于送检账簿所列会计账户的属性分析

本项鉴定中确认账外账的鉴定标准为：账外账系核算未纳入单位正式账核算体系，其核算结果不受单位会计报表控制的会计事项的账簿。

本项鉴定中确认小金库的鉴定标准为：小金库是指截留、挤占单位收入形成的账外资金。

1. 账户发生额反映截留该单位收入的会计事项：第（三）、（四）项检验结果表明，该账户所列营业收入中转入正式账所列营业收入业务均涉及现金，不仅证实该账簿所列收入账项实际存在，也证明收入为该分中心收入。

2. 账户发生额反映挤占该单位收入的会计事项：第（三）项检验结果表明，该账户所列正式账中核销后"转账外"的收入业务与正式账中已经核销的现金大宗支出账项相符。

3. 账户核算过程不受该单位总账账户的控制：第（十）、（十一）项检验结果表明，正式账无表外科目且无记账、计算错误。与正式账所列现金收支业务有关的账项，其核算方向与正式账核算方向相反。

4. 账户余额未受该单位会计报表的控制：第（十一）项检验结果表明，正式账账户无记录、计算错误，因而会计报表所列项目数据不含送检账簿所列账户余额。

根据上述标准及检验结果，送检账簿所列账户核算该单位未公开单独存放的资金变化情况，符合账外账确认标准。

（二）关于送检账簿所列账户与银行账户关系的分析

送检账簿所列账户与工行杨某5702户、建行杨某6711户、工行范某3690户、工行范某3978户内容具有一致性：（1）第（一）项检验结果表明，送检账簿与杨某、范某的银行存款账户名称、账号完全相同；（2）第（二）项检验结果表明，送检账簿所涉及的账户均为收付款业务账户，与银行存款账户反映收付款业务的性质相同；（3）第（四）、（五）项检验结果表明，工行杨某5702户与建行杨某6711户之间具有资金承接关系，工行范某3690户与工行范某3978户之间具有资金承接关系，与送检账簿反映的账户余额承接关系相同；（4）第（五）、（六）项检验结果表明，送检账簿记载的杨某明细账户发生额或发生额差额与杨某的两个银行存款账户发生额具有一致性，且余额相同；（5）第（七）、（八）项检验结果表明，送检账簿记载的范某明细账户发生额或发生额差额与范某的两个银行存款账户发生额具有一致性，且2004年4月28日前余额一致。

上述检验结果表明，送检账簿所列账户内容基本上反映了工行杨某5702户、建行杨某6711户、工行范某3690户、工行范某3978户，根据货币会计账户反映货币资金收付业务的特征，送检账簿主要用于反映、控制工行杨某5702户、建行杨某6711户、工行范某3690户、工行范某3978户涉及的账外资金的收支及结存情况。

（三）账外时序账通常用于核算账外货币资金，账外货币资金一般表现为现金和银行存款。因此，账外账"范某"账户借方余额多于工行范某3978户余额的620.43元，应当反映该单位账外现金的结存额620.43元。

三、分析意见

根据对送检资料的检验分析结果：

（一）送检的列有"杨某"、"范某"账户名称的账簿所列账户内容属于某认证中心滨海分中心账外账，即单位小金库账簿。

（二）送检的列有"杨某"账户名称的账簿所列"杨某"明细账户，与工商银行某支行16……5702"杨某"账户和建设银行某支行30……6711"杨某"账户有关联，并起到反映、控制两银行账户所存账外资金的收、付、存情况的作用，两个银行存款账户所列资金具备单位小金库性质。

（三）送检的列有"范某"账户名称的账簿所列"范某"明细账户，与工商银行某支行16……3690"范某"账户和工商银行某支行16……3978"范某"账户有关联，并起到反映、控制两银行账户所存账外资金的收、付、存情况的作用，两个银行存款账户所列资金具备单位小金库性质。

×××人民检察院

司法会计师：×××

司法会计师：×××

二零零七年一月十五日

附件一：滨海分中心工资列付与账外账列收对应表。共1页

附件二：滨海分中心账外账列收营业收入汇总表。共3页

附件三：滨海分中心账外账列收与账内列付费用对应表。共1页

附件四：滨海分中心账外账列存款利息及利息税汇总表。共1页

附件五：滨海分中心账外账列工资、奖金业务汇总表。共1页

附件六：滨海分中心账外账列支付管理费用业务汇总表。共1页

附件七：滨海分中心账外账营业费用业务汇总表。共3页

附件八：滨海分中心账外账列汇总部业务汇总表。共1页

附件九：滨海分中心账外账列转账内业务汇总表。共1页

附件十：滨海分中心账外账借范某款及范某借款、还款业务汇总表。共1页

第四节 资产结存差异问题鉴定

一、资产结存差异问题概述

（一）资产结存差异问题鉴定的含义

资产结存差异，是指库存资产的应结存额与实际结存额不符的情形，其中：

库存资产的应结存额小于实际结存额的为长库,库存资产的应结存额大于实际结存额的为短库。

资产结存差异额,是指资产的实际结存额与应结存额不符的差额。

资产结存差异问题鉴定,是指涉及资产的应结存额与实际结存额是否相符问题的司法会计鉴定。

(二)资产结存差异问题鉴定的适用案件及鉴定目的

资产结存差异问题鉴定常出现于下列案件的调查中:

1. 涉及侵犯财产的案件。如盗窃公共财物、贪污、职务侵占、挪用公款(资金)案等,鉴定目的是查明犯罪对象和犯罪后果。

2. 涉及渎职的案件。如玩忽职守、滥用职权、失职被骗案等,鉴定目的是查明犯罪行为造成的损失额。

3. 涉及资产盈余或损失的民事、行政案件。如合同纠纷案、不服行政处罚案等,鉴定目的是查明民事过错或不正当履行行政职责等行为造成的资产损失数额。

(三)资产结存差异问题鉴定的一般原理

资产结存差异数额 = 资产应结存额 − 实际结存额

正数表示资产长库数额;负数表示资产短库数额,零表示资产应结存额与实际结存额相符(即平库)。

应当特别强调的是,资产结存差异额问题的司法会计鉴定意见中确认的长库与短库,仅证实根据司法会计鉴定证据推定的资产实际结存额与资产应结存额的差异。在具体案件中,由于送检方提供的资产实际收付证据中没有包含某些实际发生情况资产收付证据,因而鉴定意见所确认的长库与短库并不能客观地反映资产的升溢或损失情况。

资产差异额的鉴定事项通常表述为:某财务主体某时点某项资产应结存额与实际结存额是否相符。

(四)资产结存差异额的需检资料

进行资产结存差异问题鉴定,除应当具备资产应结存额问题鉴定所需的检材外,还应当具备鉴定事项涉及资产的实际结存额资料,如:现金盘点表、物资盘点表、《勘验、检查笔录》等。

二、资产结存差异问题鉴定的操作

1. 对库存资产的应结存额问题实施鉴定,确认资产应结存额。

2. 检验库存资产实际结存额财务资料,验证资料记载内容的正确性。

3. 根据上述鉴定、检验结果及资产结存差异额问题的鉴定原理,确认库存资产是否存在差异以及差异额。

三、资产结存差异问题鉴定中的注意事项

1. 鉴定资产结存差异额,必须严格按照鉴定原理完成相关的资产应结存额问题鉴定。鉴定人不得省略相关鉴定程序,而直接将有关会计资料记录的资产结存额作为资产应结存额。排除相关资产应结存额或资产应结存额的会计核算错误,是资产结存差异额的诉讼意义所在,否则就不需要通过司法会计鉴定来确认资产结存差异。

2. 没有资产实际结存额资料的,鉴定人不得就资产数额结存差异作出鉴定意见。对资产核算结果中涉及的导致账实不符的弊端账项作出鉴定意见时,应当据实表述为"可以导致虚长库"等,不得结论为"账面损失额"。

案例 12 - 3:王××职务侵占案件

某公司煤气站站长的离职审计中,审计人员发现有三笔现金报销业务所用原始凭证系煤气公司出具的白条《"充气"证明》(证明煤气站当次从煤气公司领取煤气罐的数量和金额,相当于随货同行的凭证),而非现金支付凭证。调查后发现,报销的款项被煤气站站长王××获取。该公司将这一线索举报到公安机关。公安机关侦查后认定:犯罪嫌疑人王××在负责管理本公司煤气站工作期间,利用职务便利,于 2003 年 3 月、6 月和 10 月,分三次从该站会计处获取现金 28,000 元、33,000 元、26,000 元,共计 87,000 元,并侵吞其中的 44,140 元占为己有,构成贪污罪。该案中的一个重要情节是:会计人员的工作是由王××帮忙安排的,很感激王××,为此,当王××三次未写借条(事后也没有持票据报销)拿走 87,000 元公款后,会计人员自认为站长可能有不方便报账事项,便自作主张利用一些《"充气"证明》进行了账务处理。公安机关移送审查起诉的主要证据包括审计报告、王××供述、会计人员证言等。检察机关在审查起诉过程中,犯罪嫌疑人和会计人员同时翻供、翻证。犯罪嫌疑人称自己在侦查人员逼供和诱供的情况下承认的犯罪,会计人员则称站长拿走的款项都有正式的报销,但不是一次性报销的,所以记不清具体的报销过程情况了。公诉人员在审查书证时发现:会计人员第一次报销的 28,000 元业务,被登记到现金账的借方——即会计人员将支付现金业务作为收入现金业务记账,如果这笔款项实际付给了站长,将会导致库存现金出现 56,000 元短库。为了判明是否存在短库情况进而判明会计人员有否支付给站长 87,000 元现金的事实,公诉部门就"××公司煤气站 2003 年 12 月 31 日库存现金应结存额与实际结存额是否相符"的问题组织了司法会计鉴定。

司法会计鉴定人采用了借用会计法实施鉴定。由于会计人员三次报销的所用《"充气"证明》不属于现金支付凭证,因而在鉴别分析时将这三笔业务从现金发生额中剔除。这种情况下,如果三笔业务确实支付了现金,则应当出现大于或等于 87,000 元短库的鉴定结果,但实际鉴定结果却为长库 85.13 元,该项鉴定

结论系无罪证据。

同时，司法会计鉴定人在鉴定中发现该站在煤气销售中可能存在收入未入账的情形，因而将这些情形作为特别假定事项出具了限定性结论。

最终，检察机关依据该鉴定意见，认为认定王××构成贪污罪的证据不充分，并作出不起诉决定。

司法会计鉴定书

×检技鉴〔2006〕第 3 号

根据××县人民检察院〔2005〕第 34 号《委托鉴定书》，受本院检察长指派，对××章韵棉纺织公司煤气站站长王××涉嫌贪污一案涉及的财务会计问题进行司法会计鉴定。

鉴定事项：确认××章韵棉纺织公司煤气站 2003 年 12 月 30 日库存现金应结存额与实际结存额是否相符。

2005 年 12 月 25 日至 2006 年 1 月 8 日，在××韵棉纺织公司审计处办公室，对本案涉及下列财务会计资料进行了检验：

1. ××章韵棉纺织公司煤气站（以下简称章韵公司煤气站）2002 年 9 月至 2003 年 12 月反映现金收支情况的活页账（以下简称"现金账"）；

2. 部分现金收款收据；

3. 现金业务记账凭证及附件；

4. 章韵公司煤气站 2003 年 12 月 30 日的资产清查表；

5. 相关财务会计资料证据。

一、检验

对章韵公司煤气站 2002 年 9 月至 2003 年与现金收支有关的财务会计资料进行了检验。检验现金账确认，该账簿 2002 年 9 月启用，无期初余额；2003 年 12 月 30 日账面余额为 8,112.40 元。

（一）检验章韵公司煤气站所登记的现金账借方发生额及送检的部分收款收据发现：

1. 现金账 2002 年 11 月 10 日登记收入 8,180 元，所依据的 254709#收据所列煤气收入计 1,080 元，已于 2002 年 10 月 26 日记账，重记收入 1,080 元；

2. 现金账 2003 年 3 月 26 日登记收入 28,000 元，但其记账依据为《"充气"证明》，系无据记账业务；

3. 经验证发现，该站 2003 年 4 月 6 日开出的 25743#收款收据收款 828 元，未记账；

4. 经验证发现，该站 2003 年 8 月 1 日开出的 28615#收款收据收款 525 元，未记账；

5. 经验证发现，该站 2003 年 8 月 1 日开出的 28614#收款收据收款 522 元，未记账；

6. 经验证发现，该站 2003 年 6 月 30 日收到储蓄利息收入 916.91 元，未记账。

（二）经验证发现，章韵公司煤气站 2002 年 9 月至 2003 年共购进煤气 8,281 罐，已记账销售数 7,828 罐，尚有 453 罐因收款收据不全，无法确认收款情况，涉及销售收入 9,915 元（详见附件一）。

（三）经验证，章韵公司煤气站 2003 年 4 月 30 日购进煤气罐 30 个，因收款收据不全，无法确认收款情况，购进价值为 4,980 元。

（四）经检验上述期间的煤气罐采购凭证发现，该站于 2002 年 9 月从煤气公司购进带气煤气罐 655 罐，因送检资料不全，无法确认章韵公司煤气站是否已将这些气罐所带煤气销售并收取款项。该煤气销售单价为 20 元，涉及销售金额为 13,100 元。

（五）经验证，章韵公司煤气站 2003 年 1 月 6 日借给本公司财务处现金 12,000 元未记账（详见该厂财务处 2003 年 1 月第 4 号收款记账凭证及附件）。

（六）经验证，章韵公司煤气站 2003 年 3 月 5 日借给本公司鸿盛商店现金 3,000 元未记账（详见该厂鸿盛商店 2003 年 3 月第 5 号记账凭证及附件）。

（七）经检验 2003 年 11 月 30 日付款记账凭证及附件发现，该凭证列支现金 42,587.60 元并已记账，其中 33,000 元列账依据为《"充气"证明》，系无付款票据。

（八）经检验 2003 年 12 月 34,264.50 元付款记账凭证及附件发现，该凭证中列支 26,000 元款项的列账依据为《"充气"证明》，系无付款票据。

（九）经检验 2003 年 12 月列账总额为 10,278.78 元付款记账凭证及附件发现，该凭证中列支的 1,073.50 元未附支出凭证，系无付款票据。

（十）经检验 2003 年 12 月列账总额为 10,287 元付款记账凭证及附件发现，该凭证中列支的 8,056.23 元列账依据为由××县××建筑公司油漆粉刷队 2004 年 6 月 13 日开出的 0866#发票。

（十一）经计算，章韵公司煤气站原账面收入现金 577,107 元，支出现金 568,994.60 元，其差额与原账面余额 8,112.40 元相符。

（十二）送检的章韵公司煤气站 1993 年 12 月资产清查表记载现金库存额为 35,039.17 元（其中银行存折 30,000 元）。

二、论证

（一）收入错账调整原理：

现金收入额 = 原账面收入额 − 重记收入额 − 无据记账额 + 收入未记账额

根据检验第（一）、（十一）项检验结果：

现金收入额 = 577,107 元 − 1,080 元 − 28,000 元 + (828 + 525 + 522 + 916.91)元 = 550,818.91 元

根据第（二）、（三）、（四）项检验结果，章韵公司煤气站1993年底以前尚有（可能为）销售收入的款项未记账，因检材不足，无法确认，故本鉴定结论所确认收入额中暂不包含尚未确认的收入额（如实际存在未记账的收入账项，则应调增收入总额及现金账户余额）。

（二）支出错账调整原理：

实际支出额 = 原账面支出额 + 支出未记账额 − 无据记账额 − 不属本期支出额

根据检验第（五）至（十）项检验结果：

实际支出额 = 568,994.60 元 + (12,000 + 3,000)元 − (33,000 + 26,000 + 1,073.50)元 − 8,056.23 元 = 515,864.8 元

（三）现金应结存额 = 实际收入额 − 实际支出额

根据前述论证结果：

现金应结存额 = 550,818.91 元 − 515,864.8 元

= 34,954.04 元（详见附件二）

（四）章韵公司煤气站2003年12月30日现金应结存额34,954.04元较第（十二）项检验所列现金实际结存额35,039.17元少85.13元，即长库85.13元。

三、鉴定结论

根据对××章韵棉纺织公司煤气站2002年9月至2003年12月部分财务会计资料检验结果确认：

该煤气站2003年12月30日库存现金应结存额与实际结存额不符，现金应结存额为34,954.04元，实际结存额为35,039.17元，长库85.13元。

上述结论不包括××韵棉纺织公司煤气站2003年底以前可能已发生的煤气及煤气罐销售收入，如存在这类收入账项，则应调增现金应结存额。

××市人民检察院

司法会计师：×××

××市××区人民检察院

司法会计师：×××

二零零六年一月十日

附件：一、章韵公司煤气站购销煤气汇总表

二、章韵公司煤气站现金账项调整表

附件一：章韵公司煤气站购销煤气汇总表

（2002 年 9 月 1 日至 2003 年 12 月 30 日）

序号	购进			销售			差额	
	数量	单价	金额	数量	单价	金额	数量	金额
1	2,774	18	49,932	2,606	20	52,120	168	3,360
2	2,727	22	57,794	2,442	23	56,166	285	6,555
3	2,780	26.5	73,670	2,780	29	80,620		
合计	8,281		181,396	7,828		188,906	453	9,915

附件二：章韵公司煤气站现金账项调整表

（2002 年 9 月至 2003 年 12 月）

调整事项	现金收入	现金支出	余额
原账面金额	577,107.00	568,994.60	8,112.40
检验（一）—1 重记	-1,080.00		
检验（一）—2 非收入	-28,000.00		
检验（一）—3 未记账	828.00		
检验（一）—4 未记账	525.00		
检验（一）—5 未记账	522.00		
检验（一）—6 未记账	916.91		
检验（五）未记账		12,000.00	
检验（六）未记账		3,000.00	
检验（七）无付款票据		-33,000.00	
检验（八）无付款票据		-26,000.00	
检验（九）无付款票据		-1,073.50	
检验（十）提前记账		-8,056.23	
合计	550,818.91	515,864.87	34,954.04

第十三章 财务往来账项问题鉴定实务

本章主要介绍财务往来账项问题鉴定的含义、类型、适用案件与鉴定目的，以及应收账项、应付账项、财务往来账项的账面价值、透支等问题的司法会计鉴定原理与操作要点。

第一节 概　　述

一、财务往来账项的含义

财务往来账项，是指具有经济往来关系的财务主体之间发生的应收账项或应付账项。其中，发生应收账项和应付账项的财务主体，称为财务往来账项主体；未来应当与财务往来账项主体结算往来账项的财务主体，称为结算对象主体。在司法会计鉴定中，无论是财务往来账项主体还是结算对象主体，都特指能够根据对财务会计资料检验结果确认的，发生财务往来账项的单位或个人。

（一）应收账项

应收账项，是指财务主体因交易或其他原因形成的，未来应当收回或可以收回资产的待结算账项。对财务往来账项主体而言，应收账项是一种债权资产。

常见的财务往来账项主体的应收账项包括：

1. 应收账款账项，即财务主体因未即时结算销售货物、提供劳务等形成的，未来应当向结算对象主体收回款项的账项。

2. 预付账款账项，即财务主体因采购货物、接受劳务的需要提前向供应方支付款项而形成的，未来能够要求结算对象主体提供资产或劳务的账项。

3. 应收票据账项，即财务主体因持有的尚未到期兑现的商业票据而形成的，未来应当从金融机构或其他结算对象主体收回款项的账项。

4. 暂付款账项，即财务主体因交易或其他原因暂时支付货币资金而形成的，未来应当从结算对象收回款项的账项。

5. 银行存款账项，即财务主体因在金融机构存放货币资金而形成的，随时能够从金融机构收回或转付款项的账项。

6. 存出保证金账项，即财务主体因交易或借款等原因向结算对象主体支付保证金而形成的，未来能够收回款项或用于抵顶应当支付款项的账项。

7. 金融机构提供贷款账项，即金融机构向客户提供贷款形成的，未来应当向客户收回货币资金的账项。

8. 其他应收款账项，即上述情形以外的财务主体因交易或其他原因形成的，未来应当收回或可以收回款项的待结算账项。

（二）应付账项

应付账项，是指财务主体因交易或其他原因形成的，未来应当支付资产的待结算账项。对财务往来账项主体而言，应付账项是一种负债义务。

常见的财务往来账项主体的应收账项包括：

1. 应付账款账项，即财务主体因采购货物、接受劳务等形成的，未来应当向结算对象主体支付款项的账项。

2. 预收账款账项，即财务主体因销售货物、提供劳务的需要提前向采购方收取款项而形成的，未来应当向结算对象主体提供资产或劳务的账项。

3. 应付票据账项，即财务主体因签发或交付尚未到期承兑的商业票据而形成的，未来应当向金融机构或其他结算对象主体支付款项的账项。

4. 暂收款（暂存款）账项，即财务主体因采购货物、接受劳务以外的原因暂时收取款项而形成的，未来应当归还结算对象主体款项的账项。

5. 应交款，即财务主体因纳税、交费等业务形成的，未来应当向税务机关或其他结算对象主体支付款项的账项。

6. 收取保证金账项，即金融机构或其他财务主体因提供贷款、货物、劳务等需要向结算对象主体收取保证金形成的，未来应当归还款项或用于抵顶应当收取款项的账项。

7. 金融机构的客户存款账项，即金融机构因吸收存款而形成的，随时需要向客户提供或转付款项的账项。

8. 金融机构贷款账项，即金融机构因向客户提供贷款而形成的，未来能够向客户收回款项的账项。

9. 其他应付款账项，即上述情形以外的财务主体因交易或其他原因形成的，未来应当支付资产的待结算账项。

二、财务往来账项问题鉴定的含义

财务往来账项问题鉴定，是指诉讼中解决财务往来账项问题的司法会计鉴定。

所谓财务往来账项问题，是指诉讼涉及的财务往来账项的形成、结算、透支或账面价值等确认问题。

1. 通过财务往来账项问题鉴定解决财务往来账项的形成问题，即判断应收账项或应付账项是否形成的问题，具体涉及判断应收账项或应付账项是否已产生,已经产生的应收账项或应付账项的具体类型和金额等问题。通常是从财务往来账项的形成根据入手,进而判断应收账项或应付账项是否成立,本质上是确认涉案财务主体之间的财务往来账项关系的存在,并判断这种关系的类型和金额。

2. 通过财务往来账项问题鉴定解决财务往来账项的结算问题,即判断已经形成的应收账项或应付账项是否已得到了清算以及清算结果等结算状态问题。通常是从财务往来账项的结算证据入手,进而判断哪些财务往来账项得到了结算及结算金额,哪些没有被结算以及未结算账项的构成和金额。

3. 通过财务往来账项问题鉴定解决财务往来账项涉及的透支问题,即判断金融机构存款、保证金等特殊财务往来账项中的透支问题。通常是其从应付账项的结算事项对账户余额影响及影响程度入手,进而判断付款账项是否存在透支以及透支金额、透支次数。

4. 通过财务往来账项问题鉴定解决财务往来账项的账面价值问题,即判断尚未结算的应收账项或应付账项按照会计标准确定的现实价值问题。通常是从财务往来账项的会计核算结果入手,在确认不存在财务会计错误的情况下,根据会计标准确认财务往来账项的账面价值。

通常上述内容的司法会计鉴定,还能够捎带解决财务往来账项中涉及的财务会计错误问题。

在诉讼中,财务往来账项问题鉴定可以单独构成鉴定事项,但也会构成涉税、投资收益、经营损益及相关会计事项等问题的司法会计鉴定的内容。司法会计鉴定人在对相关问题进行鉴定中需要进行财务往来账项问题鉴定时,除非送检方提出专门的财务往来账项问题鉴定事项,否则不需要在鉴定意见中单独列示财务往来账项问题的鉴定意见。

三、财务往来账项问题鉴定的适用案件与鉴定目的

大部分类型的经济案件都可能会涉及财务往来账项,因而各种类型案件的诉讼也都有可能涉及财务往来账项问题鉴定。换句话说,财务往来账项问题鉴定适用于不同类型的案件,其鉴定目的通常涉及查明案件涉及的财务往来关系、往来结算状态以及是否存在欺诈、侵吞、骗取财产等案件事实。

例如,侵犯公共财产的犯罪案件可能包含着复杂的财务往来账项,由于这些复杂的财务往来账项会涉及复杂的财务关系(即社会关系的一种),因而会反映出犯罪客体的状况。有的财务往来账项会影响到犯罪类型的确认,有些则可能成为无罪证据的依据。因此,送检方提请财务往来账项问题鉴定的目的大都是为了查明为犯罪所侵害的社会关系(如公共财产所有权),也有些则是为了查明作案手段、侵占公共财产数额等事实。

又如,与集资、贷款、信用证、证券、期货等金融秩序有关的各类经济欺诈

犯罪案件。这类案件中财务往来账项可能构成主要事实内容。各类经济欺诈犯罪案件中的送检方提请财务往来账项问题鉴定的目的，主要是为了查明欺诈获取款项、款项转移、非法所得数额及赃款下落等事实。

再如，涉及复杂财务往来账项的各类经济纠纷案件，如购销合同纠纷、合作经营纠纷、合伙经营纠纷案等，鉴定目的是为了查明双方往来结算的过程及结果等事实。

四、财务往来账项问题鉴定的类型

（一）按照鉴定事项涉及的往来业务类型划分

财务往来账项问题鉴定按鉴定事项涉及的往来业务类型不同，可以分为应收账项问题鉴定和应付账项问题鉴定。按照应收账项和应付账项的具体种类，还可以划分为若干具体类型的应收账项问题鉴定或应付账项问题鉴定，比如，应收账款鉴定、应付账款鉴定、银行借款鉴定等。

（二）按照鉴定目的涉及的具体问题类型划分

财务往来账项问题鉴定，按鉴定事项涉及的鉴定目的不同，可分为财务往来账项确认鉴定和财务往来账项构成鉴定。

所谓财务往来账项确认鉴定，是指涉及确认具体财务往来账项的存在、类型或某期间某项财务往来账项发生额的鉴定。例如：确认某单位应收某某单位账款额；确认某单位预收某某单位账款额等鉴定。

所谓财务往来账项构成鉴定，是指确认某时点尚未结算的财务往来账项的具体构成的鉴定。例如：确认某单位某项未结算应收账款由哪些已销售业务构成；确认某单位某项未结算应付账款由哪些已采购业务构成。财务往来账项构成的鉴定意见常常用来证明某笔财务往来账项业务是否已结算的事实。

（三）按照鉴定事项涉及的主体关系类型划分

财务往来账项问题鉴定，按照鉴定事项涉及的确认财务往来账项的主体的多寡不同，可分为单一主体的财务往来账项问题鉴定、双方财务往来账项问题鉴定和多方财务往来账项问题鉴定。

五、财务往来账项问题鉴定原理

（一）财务往来账项的确认

在财务往来账项问题鉴定中，应收账项的成立必须同时满足两个条件：（1）有证据证明应收账项主体已经支付相关款项、付出商品或其他资产、提供劳务，但尚未进行结算；（2）应收账项主体对同一结算对象主体不存在可用于抵销应收账项的应付账项。前者用于证明应收账项本身的存在，后者则用于排除因为存在财务会计错误而导致的应收账项尚未结算的假象。例如，在商品买卖业务中，甲财务主体向乙结算对象主体交付了商品并出具了发票，这表现为一笔应收账款业务，但如果乙结算对象主体事先已经向甲财务主体预付了货款——存在可用于抵销应收账款的应付账款，那么，甲财务主体的这笔应收账款就可能不成立。其中，如果甲财务主体预收货款的金额大于等于该笔应收账款金额的，则甲财务主体的这笔应收账项就不能成立；如果甲财务主体预收货款的金额小于等于该笔应收账款金额的，则甲财务主体的这笔应收账项成立，但其应收账款的金额应当是预收货款金额或应收货款金额的差额。

在财务往来账项问题鉴定中，应付账项的成立必须同时满足两个条件：(1) 有证据证明应付账项主体已经收取相关款项、收到商品或其他资产、接受劳务，但尚未进行结算；(2) 应付账项主体对同一结算对象主体不存在可用于抵销应付账项的应收账项。前者用于证明应付账项本身的存在，后者则用于排除因为存在财务会计错误而导致的应收账项尚未结算的假象。

需要特别指出的是，上述可用于抵销应收账项的应付账项或者可用于抵销应付账项的应收账项，必须满足两个条件：一是，财务往来账项的主体具有相同性，即必须是两个相同的财务主体之间的财务往来账项才能被抵销；二是，财务往来账项之间具有相互转换性质。如果财务主体不同或者没有相互结算属性的账项之间不能被认为是可用于抵销的账项。例如，对客户而言，银行存款与银行借款是两种性质的往来账项，两者之间虽然可以通过结算进行转换，但在银行借款结算前，两者并不具备相互转换性质，因而不能因为存在银行存款就认为银行借款不成立。

（二）财务往来账项结算的确认

应收账项已结算的确认标准是：应收账项的财务主体已收取结算对象主体提供的用于抵销该应收账项的款项、货物、劳务、投资等对价；或者应收账项的财务主体已产生可用于抵销该账项的应付账项。如果应收账项主体对同一结算对象主体存在其他的不可用于抵销账项的应付账项，司法会计鉴定人可以在鉴定意见中作出特别提示。

应付账项已结算的确认标准是：应付账项的财务主体已支付给结算对象主体用于抵销该应付账项的款项、货物、劳务、投资等对价；或者应付账项的财务主体已产生可用于抵销该应付账项的应收账项。如果应付账项主体对同一结算对象主体存在其他的不可用于抵销账项的应收账项，司法会计师可以在鉴定意见中作出特别提示。

对涉及有偿借款、存款引起的往来账项，司法会计鉴定人应当注意区分本金和利息，分别确认本金和利息的结算情况。

（三）财务往来账项构成的确认

财务往来账项的构成，是指构成某时点某项财务往来账项未结算总额的具体未结算账项。换句话说，某项财务往来账项的未结算总额是由哪些尚未结算的具体账项构成。如未偿还银行借款总额是由哪些尚未偿还的借款业务构成。

进行财务往来账项构成鉴定，可以根据具体鉴定事项及鉴定条件，分别采用下列方法确认具体的往来账项：

1. 逐笔确认法

逐笔确认法，是指通过逐笔确认某期间发生的具体财务往来账项是否已经结算来确认尚未结算的财务往来账项发生额。逐笔确认已结算财务往来账项后，尚未结算的财务往来账项发生额合计应当等于尚未结算的财务往来账项总额。具体操作时，需要将某期间所有相关财务往来账项的发生、结算业务全部逐笔列出，然后根据结算凭证所列业务特征（如往来对象、经办人、业务类型等）逐笔确认是否结算业务。

逐笔确认法适用于财务往来账项的发生与结算具有对应关系的各种财务往来账项构成鉴定。

2. 倒挤确认法

倒挤确认法，是指以未结算财务往来账项的最后日期为准，逆时间顺序累算往来发生额，直至与未结算总额相等，将累算涉及的往来发生事项确认为构成未结算账项总额的具体未结算事项。如果最后累算的一笔往来账项不能全额对应，该笔往来账项亦属于未结算往来账项的构成事项，但确认金额为未结算财务往来账项总额与已累算应付账项额合计的差额。例如，未结算应收账项的总金额为100万元，采用倒挤确认法已经确认 5 笔总计 95 万元的未结算账项，再累算一笔业务为 15 万元，这笔 15 万元的应收账项属于未结算账项的构成事项，但只能认定其中的 5 万元（100 万元 – 95 万元）为未结算金额。

倒挤确认法，是假定先发生的财务往来账项先结算为前提设计的一种财务往来账项构成的鉴别方法。由于先发生先结算是一种特别假定事项，因而按照特别假定事项的原则，其并不适用确认具有特定结算关系的财务往来账项构成的鉴定。通常情况下，确认财务往来账项未结算额构成时，应当先采用逐笔确认法，之后仍存在无法逐笔确认的情形时，才能采用倒挤确认法。

3. 混合财务往来账项的处理

对未按照财务往来账项的结算对象主体或者财务往来账项的类型分别核算进而形成的混合财务往来账项，通常情况下应当根据结算对象主体或财务往来账项的类型，通过分户将鉴定事项结算对象主体有关的账项独立出来，单独确认鉴定事项涉及的财务往来账项的未结算额，然后实施鉴定。如果司法会计鉴定人不进行分户处理，则只能采用逐笔确认法确认未结算账项，而不能直接采用倒挤确认法，以防止鉴定失误。

六、财务往来账项问题鉴定所需检材

进行财务往来账项问题鉴定应当具备下列检材：

1. 作为形成、结算财务往来账项依据的经济交易合同、价格表、结算协议、财务往来账项资本化协议等基础性资料；

2. 证明财务往来账项的形成、结算等实际情况的财务资料，如相关发票、收据、银行票据等；

3. 相关应收账项或应付账项涉及会计期间的会计凭证、账簿、财务会计报告，必要时，应当提供结算对象主体的同期会计凭证、账簿、会计报表；

4. 财务往来账项涉及的资产盘点记录或《勘验、检查笔录》；

5. 能够证明财务往来业务内容真实性的其他财务会计资料证据。

第二节 应收账项问题鉴定操作要点

一、确认应收账项问题鉴定的操作要点

确认应收账项的鉴定，通常采用直接鉴定法。

1. 检验鉴定事项涉及的合同以及付款票据、发票等财务凭证，验证形成应收账项的相关款项支付、货物发出、劳务付出、资产转让等实际发生证据，鉴别确认应收账项已经发生、发生额及具体类型。

2. 检验中发现形成应收账项所依据的合同、协议等与付款、支付实物的凭证等财务资料所列结算对象主体不相符的，应当通知送检方核查资金去向，并通过检验核查形成的财务会计资料证据，确认相关的财务往来关系。

3. 检验送检的其他票据，排除该账项发生时对同一结算对象发生相关收款等可抵销应收账项的情形。

4. 鉴定事项涉及确认形成应收账项所支付的资产去向问题的，可以通过检验财务会计资料及相关证据，验证相关资产的流向，并作为结论事项的组成部分。

5. 根据上述检验、鉴别结果和确认应收账项的鉴定原理，确认应收账项的类型和金额。

二、应收账项结算问题鉴定的操作要点

应收账项结算问题鉴定通常采用借用会计法，对鉴定事项只涉及少量应收账款或者送检方未能提供会计核算资料的，采用直接鉴定法。

（一）采用借用会计法进行应收账项结算问题鉴定的操作要点

1. 检验往来账户账簿，验明需确认结算结果的应收账项是否单独核算。如果鉴定事项涉及的应收账项被分别设置账户核算的，应当合并账户；如果鉴定事项涉及的应收账项被合并记入其他账户核算的，应根据业务量的大小，采用逐笔抄录或列表等方法进行分户。

2. 检验具体应收账项账户借方发生额及相关会计凭证，验证应收账项已经发生及记账金额的正确性，确认或排除弊端账项。

3. 检验具体应收账项账户贷方发生额及相关会计凭证，验证应收账项结算事项的真实性及记账金额的正确性，排除弊端账项。其中：

（1）检验中发现应收账项结算凭证与合同、协议所列结算对象主体不相符的，应当通知送检方核查资金来源，并通过检验核查形成的财务会计资料证据，确认相关的财务往来关系；

（2）对通过收取材料、商品等存货结算应收账项的，检验发票、入库单等财务会计资料，验证所收存货与应收账项的应结算存货业务一致，并验证结算金额；

（3）对通过受让债权结算应收账项的，检验转让合同、收据等财务会计资料，确认结算金额，并可以通过对结算对象主体的债权价值问题进行鉴定，验证结算金额真实性；

（4）对通过受让证券结算应收账项的，检验转让合同、收据等财务会计资料，确认结算金额，同时检验转让证券涉及的股东账户资料（或相关库存证券资料），验证证券转让业务的真实性；

（5）对通过受让股份（股权）结算应收账项的，检验转让合同、收据等财务会计资料，确认结算金额，同时检验长期投资等账户资料，验证股份（股权）受让业务的真实性；

（6）对通过受让固定资产结算应收账项的，检验转让合同、收据、发票等财务会计资料，确认结算金额，同时检验固定资产账户资料，验证受让固定资产业务的真实性；

（7）对通过受让在建项目结算应收账项的，检验转让合同、收据、发票等财务会计资料，确认结算金额，同时检验在建工程等账户资料，验证受让在建项目的真实性。

4. 检验具体应收账项账簿所列账户余额，验证账户余额计算的正确性。

5. 上述鉴定、检验中发现存在影响应收账项账户余额的弊端账项的，应当验证期初、期末的总账账户余额之间以及期末应收账项总账账户余额与各应收账项明细账户余额之间是否平衡。

6. 根据上述检验结果，制作具体应收账项账户的余额调节表，确认应收账项的已结算额和未结算额。

（二）采用直接借用会计法进行应收账项结算鉴定的操作要点

1. 区分应收账项的发生额凭证和结算额凭证，对送检的财务凭证按照时间顺序分别列表汇总。

2. 通过鉴定确认应收账款的发生额。

3. 根据应收账项结算方法，参照前述不同结算方法的检验要点，分别确认结算金额。

4. 汇总上述鉴定、检验结果，根据应收账项结算问题鉴定原理，确认应收账项已结算额和未结算额。

三、应收账项构成问题鉴定的操作

应收账项未结算总额可以根据前述应收账项问题的鉴定结果直接确认。如果需要确认该未结算应收账项的总额是由哪些未结算账项构成的，则需要实施应收账项构成问题鉴定。如果直接进行应收账项构成问题的鉴定，通常包含前述应收账项结算鉴定。

应收账项构成问题鉴定的实施，通常采用借用会计法。

1. 采用借用会计法对检验期间的应收账项的形成与结算问题进行鉴定，确认应收账项的未结算总额。

2. 根据应收账项的形成和结算凭证所列业务特征（如应收对象、经办人、业务类型等），采用逐笔确认法认定已结算业务。

3. 汇总未结算应收账项的总金额，并验证总金额与未结算应收账项总额的相符性，确认未结算应收账项的构成。

4. 无法采用逐笔确认法或采用逐笔确认法仍无法确认未结算应收账项构成时，采用倒挤确认法确认未结算应收账项的构成。

另外，如果鉴定事项要求对结算合同所列应收账项的未结算总额进行识别，且送检方无法提供相应的会计核算资料的，可以采用直接鉴定法确认未结算应收账项构成问题，即直接通过检验相关合同、往来票据、对账记录等，计算确认未结算应收账项构成。

四、应收账项问题鉴定注意事项

1. 确认应收账项的检验过程中发现存在可抵销应付账项的，应当注意排除该账项是否存在财务会计错误，例如因记账错误、票据记载错误而形成的不应当抵销的应付账项。

2. 检验中发现结算事项涉及的付款人、付货人、出让人等与应结算对象不一致的，应当通过检验相关单位的财务会计资料或相关证据，排除结算对象错误。

3. 注意采用动态平衡法，鉴别应收账项结算中受让资产的真实性。例如对可能对鉴定意见产生较大影响的资产，应当考虑通过检验受让后受让资产的处置情况。

4. 涉及债务重组的，参考证据中对债务重组合同真实性有争议的，可以在鉴定意见中附加判定条件——该鉴定意见包含了债务重组合同规定的某项安排。

5. 对某项应收账项业务尚未结算完毕的，应当注意参考证据中对该项应收账项结算情况的表述，参考证据的表述与财务会计资料证据证明情形不一致的，鉴定人应当考虑建议送检人进行核查，并根据核查形成的财务会计资料证据确定鉴定意见。

6. 应收账项的实际损失通常应当由债务人的偿还能力所决定，而偿还能力的确认通常应当由法官确认。因此，司法会计鉴定人不得直接根据账龄等坏账计量标准确认应收账项的损失。

如果送检方要求确认是否属于坏账损失的，应当专门提出鉴定事项。

如果送检方需要确认结算对象主体偿还能力的，送检方应当根据这一鉴定目的另行提出相应的鉴定事项，如对债务人的某些资产情况进行鉴定，以作为法官判断债务人偿还能力的证据依据。

如果有证据证实应收账项已经结算，只是因某些财务会计错误导致结算资金被转移或灭失，可以通过检验已偿还资金的去向资料，确认应收账项的下落，同时确认应收账项账户余额的虚假性。

7. 应收账项问题鉴定中存在下列情形时，应当考虑建议送检方核查该项资产的真实性，以便确认结算形成资产的真实性。

一是，结算应收账项取得的流动实物资产长期未被运用的，主要是指各种存货资产长期未被应用，其未被应用的主要标志是该项资产的账户余额长期没有变化。

二是，结算应收账项取得的债权性资产长期未被结算的，主要是指应收账款、其他应收款等债权性资产长期未被结算。

五、应收账项问题鉴定意见的表述

应收账项问题鉴定意见需要根据不同的鉴定事项确定相应的结论事项内容。

1. 确认应收账项问题鉴定意见的主文部分，通常包括应收账项主体和结算对象主体、应收账项的发生时间、类型和金额等。例如，甲单位某时点支付乙单位货币资金多少元，形成甲单位应收乙单位多少元资金；甲单位某时点付乙单位某种商品多少数量，形成甲单位应收账款多少元。

2. 确认应收账项结算问题鉴定意见的主文部分，通常包括应收账项主体和结算对象主体、应收账项的类型及金额、结算时间、结算收回资产的类型和金额、尚未结算金额等。例如，截至某时点甲单位应收乙单位销货款多少元尚未结算；某期间甲单位应收乙单位借款多少元，已结算收回多少元，尚未结算收回多少元。

3. 未结算应收账项构成问题鉴定意见的主文部分，通常包括应收账项主体和结算对象主体、应收账项的类型、总额、已结算额、未结算额以及具体未结算业务的构成等内容。例如，某单位某应收账项账户某时点余额多少元，由哪些未结算事项构成等。

第三节 应付账项问题鉴定操作

一、确认应付账项问题鉴定的操作要点

确认应付账项的鉴定，通常采用直接鉴定法。

1. 检验鉴定事项涉及的合同以及收款票据、发票等财务凭证，验证与应付账项形成相关的款项收取、货物入库或接受劳务、资产受让等实际发生证据，鉴别确认应付账项已经发生、发生额及类型。

2. 检验中发现形成应付账项的债权凭证、合同等预付款、交付实物凭证等财务资料所列结算对象主体不相符的，应当通知送检方核查资金去向，并通过检验核查形成的财务会计资料证据，确认相关的财务往来关系。

3. 检验送检的其他票据，排除该账项发生时对同一结算对象发生相关付款等可抵销应付账项的情形。

4. 鉴定事项涉及确认形成应付账项所收入的资产去向问题的，可以通过检验财务会计资料及相关证据，验证相关资产的流向，并作为结论事项的组成部分。

5. 根据上述检验、鉴别结果和确认应付账项的鉴定原理，确认应付账项的类型和金额。

二、应付账项结算问题鉴定的操作要点

应付账项结算问题鉴定通常采用借用会计法，对鉴定事项只涉及少量应付账款或者送检方未能提供会计核算资料的，采用直接鉴定法。

（一）采用借用会计法进行应收账项结算问题鉴定的操作要点

1. 检验往来账户账簿，验明需确认结算结果的应付账项是否单独核算。如果鉴定事项涉及的应付账项被分别设置账户核算的，应当合并账户；如果鉴定事项涉及的应付账项被合并记入其他账户核算的，应根据业务量的大小，采用逐笔抄录或列表等方法进行分户。

2. 检验具体应付账项账户贷方发生额及相关会计凭证，验证应付账项已经发生及记账金额的正确性，确认或排除弊端账项。

3. 检验具体应付账项账户贷方发生额及相关会计凭证，验证应付账项结算事项的真实性及记账金额的正确性，确认或排除弊端账项。其中：

（1）检验中发现应付账项结算凭证与合同、协议所列结算对象主体不相符的，应当通知送检方核查资金来源，并通过检验核查形成的财务会计资料证据，确认相关的财务往来关系；

（2）对通过发出材料、商品等存货结算应付账项的，检验发票、出库单等财务会计资料，验证所付存货与应付账项的应结算存货业务一致，并确认结算金额；

（3）对通过转让债权结算应付账项的，检验债权转让协议、收据等财务会计资料，验证结算主体对象已经认可债权转让结果，并确认结算金额；

（4）对通过转让证券结算应付账项的，检验转让合同、收据等财务会计资料，确认结算金额，同时检验转让证券涉及的股东账户资料（或相关库存证券资料），验证证券转让业务的真实性；

（5）对通过转让股份（股权）结算应付账项的，检验转让合同、收据等财务会计资料，确认结算金额，同时检验长期投资等账户资料，验证股份（股权）受让业务的真实性；

（6）对通过转让固定资产结算应付账项的，检验转让合同、收据、发票等财务会计资料，确认结算金额，同时检验固定资产账户资料，验证转让固定资产业务的真实性；

（7）对通过转让在建项目结算应付账项的，检验转让合同、收据、发票等财务会计资料，确认结算金额，同时检验在建工程等账户资料，验证转让在建项目的真实性。

4. 检验具体应收付账项账簿所列账户余额，验证账户余额计算的正确性。

5. 上述鉴定、检验中发现存在影响应付账项账户余额的弊端账项的，应当验证期初、期末的总账账户余额之间以及期末总账应付账项账户余额与各应付账项明细账户余额之间是否平衡。

6. 根据上述检验结果，制作具体应付账项账户的余额调节表，确认应付账项的已结算额和未结算额。

（二）采用直接借用会计法进行应付账项结算鉴定的操作要点

1. 区分应付账项的发生额凭证和结算额凭证，对送检的财务凭证按照时间顺序分别列表汇总。

2. 通过鉴定确认应付账款的发生额。

3. 根据应付账项结算方法，参照前述不同结算方法的检验要点，分别确认结算金额。

4. 汇总上述鉴定、检验结果，根据应付账项结算问题鉴定原理，确认应付账项已结算额和未结算额。

三、应付账项构成问题鉴定的操作

应付账项未结算总额可以根据前述应付账项问题的鉴定结果直接确认。如果需要确认该未结算应付账项的总额是由那些未结算账项构成的，则需要实施应付账项构成问题鉴定。如果直接进行应付账项构成问题的鉴定，通常包含前述应付账项结算鉴定。

应付账项构成问题鉴定的实施，通常采用借用会计法。

1. 采用借用会计法对检验期间的应付账项的形成与结算问题进行鉴定，确认应付账项的未结算总额。

2. 根据应付账项的形成和结算凭证所列业务特征（如应付对象、经办人、业务类型等），采用逐笔确认法认定已结算业务。

3. 汇总未结算应付账项的总金额，并验证总金额与未结算应付账项总额的相符性，确认未结算应付账项的构成；

4. 无法采用逐笔确认法或采用逐笔确认法仍无法确认未结算应付账项构成时，采用倒挤确认法确认未结算应付账项的构成。

另外，如果鉴定事项要求对结算合同所列应付账项的未结算总额进行识别，且送检方无法提供相应的会计核算资料的，可以采用直接鉴定法确认未结算应付账项构成问题，即直接通过检验相关合同、往来票据、对账记录等，计算确认未结算应付账项构成。

四、应付账项问题鉴定注意事项

1. 确认应付账项的检验过程中发现存在可抵销应收账项的，应当注意排除该账项是否存在财务会计错误，例如因记账错误、票据记载错误而形成的不应当抵销的应收账项。

2. 检验中发现结算事项涉及的收款人、收货人、转让人等与结算对象主体不一致的，应当通过检验相关单位的财务会计资料或相关证据，排除结算对象主体错误。

3. 注意采用动态平衡法，鉴别应付账项形成中受让资产的真实性。

4. 涉及债务重组的，参考证据中对债务重组合同真实性有争议的，可以在鉴定意见中附加判定条件——该鉴定意见包含了债务重组合同规定的某项安排。

5. 对某项应付账项业务尚未结算完毕的，应当注意参考证据中对该项应付账项结算情况的表述，参考证据的表述与财务会计资料证据证明情形不一致的，鉴定人应当考虑通知送检人进行核查，并根据核查形成的财务会计资料证据确定鉴定意见。

6. 应付账项问题鉴定中发现形成应付账项的资产存在下列情形时，应当考虑通知送检方核查该项资产的真实性，以便确认应付账项的真实性。

一是，应付账项形成时取得的流动实物资产长期未被运用的，主要是指各种存货资产长期未被应用，其未被应用的主要标准是该项资产的账户余额长期没有变化。

二是，应付账项形成时取得的债权性资产长期未被结算的。

五、应付账项问题鉴定意见的表述

应付账项问题鉴定意见需要根据不同的鉴定事项确定相应的结论事项内容。

1. 确认应付账项问题鉴定意见的主文部分，通常包括应付账项主体和结算对象主体、应付账项的发生时间、类型和金额等。例如，甲单位某时期从乙单位购进某种商品多少数量，形成甲单位应付乙单位货款多少元。

2. 确认应付账项结算问题鉴定意见的主文部分，通常包括应付账项主体和结算对象主体、应付账项的类型及金额、结算时间、结算收回资产的类型和金额、尚未结算金额等。例如，某时点甲单位从乙单位购进多少数量某种商品，应付乙单位货款多少元，至某时点甲单位已通过银行转账支付给乙单位货款多少元；某期间甲单位从乙单位借入某种货币资金多少元，至某时点已归还多少元，尚未归还多少元；甲单位某时期从乙单位购入多少数量的商品，共计价款多少元，截至某时点甲单位已将货款全部支付乙单位；某时点甲单位应付乙单位货款多少元，某时点甲单位交付乙单位某项固定资产，双方确认冲抵货款多少元等。

3. 未结算应付账项构成问题鉴定意见的主文部分，通常包括应付账款主体和结算对象主体、应付账项的类型、总额、已结算额、未结算额以及具体未结算业务的构成等内容。例如，某单位某应付账项账户某时点余额多少元，涉及哪些未结算事项等。

第四节 财务往来账项账面价值问题鉴定

一、财务往来账项账面价值问题鉴定原理

财务往来账项的账面价值，是指以财务往来账项主体执行（或应当执行）的会计标准为依据，计算确认的某时点某项应收账项或应付账项的价值。其中，应收账项的账面价值反映财务主体某时点可收回资产的价值；应付账项账面价值反映财务主体某时点清偿债务需要支付的资产价值。

财务往来账项账面价值问题鉴定,是指对财务往来账项的账面价值问题进行的司法会计鉴定。

影响财务往来账项账面价值的计量要素,通常包括账面原值、坏账准备、减值准备、附带利息等。

账面原值,是指按照会计标准确认的应收账项或应付账项形成时的价值。

坏账准备,包括按照会计标准估计的应收账项的坏账准备,已经计提坏账准备的应收账项的账面价值,需要根据账面原值减去坏账准备后确认。

减值准备,包括按照会计标准估计的应收账项的减值准备,已经计提减值准备的应收账项的账面价值,需要根据账面原值减去坏账准备后确认。

附带利息,是指按照合同或票据规定,应收账项或应付账项所附带的利息(如带息票据)。往来账项的账面价值需要考虑账面原值加上利息后确认。

应收账项的账面价值 = 账面原值 − 坏账准备 − 减值准备 + 附带利息

应付账项的账面价值 = 账面原值 + 附带利息

二、财务往来账项账面价值问题鉴定的操作要点

财务往来账项账面价值问题的鉴定,均采用借用会计法。

1. 检验财务往来账户资料,对账户发生额的真实性、正确性问题进行鉴定。

财务往来账户发生额真实性、正确性的鉴定,是为了确认应收账项或应付账项的原值。

2. 检验财务往来账簿记载的余额,验证账户余额计算的正确性。

检验财务往来账户余额正确性,是为了确认和排除账户余额的计算错误。

3. 检验往来票据及相关合同,确认财务往来账项涉及利息的,应当对应计利息额问题进行鉴定。

4. 检验坏账准备、减值准备等财务往来账户的备抵账户资料,验证财务往来账项是否计提坏账准备和减值准备、计提各项准备依据的合理性及是否充分、计算结果的正确性,同时计算确认财务往来账项涉及坏账准备额、减值准备额。

5. 根据上述检验、鉴定结果和财务往来账项账面价值的鉴定原理,确认财务往来账项的账面价值。

三、财务往来账项账面价值问题鉴定意见

财务往来账项账面价值问题鉴定意见的主文部分,通常包括应收账项或应付账项的财务主体、确认账面价值的时点、账面价值等内容。例如,甲单位某项财务往来账项某时点的账面价值为多少元等。

第五节　透支账项问题鉴定

一、透支的含义与类型

透支，是指客户在金融机构的存款账户中取款额（包括转出款项额，下同）大于存款额的一种财务现象。在特定情形中，也指资金往来交易中，存款方从另一方获取超出其所存数额的货币资金的情形。

透支通常会涉及金融机构和存款方等财务主体。其中，存款方泛指在金融机构或其他单位存放货币资金的财务主体。为了表述方便，本书将存款方在金融机构开设的能够存放货币资金的账户均称为存款账户，包括各种银行存款账户、证券或期货保证金账户、信用卡账户等。

（一）合法透支与非法透支

实际的经济生活中，透支包括合法透支和非法透支两种情形。

所谓合法透支，是指存款方与金融机构签有透支协议，在金融机构允许范围内进行的透支。例如信用卡透支。

所谓非法透支，是指存款方在没有与金融机构签订透支协议的情况下发生的透支，或者虽然与金融机构签订有透支协议，但超出协议规定透支金额、透支期限的透支。例如利用职务便利进行的非法透支、信用卡恶意透支等。

（二）直接透支与间接透支

按照透支的表现形式不同，透支可以分为直接透支和间接透支两种情形。

所谓直接透支，是指存款账户中不存在虚假存款业务情况下出现的透支。多数情况下的透支都属于直接透支。

间接透支，是指存款账户中存在虚假存款业务情况下出现的透支。间接透支仅发生在因故意或过失导致存款账户中记载了虚假存款业务的情形。例如，金融机构从业人员利用职务便利，故意在客户存款账户直接登记虚假存款业务或者将其他客户的存款业务错记到后来出现透支的账户中。又如，金融机构从业人员过失将应当登记的付款业务错记为收款业务，或者将应当记入其他存款账户的存款业务错记到后来发生透支的账户中。

二、透支账项问题鉴定原理

（一）透支账项问题鉴定的含义及其属性

透支账项问题鉴定，是指确认透支及透支金额问题的鉴定。

由于存款业务属于特殊的财务往来账项业务，因而透支账项问题鉴定属于一种特殊的财务往来账项问题鉴定。

(二) 透支及透支额的确认

通常情况下,存款账户的余额应当在贷方。直接透支往往会导致存款账户余额出现借方余额或贷方负余额,而间接透支不一定导致存款账户余额出现反方余额。但是,剔除虚假存款业务后,间接透支都会导致存款账户实际余额为借方余额或贷方负余额。据此,存款账户中的某笔取款业务是否属于透支业务,通常可以根据账户余额的方向进行判断。

通常情况下,可以根据下列原理确认透支账项:

1. 存款方办理的取款业务,以票据交换、货币交割的时点为准,确认该项取款业务的时点,如果金融机构登记了取款业务但没有立即付款的情况下,应当按照其实际付款业务发生时的账户余额为准,确认透支和透支额。

2. 透支付款业务发生前,账户余额为正方余额或零,透支后出现反方余额,则确认为一次透支,将反方余额确认为透支额。

3. 透支付款业务发生前,账户余额为反方余额,透支导致了反方余额增加的,则确认为一次透支,将增加的反方余额确认为透支额。

(三) 透支账项问题鉴定适用案件及所需检材

目前我国诉讼中出现的透支问题鉴定,主要发生在金融机构工作人员透支挪用公款、贪污以及信用卡诈骗等刑事案件,或者金融机构与客户之间涉及透支问题的纠纷等民事案件。

实施透支问题鉴定,通常需要具备鉴定事项涉及存款账户的账页、凭证等。

(四) 透支账项问题鉴定实践中的错误做法

在透支账项问题鉴定的司法实践中,存在着三种错误做法:一是将透支炒股收益额作为透支金额;二是将现金交割前的支付记录确定为透支额;三是将信用卡的所有借方发生额均确认为透支额。

1. 关于透支炒股案件中投资收益的性质

具有记载的资料显示,我国透支账项问题鉴定最早出现于证券从业人员透支炒股的挪用公款案件。证券从业人员透支炒股,是指证券从业人员利用职务便利,绕过保证金账户余额审查,在保证金账户存款额不足的情况下透支保证金用于购买证券的案件。证券从业人员透支炒股行为,通常会被作为挪用公款(挪用资金)案件处理。

在司法实践中,当作案人挪用公款进行证券交易形成受益后,该收益额会被作为保证金存于保证金账户,因此,保证金账户余额中会包含着部分收益额。有司法会计鉴定人认为,当作案人再次透支时,余额中包含的透支炒股赢利额不属于犯罪嫌疑人的合法所得,因而应当将这部分盈利额从保证金账户余额中减去再确认透支额——这种做法还被起了个称谓叫作"刨透盈"(意思是刨去透支盈利额），从而增加透支额（即挪用公款数额）。

透支炒股案件中的盈利额，从财务属性角度讲，透支盈利额是透支受益，而非证券公司的收益，理所应当地增加了客户保证金账户的余额；从法律角度讲，透支盈利额是作案人的非法所得，并非是挪用公款的对象，因而不应当视为挪用公款的组成部分。据此，前述"刨透盈"做法的错误之处在于：第一，单纯从透支账项问题鉴定角度讲，透支是否合法属于法律问题，应当由诉讼主体判断，而所谓"刨透盈"则是由司法会计鉴定人确认透支行为是违法的，这显然超出了司法会计鉴定人判断问题的范围；第二，将透支炒股赢利额视为挪用公款金额，违反了挪用公款的法理，即非法所得额不计入挪用公款额。试想，一个人挪用公款20万元去做买卖，赚了4万元，其挪用公款金额仍然是20万元，但按照"刨透盈"的做法则会被认定挪用公款24万元，这显然是违背法律精神的。①

2. 关于交割前的透支记录

证券交易的证券、款项交割是在次日进行的。实际交割采用"轧差"方式进行，即按照证券收付差额和款项收付差额进行交割。采用这种交割方法的情形中，任何交割前的交易活动都不会发生款项的实际收付，也就不会出现实际的透支。

但是，有司法会计鉴定人认为，透支记录反映了成交时证券公司的资金使用权受侵犯，并反映当时资金使用权受到侵犯的全部状况、真实程度，因而在交割之前出现了透支记录，即使这种记录的后果被当日的其他收款记录冲销，当日余额并没有产生反方余额，仍然应当被认定为透支（或者说认定为挪用公款的金额）。这种确认透支额的方法被称为"即时余额结算法"，即完全按照即时记录的余额判断透支额，而不是按照当日最后余额判断透支额。笔者认为，这种做法既不符合客观实际情况，其理由也十分牵强附会。首先，证券交易本身虽然具有即时性的特征，但这种即时性是针对交易成功而言的，并非针对实际动用资金，证券公司在交易所的保证金并没有因客户交易的成功而发生变化，也就不会产生所谓"资金使用权受到侵犯"的透支后果；其次，在没有交付资金的情况下交易成功，并

---

① 事实上，"刨透盈"不仅违反财务原理和法律精神，也给透支账项问题鉴定增加了很多困难。在大量存在"透支盈利"的情况下，需要在不断计算透支额的投资损益额和"刨透盈"，会无端消耗大量的鉴定时间。某证券公司的从业人员合伙透支炒股，涉及10多亿元的交易额及数万笔交易，如果不采用"刨透盈"方法，使用Excel电子表格很快便能够作出鉴定意见，但司法会计鉴定人采用了"刨透盈"方法，很难完成鉴定，不得已聘请计算机专家设计了专门软件，才完成了相关计算。出具鉴定意见后，司法会计鉴定人请教相关专家后发现了"刨透盈"方法的错误所在，通过补充鉴定修订了鉴定意见。

非是基于证券、款项的交付,而是基于证券市场的信用,① 这种利用信用进行的交易活动,既可以不产生实际的透支,也不会产生证券公司公款被挪用的事实。

假定某客户保证金账户余额为零,某人上午购进 150 万元甲股票 15 万股,资金账户余额为贷方 -150 万元;下午卖出前期购进的甲股票 20 万股,净收入 280 万元入账,其保证金账户当时余额则为 130 万元。次日交割时,证券公司应当交出甲股票 5 万股,收回款项 130 万元。因此,证券公司的公款并不会因为账面出现透支现象而被挪用,当天保证金账户出现的贷方 -150 万元仅是会计核算的结果,并不反映实际透支了证券公司的款项。

历史上,由于采用这种"即时余额结算法"已经导致一些错案。例如,某被告人在保证金账户零余额的情况下,上午购进股票 400 万元,在"T+0"的交易模式下,下午即将股票卖出,净收入 370 万元。司法会计鉴定人采用"即时余额结算法",认定透支额 400 万元,法院根据该项鉴定意见按照被告人挪用公款 400 万元的事实作出了判决,而实际上按照证券交易所的结算办法,证券公司仅需要交割支付 30 万元的款项,即被告人仅动用了公款 30 万元,却获得了挪用公款 400 万元的量刑结果。当然,也有法院及时发现了这种鉴定意见的错误所在,不采信类似鉴定意见。②

3. 关于信用卡透支与透支额的确认

信用卡就持卡人与商户的财务关系而言,是典型的信用支付,而对发卡行与持卡人而言,则允许持卡人在一定额度内进行透支,因而信用卡也被俗称"透支卡"。基于"透支卡"的理解,有的司法会计鉴定人则会将信用卡的借方发生额均视为透支,进而将借方发生额认定为透支额。这种做法并不适当,这是因为人们使用信用卡通常采用透支方式进行支付活动,但也有的持卡人会因各种原因事先将款项存入信用卡账户,有的持卡人在结算透支额时也可能会将超过透支额的款项存入信用卡账户,这些情形的存在都会导致信用卡账户出现借方余额,而信用卡透支额是按照信用卡账户贷方余额确认的。因此,在信用卡透支额账项鉴定中,必须按照信用卡账户余额状态确定透支额。

---

① 有的司法会计师认为,在电子交易状态下,交易的即时性导致一旦交易成功,客户就已经取得了债券和付出了资金,否则怎么会出现盈利或亏损。其实,这是基于交易会引起客户账面余额的变化而产生的一种误解。在现实经济生活中,信用(在不支付款项的情况下)能够产生利润或亏损的情况很多。比如:甲某用一张支票作质押,也可以成功地获取相应的商品,待其商品销售后将款项直接支付给买方,其支票款项可能并不需要进行实际交割。

② 例如某法院在判决一起证券从业人员透支炒股案件中,就指出了采用"即时余额结算法"鉴定意见的错误所在,没有采信鉴定意见。司法会计鉴定人及所在机构承认了鉴定错误,重新出具了鉴定意见,检察机关依据新的鉴定意见进行了抗诉。

三、透支账项问题鉴定的操作要点

透支账项问题鉴定通常采用借用会计法。

1. 检验分析存款账户发生额资料，验证发生额的真实性和正确性。

验证存款账户发生额真实性，是指验证存款账户发生额是否是以存款方的收付款凭证作为记账依据，其中，验证贷方发生额是否是根据存款方存款资料形成的，验证借方发生额是否是根据存款方付款资料形成的。

检验发现存款账户贷方发生额存在虚假业务，应当通过调整账户余额，以便验证是否存在间接透支。司法实践中已经发现将存款方支付款项凭证为依据登记贷方发生额的错误账项。

司法实践中，送检方可能无法提供账户发生额的记账依据，因而司法会计鉴定人无法通过检验记账依据来确认账户发生额的真实性和正确性，已能在特别假定发生额真实、正确的基础上作出结论事项并出具分析意见。

2. 检验存款账户的账页，验证存款账户余额的计算是否正确。

这项检验活动主要是为了排除由于错计账户余额导致出现借方余额的情形。

3. 上述检验中发现弊端账项的，需要通过调节账户余额，确认存款账户的正确余额。

4. 根据上述检验结果，确定的存款账户余额的方向，判断该存款账户借方发生额是否存在透支以及透支额。

5. 鉴定结果确认存在多次透支的，应当确认透支次数并累计透支额，确认透支总额。

6. 鉴定事项涉及透支款项去向的，通过检验透支资金流向的财务资料，验证透支款项，并作为结论事项的组成部分。

四、透支账项问题鉴定意见

鉴定结果确认不存在透支情形时，透支问题鉴定意见的主文部分通常包括金融机构（或其他存款机构）、存款方及存款账户、否定存在透支的结论等内容。例如，某金融机构的某存款方某存款账户某期间不存在透支现象。

鉴定结果确认存在透支情形的，透支问题鉴定意见的主文部分通常包括金融机构（或其他存款机构）、存款方及存款账户、透支时间、透支次数、透支金额（透支款项的用途或去向）等内容。例如，某金融机构的某存款方某存款账户在某期间发生透支多少次、透支总额为多少元（或累计透支额多少元）；某财务主体某时点透支某金融机构多少元，用于某项用途。

五、透支账项问题鉴定中的特殊情形的处理

1. 因透支挪用公款形成的孳息的确认问题。例如，透支挪用公款形成的孳

息包括各项投资收益、经营利润等,应当作为独立的财务问题进行鉴定。这里需要提示的是,如果透支挪用公款的孳息被作为存款存入存款账户的情形中,不需要将该部分孳息计入透支额,即在存款账户贷方发生额鉴定中,该项孳息仍作为存款方存款确认。

2. 涉及透支利息问题鉴定的利率标准问题。透支利息的利率标准,应当按照事先协议的利率确定。没有协议的,应当由送检方提供利率标准(例如按照同期活期贷款利率计算)。

案例13-1:信用卡诈骗案

2009年10月30日,××人寿保险有限公司××服务中心保险营销员席××,因冒用他人信用卡被受害人扭送××区公安分局并报案。××区公安分局于10月31日以涉嫌信用卡诈骗罪立案,当日拘留席××,12月1日逮捕。2010年2月1日移送审查起诉,3月15日退回补充侦查,追加一受害人,4月14日再次移送起诉。

公安机关认定犯罪事实:犯罪嫌疑人席××代人办信用卡后,冒用他人身份进行信用卡透支,共涉及17户信用卡账户,累计透支金额为238,485.39元,其中:为能循环透支偿还过36,390元;被实际信用卡持有人发现后偿还17,800元;现欠银行信用卡透支款202,044.39元。

公诉人在审查案卷中发现公安机关计算犯罪数额有出入,退回补充侦查,并要求公安机关进行司法会计鉴定。公安机关聘请注册会计师鉴定后,维持原认定事实。

公安机关重新移送起诉后,公诉人感到计算犯罪数额比较麻烦,提请市检察院司法鉴定中心组织司法会计鉴定。要求确认17户信用卡账户截至2009年10月29日透支款总额、归还透支款总额、未归还透支款总额。

2010年5月19日司法会计鉴定人收到检材。5月20日完成检验鉴定工作,因该案缺乏相应的收、付款凭证且无法提供,确定出具司法会计分析意见书。5月21日打印出分析意见书后并与公诉人交谈,签发司法会计分析意见书。确认17户信用卡账户所列消费及提取现金的透支总额为305,921.30元,已归还透支款项总额为118,356.20元,尚未归还透支款项总额为187,565.10元。5月22日该案公诉。

司法会计分析意见书

×技鉴〔2010〕26号

根据××市××区人民检察院〔2010〕1号《聘请书》,受该院聘请,对××人寿保险有限公司××服务中心保险营销员席××涉嫌信用卡诈骗一案涉及的财务会计问题进行司法会计鉴定。

鉴定事项：确认"赵××"等17户信用卡账户截至2009年10月29日透支款总额、归还透支款总额、未归还透支款总额。

2010年5月19日，××区人民检察院检察员×××送来赵××等17户信用卡申请资料、账户信息资料的复印件。

送检人未提供上述信用卡账户付款、存款凭证。

一、检验

（一）送检的信用卡账户信息资料复印件包含下列账户：

1. 光大银行406﹡﹡﹡﹡﹡﹡﹡﹡6836 赵××账户；
2. 光大银行406﹡﹡﹡﹡﹡﹡﹡79138 孙××账户；
3. 光大银行406﹡﹡﹡﹡﹡﹡﹡﹡2652 田××账户；
4. 光大银行406﹡﹡﹡﹡﹡﹡﹡﹡0369 孙××账户；
5. 光大银行406﹡﹡﹡﹡﹡﹡﹡﹡9888 潘××账户；
6. 光大银行622﹡﹡﹡﹡﹡﹡﹡﹡3307 张××账户；
7. 光大银行406﹡﹡﹡﹡﹡﹡﹡﹡4504 陈×账户；
8. 光大银行406﹡﹡﹡﹡﹡﹡﹡﹡7891 赵××账户；
9. 光大银行406﹡﹡﹡﹡﹡﹡﹡6143 卫×账户；
10. 光大银行622﹡﹡﹡﹡﹡﹡﹡3624 李××账户；
11. 建设银行276﹡﹡﹡﹡﹡﹡﹡7191 赵××账户；
12. 建设银行276﹡﹡﹡﹡﹡﹡﹡1219 孙××账户；
13. 建设银行276﹡﹡﹡﹡﹡﹡﹡6776 潘××账户；
14. 建设银行276﹡﹡﹡﹡﹡﹡﹡1201 张××账户；
15. 交通银行458﹡﹡﹡﹡﹡﹡﹡5844 潘××账户；
16. 交通银行458﹡﹡﹡﹡﹡﹡﹡2293 张××账户；
17. 交通银行458﹡﹡﹡﹡﹡﹡﹡5281 丛××账户。

（二）截至2009年10月29日，前述17户信用卡账户信息资料所记载透支款金额合计、归还透支金额合计以及尚未归还透支款金额合计情况如下：

序号	户名	银行及卡号	透支额	已归还透支额	未归还透支额
1	赵××	光大：6836	11,833.90	0.00	11,833.90
2	孙××	光大：9138	14,929.50	0.00	14,929.50
3	田××	光大：2652	9,946.10	0.00	9,946.10
4	孙××	光大：0369	29,913.00	0.00	29,913.00
5	潘××	光大：9888	15,622.00	7,680.00	7,942.00
6	张××	光大：3307	39,428.00	19,698.00	19,730.00
7	陈×	光大：4504	7,935.60	0.00	7,935.60
8	赵××	光大：7891	32,471.00	3,000.00	29,471.00

续表

序号	户名	银行及卡号	透支额	已归还透支额	未归还透支额
9	卫×	光大：6143	9,836.80	5,897.90	3,938.90
10	李××	光大：3624	5,600.00	0.00	5,600.00
11	赵××	建行：7191	4,970.00	0.00	4,970.00
12	孙××	建行：1219	4,924.70	4,924.70	0.00
13	潘××	建行：6776	4,967.50	4,967.50	0.00
14	张××	建行：1201	4,973.00	0.00	4,973.00
15	潘××	交行：5844	3,968.50	3,968.50	0.00
16	张××	交行：2293	84,747.40	66,219.60	18,527.80
17	丛××	交行：5281	19,854.30	2,000.00	17,854.30
	总　　计		305,921.30	118,356.20	187,565.10

上述各账户具体付款、存款、透支、归还透支款及未归还透支款的具体情况详见附件。

二、分析

（一）本鉴定中的透支额，仅是指通过信用卡支付客户消费、提取现金时超出信用卡存款余额部分的金额。在计算信用卡存款余额时，未包含账户信息资料所记载的银行扣划的服务费、利息等付款事项，即未将客户支付银行的服务费、利息等费用支出视为透支额。因此，本项分析意见中所确认的透支总额、未归还透支款总额小于信用卡信息资料实际反映的透支总额、未归还透支款总额。

（二）本项鉴定中归还透支额按照先透支先归还顺序确认。客户存款归还透支额后仍有余额的，余额后支付消费、取款额小于该余额的，不视为透支额；大于该余额的，按照多出部分认定透支额。

三、分析意见

根据对送检的"赵××"等17户信用卡账户信息资料检验分析结果确认：

截至2009年10月29日，"赵××"等17户信用卡账户所列消费及提取现金的透支总额为305,921.30元，已归还透支款项总额为118,356.20元，尚未归还透支款项总额为187,565.10元。

××市人民检察院司法鉴定中心

司法会计师：×××

司法会计师：×××

二〇一〇年五月二十一日

附件：17户信用卡账户透支还款汇总表

17户信用卡账户透支还款汇总表

序号	户名	日期	消费、取款额	存款额	余额	透支额	已归还透支额	未归还透支额
	赵××	略	7,630.00		7,630.00	7,630.00		7,630.00
	赵××	略	3,970.00		11,600.00	3,970.00		3,970.00
	赵××	略	200.00		11,800.00	200.00		200.00
	赵××	略	33.90		11,833.90	33.90		33.90
1	赵××	小计	11,833.90	0.00	11,833.90	11,833.90	0.00	11,833.90
	孙××	略	1,200.00		1,200.00	1,200.00		1,200.00
	孙××	略	21.50		1,221.50	21.50		21.50
	孙××	略	9,700.00		10,921.50	9,700.00		9,700.00
	孙××	略	598.00		11,519.50	598.00		598.00
	孙××	略	2,000.00		13,519.50	2,000.00		2,000.00
	孙××	略	1,400.00		14,919.50	1,400.00		1,400.00
	孙××	略	10.00		14,929.50	10.00		10.00
2	孙××	小计	14,929.50	0.00	14,929.50	14,929.50	0.00	14,929.50
	田××	略	5,860.00		5,860.00	5,860.00		5,860.00
	田××	略	3,840.00		9,700.00	3,840.00		3,840.00
	田××	略	246.10		9,946.10	246.10		246.10
3	田××	小计	9,946.10	0.00	9,946.10	9,946.10	0.00	9,946.10
	孙××	略	500.00		500.00	500.00		500.00
	孙××	略	299.00		799.00	299.00		299.00
	孙××	略	12,084.00		12,883.00	12,084.00		12,084.00
	孙××	略	500.00		13,383.00	500.00		500.00
	孙××	略	1,500.00		14,883.00	1,500.00		1,500.00
	孙××	略	13,880.00		28,763.00	13,880.00		13,880.00
	孙××	略	1,150.00		29,913.00	1,150.00		1,150.00
4	孙××	小计	29,913.00	0.00	29,913.00	29,913.00	0.00	29,913.00
	潘××	略	2,000.00		2,000.00	2,000.00	2,000.00	
	潘××	略	31.00		2,031.00	31.00	31.00	
	潘××	略	1,800.00		3,831.00	1,800.00	1,800.00	
	潘××	略	1,900.00		5,731.00	1,900.00	1,900.00	
	潘××	略	1,900.00		7,631.00	1,900.00	1,900.00	
	潘××	略	100.00		7,731.00	100.00	49.00	

续表

序号	户名	日期	消费、取款额	存款额	余额	透支额	已归还透支额	未归还透支额
	潘××	略		7,680.00	51.00			51.00
	潘××	略	4,980.00		5,031.00	4,980.00		4,980.00
	潘××	略	11.00		5,042.00	11.00		11.00
	潘××	略	2,000.00		7,042.00	2,000.00		2,000.00
	潘××	略	900.00		7,942.00	900.00		900.00
5	潘××	小计	15,622.00	7,680.00	7,942.00	15,622.00	7,680.00	7,942.00
	张××	略	4,000.00		4,000.00	4,000.00	4,000.00	
	张××	略	1,500.00		19,730.00	1,500.00		1,500.00
6	张××	小计	39,490.00	19,760.00	19,730.00	39,428.00	19,698.00	19,730.00
	陈×	略	200.00		200.00	200.00		200.00
	陈×	略	800.00		1,000.00	800.00		800.00
	陈×	略	25.60		1,025.60	25.60		25.60
	陈×	略	6,100.00		7,125.60	6,100.00		6,100.00
	陈×	略	810.00		7,935.60	810.00		810.00
7	陈×	小计	7,935.60	0.00	7,935.60	7,935.60	0.00	7,935.60
	赵××	略	4,000.00		4,000.00	4,000.00	3,000.00	1,000.00
	赵××	略	3,050.00		29,471.00	3,050.00		3,050.00
8	赵××	小计	32,471.00	3,000.00	29,471.00	32,471.00	3,000.00	29,471.00
	卫×	略	500.00		500.00	500.00	500.00	
	卫×	略	9.90		509.90	9.90	9.90	
	卫×	略	2,000.00		2,509.90	2,000.00	2,000.00	
	卫×	略	3,150.00		5,659.90	3,150.00	3,150.00	
	卫×	略	38.00		5,697.90	38.00	38.00	
	卫×	略	100.00		5,797.90	100.00	100.00	
	卫×	略	100.00		5,897.90	100.00	100.00	
	卫×	略		5,950.00	-52.10			
	卫×	略	3,980.00		3,927.90	3,927.90		3,927.90
	卫×	略	11.00		3,938.90	11.00		11.00
9	卫×	小计	9,888.90	5,950.00	3,938.90	9,836.80	5,897.90	3,938.90
	李××	略	2,000.00		2,000.00	2,000.00		2,000.00

第十三章 财务往来账项问题鉴定实务

续表

序号	户名	日期	消费、取款额	存款额	余额	透支额	已归还透支额	未归还透支额
	李××	略	1,500.00		3,500.00	1,500.00		1,500.00
	李××	略	2,100.00		5,600.00	2,100.00		2,100.00
10	李××	小计	5,600.00	0.00	5,600.00	5,600.00	0.00	5,600.00
	赵××	略	970.00		970.00	970.00		970.00
	赵××	略	4,000.00		4,970.00	4,000.00		4,000.00
11	赵××	小计	4,970.00	0.00	4,970.00	4,970.00	0.00	4,970.00
	孙××	略	16.70		16.70	16.70	16.70	
	孙××	略	38.00		54.70	38.00	38.00	
	孙××	略	4,870.00		4,924.70	4,870.00	4,870.00	
	孙××	略		5,000.00	-75.30			
12	孙××	小计	4,924.70	5,000.00	-75.30	4,924.70	4,924.70	0.00
	潘××	略	17.50		17.50	17.50	17.50	
	潘××	略	4,950.00		4,967.50	4,950.00	4,950.00	
	潘××	略		5,000.00	-32.50			
13	潘××	小计	4,967.50	5,000.00	-32.50	4,967.50	4,967.50	0.00
	张××	略	1,300.00		1,300.00	1,300.00		1,300.00
	张××	略	23.00		1,323.00	23.00		23.00
	张××	略	3,650.00		4,973.00	3,650.00		3,650.00
14	张××	小计	4,973.00	0.00	4,973.00	4,973.00	0.00	4,973.00
	潘××	略	18.50		18.50	18.50	18.50	
	潘××	略	3,950.00		3,968.50	3,950.00	3,950.00	
	潘××	略		3,900.00	68.50			
	潘××	略		100.00	-31.50			
15	潘××	小计	3,968.50	4,000.00	-31.50	3,968.50	3,968.50	0.00
	张××	略	19.60		19.60	19.60	19.60	
	张××	略	43.00		18,527.80	43.00		43.00
16	张××	小计	84,827.80	66,300.00	18,527.80	84,747.40	66,219.60	18,527.80
	丛××	略	1,800.00		1,800.00	1,800.00	1,800.00	
	丛××	略	39.00		1,839.00	39.00	39.00	
	丛××	略	12,120.00		13,959.00	12,120.00	161.00	11,959.00
	丛××	略	12.30		13,971.30	12.30		12.30

续表

序号	户名	日期	消费、取款额	存款额	余额	透支额	已归还透支额	未归还透支额
	丛××	略	1,200.00		15,171.30	1,200.00		1,200.00
	丛××	略	4,650.00		19,821.30	4,650.00		4,650.00
	丛××	略	3.00		19,824.30	3.00		3.00
	丛××	略	30.00		19,854.30	30.00		30.00
	丛××	略		2,000.00	17,854.30			
17	丛××	小计	19,854.30	2,000.00	17,854.30	19,854.30	2,000.00	17,854.30
		总计	306,115.80	118,690.00	187,425.80	305,921.30	118,356.20	187,565.10

第十四章 投资损益问题鉴定实务

本章主要介绍投资损益问题鉴定的含义、类型、适用案件与鉴定目的,以及资本投资损益、证券投资损益、期货投资损益、利息等问题的司法会计鉴定原理与操作要点。

第一节 投资损益问题鉴定概述

一、投资与投资损益的含义

(一)投资的含义与分类

投资,是指以未来获取经济回报、保值等为目的,向经营实体或特定项目付出资产的经济活动。投资的含义很广,狭义的比如投资办公司企业、投资经营某一项目、投资证券、投资期货等,广义的还包括诸如银行存款、带息出借资金、保险投资等。

本书从投资损益问题鉴定原理角度出发,将投资分为资本投资、证券投资、期货投资和其他投资等。

1. 资本投资,是指投资主体向从事生产、经营的财务主体或特定投资项目进行投资,投资损益由被投资主体(或特定项目)的经营损益所决定的投资活动。

资本投资按照投资对象不同分为股权投资和专项经营投资两种情形。股权投资,是指为了成立或运行公司、企业等经营实体而进行的投资;专项经营投资,是指为了经营特定项目而进行的投资,如向某一生产经营项目进行的投资。

2. 证券投资,是指投资主体在证券市场进行投资用于买卖证券,投资损益由证券买卖效益所决定的投资。

3. 期货投资,是指投资主体在期货市场进行投资用于买卖期货合约,投资损益由期货合约买卖效益所决定的投资。

4. 其他投资,是指除前述投资以外的其他投资行为,如银行存款、金融理财、带息出借资金等。

(二)投资损益

投资损益,是指投资活动在某一期间或最后形成的投资收益或投资损失。

投资收益，是指财务主体投资后收回（及可收回）的资金大于投资本金的部分，投资收益是投资主体追求的投资目标。通过司法会计鉴定确认的投资收益额是指投资应当获取的收益额。

投资损失，是指财务主体投资后收回（及可收回）的资金小于投资本金的部分，投资损失是投资失败的表现形式。通过司法会计鉴定确认的投资损失是指投资应当产生的收益额为负数。

二、投资损益问题鉴定的含义

投资损益问题鉴定，是指对涉及各类投资损益的形成、金额等相关问题进行的司法会计鉴定。

诉讼过程中进行投资损益问题鉴定的具体问题可能会涉及以下几个方面：

1. 投资的真实性与投资额，投资的真实性是确认投资损益的前提，而投资额则是计算具体投资主体（或投资额）所得投资收益额或承担投资损失额的根据；

2. 资本投资在一定财务期间或特定项目上产生的投资损益额；

3. 证券投资在特定时期产生的投资损益额；

4. 期货投资在特定期间内产生的投资损益额；

5. 不同投资主体（或投资额）的投资损益额等。

在如何理解投资损益问题鉴定的含义方面，有两点需要特别说明：

一是，尽管在实际鉴定中可能会采用借用会计法对诸如经营损益额等与投资损益问题鉴定相关内容的鉴定，但投资损益问题的鉴定结果，应当是根据送检方提供的财务资料和财务标准为基础计算确认的投资收益额和投资损失额，即投资损益问题鉴定属于财务问题鉴定，是从财务角度理解的投资损益额。

二是，通过司法会计鉴定确认的投资损失额仅是指投资主体投入资金和可收回资金的差额，与案件所导致的经济损失是不同的概念。案件所导致的经济损失是指由于行为人的故意或过失行为所引起的损失，这种损失的认定涉及对行为人主观方面的认定以及行为人所为行为与案件损失后果的关系的认定，这两种情形均超出了司法会计鉴定的范围，因而案件所导致的经济损失的认定应当由诉讼主体负责。投资损益问题的鉴定意见可以为诉讼主体确认与投资有关的案件损失额提供专业方面的鉴定意见作为诉讼证据。

在诉讼中，投资损益问题鉴定可以单独构成鉴定事项，但也会构成部分涉税鉴定、经营损益鉴定及相关会计事项问题的司法会计鉴定的内容。司法会计鉴定人在对相关问题进行鉴定中需要进行投资损益问题鉴定时，除非送检方提出专门的投资损益问题鉴定事项，否则不需要在鉴定意见中单独列示投资损益问题的鉴定意见。

三、投资损益问题鉴定的适用案件与鉴定目的

投资损益问题鉴定经常出现在经济犯罪或经济纠纷案件中。这里举出部分例子。

1. 涉及违法投资的犯罪案件，如采用不正当手段进行投资、利用赃款进行投资等犯罪案件。这类案件需要查明是否存在非法收益额或查明赃款去向等事实。通过投资损益问题鉴定，确认涉案投资事项产生的投资收益额，能够为证实非法所得额提供鉴定意见作为诉讼证据；确认涉案投资事项产生的投资损失额，则能够为证实非法投资所用赃款的去向（赃款在投资中发生了损失）事实提供鉴定意见作为诉讼证据。

2. 涉及虚假经济文件的案件，如虚假陈述案件等。这类案件可能需要查明经济文件所述投资活动及投资损益内容的真实性等事实。通过投资损益鉴定，确认涉案投资额、投资收益额或损失额，可以为证实涉案经济文件中有关投资和投资损益的事实提供鉴定意见作为诉讼证据。

3. 涉及投资的渎职案件，如滥用职权、失职案等案件。这类案件中包含了投资方面的渎职行为，需要查明渎职投资是否产生了经济损失问题。通过投资损益问题鉴定，则可以为证实渎职投资行为是否导致了经济损失或经济损失数额提供鉴定意见作为诉讼证据。

4. 涉及投资的析产案件，如离婚析产、清算析产等案件。这类案件中可能会涉及家庭、企业对外投资损益事实的认定。通过投资损益鉴定，确认对外投资的效果，可以为证实投资损益事实，进而解决涉案投资收益的分配或投资损失的分担等问题提供鉴定意见作为诉讼证据。

5. 涉及执行被执行人投资财产案件，鉴定目的主要是查明被执行人的投资是否存在收益以及收益额等事实，为将当事人投资收益作为执行标的提供鉴定意见作为诉讼证据。如果鉴定意见确认不存在投资收益，则证实没有投资收益可作为执行标的。

6. 涉及投资的合作、合资、合伙等经营纠纷案，鉴定目的是查明合作、合资、合伙经营中对外投资损益等事实。

7. 涉及投资的行纪合同纠纷案，如期货交易代理合同纠纷、证券交易代理合同纠纷案等，鉴定目的是查明投资资金来源及客户投资损益。

上述鉴定目的中，涉及非法投资或者利用非法资金投资的情形时，都可能会涉及违法所得问题，但这应当是鉴定目的，送检方不应当将投资收益的合法性问题作为鉴定事项向司法会计鉴定人提出，司法会计鉴定人也不应当回答投资收益的合法性问题。从司法会计鉴定人角度讲应当强调两点：一是，不应当受理涉及投资损益合法性问题的鉴定事项；二是，不应当在鉴定意见中涉及对投资收益的

合法性作出评价。

四、投资损益问题鉴定的类型

投资损益问题鉴定，可以按照投资的类型不同，划分为若干类型。本书主要涉及资本投资损益问题鉴定、证券投资损益问题鉴定、期货投资损益问题鉴定和其他投资损益问题鉴定等。

1. 资本投资损益问题鉴定，是指确认诉讼涉及的股权投资或专项经营投资所产生的投资损益问题的司法会计鉴定。包括股权投资损益问题鉴定和专项经营投资损益问题鉴定。

2. 证券投资损益问题鉴定，是指确认诉讼涉及的投资证券交易活动所形成的投资损益问题的司法会计鉴定。

3. 期货投资损益问题鉴定，是指确认诉讼涉及的投资期货交易活动所形成的投资损益问题的司法会计鉴定。

4. 其他投资损益问题的鉴定，包括确认投资存款、投资金融理财等其他投资项目所产生的投资损益问题的司法会计鉴定。

5. 不同投资主体（或不同投资额）的投资损益问题鉴定，是指针对不同投资主体（或不同投资）在共同投资中产生的具体投资损益问题的司法会计鉴定，即将投资损益在不同投资主体（投资额）之间进行分配的鉴定事项。

第二节 资本投资损益问题鉴定

一、资本投资损益问题鉴定原理

（一）资本投资损益问题鉴定的基本原理

无论是股权投资损益问题鉴定还是专项经营投资损益问题鉴定，其本质上反映的都是被投资主体或被投资项目的经营损益，因此，资本投资损益问题鉴定的基本原理是：

股权投资损益总额＝被投资主体的经营损益净额①

专项经营投资损益总额＝被投资项目的经营损益净额

（二）资本投资损益问题鉴定事项中需要明确的事项

1. 在股权投资损益问题的鉴定事项中，送检方应当明确需要确认投资损益额的投资主体和被投资主体；在专项经营投资损益的鉴定事项中，送检方应当明

---

① 被投资主体的经营损益净额，是指被投资主体的经营损益总额扣除法定税费后的金额。

确需要确认投资损益额的投资主体和被投资项目。同时，如果鉴定目的涉及不同投资主体或不同投资项目的投资损益问题鉴定，应当分别提出鉴定事项。

2. 关于未按约定投资事项。司法实践中还会涉及的一个问题是，如果某一具体投资主体的投资存在缺失（即投资没有到位）或超出约定金额投资的情况下，以实际投资额还是以约定投资额确认某投资者的投资损益问题。司法会计鉴定中遇有此类问题时的做法有所不同，如果实际投资金额超出了约定投资额的，通常会按照约定投资额确认投资（会计制度中也规定了类似的理念）；而当投资额发生缺失时，有的会按照约定投资额确认，而有的则会按照实际投资额确认。其实，如何确认投资额的问题属于法律问题，因为在投资存在缺失的情况下如何判断投资主体应得的收益或者应承担的损失，需要由法律明示。因此，当案件涉及某投资主体未按照约定投资，且鉴定事项又涉及确认该投资主体的投资损益额问题时，送检方应当在鉴定事项中明确采用约定投资额还是实际投资额来确定该投资主体的投资金额。

3. 关于投资损益的产生期限。股权投资损益问题的鉴定会涉及投资时间问题，不同经营期限的投资损益结果肯定会存在差异，因而送检方应当在鉴定事项中明确投资损益产生期间。司法会计鉴定人应当按照鉴定事项确定投资损益的产生期间，进而确定司法会计鉴定的检验期间。

4. 关于对被投资主体的经营损益问题进行鉴定。涉及长期资本投资损益的鉴定步骤中应当包括对被投资主体经营损益问题进行鉴定，司法会计鉴定人不得省略这一步骤。但是，如果基于鉴定时间不足等原因，送检方提出按照案件中被投资主体有关经营损益的会计核算结果确认投资损益额的，应当要求其在鉴定事项中说明，同时，司法会计鉴定人也必须在鉴定意见中特别说明，并只能出具咨询意见。

5. 关于投资损益的分配事项。除独资情形外，资本投资损益问题鉴定可能会涉及共同投资主体中的各具体投资主体的投资损益额的确认问题，此类鉴定的操作原理及方法见本章第五节。

二、股权投资损益问题鉴定

（一）股权投资损益问题鉴定所需检材

股权投资损益问题鉴定，通常需要具备下列检材和相关证据：

1. 投资合同、公司章程等设定投资额及投资主体权利义务的财务资料；

2. 投资主体支付投资资金、收取投资收益以及与被投资主体财务往来账项的财务会计资料，这是确认投资事实的主要检材；

3. 被投资主体在投资损益产生期间的全部财务会计资料（包括账外资料），这是对被投资主体经营损益额进行鉴定的主要检材；

4. 能够证实上述检材内容真实性的其他财务资料证据。

（二）股权投资损益问题鉴定的操作要点

进行股权投资损益问题鉴定，应当在对被投资主体经营损益问题实施鉴定的基础上，采用直接鉴定法确认投资损益。

1. 检验投资合同、公司章程等投资设定文件，明确有关投资主体的应投资额、盈利分配或亏损承担的方法。

2. 检验投资主体投资以及被投资主体接受投资的财务资料，验证投资各方实际投资额及其与投资设定文件的相符性。

检验发现投资主体的实际投资额不足的，应当通知送检方核查，并确定投资额不足对鉴定意见的影响。

3. 采用借用会计法或直接鉴定法，对被投资主体在投资损益产生期间的经营损益问题进行鉴定，并计算确认可分配经营损益额。

4. 检验投资主体财务会计资料及相关证据，验证投资主体已经收回投资或收取投资收益的金额。

5. 根据投资设定文件及上述鉴定结果，计算确认投资主体的投资损益额。

（三）股权投资损益问题的鉴定意见

股权投资损益问题鉴定意见的主文部分，通常包括投资主体、被投资主体、投资时间、投资额、投资损益的产生期间、投资损益额等内容。例如，甲投资主体某时点投资乙单位多少元，按照某项投资设定文件的规定比例，某期间产生投资收益多少元，已收取投资收益多少元；甲投资主体某时点投资乙单位多少元，按照某项投资设定文件的规定比例，该主体某期间的投资损失为多少元。

对因检材缺陷无法识别投资主体从被投资主体收回资金的事实属于收回投资还是正常往来的，应当出具限定性鉴定意见，将投资主体收回资金的账项作为附加判定条件。

三、股权投资价值问题鉴定

（一）股权投资价值的含义与鉴定原理

股权投资价值，包括股权投资的成本价值、即时价值和账面价值。

所谓股权投资的成本价值，是指投资形成时的股权成本价值。股权投资成本价值，应当根据投资形成途径和相关引用标准确认。

所谓股权投资的即时价值，是指股权投资在某一时点的成本价值与投资损益的合计。股权投资的即时价值，应当根据投资成本和即时投资损益确认。

所谓股权投资的账面价值，是指按照会计标准确认的股权投资在某一时点的价值。股权投资账面价值，应当根据投资人对被投资人的控制或影响程度以及会计标准确认。其中，投资人对被投资人不具有共同控制或重大影响的，按照投资的成本价值确认账面价值；投资人对被投资人具有共同控制或重大影响的，按照即时价值确认账面价值。

（二）股权投资成本价值问题鉴定的操作要点

1. 阅读股权投资文件，确定股权投资形成的途径、计价方法、涉及的投资人等信息。

2. 涉及货币投资的，检验支付股权投资价款的投资收据、资产评估报告等，验证形成股权投资所支付的货币金额。

3. 涉及交付实物资产或转让固定资产、无形资产形成投资的，应当考虑通过对投资用资产价值问题进行鉴定，验证投资用资产的成本价值或账面价值。

4. 涉及股权置换形成投资的，应当通过对相关会计报表的正确性、合规性问题进行鉴定，确认相关财务主体的所有者权益价值。

5. 根据上述操作结果和股权投资成本价值要素，确认股权投资的成本价值。

（三）股权投资即时价值问题鉴定的操作要点

1. 通过对股权投资的初始成本和追加投资的成本价值问题进行鉴定，确认股权投资的成本价值。

2. 通过对股权投资损益问题进行鉴定，确认股权投资损益。

3. 根据上述操作结果和股权投资的即时价值构成要素，确认股权投资的即时价值。

（四）按照成本价值确认股权投资账面价值问题鉴定的操作要点

1. 检验投资人长期股权投资资料，验证投资人对被投资人是否不具有共同控制或重大影响，确认按照成本价值判断账面价值的合理性。

2. 检验投资人长期股权投资资料，验证投资人对被投资人追加投资或减少投资的情况，确认鉴定事项涉及时点投资人向被投资人投资的实际状况。

3. 通过对股权投资的初始成本价值、追加（或减少）投资的成本价值问题进行鉴定，确认初始成本价值额和追加（或减少）投资的成本价值额。

4. 根据上述操作结果，确认股权投资的账面价值。

（五）按照即时价值确认股权投资账面价值问题鉴定的操作要点

1. 检验投资人长期股权投资资料，验证投资人对被投资人是否具有共同控制或重大影响，确认按照即时价值判断账面价值的合理性。

2. 检验投资人长期股权投资资料，验证投资人对被投资人追加投资或减少投资的情况，确认鉴定事项涉及时点投资人向被投资人投资的实际状况。

3. 检验被投资人长期股权投资账户资料，验证其历年采用权益法核算长期股权投资发生额及账户余额的真实性、正确性和合规性。

4. 上述检验中发现错误账项时，应当编制账项调整表，对影响长期股权投资账户余额的账项进行调整。

5. 根据上述操作结果，确认股权投资的账面价值。

（六）股权投资价值问题鉴定意见

股权投资价值问题鉴定意见的主文部分，通常包括投资主体、投资时间、投资对象、投资价值等内容。例如，某投资主体某时点向某被投资人进行投资，投资成本为多少元；某投资主体向某投资人投资多少元，某时点该项投资的价值为多少元；某投资人向某被投资人投资多少元，某时点该项投资的账面价值为多少元。

四、专项经营投资损益问题鉴定

进行专项经营投资问题鉴定，通常采用直接鉴定法进行；投资主体有专门核算专项经营资料的，可以采用借用会计法进行鉴定。

（一）专项经营投资问题鉴定所需检材

1. 专项经营合同、协议等设定投资额及投资主体权利义务的财务资料；

2. 专项经营的资金往来、购销业务等经营资料；

3. 投资主体相关会计核算资料；

4. 够证实上述检材内容真实性的其他财务资料证据。

（二）专项经营投资损益问题鉴定的操作要点

1. 检验专项投资设定文件，明确专项经营项目、相关投资主体的应投资额、盈利的分配方法和亏损的承担方法。

2. 检验支付投资的财务凭证，验证投资各方实际投资额以及实际投资额与投资设定文件的相符性。

案件涉及合作经营的，检验中发现某投资主体的实际投资额不足的，应当通知送检方核查，并确定投资额不足对鉴定意见的影响。

3. 通过经营损益额问题鉴定，确认专项经营项目的经营损益额。

4. 检验投资主体财务会计资料及相关证据，验证投资主体已经收回投资或相关资金往来的金额。

5. 根据投资设定文件及专项经营损益额，计算确认投资主体的投资损益额。

（三）专项经营投资损益问题的鉴定意见

专项经营投资损益问题鉴定意见的主文部分，通常包括投资主体、经营项目、经营期间、投资额、投资损益额等内容。例如，甲投资主体某时点投资某项合作经营业务多少元，某时点收回资金多少元，该期间获得投资收益多少元；甲投资主体某时点投资某项经营业务多少元，该项目经营亏损多少元，甲投资主体某时点收回投资多少元。

第三节　证券投资损益问题鉴定

送检方组织证券投资损益问题的鉴定，应当在鉴定事项中明确需要确认投资损益额的资金账户名称，包括证券商名称、资金账户资料名称、账号等。

鉴定事项涉及的资金账户存在多笔投资，但其中只有一笔或数笔为涉案投资业务的，送检方应当在鉴定事项中明确需要确认投资损益额的具体投资业务。

一、证券投资损益问题鉴定原理

（一）证券投资额的确认原则

投资主体进行证券交易，需要在证券代理商和交易所分别开设资金账户和证券账户。资金账户，是指证券代理商（证券公司）为投资主体开设的保证金账户，该账户记录证券投资主体存入和提出资金、买进证券的取得成本、卖出证券净收入以及保证金利息、代理商费用等情况。证券账户，是指证券交易所为投资主体开设的证券实物账户，该账户记录投资主体买进、卖出、结存证券的情况。

证券投资主要表现为投资主体向资金账户存入资金。这里所谓存入资金，包括：（1）投资主体以现金、转账方式存入的货币资金；（2）投资主体本期销售前期买进证券获取的净收入；（3）投资主体前期买进证券未卖出在本期分得的红利；（4）资金账户本期期初余额等。这些存入资金是形成本期证券投资额的来源。从投资概念角度讲，本期卖出本期买进证券的净收入，属于本期收入额，不属于证券投资额。

这里需要特别提示的是，并非本期存入的资金都能够被确认为证券投资额，这是因为当账户中存在多笔存入资金的情况下，司法会计鉴定需要在不同投资额之间进行投资损益的分配，而如果存入的资金没有被用于证券交易，则不应当参与投资损益的分配。另外，由于保证金账户具有存款账户的性质，有些存入的资金只是借用该账户进行转款而非是为了进行证券交易，且实际也没有被用于证券交易的情况下，也就不能视为证券投资额。据此，确认存入资金是否是证券投资额的基本原则是：当一笔存入资金账户的资金被用于证券交易，即被确认为投资额；如果一笔存入资金账户的资金未被用于证券交易，投资主体有约定的，应当按照约定确认该笔资金为投资，但送检方应当在鉴定事项中明确投资损益问题的鉴定包含该笔存入资金；没有约定的，则不确认为证券投资。

确认存入资金是否被用于证券交易的检验方法：当一笔资金被存入资金账户至被提取之前，其资金账户余额出现小于该笔资金额的情形时，即确认该笔资金已被使用；如存取该笔资金期间的账户余额一直大于存入金额，则确认其未被使用。

（二）证券投资损益总额的鉴定原理

证券投资损益总额，是指根据证券交易资料确认的，某交易账户资料反映的某期间证券投资损益总额。证券投资损益总额的鉴定方法包括利润法和现金流量法两种，这两种鉴定方法的原理不同，但其所确认的证券投资损益总额完全相同。

1. 利润法

利润法，是指以证券交易净收益为基础确认损益总额的鉴定方法。其基本原理是：

投资损益＝投资收入－投资成本

其中：

（1）投资收入＝卖出证券净收入＋分配股利＋利息净额

①卖出证券净收入，是指卖出证券取得的价款减去有关费用后的净收入。通常为资金账户所列卖出证券收入记账额。计算公式为：

卖出证券净收入＝卖出证券价款（单价×卖出数量）－佣金－税金－过户费－其他费用

②分配股利，是指投资主体从上市公司处取得的分配利润。其中，上市公司以增股形式分配股利的，该证券的销售净收入为分配股利的实得额。

③利息，是指投资主体从代理商处取得的保证金存款利息。

（2）投资成本＝证券取得成本＋代理商费用

①证券取得成本，是指买进证券支付的价款加上有关费用后的总成本。通常为资金账户所列买进证券成本记账额。计算公式为：

证券取得成本＝买入证券价款（单价×买入数量）＋佣金＋印花税＋过户费＋其他费用

②代理商费用，是指投资主体直接支付代理商的费用。如设备占用费、融资利息等。

由于卖出证券收入与买进证券取得成本的差额反映了证券交易买卖的利润总额，因而根据前述采用利润法计算证券投资损益的原理，利润法的具体操作原理也可以归纳为：

证券投资损益额＝证券交易利润总额＋分配股利＋利息净额－代理商费用

2. 含有超卖证券收入的证券交易利润计算方法

卖出数量大于买入数量的部分证券，被称为超卖证券，即超出买进数额卖出的证券。出现超卖证券的情形，其原因可能是：（1）分配股利所得的证券（包括分配本期买进证券股利所得证券和分配前期买进证券股利所得证券）；（2）卖出前期买进的证券；（3）托管转入的证券等。另外，资金账户、证券账户发生额记录错误，也会出现超卖证券的表象。由于投资主体收到本期买进证券所得股利属于本期损益,因而本书后面所提到的超卖证券,专指投资主体因前期买进证券股利所得、卖出前期买进、托管转入等形成的证券。

本期没有买进证券的情况下卖出前期证券的,按照卖出净收入确认超卖证券的收入额;本期买入证券后卖出超卖证券的,对超卖证券的买进时间能够确认的,可采取先进先出法确认超卖证券的收入额,如遇与超卖证券与本期证券同时卖出的情形,可采用加权平均法确认超卖证券的收入额。即:

超卖证券收入 = 超卖证券数 × 本次卖出证券收入/本次卖出证券数

对超卖证券的买进时间不能确认的,可采用加权平均法确认超卖证券的收入额。即:

超卖证券收入 = 超卖证券数 × 该证券卖出收入合计/该证券卖出数量合计

在计算该种证券的交易利润时,应从收入合计中减出超卖证券的收入额。

证券交易利润 = 卖出证券净收入合计 − 超卖证券净收入 − 证券取得成本合计 + 结存证券取得成本

3. 现金流量法

现金流量法,是指以现金流量的差额为基础确认损益总额的鉴定方法。其基本原理是:

证券投资损益 = 现金运用 − 现金投入

其中:

(1) 现金运用 = 提出保证金总额 + 保证金余额 + 结存证券取得成本

①提出保证金总额,是指投资主体通过提取现金、转账提取等方法从资金账户提出保证金的累计额。

②结存证券,是指证券账户在检验期间的最后一日的结存证券。

结存证券取得成本可采用倒挤确认法予以确认:根据结存股数,从该种证券的最后一笔买进向前累算,直到与结存股数相等时,加计各次买进证券的取得成本,即为结存证券的取得成本。如果倒挤到最后一笔买进证券有部分为结存证券的,可采用加权平均法计算应计入结存证券的取得成本。即:

结存证券的取得成本 = 结存证券数 × 该笔证券取得成本/该笔买进证券数

(2) 现金投入,是指资金账户所列投资总额。

根据上述计算证券投资损益的原理,现金流量法的具体操作原理也可以归纳为:

证券投资损益总额 = 提出保证金总额 + 保证金余额 + 结存证券取得成本 − 投资总额

4. 证券投资鉴定原理的特别强调事项

(1) 证券投资鉴定可能会涉及证券投资账户的所有内容,也可能仅涉及其中的某一期间或多个期间。因而送检方通常应当指定确认证券损益的期间,如果没有指定期间，则应当认为是送检的账户资料涉及的全部期间。

（2）在划分期间的情况下，资金账户的本期期初资金余额应当视为投资额。

（3）卖出本期买进的证券的利润（亏损）列入本期损益总额。

（4）本期发生的其他收入和支出均列入本期损益总额。

（5）本期买进至后期未卖出的证券视为本期结存证券，但如果送检方同意，可以将检验期间推延到后期至结存证券卖出的日期。

5. 多个证券交易账户是否为同一投资主体控制，应当由送检方确认，司法会计鉴定不得根据参考证据确认不同证券交易账户为同一投资主体控制。但是，通过对检材内容的分析，能够明确不同证券交易资金账户存在明显关联性的，可以根据鉴定事项的要求，将不同证券账户合并进行投资损益问题鉴定：

（1）资金账户不同但证券账户相同，账户资料所列股东名称相同的；

（2）各资金账户存入的投资款项来源相同，即完全由同一资金账户转入的；

（3）其他证券账户存入的证券完全由投资主体的同一证券账户转入的；

（4）其他可以根据检材判明多个证券交易账户系同一投资主体控制的情形。

6. 关于结存证券价值确认方法的讨论

司法实践中，有关结存证券价值的确认方法除了前述采用取得成本外，还有的主张采用检验期间最后一日的证券市场平均价格。笔者之所以主张采用取得成本而非市场价值，主要是基于两点考虑：一是，取得成本是证券实际占用投资的具体金额，该项证券没有卖出，即使后来卖出，利润具有不确定性，而采用取得成本能够确切地反映本期证券投资的实际损益；二是，证券的市场价格本质上属于公允价值，该价格是在本项涉案证券没有卖出的情况下统计所得，涉案证券并不一定会按照平均价格卖出，因而市场价格具有不确定性。

二、证券投资损益问题鉴定所需检材

1. 涉案证券投资事项涉及的资金账户资料（含存入、提出保证金的资料），无法提供资金账户历史对账表的，应当提供以下资料：（1）证券代理商在涉案期间的现金日结表；（2）证券代理商收取客户费用（如融资费用[①]）的收入资料；（3）证券代理商支付客户费用（如利息支出）的支出资料等。

2. 涉案证券投资事项涉及的证券账户资料，无法提供证券账户资料的，应当提供该证券账户结存证券情况的查询资料。

3. 投资主体为单位的，应当提供证券交易期间的该单位全部财务会计资料。其中，涉案证券投资主体为代理商的，应当提供其自营证券业务期间的全部会计凭证、账簿、会计报表。

---

① 尽管按照现行规定不允许证券代理商为客户融资，但仍有可能存在违规情形。

4. 交易证券涉及分红的，应当提供分红方案。

5. 证明上述资料真实性的其他财务会计资料证据。

司法会计鉴定人可以要求送检方提供资金账户、证券账户的电子数据。采用电子数据进行鉴定能够大大节约鉴定时间。

另外，证券投资损益问题鉴定中，发现有下列情形之一的，应当通知送检部门进行核查：

1. 资金账户中未明确记载证券分红所得，或记载不正确的；

2. 证券账户中未明确记载现金分红所得，或记载不正确的；

3. 资金账户与证券账户的证券交易记载不一致的；

4. 证券交易账户中记载的交易记录与投资主体的账证记载不一致的；

5. 资金账户余额存在不衔接现象的等。

三、采用利润法进行投资损益问题鉴定的操作要点

采用利润法鉴定损益额，首先应分别计算确认证券交易利润，然后计算出损益总额。

（一）对证券交易利润问题进行鉴定

检验资金账户与证券账户资料，验证两者记载证券交易情况相符。

根据资金账户记载的证券买卖情况，编制证券交易利润计算表（见表 14 - 1），按照证券品种分别计算证券交易利润。

表 14 - 1　证券交易利润计算表

证券名称：

交易日期	买进股数	取得成本	卖出股数	净收入	证券余额	备注
合计						
证券交易利润 = 净收入合计 - 取得成本合计							

上述鉴定过程中遇有下列情形时，可以做如下处理：

1. 送检方没有提供证券账户资料，司法会计鉴定人根据资金账户计算确认证券出现结余时，首先应与送检的投资主体结存证券查询资料进行核对。核对一致，可确认该种证券的结存数量；核对不一致，应通过重新检验，验证有无检验疏漏。重新检验后仍然不一致的，应当通知送检部门核查原因。

在计算证券交易利润合计额时，有结存证券的，应计算出其取得成本，从取得成本合计中减出。

2. 证券出现负余额时,首先需要通过核对证券账户和分红方案,确认是否系以赠股形式分配股利所致。排除分配股利所致的,应重新检验该项的买卖记录,验证有无因证券名称不同(如增加 ST 情形)等检验疏漏所致。重新检验后证券仍然为负余额的,应当通知送检部门核查证券来源。

(二)计算确认损益总额

1. 列表汇总计算证券交易利润总额。
2. 列表汇总计算分配股利。
3. 列表汇总计算利息收入。
4. 列表汇总计算代理商费用。
5. 根据利润法鉴定原理,计算确认证券投资损益总额。

(三)无资金账户资料情形时的损益总额的鉴定

在无资金账户资料的情况下,可采用下列方法确认损益总额:

1. 利用股东证券账户资料,计算确认卖出证券净收入、买进证券取得成本。
2. 利用送检的代理商费用收入及费用支出资料,计算确认分配股利、利息及代理商费用。
3. 根据上述检验结果及鉴定原理计算确认损益总额。

(四)利用 Excel 电子表格对证券投资损益问题进行鉴定

利用 Excel 电子表格对证券投资损益问题进行鉴定通常采用利润法。

1. 设计 Excel 电子表格,列项通常包括序号、交易日期、交易事项、证券品种、买进数量、取得成本、卖出数量、卖出净收入、证券交易利润等。
2. 根据资金历史对账表,导入交易日期、交易事项、证券品种、买进数量、取得成本、卖出数量、卖出净收入等数据。
3. 计算资金余额并与送检的资金账户余额核对,如果出现余额不符情形,应当查找原因。
4. 按照交易事项排序,分别截出证券交易业务、利息业务(含扣个人所得税业务)、资金存入和提出业务等,形成专门的计算表。
5. 证券交易业务计算表的操作:按照证券名称排序,利用 Excel 分类汇总功能,自动汇总出各种证券的买卖数量、取得成本、卖出净收入小计。

观察汇总的各证券买卖数量是否存在差额。对存在买卖数量差额的证券,应当观察该种证券名称的记载是否存在称谓差异,将同一种证券记录为不同称谓的情形调整为同一的证券名称。如:将带有 st 的证券名称调整为非 st 证券名称;将"石化配股"改为中国石化等。调整证券名称后,重新进行排序、汇总,再次确定是否存在结存证券或超卖证券等特殊情形。

调整后,计算各种证券交易利润和证券交易利润总额。

6. 针对利息业务表格，计算出利息收入总额和扣税总额。

7. 如果涉及其他收入、费用的，计算其他收入总额、费用总额。

8. 根据上述检验、鉴定结果和利润法的鉴定原理，计算确认证券投资损益总额。

利用 Excel 电子表格对证券投资损益问题进行鉴定的情况下，采用利润法计算出证券投资损益总额后，可以再利用现金流量法复核鉴定结果。

（五）利用资金账户电子数据进行证券投资损益问题鉴定的操作要点

送检方提供了资金账户的电子数据的，司法会计鉴定人可以利用其进行证券投资损益问题的鉴定。

1. 获取电子数据后，应当复制源文件，以后所有操作都在复制文件中进行，以确保在操作失误的情况下能够利用源文件重新进行操作。源文件类型不是 Excel 电子表格，复制前或复制后可将电子数据导入 Excel 电子表格，以方便采用 Excel 电子表格进行检验、鉴定操作。

2. 电子数据内容可能较多，① 为了方便操作通常应当删除电子数据中与鉴定事项无关的栏目，保留交收日期、摘要、资金发生数、资金本次余额、证券代码、证券名称、证券发生数、证券余额、银行账号等有效数据栏目。

3. 整理电子文件。应当注意的是，电子数据不是按照时间顺序排序的，应当按照时间顺序重新排序；在第一栏目前增加"序号"栏，填列序号。

4. 送检方同时提供了资金账户纸质文件的，应当就下列内容进行相符性验证：

（1）核对客户姓名、资金账号、股东代码等内容的相符性；

（2）对资金余额进行重新计算（可在余额栏的第一单元中设定余额计算公式，然后下拉单元格之最后单元格，复算所有余额），并与文件所列最后余额进行相符性核对。核对不一致的，可以采用分段核对方法检查原因。无法找出原因

---

① 源文件栏目可能包括：(1) 交收日期；(2) 流水号；(3) 客户代码；(4) 客户姓名；(5) 资金账号；(6) 货币名称；(7) 机构分支；(8) 资金分类；(9) 资金室号；(10) 资金分组；(11) 摘要代码；(12) 资金发生数；(13) 资金本次余额；(14) 股东代码；(15) 交易市场；(16) 证券代码；(17) 证券名称；(18) 证券类别；(19) 银行代码；(20) 证券发生数；(21) 证券余额；(22) 合同序号；(23) 交易类型；(24) 委托数量；(25) 委托价格；(26) 国债的预计利息；(27) 委托日期；(28) 委托时间；(29) 成交数量；(30) 成交金额；(31) 席位代码；(32) 成交笔数；(33) 成交价格；(34) 成交时间；(35) 实时成交号码；(36) 净佣金；(37) 佣金；(38) 印花税；(39) 过户费；(40) 清算费；(41) 交易规费；(42) 经手费；(43) 证管费；(44) 其他费用；(45) 买卖标示；(46) 前台费用；(47) 银行账号；(48) 代理人代码；(49) 操作人代码；(50) 操作员级别；(51) 优惠券数量；(52) 备注；(53) 委托号；(54) 接口种类标识等。

的，应当通知送检方核查原因。

5. 按照前述利用 Excel 电子表格的鉴定方法，计算确认投资损益额。

案例 14-1：崔某挪用公款案

某国有集团公司下属企业进行改制过程中，向改制企业发放了 100 多万元的安置补偿金、工伤补助。下属企业留守组安置组组长崔某，利用职务之便，将其中 18 万元存入个人中国建设银行信用卡，用于个人炒股。案发时尚未将 18 万元公款发放给职工或发回上级集团公司。崔某将赃款陆续用于证券投资，并发生投资损失。为了查明赃款取向，县检察院聘请某司法会计鉴定所注册会计师进行司法会计鉴定。

本项鉴定中，由于送检方仅提供了崔某证券交易用资金账户资料，因而在设定鉴定事项时，将投资损益问题鉴定限定在崔某的资金账户反映的证券投资业务范围内。

司法会计鉴定书

×会鉴〔20××〕第×号

根据××省××县人民检察院×检反贪聘〔20××〕3 号《聘请书》，我们对国营××厂留守组安置组组长崔某涉嫌挪用公款一案涉及的财务会计问题进行司法会计鉴定。

鉴定事项：确认××证券有限公司××营业部＊＊＊＊5776"崔某"账户《股票明细对账单》列示的 20××年 8 月 13 日至 20××年 5 月 10 日证券投资业务所形成的投资损益总额。

20××年 6 月 28 日至 7 月 1 日，在××县人民检察院反贪局办公室，对××证券有限公司××券营业部＊＊＊＊6736"崔某"账户《股票明细对账单》（以下简称崔某账户对账单）复印件进行了检验。该复印件记录业务期间为 20××年 8 月至 20××年 5 月。

一、检验

1. 检验崔某账户对账单证实，该户于 20××年 8 月 13 日开户，当日存入保证金并托管转入三种证券。至 20××年 5 月 10 日前的最后交易日期为 20××年 5 月 5 日，账户余额为 61,855.70 元。其间，存入保证金 311,840 元，提取保证金 148,405 元（详见附件一）。

2. 崔某账户对账单记录 2001 年 8 月 13 日托管转入证券情况如下：

（1）582（北海新力）800 股，于 8 月 17 日卖出，净收入 11,917.94 元；

（2）682（ST 东方）800 股。后于 8 月 14 日买入 1,000 股，8 月 28 日卖出 1,800 股，净收入 19,472.85 元；

(3) 昌河股份（600372）500 股，于 8 月 15 日卖出，净收入 7,180.24 元。

3. 根据崔某账户对账单 2010 年 5 月 10 日以前的交易记录计算（剔除第 2 详检验结果所列托管转入证券的卖出净收入），卖出证券净收入额合计为 7,912,681.12 元，买入证券成本额合计为 8,043,184.93 元（详见附件二）。

4. 根据崔某账户对账单 2010 年 5 月 10 日前记录计算：保证金利息收入合计为 1,364.82 元，利息税支出合计为 195.11 元（详见附件三）。

5. 崔某账户对账单显示：2008 年 1 月 14 日证券公司给该账户补记"三方存管现金"收入 2.53 元；同时记录"三方存管现金"0.51 元。

二、论证

本项鉴定按照利润法确定证券投资损益。即：

投资损益 = 证券交易收益额 + 利息 − 利息税 + 其他收入 − 其他支出

其中：根据第 3 项检验结果，证券交易损益额为卖出证券净收入额合计与买入证券成本额合计的差额，即：7,912,681.12 元 − 8,043,184.93 元 = −130,503.81 元。

上述证券交易损益额中不含托管转入证券的卖出净收入和买入成本。第 2 − (2) 项检验结果涉及的 20×× 年 8 月 28 日卖出 682（ST 东方）1,800 股中含 8 月 14 日买入 1,000 股，按照加权平均法计算其计入卖出净收入额合计。即：

卖出 1,000 股净收入 = 19,472.85 元 /（800 股 + 1000 股）× 1000 股 = 10,818.25 元

根据上述鉴定原理及第 2 至 5 项检验结果，崔某账户对账单列示的 2001 年 8 月 13 日至 2010 年 5 月 10 日前证券投资业务所形成的投资损益总额为投资损失 51,397.19 元，即：

证券交易损益额	−130,503.81 元
加：利息收额	1,364.82 元
减：利息税支出额	195.11 元
加：其他收入额	2.53 元
减：其他支出额	0.51 元
投资损益额：	−129,332.08 元

三、鉴定结论

根据对送检的证券交易账户资料检验、分析结果确认：

××证券有限公司××营业部＊＊＊＊5776"崔某"账户《股票明细对账单》列示的 20×× 年 8 月 13 日至 20×× 年 5 月 10 日期间证券投资业务所形成的投资损益总额为投资损失 129,332.08 元。

　　　　　　　　　　　　　　　　　××司法会计鉴定所
　　　　　　　　　　　　　　　中国注册会计师：×××
　　　　　　　　　　　　　　　中国注册会计师：×××
　　　　　　　　　　　　　　　　　二〇××年七月五日

附件一：××证券有限公司＊＊＊＊5776崔某账户存、取款汇总表
附件二：××证券有限公司＊＊＊＊5776崔某账户证券交易损益明细表
附件三：××证券有限公司＊＊＊＊5776崔某账户利息、利息税汇总表

四、采用现金流量法进行投资损益问题鉴定的操作要点

采用现金流量法鉴定证券损益额，可分四步进行：

第一步，检验资金账户所列各种证券的买进、卖出及结存情况，并将其与证券账户记录进行验证。确认存在超卖证券或结存证券的情形时，应当分析超卖证券的原因并计算确认其净收入额，或者计算确认结存证券取得成本。

表14-2　证券交易利润计算表

证券名称：

购买日期	买进证券数	卖出证券数	证券余额	备注
合　计				

注：证券余额栏出现负数时表示存在超卖证券的情形。

第二步，汇总计算存入保证金总额和提出保证金总额。无资金账户资料时，可根据送检的代理商现金日结表进行汇总计算确认。

表14-3　保证金存入、提出汇总表

日　期	存入保证金	提出保证金	备　注
合计			

第三步，确认保证金余额。

无超卖证券情况的，以检验期末资金账户余额为准，确认保证金余额；出现

超卖情形时，保证金余额为资金账户余额与超卖收入的差额。即：

保证金余额＝资金账户余额－超卖证券收入

无资金账户资料时，可根据前两步鉴定结果及送检的代理商费用收入、费用支出、代支付股利等资料计算确认。

第四步，根据上述检验结果和现金流量法的鉴定原理，计算确认损益总额。

五、虚假陈述涉及的证券投资损失问题鉴定的操作要点

（一）虚假陈述涉及的证券投资损失问题鉴定概述

上市公司和拟上市公司采用违规披露或不披露信息等虚假陈述行为，会诱导投资主体购买其公司股票，并会因为虚假陈述行为被揭露而造成投资主体的投资损失。因此，上市公司虚假陈述案件往往会涉及确认证券投资主体的投资损益问题的司法会计鉴定。投资主体本身都会计算投资损益，因而虚假陈述导致投资主体发生证券投资损失后才会起诉上市公司，所以这类投资损益问题鉴定通常只是为了确认投资损失额。

研究虚假陈述涉及的证券投资损失鉴定问题时，应当明确以下两个问题。

1. 投资主体的投资动因以及虚假陈述与投资损失关系的确认问题

如果单纯从投资主体是否是因为上市公司的虚假陈述才买进该公司股票法律角度看，似乎会成为虚假陈述与投资主体的投资损失是否具有法律上的因果关系问题的焦点。假如投资主体不是因为受虚假陈述的诱惑、误导买进股票，那么虚假陈述与投资损失之间似乎就没有法律上的因果关系，投资主体起诉上述公司也不应当被法院支持。但是，由于投资主体通常不会买进一个公示业绩很差的公司股票，因而客观上讲虚假陈述对股票买卖应当产生一定的影响，同时，即使投资主体没有关注具有虚假陈述内容的财务会计报告，虚假陈述的被揭露也会对投资者带来不利影响，因而司法实践中法院会根据我国法律精神，直接推定虚假陈述与投资损失之间存在着法律上的因果关系，[①] 并不需要另外具备投资动因以及虚假陈述与投资损失关系的证据。因此，投资主体的投资动因以及虚假陈述与投资损失关系问题并不需要司法会计鉴定人判断。这一方面要求鉴定事项中不能要求司法会计鉴定人判断这类问题；另一方面则要求司法会计鉴定人不得在鉴定意见中表述这一因果关系，如鉴定意见中不应当出现类似"某上市公司虚假陈述给

[①] 最高人民法院 2002 年 12 月 26 日《关于审理证券市场因虚假陈述引发的民事赔偿案件的若干规定》第 18 条规定：投资人具有以下情形的，人民法院应当认定虚假陈述与损害结果之间存在因果关系：（一）投资人所投资的是与虚假陈述直接关联的证券；（二）投资人在虚假陈述实施日及以后，至揭露日或者更正日之前买入该证券；（三）投资人在虚假陈述揭露日或者更正日及以后，因卖出该证券发生亏损，或者因持续持有该证券而产生亏损。

某投资主体造成经济损失多少元"的表述。

2. 投资损失的含义及损失范围的确定问题

虚假陈述所导致的投资损失包括两种情形：一是指由于虚假陈述被揭露导致上市公司股票的发行活动被停止从而给投资主体造成的损失；二是指虚假陈述导致证券交易异常而给投资主体造成的投资损失。这两种投资损失的认定均需要假定投资损失范围，这一假定需要法律上作出明确界定。法律规定这两种损失的出现都可以要求虚假陈述公司进行赔偿。但是，由于投资者的损失与虚假陈述的关联会涉及对股票买进、卖出的时间范围的判断，这就涉及法定损失范围的确认问题，即虚假陈述导致证券交易异常而形成的投资主体的投资损失范围问题，应当由法律规定，司法会计鉴定在这类案件处理中的任务是按照法律界定的投资损失范围，从财务角度计算相关损失数据，为法院判定投资损失的具体数额提供鉴定意见。

（二）虚假陈述的揭露日、更正日、投资差额损失计算的基准日

上市公司虚假陈述导致证券交易异常而形成的投资主体的投资损失问题的确认，会涉及揭露日、更正日和投资差额损失计算的基准日三个概念。

揭露日，是指虚假陈述被揭露的日期。

更正日，是指虚假陈述内容被更正的日期。

投资差额损失计算的基准日是指虚假陈述揭露或者更正后，为将投资人应获赔偿限定在虚假陈述所造成的损失范围内，确定损失计算的合理期间而规定的截止日期。基准日分别按下列情况确定：

1. 揭露日或者更正日起，至被虚假陈述影响的证券累计成交量达到其可流通部分100%之日。但通过大宗交易协议转让的证券成交量不予计算。

2. 按前项规定在开庭审理前尚不能确定的，则以揭露日或者更正日后第30个交易日为基准日。

3. 已经退出证券交易市场的，以摘牌日前一交易日为基准日。

4. 已经停止证券交易的，可以停牌日前一交易日为基准日；恢复交易的，可按上述第1项内容确定基准日。①

虚假陈述揭露日、更正日的确定涉及对揭露和更正信息公开化程度的判断，因而应当由送检方确认并在鉴定事项中予以明确。投资差额损失计算的基准日的确定原则也应当由送检方在鉴定事项中明确，如果相关股票被摘牌、停牌的，司法会计鉴定人也可以直接根据证券交易所的公告确定。

---

① 见最高人民法院 2002 年 12 月 26 日《关于审理证券市场因虚假陈述引发的民事赔偿案件的若干规定》第 33 条规定。

(三) 虚假陈述案件涉及的投资损失的法定计算方法

根据有关虚假陈述案件涉及的投资损失的法定范围①，虚假陈述涉及的投资损失额的认定分为发行状态和上市状态两种情形，且计算标准不同。

1. 因虚假陈述导致证券被停止发行而形成的投资主体的投资损失

因虚假陈述导致证券被停止发行而形成的投资主体的投资损失范围为银行同期活期存款利率的利息。因此，在此类情形中，司法会计鉴定人无须回答投资损失问题，应当作为银行存款投资收益问题进行鉴定。例如，确认某项投资额按照某期间银行活期存款利率形成的利息额。

2. 因虚假陈述导致证券交易异常而形成的投资主体的投资损失

根据法定计算标准，因虚假陈述导致证券交易异常而形成投资损失问题的鉴定原理为：

投资损失额 = 投资差额损失 + 投资差额损失部分的佣金和印花税 + 利息损失

其中：投资差额损失的计算，分为在基准日及以前卖出证券和在基准日之后卖出或者仍持有证券两种情形。

投资主体在基准日及以前卖出证券的：

投资差额损失 =（买进证券平均价格 − 实际卖出证券平均价格）× 投资主体所持证券数量

投资主体在基准日之后卖出或者仍持有证券的：

投资差额损失 =（买进证券平均价格 − 虚假陈述揭露日或者更正日起至基准日期间的每个交易日收盘价的平均价格）× 投资主体所持证券数量

佣金、印花税、利息的计算：

投资差额损失部分的佣金 = 投资差额损失 × 佣金缴纳比例

投资差额损失部分的印花税 = 投资差额损失 × 印花税率

利息损失 = $\sum$（买进证券取得成本 × 证券持有日期 × 银行同期活期存款日利率）

特别事项：已经除权的证券，计算投资差额损失时，证券价格和证券数量应当复权计算。

(四) 虚假陈述涉及证券投资交易损失鉴定操作要点

1. 根据资金账户资料，截取虚假陈述涉及股票的买卖信息，并将其录入证券交易差额汇总表，验证其与证券账户记录相符性。

2. 计算确认证券交易投资差额损失和证券交易证券持有日期，并汇总计算确认投资差额总损失。

---

① 本节所述投资损失额鉴定原理，依据最高人民法院 2002 年 12 月 26 日《关于审理证券市场因虚假陈述引发的民事赔偿案件的若干规定》第七部分"损失认定"的规定。

3. 根据投资差额损失，计算确认相应的佣金、印花税损失。
4. 根据证券交易证券持有日期，计算确认利息损失额。
5. 根据上述鉴定结果，计算确认证券投资损失。

六、证券投资损益问题的鉴定意见

证券投资损益问题鉴定意见的主文部分，通常包括证券交易账户所列投资主体、投资损益期间、投资额、证券投资损益额等内容，例如，某证券公司"某投资主体"资金账户某期间存入资金多少元，该账户取得投资收益总额为多少元；"某投资主体"的证券账户代码为多少号，该证券账户某期间所列证券交易业务产生交易损失多少元。

虚假陈述涉及的证券投资损益问题鉴定意见的主文部分，通常包括证券交易账户所列投资主体、投资时间、投资额、揭露日时间、投资损失额等内容。参考表述方法：某证券公司某客户资金账户所反映的某时间买进某种股票多少股，至某时点产生投资损失多少元。

阅读材料：虚拟证券投资损益额测算

虚拟证券投资损益额测算，是指假定某些资金被用于证券投资的情况下，按照送检方提供的投资金额、投资期间等特别假定事项，测算该项资金用于证券投资的损益额。因此，送检方要求测算虚拟证券投资损益，应当明确需要测算投资损益的虚拟投资金额、投资期限等。

虚拟证券投资损益测算可以基于不同假定进行：一是假定虚拟投资额被用于同期证券交易，并取得了相同的平均投资效果；二是假定虚拟投资额未被用于实际证券交易，但参与同期投资损益分配。送检方要求测算虚拟证券投资损益，应当明确采用上述假定之一进行测算。

进行虚拟证券投资损益测算，通常需要具备证明可用于证券投资额货币资金的财务凭证、虚拟投资期间投资主体的实际证券投资资料等检材。

如果假定虚拟投资额被用于同期证券交易并取得了相同的平均投资效果，通常需要实施下列操作：

1. 根据送检方提供的虚拟投资期间投资主体的实际证券投资资料，按照前述鉴定步骤对同期证券投资损益问题进行鉴定，确认同期投资损益总额；
2. 根据投资损益问题鉴定结果，计算确认投资损益率；
3. 根据虚拟投资金额和投资损益率，计算确认虚拟投资损益额。

假定虚拟投资额未被用于实际证券交易但参与同期投资损益分配，可将虚拟投资额视为同期期初投资额之一，按照前述鉴定步骤对同期证券投资损益额问题进行鉴定，并根据虚拟证券投资额和实际投资额分配投资损益，确认该虚拟投资额的投资损益额。

虚拟证券投资损益测算意见的主文部分，通常包括投资主体、虚拟投资金额、虚拟投资损益额等内容。例如：按照某投资主体某投资期间的投资损益率测算，某笔多少元证券投资额可获得投资收益多少元（或可形成投资损失多少元）；按照某投资主体某投资期间的投资损益额测算，某笔多少元证券投资额可获得投资收益多少元（或可形成投资损失多少元）。

第四节　期货投资损益问题鉴定

一、期货投资损益问题鉴定原理

（一）投资额的确认原则

确认期货投资额的原理与前述确认证券投资额的原理相同，即当一笔存入期货交易账户的资金被用于期货交易，即被确认为投资额。一笔存入期货交易账户的资金未被用于期货交易，投资主体有约定的，按照约定确认该笔资金为投资，送检方应当在鉴定事项中明确投资损益问题的鉴定包含该笔存入资金；没有约定的，则不视为投资。

确认存入资金是否被用于证券交易的检验方法：当一笔资金被存入资金账户至被提取之前，其资金账户余额出现小于该笔资金额的情形时，即视为该笔资金已被使用；如存取该笔资金期间的账户余额一直大于存入金额，则视为其未被使用。

（二）损益总额鉴定原理

投资损益额 = 期货交易盈亏额合计

期货交易盈亏额 =（卖出价 – 买进价）× 合约单位 × 平仓合约数量 – 手续费

其中：

卖出价，是指卖出开仓或卖出平仓时交易商品的单位价格。

买进价，是指买进开仓或买进平仓时交易商品的单位价格。

合约单位，是指每张合约的商品数量。

平仓合约数量，是指平仓的合约张数，也称手数。

手续费，是指期货代理商收取投资主体的手续费。

买空盈亏 =（卖出平仓价 – 买进开仓价）× 合约单位 × 卖出平仓合约张数 – 手续费

卖空盈亏 =（卖出开仓价 – 买进平仓价）× 合约单位 × 买进平仓合约张数 – 手续费

（三）期货投资损益问题鉴定的类型

期货投资损益问题鉴定，根据鉴定事项中是否包含对期货交易真实性的判断，分为常规鉴定和特别鉴定两种。

所谓常规鉴定，是指直接根据期货代理商提供的检材，不涉及期货交易业务内容真实性判断的期货投资损益问题鉴定。

所谓特别鉴定，是指在常规鉴定基础上增加的判断期货交易业务内容真实性的期货投资损益问题鉴定。

通常情况下的期货投资损益问题鉴定采用常规鉴定，但遇有各种原因导致期货代理商提供的期货交易记录不真实的情形，应当增加特别鉴定。是否增加特别鉴定由送检方确定。

送检方确定增加特别鉴定的，应当在鉴定事项中要求确认期货交易记录的真实性。

二、期货投资损益问题鉴定所需检材

1. 投资存续期间期货代理商出具给客户的《结算报表》（《客户报表》），或《交易结算单》、《账户结算单》。

2. 投资存续期间的期货代理商出具给客户的《交易结算月报表》。

3. 期货代理商核算投资客户保证金的会计资料。

4. 需要增加特别鉴定的，应当提供期货交易所出具给会员的《当日平仓盈亏表》、《当日成交合约表》、《当日持仓表》、《资金结算表》、《资金结算核对单》等。

5. 需要确认期货交易合规性的，应当提供交易指令记录文件。

6. 鉴定事项可能涉及的相关会计主体的会计凭证、会计账簿、会计报表，所涉及会计主体的范围应当根据鉴定事项的需求而定，包括投资主体、期货经纪公司、期货交易所等。

三、期货投资损益问题鉴定的常规鉴定操作要点

1. 根据期货合约内容确定期货合约单位、手续费比例等期货交易约定事项。

2. 检验期货代理商出具给客户的《结算报表》，根据报表中的上次余额及可使用余额，验证《结算报表》的完备性。发现余额不衔接时，应当通知送检部门进行核查。

3. 按时间顺序检验《结算报表》中有关平仓盈亏的计算是否正确，确认每次平仓的盈亏金额。

4. 检验期货代理商出具给客户的《客户报表》及《交易结算月报表》，验证代理商提供的结算资料的一致性。

5. 汇总各次盈亏金额，计算确认盈亏总额。

6. 汇总各次手续费金额，计算确认手续费总额。

7. 根据上述操作结果及期货投资损益构成要素，计算确认期货投资损益总额。

检验中可根据盈亏鉴定原理，将卖出价、买进价、合约单位、平仓合约数量及手续费录入 Excel 电子表格，利用 Excel 电子表格来完成盈亏、手续费计算，并验证《客户表报》记载盈亏手续记录的正确性。同时，利用 Excel 电子表格完成损益总额的计算。

四、期货投资损益问题鉴定的特殊鉴定操作要点

期货投资损益问题鉴定的特殊鉴定，应当在常规鉴定的基础上增加下列操作：

1. 检验期货交易所出具的《当日平仓盈亏表》、《当日成交合约表》、《当日持仓表》、《资金结算表》，逐笔与《客户报表》或交易指令文件中的开仓及平仓记录进行核验，验证双方记录的一致性。

2. 发现混码交易及其他影响盈亏计算结果的，确认期货交易不实，并调整平仓盈亏金额。

3. 根据正常平仓盈亏金额及调整后的平仓盈亏金额，调整计算盈亏金额，确认盈亏总额。

4. 根据正常交易手续费金额，调整计算手续费总额。

5. 根据上述操作结果及期货投资损益构成要素，计算确认期货投资损益总额。

五、期货投资损益问题的鉴定意见

期货投资损益问题的鉴定意见的主文部分，通常包括期货交易账户所列投资主体、投资损益期间、投资额、期货投资损益额等内容，参考表述方法：某期货公司"某投资主体"资金账户某期间存入资金多少元，该期间形成期货投资收益总额为多少元。

案例 14-2：夏某某贪污案件

1996 年 1 月至 1997 年，某证券公司负责人夏某某利用职务便利，违反规定在本公司期货部开户进行期货交易活动。当保证金账户出现浮动亏损后，夏某某仍然指使期货部允许继续开仓，造成巨额期货投资损失，1997 年 6 月，夏某某利用职务便利，指使会计人员将个人炒期货形成的亏损，转入本公司当期损益，涉嫌贪污。

本案需要通过鉴定查明夏某某贪污犯罪的客体和数额。这一鉴定目的涉及两个财务会计问题：一是财务问题，即夏某某进行期货交易的损益额问题；二是会计问题，即证券公司将夏某某个人投资损益转入本公司当期损益账务处理的含义。

以下是司法会计鉴定人出具的司法会计鉴定文书。

司法会计鉴定书

〔20××〕×检技鉴会字×号

根据××市中级人民法院20××审刑二初字第1号《聘请书》，受该院聘请，对夏某某涉嫌贪污一案涉及的财务会计问题进行司法会计鉴定。

鉴定事项：确认××市证券公司期货客户"夏某某"期货交易资料反映的交易损益额及该公司对该项损益进行账务处理的财务会计意义。

20××年6月10日，××市中级人民法院审判二庭庭长×××送来××市证券公司会计资料及相关单位会计资料复印件。

一、检验

1. 检验××市证券公司"0148——夏某某"期货保证金明细账户资料证实："夏某某"于19××年6月2日在××市证券公司开立保证金户并存入期货交易保证金30万元。该账户反映19××年6月3日至19××年4月10日期货开、平仓交易50笔；该账户19××年8月19日首次出现借方余额；19××年4月10日账户余额为借方1,752,420元，之后未登记期货交易及资金变动事项。

上述账项涉及的保证金存款额30万元、手续费合计130,900元、平仓盈亏合计-1,921,520元，具体交易业务详见附件。

经验证××市证券公司"证券交易清算"账户所辖"上海期货"、"深圳期货"、"长沙期货"往来明细账和保证金明细账证实，上述期货交易业务已通过相关明细账户进行了核算。

经验证××市证券公司期货客户资金电脑报表证实，该报表记载的"夏某某"户保证金存款额、交易收付金额和余额，与"0148——夏某某"期货明细账所列保证金存款额、交易手续费、亏损和资金余额相符。

2. ××市证券公司19××年6月27日编制第124号记账凭证对"转期货亏损"事项进行了下列会计核算：

贷：应收账款——期货部　　1,752,420元

贷：投资收益——期货投资　-1,752,420元

上述记账凭证附单据1张，列示了"0148——夏某某"户亏损1,752,420元。

经验证"应收账款——期货部"、"投资收益——期货投资"账簿证实，上述会计处理事项均已记账。

3. 经检验××市证券公司有关期货账务处理资料确认，该公司对客户期货交易损益的账务处理方法是：盈利时，借记"证券交易清算"及所辖"上海期

第十四章 投资损益问题鉴定实务

货、深圳期货、长沙期货"明细科目，贷记"保证金"科目；亏损时则作相反会计处理；不定期将客户未弥补的期货交易亏损额通过编制"借记'应收账款——期货部'、贷记'保证金'"会计分录，转入"应收账款——期货部"明细账。

4. 检验××市证券公司19××年"投资收益——期货投资"账户资料证实，该账户未登记借方发生额，贷方仅记录第2项检验结果所述－1,752,420元发生额，该账户余额（贷）－2,509,875.61元已通过编制6月28日第130号记账凭证转入"本年利润"，即：

借：本年利润　　1,752,420元

贷：投资收益——期货投资　　1,752,420元

5. 检验××市证券公司"证券交易清算"明细账户资料证实：××市证券公司存入上海（××集团）、深圳（××期货交易所）、长沙（××期货交易所）的保证金中，有5,931,832.90元已用于弥补客户交易亏损。

二、论证

（一）期货交易盈亏计算公式为：

期货交易盈亏＝手续费合计±平仓盈亏合计

其中：平仓盈亏 ＝（卖出价－买入价）×手数（合约张数）×合约单位

根据上述公式及第1项检验结果计算，××市证券公司"0148——夏某某"期货保证金明细账涉及的期货交易亏损为2,052,420元（即：手续费合计130,90元＋平仓亏损合计1,921,520元）。该交易亏损额减去"夏某某"存入××市证券公司30万元保证金，差额1,752,420元，与"0148——夏某某"期货保证金明细账19××年4月10日为借方余额1,752,420元相符。

（二）根据期货交易盈亏计算原理，在××市证券公司会计核算资料中的平仓亏损额为买入合约金额大于卖出合约金额的部分，按期货交易规则：平仓亏损扣减客户保证金、平仓盈利增加客户保证金，平仓亏损金额已递减盈利客户。"夏某某"户的期货交易是由××市证券公司代理，因此，前述"夏某某"期货交易损失2,052,420元由平仓亏损和手续费两部分构成，实际上已通过扣减××市证券公司的期货交易保证金而将平仓亏损金额和手续费分别支付给盈利客户和交易代理机构（包括期货经纪公司和期货交易所），第5项检验结果证实了××市证券公司的付款途径。××市证券公司已代"夏某某"支付2,052,420元，而第1项检验结果证实"夏某某"仅交付××市证券公司的保证金30万元，因此，"夏某某"尚应支付××市证券公司1,752,420元保证金。

（三）根据会计原理，××市证券公司"应收账款——期货部"账户贷方核算该公司收回"期货部"欠付保证金事项；"投资收益——期货投资"中贷方负发生额核算该公司投资损失额。因此，第二项所列贷记"应收账款——期货部"

1,752,42元、贷记"投资收益——期货投资"-1,752,42元会计处理的含义是：××市证券公司放弃应收"夏某某"的保证金1,752,42元，并将其列为公司投资损失额进行了账务处理。同时，根据会计原理，"本年利润"账户的借方反映企业最终确认的冲销收益的各种费用，第4项检验结果也证实了"夏某某"个人投资损失被转入××证券公司"本年利润"账户核销。据此，上述账务处理结果是该公司放弃对1,752,420元资产（债权）的控制，并将其转为本公司费用核销。

三、鉴定结论①

根据对××市证券公司19××年至19××年有关财务会计资料的检验、分析结果确认：

××市证券公司期货客户"夏某某"在通过该公司进行的期货交易中发生交易损失2,052,420元，扣除"夏某某"已交该公司的保证金30万元，尚应支付××市证券公司保证金1,752,420元。1,752,420元款项已由××市证券公司代"夏某某"支付给盈利客户和期货交易机构。××市证券公司于19××年6月编制第124号、130号记账凭证，将该项应收回保证金账项作为该公司投资损失业务进行了账务处理，该项账务处理导致该公司失去对1,752,420元资产（应收款项）的往来账户余额的控制。

××市人民检察院司法会计师：×××
××市人民检察院司法会计师：×××
二○××年×月×日

附件："0148——夏某某"期货交易及资金收付汇总表

附件："0148——夏某某"期货交易及资金收付汇总表

时间	存款	交易商品		开仓情况			平仓情况				资金余额
		名称	手数	买卖	价位	手续费	买卖	价位	手续费	平仓盈亏	
1996.06.02	300000										300000
1996.06.03		9月橡胶	1	买	14980	75					
1996.06.03		9月橡胶	71	买	14995	5325					294600
1996.06.05		9月橡胶	28	买	15065	2100					292500

……………

---

① 此时"鉴定结论"尚未改为"鉴定意见"。

续表

时间	存款	交易商品		开仓情况			平仓情况				资金余额
		名称	手数	买卖	价位	手续费	买卖	价位	手续费	平仓盈亏	
1997.03.24		7月咖啡	3		23770		卖	25200		4290	-1130545
1997.04.10		5月橡胶	5		12700		卖	11335	375	-34125	
1997.04.10		5月橡胶	45		12700		卖	11330	7125	-308250	
1997.04.10		5月橡胶	20		12415		卖	11330		-108500	
1997.04.10		5月橡胶	30		12420		卖	11330		-163500	-1752420
	300000					65450			65450	-1921520	-1752420

第五节 其他投资损益问题鉴定

本节主要介绍利息问题以及共同投资中特定投资主体（投资额）的投资损益问题的司法会计鉴定规程。

一、利息问题鉴定

本书所称利息，是指各种财务往来账项中，以确定的利率为标准形成的孳息，包括各种应收账项应当收取的利息和各种应付账项应当承担的利息。

利息问题鉴定，是指以确定的利率为标准计算的存款、借款、贷款、债权、债务等财务往来账项产生的利息数额问题的司法会计鉴定。主要涉及确认财务主体应得利息或应付利息数额问题的确认以及涉案财务资料记载的利息正确性问题的确认。

（一）利息问题鉴定原理

确认利息数额的基本原理是：

利息额＝本金×利率

本金是指应收账项或应付账项的余额。送检方提起确认利息数额问题的鉴定，应当在鉴定事项中明确涉案应收账项或应付账项。

送检方要求确认应付账项或应收账项的利息额，应当在鉴定事项中明确确定利率的标准或具体利率。利率的标准通常包括：银行同期同类存款利率、票据的票面利率、借款合同确定的利率等。

确认相关财务资料记载的利息额是否正确的问题鉴定，采用比对鉴别法进行。即先通过应收或应付利息问题鉴定确认利息数额，将鉴定确认的数额与财务资料所记载的利息额进行比较，确认其记载的正确性。

利息问题鉴定的鉴定目的，通常是查明涉案应收账项的利息收益或涉案应付账项的利息损失。例如：

1. 查明当事人应当收取或应当承担的利息数额；
2. 查明因各种原因导致的利息损失数额；
3. 查明因各种原因导致的利息承担数额等。

（二）利息问题鉴定所需检材

1. 经济合同、存款单、判决书、调解书、金融机构文件等确定利率的财务资料；
2. 应收（或应付）账项涉及的财务会计资料；
3. 证明利息实际结算情况的财务资料；
4. 证明上述检材内容真实性的其他财务会计资料证据。

（三）利息问题鉴定操作要点

利息问题鉴定通常采用直接鉴定法进行。

1. 检验确定涉案利率的财务资料，明确利率或利率计算方法。
2. 检验存、贷款或其他往来账项资料，验证应当计息账项的金额及存续时间。

其中，对因利率不同而需要分段计算利息的，应当分段确认应收（或应付）账项的金额。

3. 根据上述检验结果及利率标准，计算确认计息账项形成的利息额，其中涉及各期利率不同、计算复利等情形的，应当分段计算利息。
4. 根据上述操作结果，计算确认利息总额。
5. 鉴定事项涉及确认未结算利息额的，通过检验收、付利息的财务资料，确认已经结算利息额，并根据前项鉴定结果计算确认未结算利息额。
6. 鉴定事项要求确认利息额记载正确性问题的，根据前项鉴定结果及财务资料的利息记载，确认财务资料记载利息额的正确性。

（四）利息问题的鉴定意见

利息问题的鉴定意见的主文部分，通常包括应收（或应付）账项的财务主体、本金情况、计息期间、利率、应得（或应付）利息额等内容。参考表述方法：甲单位某时点应收乙单位货款多少元，按照银行同期活期利率计算，至某时点应收乙单位利息多少元；某人某时点透支某金融机构信用卡款项多少元，按照该金融机构透支利率计算，至某时点应付该金融机构透支利息多少元；某财务主体某时点从某金融机构贷款多少元，按照借款合同规定的利率计算，至某时点应付该金融机构贷款利息多少元。

利息记载正确性问题的鉴定意见的主文部分，通常包括记载利息文件名称、记载内容、记载正确性的评价等内容。参考表述方法：某银行贷款利息结算通知书所列某时点应收某借款人利息多少元存在错误的，按照某（文号）贷款协议规定的利率计算，应收该借款人利息多少元。

阅读材料：虚拟存款利息额的测算

虚拟存款，是指假定诉讼涉及的某些款项全部存入金融机构。虚拟存款利息额测算，则是指假定某些货币资金被存入金融机构的情况下，按照送检方提供的存款金额、存款期间等特别假定事项，测算虚拟存款利息额。目前司法实践中常见的虚拟存款利息额测算业务出现在对巨额财产来源不明案件中，用于测算作案人个人合法收入的存款利息额，为确认来源不明财产额提供证据。

虚拟存款利息额测算与存款利息问题鉴定不同，虚拟存款利息额测算，是在假定存款存在的情况下进行，实际存款额通常没有财务资料证明，司法会计鉴定人也就无法获取确认存款利息额的基础证据。因此，理论上将虚拟存款利息额测算归纳为司法会计师的非鉴定业务。

送检方要求测算虚拟存款的利息，应当明确需要测算利息的虚拟存款金额、存款年度、计息期间及虚拟存款利率等。如果送检方不能确定虚拟存款利率的，按照一年期同期利率计算利息。虚拟存款被认为跨年度持续存在的，应当计算复利。

需要确认财务主体虚拟存款利息所得的，应当考虑扣除财务主体应纳的与利息收入相关的税费。

虚拟存款测算涉及的财务期间中，送检方提供了部分实际存款证据的，应当按照实际存款利率计算利息，并将实际存款额在当年度虚拟存款额中扣除后计算虚拟存款利息，该年度利息额为实际存款利息与虚拟存款利息之和。

进行虚拟存款利息测算，通常需要具备证明虚拟存款金额及存款年度的财务资料及相关证据，以及拟存款期间的实际存款资料。

虚拟存款利息测算的主要步骤包括：

1. 根据送检方提供的虚拟存款资料，确定存款数额、存款年度及存款利率，但司法会计鉴定人应当关注虚拟存款年度的利率变化以及是否存在保值利息等影响利息测算的情形；
2. 计算各年度利息、复利、保值利息、扣税额等；
3. 计算并确认各年度虚拟存款利息所得；
4. 计算并确认虚拟存款利息所得总额；
5. 计算确认虚拟存款的净利息额。

虚拟存款利息测算意见的主文部分，通常包括财务主体、虚拟存款情况及虚拟存款利息额等内容。例如，假定某存款人某年度至某年度的净收入全部存入银行，按照各同期一年期存款利率测算，可获得存款利息多少元。

二、其他投资损益问题鉴定

其他投资损益问题的鉴定，可以根据投资类型，选择本章所述的近似投资损益问题鉴定的操作要求实施鉴定。这里以组合理财投资损益问题鉴定为例作一说明。

组合理财投资损益问题的鉴定，是指投资主体委托金融机构进行的组合投资形成的投资损益。组合投资可能包含了证券、期货、债券以及其他投资方式。如果不涉及资金账户所列具体投资结果真实性、正确性的情况下，组合投资从资金账户的记载形式看，与证券投资的资金账户类似，因而可以参照本章证券鉴定原理和操作步骤实施鉴定；如果涉及资金账户所列具体投资结果真实性的、正确性的，则可以根据该项具体投资方式（如证券、期货等），选择本章所述相关投资损益问题鉴定规程对相关投资损益问题实施鉴定，从而确认资金账户所列投资结果的真实性和正确性。

三、具体投资主体（投资额）的投资损益问题鉴定的操作要点

（一）具体投资主体（投资额）的投资损益问题鉴定含义

具体投资主体（投资额）投资损益问题的鉴定，是指诉讼涉及多个财务主体共同投资，或者同一财务主体利用不同资金进行投资的情形中，确认具体投资主体或投资额的投资损益问题的鉴定。

所谓具体投资主体的投资损益额问题鉴定，是指案件涉及的投资事项为两个或两个以上的共同投资人时，分别确认某一投资主体或者各投资主体的投资收益额或投资损失额问题的鉴定。

所谓具体投资额投资损益问题的鉴定，是指案件涉及两项或两项以上投资额时，按照相关财务标准确认某一投资额或者各投资额的投资收益额或投资损失额。该项鉴定主要适用于在没有投资设定文件的情况下，按照具体投资额分配投资损益额的情形，具体的投资额的归属问题则应当由送检方负责确认。例如，使用赃款进行证券投资的情形中，资金账户中既有赃款投资额也有作案人合法资金投资额，这就需要通过具体投资额投资损益问题的鉴定确认赃款投资额的投资损益额，从而判定赃款孳息额或赃款损失额。这种情形中，司法会计鉴定人不需要分辨哪些投资额是作案人使用赃款投入的，送检方应当在鉴定事项中明确要求鉴定人对资金账户中哪一笔存入资金或哪些笔存入资金的投资损益额问题进行鉴定。

确认具体投资主体（投资额）的投资损益问题，通常需要对投资损益总额进行分解，并分配到不同投资主体（投资额）。具体的分解方法包括比例分解法、分步比例分解法和积数分解法三种。

（二）具体投资主体（投资额）的投资损益问题鉴定的基本原则

投资损益问题鉴定中分配投资损益的基本原则是约定在先，即在共同投资（投资额）中，对投资损益的分配方法有书面约定（或者判决）等书面文件的，

按照书面规定方法，分别计算确认各投资主体（投资额）的具体投资损益额。

对共同投资（投资额）的投资损益没有约定，但同时投资且不存在抽资情形的，按照比例分解法确认具体投资主体或投资额的投资损益。

对共同投资（投资额）的投资损益没有约定，且实际投资时间不同步的或同时投资但中间存在单独抽资情形的，原则上采用分步比例分解法确认具体投资主体或投资额的投资损益。如果投资损益相对固定，也可以采用积数分解法确认具体投资主体或投资额的投资损益。

（三）比例分解法

比例分解法，是指按照具体投资额占全部投资额的比例，确认不同投资额的投资损益的方法。从投资类型看，比例分解法适合大部分资本投资和少部分证券、期货等投资的投资损益问题鉴定。

某投资主体（或某比投资额）的投资损益额 = 具体投资额 × 损益总额/投资总额

比例分解法的基本操作步骤如下：

1. 通过投资损益问题鉴定，确认共同投资的投资损益总额；
2. 计算各具体投资主体（投资额）的投资比例；
3. 按照具体投资额比例和投资损益总额，计算确认具体投资主体（投资额）的投资损益。

（四）分步比例分解法

分步比例分解法，是指按照各次投资额以及撤出投资的时点，将投资分为不同的步骤，把每一步骤的共同投资额按照比例进行分解，最后汇总确认具体投资主体（投资额）的投资损益的方法。

分步比例分解法的基本操作步骤如下：

1. 检验投资资料，以新投资、撤出投资为标志，将共同投资过程分成若干投资损益额的计算步骤，并确定各步骤的具体投资额组成；
2. 对各投资步骤的投资分别进行投资损益问题鉴定，确认各步骤的投资损益额；
3. 按照比例分解法分别计算确认各步骤中各笔投资额的投资损益；
4. 将具体投资额在各步骤形成的投资损益进行合计，确认具体投资额的投资损益额。

例如：某证券资金账户资料记录了三次存入资金的投资情形：第一次投资10万元，第二次投资15万元，第三次投资25万元。

首先，将投资期间分为10万元投资至15万元投资、15万元投资至25万元投资、25万元投资至投资结束三个阶段。

其次，对上述三个阶段的证券投资损益总额分别进行鉴定。

假定第一阶段收益 4 万元，第二阶段损失 5 万元，第三阶段收益 10 万元。

第一阶段，10 万元投资收益为 4 万元。

第二阶段，10 万元投资占 40%，15 万元投资占 60%。

10 万元投资损失为：5 万元 × 40% = 2 万元

15 万元投资损失为：5 万元 × 60% = 3 万元

第三阶段，10 万元投资占 20%，15 万元投资占 30%，25 万元投资占 50%。

10 万元投资收益为：10 万元 × 20% = 2 万元

15 万元投资收益为：10 万元 × 30% = 3 万元

25 万元投资收益为：10 万元 × 50% = 5 万元

汇总计算各具体投资额的投资损益。

10 万元投资额的投资损益 = 4 万元 − 2 万元 + 2 万元 = 4 万元

15 万元投资额的投资损益 = −2 万元 + 2 万元 = 0

25 万元投资额的投资损益 = 5 万元

（五）积数分解法

积数分解法，是指按照投资积数的比例，分别确认不同投资额的投资损益的分解方法。

采用积数分解法鉴定，在确认总投资损益总额后，应当计算投资积数，然后按照投资积数分配总投资损益额。

某笔投资额的投资积数 = 该笔投资额 × 存续天数

投资存续天数，是指投资自存入代理商次日至该笔投资抽回日或检验期末日的天数。

投资存续天数如有合同规定的，可以依合同及实际验证结果确认；无合同规定的，可以按照先进先出原则及实际验证结果推定。

投资次数较多的，可列表计算。

表 14 − 4　投资积数计算表

日　期	投 入 额	抽 回 额	积 数 组 成	积　数
积　数　合　计				

某笔投资额的损益额 = 该笔投资额积数 × 损益总额 / 积数合计

1. 无固定投资收益率积数分解法操作要点

（1）将各具体投资额乘以该项投资额的存续天数，确定各笔投资额的投资积数和总投资积数。

（2）适用本准则相关投资损益问题鉴定操作要点，对投资损益总额问题进行鉴定，确认投资损益总额；

（3）根据投资总积数和总投资损益额，计算确认单位积数的投资损益额。

（4）根据具体投资额的投资积数和单位积数投资损益额，计算确认该笔具体投资额的投资损益额。

需要特别提示的是，基数分解法是建立在不同时间的投资均获得本期投资收益或分摊投资损失的假定基础上进行的鉴定。实际上不同时间的实际投资损益结果并不一定相同，因而只有在投资收益相对固定的情况下，才能使用积数分解法。以前述分步比例分解法所举例子为例：本期总收益为 9 万元（第一阶段收益 4 万元减去第二阶段损失 5 万元加上第三阶段收益 10 万元），如果采用积数分解法，各笔投资都会取得投资收益，但按照分步比例分解法确定的结果是：第二笔投资的投资收益为 0，即没有获得投资收益。

2. 有固定投资收益率的，如银行存款利息，可以直接根据投资收益率计算单位积数的投资损益额，并根据不同投资额的投资积数，直接计算确认某笔具体投资额的投资损益额。

第十五章 财务收支问题鉴定实务

本章主要介绍财务收支问题鉴定的含义、类型、适用案件与鉴定目的,以及财务收入、财务支出、财务收支差额等问题的司法会计鉴定原理与操作要点。

第一节 财务收支问题鉴定概述

一、财务收支的含义

财务收支,是指对财务收入和财务支出的合称。

(一)财务收入

所谓财务收入,泛指财务主体通过财务活动取得的经济利益的流入。财务收入的含义包括两个方面:一是指会导致财务主体净资产增加的与投入资本无关的经济利益的流入(即会计意义上的收入),包括经营收入和非经营收入;二是指具体货币资金、实物资产的流入,例如收入现金多少元。

上述概念中的经营收入,是指财务主体通过销售商品(或其他实物资产)、提供劳务、让渡资产使用权、投资、存款等经营活动取得的财务收入。常见的经营收入有商品销售收入、劳务收入、转让土地使用权收入、转让无形资产收入、权租金收入、投资收入、利息收入、其他经营收入等。

所谓非经营收入,是指财务主体通过非经营性项目获取的经营收入以外的各种财务收入。例如,预算收入、接受捐赠收入、补助收入等。

(二)财务支出

所谓财务支出,泛指财务主体在财务活动中发生的经济利益流出。财务支出的含义包括两个方面:一是指会导致财务主体净资产减少的与投资资本无关的经济利益的流出(即会计意义上的支出),包括经营支出和非经营支出;二是指具体货币资金、实物资产流出,如支付银行存款多少元。

所谓经营支出,是指各类生产、经营活动中产生的成本、费用等财务支出。常见的经营支出有存货采购成本、生产耗费、销售费用、管理费用、财务费用以及其他经营支出等。

所谓非经营支出,是指除生产、经营活动以外的各种财务支出。例如,预算支出、捐赠支出、非经营性补助支出等。

（三）财务收支差额

财务收支差额，是指特定财务主体、财务期间、财务项目等取得的财务收入与财务支出之间的差额。财务收支差额的含义很广，任何具有配比关系的收入和支出之间都能够形成差额，但差额的具体含义可能不同。例如，经营收入与经营支出的差额，形成经营主体、特定财务期间或财务项目的利润或亏损；预算收入与预算支出的差额，形成预算单位的预算超支或预算结余等。

二、财务收支问题鉴定的含义

财务收支问题鉴定，包括财务收入问题鉴定和财务支出问题鉴定两类。

（一）财务收入问题鉴定

财务收入问题鉴定，是指对诉讼涉及的财务收入的性质、量值等问题进行的司法会计鉴定。

通过司法会计鉴定确认的财务收入的财务属性，是指财务收入的财务属性，而并非是指财务收入的合法性问题。例如，某项财务收入属于经营收入还是非经营收入，属于销售收入还是其他收入都属于财务属性范畴。在实际诉讼中，一项收入的合法性问题是由取得该收入的财务主体的财务行为的合法性所决定的，而财务行为的合法性问题依法应当由法官等诉讼主体判断，不能作为司法会计鉴定的对象。

通过司法会计鉴定确认的财务收入的量值，主要是指财务收入的金额，有时也包括财务主体收取资产的数量。

诉讼中涉及的财务收入问题可以单独构成司法会计鉴定事项，同时，财务收入问题鉴定也会构成经营损益、涉税及相关会计事项等问题的司法会计鉴定的内容。

法律诉讼中对下列财务会计事实进行调查时，可能涉及财务收入问题鉴定：

1. 案件涉及的财务主体通过某项具体财务事项收取的合法收入的金额；

2. 案件涉及的特定财务主体在某财务期间的财务收入金额，主要是确认与案件涉及的财务主体在某财务期间所取得的收入总额；

3. 非法生产、销售活动取得的违法经营额，主要是确认通过非法生产、非法经营活动取得的财务收入金额或收取相关资产的数量；

4. 不正当经济活动涉及的违法所得额，主要是指通过欺诈、走私、逃汇、财务舞弊等不正当经济行为活动获取的财务收入金额或收取相关资产的数量。

诉讼涉及的财务活动的预期财务收入问题，可以通过司法鉴定人的财务数据测算活动加以解决，通常不作为司法会计鉴定的对象。

（二）财务支出问题鉴定

财务支出问题鉴定，是指对诉讼涉及的各类财务支出的性质、量值等问题进行的司法会计鉴定。

通过司法会计鉴定确认的财务支出的性质，是指财务支出的财务属性，而并非是指财务支出的合法性问题。例如，一项支出属于经营支出还是非经营支出，属于经营性支出还是资本性支出或是其他支出等财务属性。在实际诉讼中，一项支出的合法性是由支付资产的财务主体的财务行为的合法性所决定的，而财务行为的合法性的判断依法应当由法官等诉讼主体进行，因而不能作为司法会计鉴定的对象。

通过司法会计鉴定确认的财务支出的量值，主要是指财务支出的金额，有时也包括财务主体支付资产的数量。

诉讼中涉及的财务支出问题可以直接进行司法会计鉴定，同时，财务支出问题鉴定也会构成经营损益问题鉴定、涉税问题鉴定及相关会计问题鉴定的内容。

法律诉讼中对下列财务会计事实进行调查时，可能涉及财务收入问题鉴定：

1. 案件涉及的某项具体财务事项中合法支付的财务支出的金额；

2. 案件涉及的特定财务主体在某财务期间的财务支出金额，主要是指与案件有关联的财务主体在某财务期间的支出总额；

3. 非法生产、销售等经营活动中的财务支出金额或支付相关资产的数量；

4. 其他不正当经济活动涉及的财务支出金额。

另外，诉讼涉及的经济活动的预期财务支出问题，可以通过司法鉴定人的财务数据测算活动加以解决，通常不作为司法会计鉴定的对象。

在诉讼中，财务支出问题鉴定可以单独构成鉴定事项，但也会构成经营损益、涉税及相关会计事项等问题的司法会计鉴定的内容。实际在相关问题鉴定中需要进行财务收支问题鉴定，除非送检方提出专门的财务收支问题鉴定事项，否则不需要在鉴定意见中单独列示财务收支问题的鉴定意见。

（三）销售价值鉴定

销售价值，专指以财务主体在特定期间内的平均销售单价确认的销售某商品的可以取得的收入额。

销售价值是诉讼中确认涉案商品价值的一种方法，但其本质是确认资产的平均销售收入。

平均销售单价＝某期间销售金额合计/同期销售数量

销售价值＝鉴定事项涉及的商品数量×平均销售单价

三、财务收支问题鉴定的类型

财务收支问题鉴定，除按照财务收支属性分为财务收入问题鉴定和财务支出问题鉴定外，还可以按照财务收支事项涉及范围不同，分为期间收支问题鉴定和专项收支问题鉴定。

所谓期间收支问题鉴定，是指确认某一财务期间的收入总额或支出总额，或者确认该期间某类业务（如销售收入、经营费用、非经营收支等）的收入总额或支出总额的财务收支问题鉴定。

所谓专项收支问题鉴定，是指确认某项财务活动（如特定经济活动、合作经营项目等）取得的收入总额或支出总额的财务收支问题鉴定。

四、财务收支问题鉴定的适用范围与鉴定目的

凡是经济案件诉讼都有可能涉及财务收支问题的鉴定，这里仅列举部分诉讼案件进行司法会计鉴定的目的。

1. 在贪污、职务侵占、盗窃、挪用、民事欺诈案等侵犯财产案件中，通常需要查明当事人是否存在非法占有公共财产或他人财产以及非法占有财产的来源、数额等案件事实。通过财务收支问题鉴定，确认涉案财产的形成、数额、财务属性等问题，为证实是否存在非法占有的财产及其财产数额等事实提供鉴定意见作为诉讼证据。

2. 违规披露或不披露信息（虚假陈述）、提供虚假证明文件等涉及虚假经济文件的案件中，需要查明经济文件中不记载或虚假记载财务收支业务等事实。通过财务收支问题鉴定，确认涉案财务会计报告或其他经济证明文件应否记载相关财务收支事项以及记载的财务收支信息的真实性、正确性等问题，可以为证实涉案经济文件应当记载的财务收支业务内容以及记载的财务收支业务真实性等案件事实提供鉴定意见作为诉讼证据。

3. 非法销售伪劣商品、非法经营案等涉及不正当经营活动的案件中，会涉及非法经营额等案件事实的查证。通过财务收支问题鉴定，确认经营收入或经营支出等问题，可以为证实非法经营额等事实提供鉴定意见作为诉讼证据。

4. 合作、合资、合伙等经营纠纷案件中，需要查明特定经营活动中的财务收支额等事实。通过财务收支问题鉴定，确认相关经营收入或经营支出的金额等问题，可以为证实涉案经济文件、财务收支的实现情况等案件事实提供鉴定意见作为诉讼证据。

5. 财产执行案件，需要追查相关财务收入的来源或财务支出的去向及其财务属性等案件事实。通过财务收支问题鉴定，可以为证实被执行人可取得财务收入或转移资产的虚假支出等事实提供鉴定意见作为诉讼证据。

五、财务收支问题鉴定所需检材

进行财务收入或财务支出问题鉴定时，通常需要具备下列检材：

1. 证明财务收支标准的合同、合同附件、预算、价格表、书面财务收支制度等；

2. 证明财务收支事项发生的财务凭证，如发票、收据、银行结算凭证等；

3. 财务收支事项涉及会计期间的会计凭证、账簿、财务会计报告以及银行对账单；

4. 能够证明财务收支发生的其他书面记录，如财务收支事项涉及资产的《勘验、检查笔录》或盘点表、交接表等；

5. 能够证明上述检材内容真实性的其他财务会计资料。

第二节　财务收支问题鉴定原理

一、具体财务收支额的确认

（一）发生财务收支业务的确认依据

确认各项具体财务收支实际发生的依据，是相关的财务收支凭证。司法鉴定人只能依据具体的财务收支凭证，确认财务收支的发生。对可能已经发生了财务收支，但送检方没有提供相应的财务收支凭证的，司法会计鉴定人不得确认财务收支的实际发生。例外的情形是，如果没有直接证据证明财务收支发生，但司法会计鉴定人能够根据间接证据确认收入或支出发生的，应当在鉴定文书中明确所推断的具体依据。例如，确认销售收入发生的直接证据应当是发票，但涉案当事人实际没有出具发票或将发票隐匿，这种情况下司法会计鉴定人可以根据合同、出库凭证、收款凭证等推断存在销售收入，但应当在鉴定文书中写明具体的推断根据。

司法鉴定人认为确认财务收支实际发生的证据存在瑕疵时，应当根据具体情形分别作出如下处理：

（1）司法鉴定人根据证明相关资产变化结果的财务资料判断财务收支发生的，可以确认财务收支的发生，但应当在鉴定意见中附加说明；

（2）送检方提供的财务收支凭证缺乏验证条件的，司法鉴定人应当出具分析意见；

（3）司法鉴定人在确认具有连贯性的财务收支业务时，送检方未能提供其中某笔或某些笔财务收支凭证的，应当在鉴定意见中附加说明未确认的某笔或某些笔财务收支额。

（二）财务收支业务合规性的确认依据

确认各项具体财务收支合规性的依据应当是财务标准（如财务收支类别标准、财务收支凭证标准、财务收支价格标准、财务收支实现标准等）。在确定具体标准时，应当注意下列原则：

1. 鉴定事项涉及财务收支类别确认的，可以根据相关财务会计标准规范的各类财务收支含义进行确认；

2. 鉴定事项涉及成本费用的列支范围及标准的，应当根据成本法规或税法、合同确认；

3. 鉴定事项涉及单位的财务支出报销标准的，在不违背一般财务标准的前提下，应当根据该单位的财务制度进行确认；

4. 在确认具体财务收支标准时，应当注意区分财务标准和会计标准，同时存在财务标准和会计标准的，应当以财务标准为准。

这里需要强调的是，司法会计鉴定人确认财务收支合规性问题时，应当依据书面的财务会计标准，诉讼主体通过询问方式获取的口头财务标准，属于言词证据，不能作为判定财务收支合规性问题的依据。如果没有书面标准的，司法会计鉴定人不能受理财务收支合规性问题的鉴定事项。

案例 15-1：因缺乏财务标准不受理鉴定案件

甲单位投资兴建某大厦，后因各种原因导致大厦施工拖期，甲单位起诉乙施工单位。诉讼中，施工单位提供了 400 多份发票、收据，证明施工单位垫付了该大厦总计 992,254.13 元管理费用支出。这些发票、收据的主要内容涉及招待费、电话费、小工具购置费等。甲单位以没有经过甲方审核为由，不承认这些费用是大厦的构建支出。法庭聘请注册会计师进行鉴定，要求确认该大厦施工负责人提供的 400 多份共计 992,254.13 元，有多少数额应属于该大厦项目有关的开支费用。

司法会计鉴定人认为，确认这些票据所列费用是否属于该大厦的财务支出事项，需要送检方提供大厦开支范围的财务标准。司法会计鉴定人给法官举了个例子：这些单据中有很多电话费的票据中所列的都是甲单位负责人的电话费用，这类费用是否应当在大厦建设费用中列支，需要有书面的财务标准，因为这类标准本身就是单位财务标准的组成部分，也许允许报销，也许不允许报销，司法会计鉴定人无法根据一般的财务标准作出判断。但是，法庭无法提供大厦建设费用开支范围的财务标准，司法会计鉴定人决定不受理鉴定。

不受理鉴定通知书

×会鉴〔2009〕3 号

××市人民法院：

根据贵院（2009）×刑初字第 5 号《聘请书》，受贵院聘请对××投资集团公司诉××开发集团公司一案涉及的财务会计问题进行司法会计鉴定。

贵院提出的鉴定事项包括：确认送检的 429 份发票、收据所列支出中，有多少数额应属于与××大厦项目有关的开支费用。

确认财务支出是否属于某大厦开支费用，需要依据该大厦财务支出范围等财务标准判断，目前贵院无法提供这一标准，因而无法作出相应的鉴定意见，故该鉴定事项不予受理。

特此通知。

××司法会计鉴定所
中国注册会计师：×××
中国注册会计师：×××
二〇〇九年四月二十日

（三）不可分财务收支额的确认

所谓不可分财务收入，是指一次收入中含有不同项目的收入，因而无法直接判断收入归属的情形；所谓不可分财务支出，是指一次支出中含有不同项目的支出，因而无法直接判断支出归属的情形。在确认具体财务收支额时，有时会遇到不可分财务收支。

司法会计鉴定人遇有不可分收支时，通常按照加权平均法进行分解。

对收入额进行分解：根据不可分收入总额和销售货物、提供劳务、转让无形资产等的业务总量，计算出单位业务量收入，再根据需鉴定确认收入涉及的业务数量，计算确认需要确认的收入额：

需确认收入额 = 该收入涉及的业务量 × 不可分收入总额 / 不可分业务总量

对支出额进行分解：根据不可分支出总额和购进有形资产、接受劳务、受让无形资产等的业务总量，计算单位业务量支出，再根据需鉴定确认支出涉及的业务数量，计算确认需要确认的支出额：

需确认支出额 = 该支出涉及的业务量 × 不可分支出总额 / 不可分业务总量

具体鉴定中，上述公式中的业务量是指收入涉及的资产数量、劳务数量或资产的价值量等。

二、财务收支总额的确认

（一）期间财务收支总额的确认

1. 期间财务收入总额的确认

期间收入总额，是指确认某财务期间全部财务收入总额，或某一收入项目的全部收入额。

期间收入总额包括该期间的所有收入，例如：

收入总额 = 经营收入额 + 资产转让收入额 + 利息收入额 + 租赁收入额 + 特许权使用费收入额 + 投资收入额 + 财政补贴额 + 其他收入额

采取利用会计法鉴定中，原账面收入发生额存在错误账项时，按下列公式进行调整：

实际收入 = 已列账收入 + 漏记收入 + 少记收入 – 虚列收入 – 重记收入 – 多记收入

2. 期间财务支出总额的确认

期间支出总额，是指与该期间取得相关财务收入有关的所有支出额合计，或某一支出项目的全部支出额。例如：

产品销售支出总额 = 产品生产成本 + 产品销售费用 + 产品销售税金及附加
商品销售支出总额 = 商品销售成本 + 经营费用 + 商品销售税金及附加
工程结算支出总额 = 工程结算成本 + 工程结算税金及附加

采取利用会计法鉴定中，原账面支出发生额存在错误账项时，按下列公式进行调整：

实际支出 = 已列账支出 + 漏记支出 + 少记支出 – 虚列支出 – 重记支出 – 多记支出

3. 确认期间财务收支额的方式

确认期间财务收支额，应当考虑采用权责发生制还是收付实现制为基础来判断具体财务收支额的发生期间。通常情况下，期间经营收支的确认采用权责发生制，期间非经营收支采用收付实现制。

（二）跨期收支的分解

1. 跨期收支，是指收入和支出涉及多个财务期间的情形

期间财务收支问题鉴定中，涉及跨期收入或支出的，需要对收入额或支出额进行分解，以确认当期财务收支的金额。

跨期财务收支的分解，应当在配比原则和一贯性原则的基础上，根据不同情况分别采用不同的方法进行分解。

2. 跨期收入，是指涉及多个会计期间的收入

跨期收入有具体成本、费用对象的收入，根据成本、费用对象的发生情况，采用逐笔确认法进行确认本期实现的收入金额。无法采用逐笔确认法的，按照成本、费用对象的金额等采用加权平均法确认。

跨期收入没有具体费用对象的收入，按照费用收入涉及的财务期间平均计算确认。

3. 跨期支出，是指涉及多个会计期间的支出

跨期支出有具体收入对象的支出，根据收入实现的期间，采用逐笔确认法进行确认。无法采用逐笔确认法的，按照收入对象采用加权平均法分解确认。

跨期支出没有具体收入对象的支出，按照支出涉及的财务期间平均计算。

(三)专项财务收支的确认

专项财务收支问题的鉴定,应当根据项目合同、协议,确认该项目财务收支范围以及财务收支的确认标准,以该项目应当取得的所有收入为准确认收入;以该项应当承担或实际支付的成本、费用为准确认支出。

专项财务收支问题鉴定中涉及的跨项目收入或支出,按照配比原则进行分解,分别确认各具体项目的财务收支金额。

三、财务收支差额的确认

财务收支差额,是指特定财务收支项目或特定财务期间的财务收入与财务支出的差额,包括财务结余和财务超支两种情形。

所谓财务结余,是指财务收入大于财务支出的部分。

所谓财务超支,是指财务收入小于财务支出的部分。

需要说明的是,财务收支差额问题鉴定,通常用于非经营性(或专项)财务收支差额问题的鉴定。经营收入与经营支出的差额问题,应当通过经营损益问题鉴定解决。

四、财务收支问题鉴定的路线

财务收支问题鉴定属于财务问题鉴定。通常情况下,如果有具体的财务收、支分类核算记录,且核算质量较高的情况下,采取利用会计法;无会计处理记录或会计核算质量较差不能采用利用会计法的情形,则采用直接鉴定法。

五、涉及虚假等非法财务收支凭证的处理

财务收支凭证是财务收支问题鉴定中最基本的证据依据。因此,对虚假等非法财务凭证的取舍,直接涉及对具体财务收支事项的认定与否定,也直接涉及财务收支问题鉴定意见的科学性和可靠性。

按照财务会计资料证据识别分工原则,对财务收支凭证真实性的识别问题通常应由送检方负责。这里需要讨论的是,送检方已经查明的虚假财务收支凭证以及形式上明显不合法的财务收支凭证的取舍问题。

在财务收支问题鉴定中,对可能存在的虚假财务会计凭证应当区别情况分别处理。

一是,利用司法会计技术可以识别财务收支凭证内容虚假性的,司法会计鉴定人可以直接确认凭证所列收入或支出的虚假性,但司法会计鉴定人不对财务收支凭证的真伪作出判断。

二是,财务收支凭证内容存在计算错误或填列错误的,司法鉴定人可以根据相关证据进行调整后确认收支金额。

三是，利用司法会计技术无法确认财务收支凭证内容真实性的，司法鉴定人不得采用参考证据作为确认其内容虚实的依据。

实际操作中，对送检方提供参考证据证明某份财务收支凭证为虚假凭证的，司法鉴定人可以考虑在鉴定意见中附加判定条件，说明系在确认该凭证内容为真实的基础上作出的鉴定意见。

四是，对形式上不合规但记载了财务收支事项的财务收支凭证，司法鉴定人应当确认其所列收支金额。

五是，对未按规定涂改金额的发票、收据，司法鉴定人不得直接依据未涂改的相关凭证（如发票的其他联次）判断其真实内容，但在鉴定意见中应当附加说明确认收入或支出的金额系按照涂改前还是涂改后的金额确认的。

案例15-2：贾某挪用公款案件

某行政机关所属物资公司总经理贾某，以本公司名义伪造购货合同，从开户银行申请了1张面额为600万元的银行承兑汇票，交给其亲属用于个人经营公司业务，后陆续归还582万元，尚有18万元没有归还。后贾某通过其在银行工作的朋友伪造了1张18万元的《利息清单》，以"转银行承兑贴现息"的名义在本单位核销，并由会计冲销了其尚未归还的18万元的账项。

该《利息清单》注明："上述放款利息，已照付你单位第2737708账户"，清单背面有"贾某"签字。司法会计鉴定人检验2737708账户银行对账单证实，该账户没有支付18万元利息付款的记录。为了验证银行对账单记录的真实性和正确性，司法会计通知送检方补充提供了银行2737708账户分户账页，证实也没有该项付款记录，检验银行对账单的余额，也没有发现计算错误，从而证实该公司确实没有通过开户银行支付该笔利息，确认该《利息清单》所列财务支出业务为虚假账项，并以此为依据出具了相关的鉴定意见。

第三节 财务收入问题鉴定的操作要点

本节介绍的财务收入问题鉴定的操作要点，包括经营收入问题、非经营收入问题和销售价值问题的司法会计鉴定要点。

一、经营收入问题鉴定的操作要点

（一）利用会计法进行经营收入问题鉴定的操作要点

1. 初检时发现会计主体未对鉴定事项涉及的某项经营收入进行分类核算的，

可以采用列表分户法，对收入账项进行分户，以方便鉴定。①

2. 检验收入凭证（如发票、收据）记账联的连续性，确认或排除经营收入未进行账务处理的情形。②

3. 检验经营收入凭证的内容及相关资产收入资料，验证经营收入的真实性及是否实现。例如，将商品经营收入发票的内容与商品出库资料进行验证，将相关合同与合同执行结果的相符性进行检验，检验发现差异的，应当根据专业判断确定差异原因，以排除或发现收入未记账的情形；遇有无法进行专业判断的情形，应当通知送检方核查。

4. 鉴定事项涉及一般纳税人的主营收入时，应当通过检验相关存货账户，验证或排除漏记视同销售收入的情形，确认视同收入是否入账，需要检验销货收入涉及的存货出库记录并与销售收入记录进行核对。

5. 检验与经营收入账户资料相关的往来结算账户资料，验证应当结转的经营收入是否已经及时结转，排除或发现未结转经营收入提前或拖后结转经营收入、或将经营收入转入往来账户等弊端账项。

6. 检验经营收入账户资料，验证会计凭证与账簿记录的相符性，排除或确认漏记、错记、多记、少记等记录错误，对尚未进行账务处理的经营收入凭证，可以视为漏记经营收入。

7. 上述检验、鉴定中发现经营收入账户中存在确认、记录、计算、原理等弊端账项的，应当通过制作调节表，计算确认某项经营收入额。

8. 鉴定事项涉及确认经营收入总额的，应当列表汇总各项经营收入的检验、鉴定结果，计算确认经营收入的总额。

（二）利用直接鉴定法进行经营收入问题鉴定的操作要点

1. 检验合同、销售汇总表等经营计划和统计资料，验明财务主体或经营项目可获取经营收入的类型。

2. 检验送检的经营收入凭证所列价格、数量等内容，并与销售汇总表、合同等进行相符性验证，其中，对未装订的经营收入凭证，应当根据财务凭证的特点，验证其完整性，排除遗漏送检的情形。

3. 检验相关资产收入凭证、资金往来凭证，对经营收入进行逐笔确认。

4. 列表汇总确认的经营收入，计算并确认某期间或某项经营项目的经营收入总额。

---

① 通常情况下，对合并核算事项较多，而需鉴定确认的收入或支出项目较少的情况下，通常采取逐笔抄录方法将支出金额单独列出。

② 检验发票、收据记账联连续性的技巧：将收入凭证的编号输入电子表格中，利用电子表格的排序功能确认有无缺号。

(三) 经营收入问题鉴定意见

1. 确认单笔经营收入问题鉴定意见的主文部分,通常包括收入主体、收入来源和金额、收入形成时间和结算状态等。例如,甲单位某时点销售给乙单位某种商品多少数量,收入现金多少元;甲单位某时点将某项固定资产转让给乙单位,取得转让收入多少元,已收到转让收入款项多少元。

2. 确认某项经营活动形成的经营收入问题鉴定意见的主文部分,通常包括经营主体、经营项目、经营收入期间和金额、收入结算状态等。例如,甲单位某期间销售某种材料,取得销售收入总额为多少元,至某时点已全部收回货款。

3. 确认某类经营收入问题鉴定意见的主文部分,通常包括收入主体、收入类型和期间、收入金额等。例如,甲单位某年度商品销售收入总额为多少元等。

4. 确认某单位经营收入总额问题鉴定意见的主文部分,通常包括经营收入的收入主体、收入期间、收入金额等。例如,甲单位某年度经营收入总额为多少元等。

5. 确认经营收入的结论事项中,可以根据鉴定事项的要求,在确认经营收入额的基础上,同时确认收入明细项目的收入额或其中的某项收入额,例如,某单位某年度商品销售收入为多少元,其中,销售某种商品收入多少元。

二、非经营收入问题鉴定的操作要点

(一) 非经营收入问题鉴定的操作要点

非经营收入问题鉴定通常采取直接鉴定法进行。

1. 检验相关申领文件、预算文件、拨款文件或捐赠合同等财务资料,验明财务主体在相关财务期间可获得的非经营收入的类型和金额。

2. 检验非经营收入凭证,验证其内容与申领、预算、拨款文件或捐赠合同等财务资料内容的相符性,确认具体收入的来源和性质。

3. 列表汇总具体的非经营收入金额,计算并确认某项非经营收入总额。

(二) 非经营收入问题鉴定意见

确认某单位非经营收入问题鉴定意见的主文部分,通常包括收入主体、收入期间或时点、收入来源及性质、收入金额等。例如,某机关某年度收取某项财政拨款多少元;某单位某期间接受某类型捐款共计多少元。

三、销售价值问题鉴定的操作要点

送检方要求确认销售价值的,应当在鉴定事项中明确需要确认销售价值的商品种类、数量和确定销售价值的销售期间等。

(一) 销售价值问题鉴定的操作要点

1. 检验鉴定事项涉及商品的销售凭证或销售收入账户资料,验证销售资料的完整性，确认并汇总商品的数量和金额。

2. 根据上述检验结果计算确认平均销售单价。

3. 根据平均销售单价，确认鉴定事项涉及数量的商品的销售价值。

(二) 销售价值问题鉴定意见

确认商品销售价值问题鉴定意见的主文部分，通常包括财务主体、确认价值的销售期间、平均销售单价、某数量商品的销售价值等。例如，甲单位某期间销售某种商品的平均单价为多少元，以该平均销售单价计算，某数量的某种商品销售价值为多少元。

第四节　财务支出问题鉴定的操作要点

一、经营支出问题鉴定的操作要点

(一) 采用利用会计法进行经营支出问题鉴定的操作要点

1. 初检时发现会计主体未对鉴定事项涉及的某项经营支出进行分类核算的，可以采用列表分户法，对收入账项进行分户，以方便鉴定。

2. 检验支出凭证的真实性，对有虚假内容或虚假嫌疑的凭证，应通知送检方核查。

3. 检验当期应执行的采购（或转让）合同的执行情况，重点验证合同规定价格、数量、结算方式、结算时间与相关支出凭证的记载是否相符，以排除虚假支出凭证。

4. 检验鉴定事项要求确认购货支出涉及的货物入库记录，重点验证购货支出是否真实，以排除虚假支出凭证。

对入库手续与支出结算手续合并装订的，可以直接验证；对会计资料中未装订入库手续的，应当通知送检方补充入库资料。

5. 检验预提费用、待摊费用账户资料，验证费用提取的正确性以及有无遗漏应结转的支出账项。

6. 将所有涉及需鉴定确认的支出的凭证与相关账簿记录进行核对，验证账证是否一致，以排除漏记、错记、多记、少记等记录错误。

7. 检验支出账户中的合计额或累计额是否正确，以排除计算错误。

8. 检验中发现支出账户中有支出的确认、记录、计算等核算错误的，应当通过制作账户余额调节表，确认正确的支出额。

9. 鉴定事项涉及确认经营支出总额的，应将各支出类账户资料分别进行检验，并将检验鉴定结果列表进行汇总。

(二) 采用直接鉴定法进行经营支出问题鉴定的操作要点

1. 检验送检的财务支出凭证，验证其完整性，并按照支出的时间和类型进行分类整理。

2. 检验费用支出凭证内容的正确性与合规性，确认费用支出的性质和金额，如发现有虚假内容或虚假嫌疑的凭证，应通知送检部门核查。

3. 列表分类汇总上述检验确认的经营费用支出额，计算并确认经营费用支出总额。

（三）经营支出问题鉴定意见

确认经营支出问题鉴定意见的主文部分，通常包括经营活动主体、经营期间或项目、经营支出类型、支出金额等。例如，甲单位某年度某项经营费用支出总额为多少元；甲单位某项经营活动中共支付成本费用多少元。

二、非经营支出问题鉴定的操作要点

（一）非经营支出问题鉴定的操作要点

行政事业性财务支出是典型的非经营支出。这里以行政事业性财务支出问题鉴定为例来说明非经营支出问题鉴定的操作要点。

1. 根据行政事业性财务支出范围，检验会计报表和会计账簿，验明财务支出的类型和账户。

2. 检验行政事业性支出账户发生额及相关费用支出凭证，验证各项支出的记账正确性与合规性，如果发现虚假凭证或有虚假嫌疑的凭证，应通知送检部门核查，其中，对支出事项合规性的判断，应当根据行政事业性财务制度或专项经费的审批资料确定。

3. 检验行政事业性支出账户中的余额计算是否正确，排除或发现计算错误。

4. 检验往来账户、账外账资料，排除或发现未通过财务支出账户列支的财务支出事项及金额。

5. 检验中发现财务支出账户资料存在支出的确认、记录、计算等弊端账项的，应当通过制作账户余额调节表，确认相关财务支出的正确额。

6. 鉴定事项财务支出总额的，应列表汇总各项财务支出的检验、鉴定结果，确认各项财务支出总额。

（二）非经营支出问题鉴定意见

确认非经营支出问题鉴定意见的主文部分，通常包括财务支出的主体、类型项目、期间或时点、金额等。例如，某机关某年度经费支出总额为多少元；某单位某期间某专项经费已经支出多少元。

第五节　财务收支差额问题鉴定操作要点

一、财务收支差额问题鉴定的操作要点

1. 参照本章第三节的内容进行相关财务收入问题的鉴定。
2. 参照本章第四节的内容进行相关财务支出问题的鉴定。
3. 根据上述鉴定结果，计算确认财务收支差额，确认财务结余或财务超支的金额。

二、财务收支差额问题鉴定意见

确认财务收支差额问题鉴定意见的主文部分，通常包括财务主体、财务期间、财务收支差额。例如，某单位某年度某项经费结余多少元；某单位某期间某专项经费截至某时点超支多少元，其中用于某项支出多少元；某单位可用于某项支出的专项经费收入为多少元，实际支出多少元，超支多少元。

案例 15－3：私分国有资产案件

××省×教育机构 2005 年、2006 年、2007 年连续三年以奖金名义私分专项资金，涉嫌私分国有资产罪。

2009 年××省审计厅对××省×教育机构审计过程中，发现该教育机构 2006 年 1 月以"2005 年个别教学奖励"名义发放奖金 393,351 元、2006 年 12 月以支付"特别教学奖励"的名义发放奖金 314,951 元、2007 年 12 月以支付"2007 年度包教考核奖励"的名义发放奖金 409,906 元，涉嫌私分国有资产，并向检察机关移送线索。

检察机关在审查线索材料中发现，××省×教育机构的收入存在两大部分：一是财政拨款，二是教育培训收入。该教育机构发放奖金所用资金如果是财政拨款，则可能构成私分国有资产罪，如果发放奖金所用资金来源培训收入，则属于该机构的收入分配，不能构成私分国有资产罪。检察机关拟通过司法会计鉴定确认该教育机构发放奖金所用款项的性质后再立案。

司法会计师听取案情介绍后，查看了相关线索材料，认为材料反映的事实存在私分国有资产的重大嫌疑，但因尚未立案因而不能受理鉴定，鉴定要求也不适当，但可以配合调查。

该案立案后，司法会计师与办案人员沟通了本案需要通过司法会计鉴定解决的问题。确定了以下两项鉴定事项：一是，确认××省×教育机构 2002 年至 2004 年接受××省财政厅拨付进修生专项经费的收入额、支出额及结余额。该鉴定事项的鉴定目的是查明 2005 年以前该教育机构接受财政拨付进修生专项经

费存在结余，并能够作为2006年后发放涉案奖金的资金来源。二是，确认××省教育机构2006年1月支付"2005年个别教学奖励"393,351元、2006年12月支付"特别教学奖励"314,951元、2007年12月支付"2007年度包教考核奖励"409,906元的奖励支出资金来源。该鉴定事项的鉴定目的是查明涉案支付奖金所用资金性质属于财政款项，从而确认发放奖金的行为能够构成私分国有资产罪。

司法会计鉴定人取得鉴定结果告知送检方，送检方要求在第一份鉴定书中能够专门说明一下该教育机构的进修生专项奖金发放及超支情况，以证明其后来发放的奖金没有财务根据。

司法会计鉴定书

×检技鉴〔2010〕×号

根据××市××区人民检察院×检反聘〔2009〕2号《聘请书》，受该院聘请对××省×教育机构（负责人×××）涉嫌私分国有资产一案涉及的财务会计问题进行司法会计鉴定。

鉴定事项：确认××省×教育机构2002年至2004年接受××省财政厅拨付进修生专项经费的收入额、支出额及结余额。

2009年11月16日，××市××区人民检察院李××、吉××送来××省财政厅2002年至2007年拨付××省×教育机构进修生专项经费凭证复印件。之后，由李××、吉××在场，在××省×教育机构，对该机构2002年至2007年会计资料进行了检验。

一、检验

（一）关于××省财政厅2002年至2004年拨付××省×教育机构进修生专项经费情况

××省财政厅2002年至2004年拨付××省×教育机构进修生专项经费凭证复印件证实，该局三次拨付专项经费120万元（不含转移支付拨付的10万元）。其中，2003年、2004年××省×教育机构《专项资金申领表》证实，前述拨款中含进修奖励基金15万元。

（二）关于××省×教育机构2002年至2004年收取××省财政厅拨付进修生专项经费收入情况

检验××省×教育机构2002年至2004年"拨入专项经费"账户资料证实，该教育机构三年共收到财政拨付的进修生专项经费130万元（含转付转移支付拨付的10万元）。其中：

2002年10月15日收取××省财政厅拨"进修生专项经费"30万元（见×

教育机构 2002 年 10 月第 105 号记账凭证及附件)；

2003 年 12 月 3 日收取××省财政厅拨"进修生改造"经费 40 万元（见×教育机构 2003 年 12 月第 038 号记账凭证及附件），该拨款含进修奖励基金 5 万元；

2004 年 12 月 9 日收取××省财政厅转移支付拨"进修生补助费、专题调研培训费" 10 万元（见×教育机构 2004 年 12 月第 001 号记账凭证及附件）。

2004 年 12 月 27 日收取××省财政厅拨"进修生改造款" 50 万元（见×教育机构 2004 年 12 月第 437 号记账凭证及附件），该项拨款含进修奖励基金 10 万元

（三）关于××省×教育机构 2002 年至 2004 年进修生专项经费支出情况

检验××省×教育机构 2002 年至 2004 年相关支出账户证实，该教育机构三年共核销进修生专项经费支出 120 万元，其中：核销相关费用开支 656,007.58 元、提取包教奖金 116,090.76 元转列"暂存款——其他"账户，支出合计为 772,098.34 元，结余 427,901.66 元转入"暂存款——进修生"账户。各年度支出及转账情况如下：

1. 检验××省×教育机构 2002 年"其他专项经费支出——进修生费"账户资料证实，当年列支进修生专项经费 138,988.60 元。该支出数含实际支出 59,988.60 元、转入"暂存款——其他"账户"转付进修生包教奖金" 79,000 元（见×教育机构 2002 年 12 月第 467 号记账凭证）。账面结存额 161,011.40 元转入"暂存款——进修生转化"账户（见×教育机构 2002 年 12 月第 528 号记账凭证）。

2. 检验××省×教育机构 2003 年"其他专项经费支出——进修生费"、"暂存款——进修生"账户资料证实，当年进修生专项经费共列支 133,109.74 元，其中"其他专项经费支出——进修生费"账户列支 129,806.94 元、"暂存款——进修生"账户列支 3,302.80 元。列支总额中，含实际支出 48,109.74 元（包括通过"暂存款——进修生"账户核销 3,302.8 元，见×教育机构 2003 年 10 月第 133 号记账凭证），转入"暂存款——其他"账户"转进修生包教奖励" 85,000 元（见×教育机构 2003 年 12 月第 554 号记账凭证）。账面余额 270,193.06 元通过列支"其他专项经费支出——进修生"账户转入"其他专项经费支出——进修生"账户（见×教育机构 2003 年 12 月第 555 号记账凭证）。

3. 检验××省×教育机构 2004 年"项目支出——其他项目支出"、"暂存款——进修生"账户资料证实，当年进修生专项经费列支 50 万元，无结余。含实际支出 462,909.24 元，转入"暂存款——其他"账户"转进修生包教奖励" 37,090.76 元（见×教育机构 2004 年 12 月第 353 号记账凭证）。

其中，2004 年 12 月 22 日现金支付"2004 年进修生奖励" 242,992 元（见

×教育机构2004年12月第359号记账凭证及附件），该金额已超过2003年、2004年进修奖励基金总额（预算为15万元），超支92,992元。

前述检验结果汇总如下：

项目	合计	2002年	2003年	2004年
财政拨款	1,200,000.00	300,000.00	400,000.00	500,000.00
其中：奖励基金	150,000.00		50,000.00	100,000.00
账面支出	-772,098.34	-138,988.60	-133,109.74	-500,000.00
其中：实际支出	-511,018.98	-59,988.60	-48,109.74	-462,909.24
其中：转其他暂存	201,090.76	79,000.00	85,000.00	37,090.76
账面结存	427,901.66	161,011.40	266,890.26	0.00

二、论证

1. 前述检验结果中的"实际支出"，是指××省×教育机构有财务凭证证明实际支付款项的支出额。

2. 根据××省财政厅2001年《关于进修生专项经费制度》第×条规定，进修生专项经费应当专款专用，当年存在结余的，应当交回财政部门。据此，××省×教育机构2002年至2004年应当交回财政部门。但是，根据前述第（三）项检验结果，××省×教育机构2002年至2004年收取××省财政厅拨付的进修生专项经费收入额共计1,200,000元，实际支出额511,018.98，应结存额为628,992.42元（1,200,000元-571,007.58元）没有交回财政部门，而是通过虚列经费支出科目，分别转入"其他暂存"账户201,090.76元、转入"进修生经费暂存"账户427,901.66元。详见下表：

项目	合计	2002年	2003年	2004年
财政拨款	1,200,000.00	300,000.00	400,000.00	500,000.00
实际支出	-571,007.58	-59,988.60	-48,109.74	-462,909.24
其中：发放奖励	242,992			242,992
实际结存	628,992.42	240,011.40	351,890.26	37,090.76
其中：列存其他暂存	201,090.76	79,000.00	85,000.00	37,090.76
列进修生经费暂存	427,901.66	161,011.40	266,890.26	0.00

三、鉴定意见

根据对送检资料及××省×教育机构2002年至2004年相关账户资料的检验结果证实：

××省财政厅2002年至2004年拨付××省×教育机构进修生专项经费120万

元，含进修奖励基金15万元。××省教育机构三年账面累计支出进修生专项经费772,098.34元，账面结存427,901.66元；实际支出511,018.98元（含进修生转化教学奖励支出242,992元），实际结存628,992.42元。实际结存额列"暂存款——其他"账户201,090.76元，列"暂存款——进修生"账户427,901.66元，均转入2005年账户。实际结存额中已经不含进修生进修奖励基金。

××市人民检察院司法鉴定中心

司法会计师：×××

司法会计师：×××

二○一○年一月二十五日

司法会计鉴定书

×检技鉴〔2010〕第×号

根据××市××区人民检察院×检反聘〔2009〕2号《聘请书》，受该院聘请对××省×教育机构（负责人×××）涉嫌私分国有资产一案涉及的财务会计问题进行司法会计鉴定。

鉴定事项：确认××省×教育机构2006年1月支付"2005年个别教学奖励"393,351元、2006年12月支付"特别教学奖励"314,951元、2007年12月支付"2007年度包教考核奖励"409,906元的奖励支出资金来源。

2009年11月16日，××市××区人民检察院李××、吉××送来下列财务会计资料复印件：

1. ××省财政厅2002年至2007年拨付××省×教育机构进修生专项经费资料复印件。

2. 建设银行××分理处******4231"××省×教育机构"账户（以下简称建行4231经费存款账户）对账单复印件。

2009年12月至2010年1月，有××市××区人民检察院李××、吉××在场，在××省×教育机构，对该机构2002年至2007年会计资料进行了检验。

一、检验

（一）××省×教育机构2006年1月发放"2005年个别教学奖励"393,351元及资金来源情况

2006年1月9日，××省×教育机构从建行4231经费存款账户提取现金395,000元（见×教育机构2006年1月第035号记账凭证及附件），发放职工"2005年个别教学奖励"393,351元，并通过编制2006年1月040号记账凭证对该项奖励业务进行了下列会计处理：

借：暂存款——其他　194,172.75 元
借：暂存款——其他款项——进修生　199,178.25 元
贷：现金　393,351.00 元

××省×教育机构于当年 12 月编制第 360 号记账凭证，将上述从"暂存款——其他款项——进修生"科目列支特别教学奖励 194,172.75 元账项，转入"教育经费——其他教学费"科目核销。

检验"暂存款——其他款项——进修生"账户证实，该账户系核算以往年度结存"进修生专项经费"的余额。该账户 2005 年期初余额为 427,901.66 元，不包含专项奖励预算（见济检技鉴〔2010〕×号《司法会计鉴定书》鉴定结论）。

经检验××省×教育机构账簿证实，上述账项均已记账。

检验××省×教育机构预算经费账户资料证实，该教育机构 2005 年教育经费收入为预算外拨款收入 94 万元，支出 981,408.31 元。2006 年教育经费收入为预算外拨款收入 63 万元，支出 1,038,956.94 元。拨款不足已由其他收入弥补。

2005 年 12 月 1 日，××省×教育机构收取××省财政厅拨付进修生改造经费 40 万元，存入建行 4231 经费存款账户（见×教育机构 2005 年 12 月第 516 号记账凭证及附件）。教育机构《2005 年专项资金申领表》（预算批复文件××字〔2005〕81 号）确定该专项经费用途为：(1) 医疗费 20 万元；(2) 进修经费 17 万元；(3) 进修奖励基金 3 万元。

检验××省×教育机构 2005 年 "教育机构业务费——其他费用——其他支出账户"资料证实，该教育机构 2005 年核销进修生专项经费 295,591.73 元。核销金额中实际支出医疗费 64,353.73 元（见×教育机构 2005 年 12 月第 433 号、434 号、545 号记账凭证及附件），另虚列支出转入"暂存款——其他款项——进修生"账户 231,238 元：(1) 编制 516 号记账凭证，以"转进修生经费"的名义支出 16,238 元；(2) 编制 516 号记账凭证以"转进修生包教奖励基金"名义支出 215,000 元。经检验××省×教育机构 2006 年 "经费结余——进修生"明细账簿证实，该账户期初余额为 104,408.27 元。

(二) ××省×教育机构 2006 年 12 月 31 日发放"特别教学奖励"314,951 元及资金来源情况

2006 年 12 月 31 日，××省×教育机构从建行 4231 经费存款账户电汇工商银行××支行 *****7289 发放工资专户 1,912,090.80 元，其中：314,951 元用于发放职工"特别教学奖励"，当日通过"教育机构业务费——其他费用——其他支出"科目核销该项支出（见×教育机构 2006 年 12 月第 559 号记账凭证及附件）。

2006 年 12 月 18 日，××省×教育机构收到××省财政厅拨入"教学经费"

40万元，存入建行4231经费存款账户（见×教育机构2006年12月第00108号记账凭证及附件）。××省×教育机构《2006年专项资金申领表》（预算批复文件××字〔2006〕192号）确定该专项经费用途为：（1）医疗费20万元；（2）进修经费17万元；（3）进修奖励基金3万元。

经检验××省×教育机构2006年"教育机构经费——其他费用——其他支出"账户资料证实，该教育机构2006年核销进修生改造专项经费834,743.34元。其中：核销、医疗费73,487.09元、核销进修经费10,943元、核销2005年个别教学奖励199,178.25元、转付××发展有限公司"四个五"奖金236,184元、核销2006年个别教学奖314,951元。超支部分由以前年度结余的"进修生"专项经费弥补。

（三）××省×教育机构2007年12月28日发放"2007年度包教考核奖励"及资金来源情况

2007年12月28日，××省×教育机构从建行4231经费存款账户支票转付工商银行××支行******7289发放工资专户603,415.82元，其中：409,906元用于发放职工"2007年度包教考核奖励"，并通过"教育经费——教学改造费——文化教学费"科目以"教学科报包教考核费用"的名义核销217,000元、"教育机构业务费——特别经费"科目核销192,967元（见×教育机构2007年12月第585号记账凭证及附件）。

检验××省×教育机构预算经费账户资料证实，该教育机构2007年教育经费收入为预算外拨款收入63万元，预算支出为89万元，实际支出871,943.69元。拨款不足部分由其他收入弥补。

2007年12月，××省×教育机构收取××省财政厅拨付进修生经费30万元，存入4231经费存款账户（见×教育机构2007年12月第012、069号记账凭证及附件）。××省×教育机构《2007年专项资金申领表》（预算批复文件××字〔2007〕××号），确定该经费用途为：（1）医疗费12万元；（2）进修经费10万元；（3）进修奖励基金8万元。

经检验××省×教育机构2007年"教育机构业务费——特殊经费"账户资料证实，该教育机构2007年支付特殊教学经费419,555.19元，其中：

1. 核销医疗费54,681.73元；
2. 核销进修经费171,906.46元；
3. 核销"2007年度包教考核奖励"192,967元。

（四）××省×教育机构2005年至2007年××省财政厅拨付进修生专项经费的收入、支出和结余情况。

××省×教育机构2005年至2007年进修生专项经费收支结存汇总情况如下：

项　目	合　计	2005 年	2006 年	2007 年
财政拨款	1,100,000.00	400,000.00	400,000.00	300,000.00
其中：奖励基金	140,000.00	30,000.00	30,000.00	80,000.00
账面支出	-1,549,890.26	-295,591.73	-834,743.34	-419,555.19
其中：转其他暂存	231,238.00	231,238.00		
账面结存	-449,890.26	104,408.27	-434,743.34	-119,555.19
实际支出	-1,254,298.53	-64,353.73	-834,743.34	-419,555.19
实际结存	-218,652.26	335,646.27	-434,743.34	-119,555.19

注1：2005年初结存进修生转化经费628,992.42元，减2005年至2007年累计超支218,652.26元，尚结存410,340.16元。

注2：2005年实际结存335,646.27元，列暂存款账户231,238元，列经费结余账户104,408.27元，2006年将暂存款转入经费结余账户。

（五）关于××省×教育机构2005年至2007年行政经费支付个别教学奖励的预算情况

除前述××省财政厅拨付进修生教学专项经费中含有14万元奖励基金预算（2005年3万元；2006年3万元；2007年8万元）外，检验中未见可用于"个别教学奖"、"特别教学奖"、"保管包教考核奖励"的其他预算审批文件。

（六）××省×教育机构2005年至2007年教育机构经费收入来源情况

检验××省×教育机构2005年至2007年财务会计资料证实，该教育机构财务会计资料分为教育机构经费核算资料和省××发展有限公司经营核算资料，均单独核算。

检验××省×教育机构2005年至2007年教育机构经费收入资料证实，该教育机构经费来源包括财政预算内和预算外拨款收入、其他收入两个部分组成，均为财政预算形成。其中：预算外收入主要为财政性预算外拨款，其他收入系根据预算安排的直接由教育机构提取或收取的补偿费收入、增值税返还收入、劳务净收入等。

检验中未发现不属于教育机构预算收入以外的收入。

二、论证

（一）确认资金来源的标准

1.《××财务制度》（见财政部××字〔19××〕××号）第×条规定：单位预算包括财政拨入经费收支预算和其他收支预算。财政拨入经费收支包括经常性经费预算和专项经费预算，专项经费预算是教育机构为完成专项或特定工作任务所需的经费计划。专项经费预算实行"专款专用、单独核算、追踪问效"的管理办法。其他收支预算是指除财政拨入经费以外的其他收支所安排的预算；第×条规定：财政部门对单位预算实行"全额管理，经费包干"的预算管理办法。教育机构的收入和支出全部纳入预算管理；第××条规定：财政拨款收入是预算单位收入的主要经费来源，必须严格按照财政部门的有关规定进行管理，其他收入作为财政拨款收入的必要补充，全部纳入预算，按照有关规定进行管理。其他收入是教育机构取得的除财政拨款收入以外的各项收入，包括补偿费收入、劳务净收入、固定资产临时出借补偿性收入、废旧物品变卖收入、利息收入、下级上缴收入、教育机构主管部门拨入收入、捐赠收入。

2.《××财务制度》第××条规定：教育经费支出时教育机构所需的各项支出包括：进修生生活费、管理费、教学经费（含文化教学费、技能培训费支出等）、医疗补助经费支出等；第××条规定：教育机构取得的专项经费应严格按照预算审定的用途、数额安排使用，不得随意改变用途；第××条规定：教育机构在年度内的各项收入与支出相抵后的结余，交回财政部门。

根据上述标准及第（六）项检验结果确认，××省×教育机构所有支出均来源于教育机构预算收入。

（二）关于奖励资金的来源分析

根据前述检验结果，××省×教育机构2005年、2006年、2007年度发放用于进修生教学奖励共计1,118,208元，核销途径包括教育经费支出和专项经费支出。其中：

年度	项	金额	支出核算科目	资金来源
2005年支出		393,351.00		
其中：	1	194,172.75	教育经费	财政拨款、其他收入
	2	199,178.25	进修生专项经费结余	财政专项拨款
2006年支出	3	314,951.00	教育机构业务费	财政专项拨款
2007年支出		409,906.00		
其中：	4	217,000.00	教育经费	财政拨款、其他收入
	5	192,967.00	教育机构业务费	财政专项拨款
合计		1,118,208.00		

上述分析表明，1,118,208元的教学奖励中：707,096.25元（含第2、3、5项）来源于财政拨入进修生专项经费，该经费可用于奖励支出总额为14万元；411,172.75元（含第1、4项）来源于财政拨款和其他预算收入，但无教学奖励预算。无预算支出依据的发放奖励总额为978,208元（即：707,096.25元－14万元＋411,172.75元）。

根据前述标准以及上述分析结果，××省×教育机构发放的三个年度的教学奖励 1,118,208 元资金来源均为教育机构预算收入。

三、鉴定意见

根据对××省×教育机构行政经费部分的财务会计资料检验分析结果确认：该教育机构 2006 年 1 月 9 日支付"2005 年特别教学奖励"393,351 元、2006 年 12 月 31 日支付"个别教学奖励"409,906 元、2007 年 12 月 28 日支付"2007 年度包教考核奖励"409,906 元，共计 1,118,208 元的资金均来自于该教育机构预算收入（不包含教育机构经营收入）。1,118,208 元奖励支出中，14 万元属于预算支出，其余 978,208 元为超预算支出。

××市人民检察院司法鉴定中心

司法会计师：×××

司法会计师：×××

二○一○年一月二十五日

阅读材料：预期财务收支及其差额测算

一、预期财务收支及其差额的测算原理

尚未完成的特定经济活动的财务收支差额问题，可能会涉及预期财务收支问题的测算，包括预期财务收入问题测算和预期财务支出问题的测算。所谓预期财务收入，是指尚未实现但在未来一定期间内能够实现的收入。所谓预期财务支出，是指在未来一定期间内应当支付或负担的财务支出。

预期收入的确认，必须以相关的经济合同（或协议）为依据。测算原理为：在合同正常履行的情况下，预期收入为继续履行合同可以实现的全部收入与已实现收入的差额，即：

预期收入 = 合同规定收入 - 已实现收入

预期支出，预期支出是预期应当支付但尚未支付或负担的支出。预期支出的确认，必须以相关的经济合同（或协议）为依据。测算原理为：在合同正常履行的情况下，预期支出为履行合同应当支付或负担的全部支出与已实际支付或负担的支出的差额，即：

预期支出 = 合同规定应当支付或负担的支出 - 已支付或负担的支出

财务收支问题测算，按需要确认的收支是否已经实现，可分为实际收支问题测算和预期收支问题测算。

所谓预期财务收支问题测算，是指确认未来特定期间可以实现的收入总额或必要的支出总额的财务收支问题测算。其中：确认预期财务收入的依据是已经批准的预算和已经开始执行的合同。预期收入是根据预算或合同能够实现的收入与已实现收入的差额；确认预期支出的依据是已经批准的预算和已经开始执行的合同。预期支出为执行预算或履行合同应当支付或负担的全部支出与已实际支付或负担的支出的差额。

二、预期财务收支及差额测算的操作要点

（一）进行预期财务收支差额测算，通常需要具备下列检材

1. 相关经济合同（或财务收支规范）；
2. 财务主体已经取得财务收入和已经支付财务支出的资料；
3. 与该测算事项相关的收、付款资料；
4. 能够证明上列检材内容真实性的其他财务会计资料证据。

（二）进行预期财务收入额测算的操作要点

1. 根据预算或专项合同，计算确认执行预算或合同能够实现的收入总额；
2. 参照专项收入问题鉴定操作程序，确认已经实现的收入总额；
3. 根据上述检验、测算结果，计算确认预期收入总额。

（三）进行预期财务支出额测算的操作要点

1. 检验专项业务活动的预算或专项合同，确定必须支出或负担的财务支出的项目或类型；
2. 检验财务支出资料，验明执行预算或专项合同已经支付或负担的财务支出金额；
3. 根据预算或专项合同规定的支出项目以及已经支出的项目和金额，测算需要负担的财务支出金额，确认预期支出的金额。

（四）预期财务收支差额测算及其测算意见

预期财务收支差额测算的结论事项内容，通常包括财务主体、经营项目的称谓、已形成损益额、预期收支、预期损益额等。例如，甲单位某项目某期间已形成损益（盈利或亏损）多少元，按照某合同（协议）至某时点结束时，尚可收取收入多少元，尚需支出费用多少元，该项目预期产生多少元净收入（或经支出）额。

第十六章 涉税问题鉴定实务

本章主要介绍涉税类问题司法会计鉴定的含义、适用案件类型与鉴定目的，以及各类应纳税额、未纳税额①、未纳税额占应纳税额比例、征税额等纳税或征税问题的司法会计鉴定原理与操作要点。

第一节 涉税问题鉴定概述

一、涉税问题的含义

所谓涉税问题，主要是指诉讼涉及的纳税或征税问题。

（一）纳税问题

纳税问题，是指纳税主体应纳税额、未纳税额、多纳税额和未纳税额占应纳税额比例等问题。

应纳税额，是指纳税主体依照税法规定应当缴纳的税额。

未纳税额，是指纳税主体未按照税法缴纳应当缴纳的税金的金额，包括未交纳应纳某税种的税金、少缴纳某种应纳税金的金额等。

多纳税额，是指纳税主体实际缴纳的税额多于应纳税额的差额。

未纳税额占应纳税额比例，是指纳税主体未纳税额占同期应纳税额的比例，通常采用百分比表示。这里所谓应纳税额的含义有两种情形：一是指未纳税额占同期应纳同种税额的比例；二是指未纳税额占同期应纳所有税种税额的比例。

（二）征税问题

征税问题，是指征税机关应征税额、未征税额、多征税额、少征税额、退还税额等问题。

所谓应征税额，是指征税机关应当征收相关纳税主体的税金总额。

所谓未征税额，是指征税机关应当征收相关纳税主体的相关税金但未征收的税金总额。

所谓多征税额，是指征税机关实际征收相关纳税主体的某种税金的金额大于应征税额的差额。

---

① 本章纳税、征税问题的鉴定原理，主要依据现行税法。

所谓少征税额,是指征税机关实际征收相关纳税主体的某种税金的金额小于应征税额的差额。

所谓退还税额,是指征税机关退还相关纳税主体某种税金的金额。

(三) 涉税会计问题

涉税会计问题,是指涉及纳税、征税会计处理的真实性、正确性、合规性问题。

本章主要介绍纳税、征税问题鉴定的原理、操作步骤、鉴定意见等,涉税会计问题鉴定将在本书第十九章《会计问题鉴定实务》中介绍。

二、涉税问题鉴定的含义

涉税问题鉴定,是指对诉讼涉及的与税金的计算、申报、缴纳、征收有关的问题进行的司法会计鉴定。

法律诉讼中对下列财务会计事实进行调查时,可能会出现涉税问题鉴定:

1. 某纳税核算主体(某时点)计提应交税金的正确性;
2. 某纳税主体应申报某种税金的税额,或少申报应缴纳某种税金的税额;
3. 某项财务事项的涉税额,或某项业务对某项应纳税额的影响;
4. 某纳税主体某期间未申报纳税额占同期应纳税额的比例;
5. 某纳税主体应纳某种税金的税额;
6. 某纳税主体(某时点)未纳某种税金的税额;
7. 某纳税主体未纳税额占同期应纳税额的比例;
8. 某征税主体应当对某纳税主体征收某项税金的金额;
9. 某征税主体应征收某纳税主体某项税金的金额与实际征收金额的差额等。

在诉讼中,涉税问题鉴定可以单独构成鉴定事项,但也会构成经营损益及相关会计事项等问题的司法会计鉴定的内容。司法会计鉴定人在对相关问题进行鉴定中需要进行涉税问题鉴定,除非送检方提出专门的涉税问题鉴定事项,否则不需要在鉴定意见中单独列示涉税问题的鉴定意见。

以查明逃税额、抗税额、渎职不征税额等违法犯罪数额为鉴定目的的涉税类问题鉴定,送检方可以就违法行为涉及的应纳税额、抵扣税款、未纳税额、退税数额、应征税额、未征税额等涉税问题设定司法会计鉴定事项,但司法会计鉴定人不得受理涉及确认涉税行为法律性质问题的鉴定事项。例如,确认逃税、抗税、虚开增值税发票等行为的性质属于法律问题,应当由送检方确认。

三、涉税问题鉴定的类型

涉税问题鉴定,包括期间涉税问题鉴定和专项涉税问题鉴定。

所谓期间涉税问题鉴定,是指涉及确认某一财务期间的纳税或征税问题的鉴定。例如：确认某单位某期间应纳增值税额；确认某单位某期间计提应缴纳消费税额的正确性；确认某单位（某次）纳税申报额的正确性；确认某税务机关（某时点）应征某单位增值税额等。

所谓专项涉税问题鉴定，是指涉及确认某项应税事件的纳税或征税问题的鉴定。

涉税问题鉴定，还可按照鉴定涉及的税种不同，分为增值税纳税问题鉴定、营业税纳税问题鉴定、消费税纳税问题鉴定、所得税纳税问题鉴定、关税纳税问题鉴定等。送检方提出涉税类问题的鉴定事项中，应当明确需要确认的纳税或征税的税种。鉴定事项涉及不同税种的应当分别列示。

四、涉税问题鉴定的适用案件与鉴定目的

凡是涉及纳税、征税的各类案件，都有可能涉及涉税问题鉴定。这里例举常见的 7 类涉税问题鉴定的适用案件及鉴定目的。

1. 危害税收征管犯罪案件，如逃税案、抗税案、逃避追缴欠税案、虚开增值税专用发票案、骗取出口退税案等案件。这类案件涉及的逃税额、抗税额、欠缴税额以及逃税额比例等案件事实都属于犯罪构成的组成部分。通过涉税问题鉴定，确认应纳税额、未纳税额、未纳税额比例等涉税问题，能够为证实此类案件中的逃税额、抗税额、欠缴税额以及逃税额比例等案件事实提供鉴定意见作为诉讼证据。

2. 侵害已征税款案件，如贪污、挪用税款案等案件。这类案件中需要查明非法占有、使用税款的案件事实。通过征税问题鉴定，可以为证实当事人占有、使用款项的财务属性、非法占有税款额等事实提供鉴定意见作为诉讼证据。

3. 走私案件，如走私普通货物、物品案等案件。未纳关税数额是这类案件中必须查明的犯罪事实。通过关税应纳税额、未纳税额等涉税问题鉴定，可以为证实当事人是否逃避缴纳关税以及逃避缴纳的关税额等事实提供鉴定意见作为诉讼证据。

4. 渎职案件，如徇私舞弊不征、少征税款案等案件。不征或少征的税款额等涉税事实是此类案件犯罪构成的组成部分。通过征税问题鉴定，可以为证实是否存在不征、少征税款或者不征、少征的数额等事实提供鉴定意见作为诉讼证据。

5. 涉及税金分担的合作、合资、合伙等经营纠纷案件。这类案件中可能需要查明税负总额、欠税金额等案件事实。通过纳税问题的鉴定，可以为证实税负事实，进而确定税负分担提供必要的鉴定意见作为诉讼证据。

6. 涉及税金分担的离婚析产、继承及其他析产案件。这类案件的处理中也可能需要查明税负事实。通过纳税问题鉴定，可以为证实需要从总资产中扣除的应纳税额、欠税额等事实提供鉴定意见作为诉讼证据。

7. 涉税行政案件，如不服税务机关行政处罚案等案件。这类案件可能会涉及与税务处罚有关应纳税额、欠税额等事实的认定。通过纳税或征税问题鉴定，可以为证实税务处罚的依据是否客观等事实提供鉴定意见作为诉讼证据。

五、涉税问题鉴定所需检材

（一）涉税问题鉴定所需检材

1. 与应纳税收入额有关的购销合同、劳务合同、转让合同、价格表等纳税计算依据资料；

2. 涉税财务会计期间的财务收支凭证、记账凭证、账簿、财务会计报告、纳税申报表、完税资料；

3. 证实应税收入真实性、正确性的财务会计资料证据；

4. 证实涉税成本费用支出真实性、正确性的财务会计资料证据；

5. 盘查涉税货物形成的资产盘点表或《勘验、检查笔录》；

6. 征税纳税问题鉴定中还需要提供税务机关及代征机关（如海关）的财务会计资料。

（二）涉税问题检材不足的处理

送检方无法提供与计算税额有关的财务会计资料（及相关证据）的，司法会计鉴定人不得受理涉税类问题的司法会计鉴定，但可以提供有关纳税或征税问题的咨询。另外，送检方提供的检材能够满足测算涉税金额的，司法会计师可以作为财务数据测算业务受理：

一是，送检方仅提供会计账簿、报表等会计核算资料，没有提供财务凭证的，司法会计鉴定人原则上不能受理涉税问题鉴定。如果送检方要求根据账簿、会计报表等会计资料计算涉税金额的，可以按照财务数据测算业务受理。

二是，送检方仅提供涉税实物资产资料，没有提供相关经营或货币资金流转资料的，司法会计师原则上不受理涉及以流转金额为计税依据的纳税或征税纳税问题鉴定。如果送检方要求根据实物资产资料计算涉税金额的，应当按照财务数据测算业务受理。

六、涉税问题鉴定的路线及其某些共性问题的解决方案

（一）涉税问题鉴定的路线

期间涉税问题鉴定，多数情况下会有较为完整的会计资料，因而通常采用借用会计法进行。但司法实践中也会遇到送检方因为各种原因无法提供必要的会计核算资料，司法会计鉴定人需要采用直接鉴定法对期间涉税问题进行鉴定。

专项涉税问题鉴定，通常涉及的财务资料较少，大多也不会存在会计核算资料，因而通常采用直接鉴定法进行。

(二) 确认应税金额的一些特殊要求

1. 应税收入或扣除项目支出实现的确认标准

对如何确认收入和支出实现问题，不同的财务会计标准的规范内容不同。涉税类问题鉴定中确认应税收入或扣除项目支出是否实现的问题，应当以税法规定的财务收支实现标准作为引用技术标准，司法会计鉴定人不能按照会计标准或会计理论标准等作为确认收入或支出是否实现问题的判定标准。

2. 无涉税收入凭证情形的应税收入的确认问题

送检方因纳税主体未保留（或隐匿、未开出、丢失、损坏）凭证而无法提供纳税主体应税收取收入（所得）凭证，司法会计鉴定人通常不能确认应税收入的发生，但送检方能够提供相对方支付该收入（所得）的凭证、合同等基本证据的，司法会计鉴定人可以按照相对方支付证据确认纳税主体的应税收入额或应税所得额。例如，相对方保管的合同、支付购货款的票据、入库单等，可以证明相对方收取了纳税主体提供的货物并支付给购货款，这类证据足以证明纳税主体应税收入已经形成并实现。

3. 减免税事项的识别与关注

减免税事项分为报批类和备案类两类。报批类减免税，是指应由税务机关审批的减免税项目；备案类减免税，是指取消审批手续的减免税项目和不需税务机关审批的减免税项目。涉税类问题鉴定中存在报批类的减免税事项的，司法会计鉴定人应当对是否属于法定减免税事项进行识别。

司法会计鉴定人在涉税问题鉴定中应当主动考虑纳税主体是否存在减免税款的情形，并应当实施下列操作：

（1）检验减免税报批材料，减免税项目、减免税理由、依据、范围、期限、数量、金额等，并验证纳税主体相关财务资料内容的相符性；

（2）检验纳税主体的相关财务会计资料，并依据税法规定确定是否存在备案类减免税项目，如果认为存在减免税项目，应当在确认税额时一并考虑。

4. 计税价格认定中的特别事项

纳税主体可能存在以逃税为目的，以比实际交易价格低的销售价格出具销售发票的情形，从而导致销售应税货物、劳务、消费品等的计税价格明显偏低的情形，司法会计鉴定人不能根据自己对市场价格的了解，确认计税价格偏低。但是，如果存在以下情况，则可以作出相应的处理：

一是，送检方能够提供纳税主体因隐匿、转移差价收入的财务会计资料证据的，司法会计鉴定人可以根据隐匿、转移收入与销售业务的关联，确认其实际交易价格并作为计税价格；

二是，因价格偏低而由征税主体依法核定了新的计税价格的，送检方应当在鉴定事项中说明计税价格，司法会计鉴定人将该项说明作为特别假定事项处理。

5. 纳税问题鉴定中的特殊鉴定意见

（1）纳税问题的限定性意见

鉴定意见涉及的销售额（营业额）的金额、数量，应当按照税法规定的标准和相关财务凭证（包括发票、收付款票据、出入库凭证等）确认。因基本证据的缺陷无法确认收入款项为应税收入的，不确认为销售额（营业额），但应当检验收入款项的金额，并作为附加判定条件在鉴定意见中说明，即在应纳税额的鉴定意见中包含尚未认定为应税收入的收款账项。同理，因基本证据的缺陷无法确认支出款项系成本费用时，不确认为成本费用额，但应当列为附加判定条件的内容。

（2）纳税问题的分析意见

纳税问题的鉴定中具有下列情形时应当出具分析意见：

①未提供会计核算资料或提供的会计核算资料不完备，且仅根据经济合同和相关货币资金收入凭证确认应税收入的；

②未提供会计核算资料或提供的会计核算资料不完备，且应税收入结算凭证与货币资金流转资料所反映的收款金额差距较大的，大量收款业务属性无法确认的；

③未提供会计核算资料或提供的会计核算资料不完备，且缺乏发票等收入结算资料，仅根据部分付款单位提供的财务资料确认应税收入的。

（3）作为纳税问题鉴定的补充鉴定意见的咨询意见

鉴定人如果已经就某单位逃税案件中该单位应纳税额、未申报税额、未纳税额等问题作出了鉴定意见，基于诉讼机关认定具体责任人责任的需要，由诉讼机关提出了具体的特别假定事项（例如，不计算哪些收入前提下的涉税问题等）。鉴定人根据这些特别假定事项进行补充鉴定所提出的鉴定意见，应当以咨询意见形式出具。例如，鉴定人已就某单位逃税案件涉及的未纳税款额以及未纳税款占同期应纳税款比例问题作出了鉴定意见，但诉讼机关发现某一责任人对纳税期间涉及的未纳某项税税额问题不应当承担刑事责任，需要对鉴定意见进行调整。对此，该诉讼机关应当出具咨询函，写明不计算某期间某项收入的情况下另作出咨询意见。该咨询意见本质上就属于补充鉴定的鉴定意见，该鉴定意见的内容应当列明特别假定事项。

第二节　纳税问题鉴定中相同鉴定事项的操作

一、未纳税额问题鉴定

未纳税额问题鉴定，通常涉及确认未纳税额、未纳税额占应纳税额的比例等问题的鉴定。

(一) 未纳税额问题鉴定原理

未纳税额,是指纳税主体应纳某种税的税额大于实际缴纳该种税额的差额。

本书所称未纳税额占应纳税额的比例①,通常是指纳税主体未纳税额占同期所有应纳税额的比例,也指纳税主体未纳某种税额占同期该税种应纳税额的比例。送检方应当在鉴定事项中明确未纳税额占应纳税额比例的含义,即应当明确该比例是指纳税主体未纳税额占同期所有应纳税额的比例,还是指纳税主体未纳税额占同期该税种应纳税额的比例。

未纳税额 = 应纳税额 – 已缴纳税额

未纳税额占同期应纳税额的比例 = 未纳税额/同期所有应纳税额合计

应纳税额中既包括纳税主体应纳税款,也包括该纳税主体作为扣缴义务人代扣、代缴的税款。

同期应纳税总额、已纳税总额均不包括教育费附加等代征费用。

如果鉴定事项涉及多个纳税年度的,应当按照纳税年度分别确认同期未纳税额占所有应纳税额的比例。

(二) 未纳税额问题鉴定的操作要点

1. 对纳税主体应当缴纳的某种税额的应纳税额问题进行鉴定,涉及城市维护建设税等附加税种的,应当一并确认应纳税额。

2. 检验纳税主体纳税资料,汇总计算纳税主体已实际缴纳税额,应当特别注意排除或确认未申报但已经实际缴纳税款的情形。

3. 根据上述检验、鉴定结果及未纳税额构成要素,计算确认未纳税额。

(三) 未纳税额占同期所有应纳税额的比例问题鉴定的操作要点

1. 对鉴定事项涉及的纳税主体未纳税额问题进行鉴定,确认未纳税额。

2. 对纳税主体同期应纳其他税额问题进行鉴定,并计算纳税主体同期应纳税总额。

3. 根据上述鉴定结果,计算确认未纳税额占应纳税额的比例。

(四) 未纳税额问题鉴定意见

1. 纳税主体未纳税额问题鉴定意见的主文部分,通常包括纳税主体、纳税期间(或纳税课税对象)、税种、应纳税额、已纳税额或已申报纳税额、未纳税额等。例如,甲纳税主体某期间应纳某种税额多少元,已纳税多少元,未纳税多少元;甲纳税主体某期间少申报应纳增值税额多少元。

---

① 此类问题鉴定常常出现于涉及逃税的案件的诉讼中,这个比例是认定犯罪所需要查明的事实。早期刑法要求确认未纳税额占同期该税种的比例,现行刑法要求确认未纳税额占所有应纳税额的比例。

2. 纳税主体未纳税额占同期应纳税额比例问题鉴定意见的主文部分，通常包括纳税主体、纳税期间、应纳税额、未纳税额、未纳税额占同期应纳税额的百分比等。例如，甲纳税主体某期间应纳税额多少元，未纳税额多少元，未纳税额占应纳税额的百分之多少。

二、未申报应纳税额问题鉴定

未申报应纳税额问题鉴定，通常设计确认未申报应纳税额、未申报应纳税额占应申报纳税额的比例等问题的鉴定。

（一）未申报应纳税额问题鉴定原理

未申报应纳税额，是指纳税主体应申报应纳税额大于实际申报该种税额的差额。

诉讼中可能涉及未申报应纳税额占同期应申报纳税额的比例，送检方应当在鉴定事项中明确该比例是指纳税主体未申报应纳税额占同期所有应纳税额的比例，还是指纳税主体未申报应纳税额占同期应申报该税种应纳税额的比例。

未申报应纳税额 = 应纳税额 − 实际申报税额

未申报应纳税额占同期应申报纳税额的比例 = 未申报应纳税额/同期应申报纳税额。

（二）纳税申报正确性问题鉴定的操作要点

1. 对鉴定事项涉及的纳税主体应纳某种税额问题进行鉴定，涉及城市维护建设税等附加税种的，应当一并确认应纳税额。

2. 检验纳税主体的纳税申报资料，验明申报资料中各种数据的相符性，确认纳税主体已申报纳税额。

3. 根据上述检验、鉴定结果，比较应纳税额和申报纳税额，计算确认多申报应纳税额或少申报应纳税额。

4. 鉴定事项涉及纳税申报比例问题的，根据上述鉴定结果，计算确认未申报应纳税额占同期应申报纳税额的比例。

（三）纳税申报正确性鉴定意见的主文部分，通常包括纳税主体、应税时间、申报税种、应申报金额、多申报或少申报税额、未申报应纳税总额占同期应申报所有税种纳税总额的比例等。例如，某公司 2008 年 12 月应申报增值税多少元，实际申报增值税多少元，少申报增值税多少元，少申报应纳税额共计多少元占同期应申报纳税总额（多少元）百分之多少。

三、纳税附征额问题鉴定

纳税附征，是指征税主体在征收某种税款时附加征收的各种费用。纳税附征额，是以应纳税额为计算依据附加征收的规定费用额。例如，以增值税纳税额为依据计算的教育费附征额。

纳税附征额问题鉴定,是指纳税主体依据相关规定应交附征费用问题的鉴定。从性质上讲,纳税附征不属于税金,因而纳税附征额问题也就不属于纳税、征税问题鉴定范围。送检方如果需要确认诉讼涉及的纳税附征额问题,应当在纳税鉴定事项中单独提出鉴定事项,如果送检方在涉税鉴定事项中没有单独提出纳税附征额问题鉴定事项,司法会计鉴定人无须在确认应纳税额等问题的同时确认纳税附征额。

纳税鉴定中,诉讼主体要求确认纳税附征额的,司法会计鉴定人可以根据对相关应纳税额问题的鉴定结果,计算确认纳税附征额,但不得将纳税附征额计入应纳税额,而是应当在鉴定意见中单独列示纳税附征额。

确认纳税附征额问题鉴定意见的主文部分,通常包括纳税主体、应纳税额事项的结论意见、附征额等。例如,甲纳税主体某期间应纳增值税多少元,应缴教育费附加多少元。

四、代扣代缴税金问题鉴定

企业所得税、个人所得税纳税问题鉴定中,可能会涉及代扣代缴税金问题的鉴定。

代扣代缴,是指扣缴义务人依法在收购应税货物或支付企业、个人所得时依法代理税务机关扣留、缴纳纳税主体应纳企业所得税或个人所得税的法定权利和义务。

(一)扣缴资源税问题鉴定的操作要点

送检方要求对扣缴资源税问题进行鉴定,应当提供扣缴义务人收购未税矿产品的财务资料。

1. 检验证明扣缴义务人收购未税矿产品的收购发票或其他财务资料,按照未税矿产品的种类,列表汇总计算收购未税矿产品数量。

2. 根据扣缴义务人收购未税矿产品的数量和法定单位税额,计算确认应当扣缴的资源税额。

3. 检验扣缴义务人的财务资料,查明其缴纳扣缴资源税的情况,并作为结论事项的内容。

(二)源泉扣缴企业所得税额问题鉴定的操作要点

送检方要求对源泉扣缴企业所得税问题进行鉴定,应当在鉴定事项中明确纳税义务人,提供与扣缴义务人的扣缴义务有关的支付应税收入的财务资料证据。

1. 检验证明非居民企业财务资料证据,确认是否属于税法规定的源泉扣缴情形。

2. 检验扣缴义务人支付非居民企业应税收入的财务会计资料,验明非居民企业的应纳税所得额。

3. 根据非居民企业应纳税所得额及法定税率，确认纳税主体应纳企业所得税额。

4. 检验扣缴义务人的财务资料，查明其缴纳扣缴企业所得税的情况，并作为结论事项的内容。

（三）扣缴个人所得税问题鉴定的操作要点

1. 检验扣缴义务人支付个人所得税的工资单、收据、金融票据等财务资料，验证扣缴义务人代扣所得税时所确认的支付收入额、费用扣除额及速算扣除额的正确性。

2. 根据上述资料及鉴定标准，计算确认个人所得税额及扣缴义务人应代缴所得税额。

3. 检验扣缴义务人的财务资料，查明其缴纳扣缴个人所得税的情况，并作为结论事项的内容。

（四）代扣代缴税金问题鉴定意见

代扣代缴税金问题鉴定意见的主文部分，通常包括扣缴义务人、纳税义务人、纳税事项、应扣缴额、实际扣缴额、实际缴纳扣缴税款额等。例如，甲扣缴义务人某时点（或某时期）收购某种矿产品多少吨，应扣缴资源税多少元；甲扣缴义务人某时点支付乙单位劳务费多少元，应扣缴乙企业所得税多少元，甲纳税主体全额扣缴并已于某时点向某征税主体缴纳；甲扣缴义务人某时点支付乙单位股息多少元，应扣缴乙单位企业所得税多少元，检验甲纳税主体某时期财务会计资料，未见扣缴记录；甲纳税主体某期间通过小金库支付职工奖金总额多少元，应当扣缴个人所得税多少元，未见扣缴记录；甲纳税主体某期间支付个人客户劳务报酬总额多少元，应当扣缴个人所得税多少元，但检验未见实际代扣代缴税款的记录。

第三节　增值税纳税问题鉴定

一、增值税纳税问题鉴定的原理

增值税是以商品或劳务的增值额为计税依据的一种流转税。在我国境内从事销售或加工劳务及进口货物的单位或个人为增值税的纳税主体。增值税为价外税，并采用税款抵扣办法计算税收。按照企业应税销售额的大小，增值税的纳税主体被划分为一般纳税人和小规模纳税人。

（一）一般纳税人与小规模纳税人的区分

司法会计鉴定人应当以主管税务机关批准文件为准，区分一般纳税人和小规模纳税人。未经批准为一般纳税人的，则视为小规模纳税人。

（二）销售货物、提供应税劳务应纳税款的确认

1. 一般纳税人应纳税额＝当期销项税额－当期进项税额

其中：

（1）当期销项税额＝当期销售额×增值税率

（2）采用销售额与销项税额合并计价的：当期销售额＝含税销售额÷（1＋增值税率）

（3）当期进项税额为当期取得的增值税专用发票或完税凭证注明的进项税额，以及当期购进免税农业产品准予抵扣的进项税额，可以统称为应抵扣税额。当期免税农产品进项税额＝当期购进农业产品买价×规定税率

（4）司法会计鉴定人应当根据进项税抵扣标准及鉴定证据，确认具体应抵扣税额。鉴定证据显示纳税主体存在计税标准规定的不得抵扣的情形，司法会计师应当确认该情形不属于抵扣范围，但如果这种情形仅是通过言词证据证明的（如证明进项发票为虚假发票的），司法会计师应当作出限定性意见，即在认定其为应抵扣税额的同时附加说明。一般纳税人因兼营免税项目或者非增值税应税劳务而无法划分不得抵扣的进项税额的，不得抵扣的进项税额＝当月无法划分的全部进项税额×当月免税项目销售额、非增值税应税劳务营业额合计／当月全部销售额、营业额合计。

（5）增值税纳税人兼营不同税率的货物或者应税劳务，因证据缺陷无法区分不同税率货物或者应税劳务的销售额的，从高适用税率。

2. 小规模纳税人应纳税额＝销售额×征收率

3. 购进发票不符合法定抵扣条件的，不确认发票所涉及的进项税额。

（三）进口货物应纳税额的确认

进口货物应增值税额＝组成计税价格×税率

其中：组成计税价格＝关税完税价格＋关税＋消费税＋销项税

（四）未申报应纳增值税额的确认

未申报应纳增值税额＝应纳增值税额－已申报增值税纳税额

（五）少计算应纳增值税额的确认

少计算应纳增值税额＝少计算销项税额＋多计算进项税额

其中：

（1）少计算销项税额＝（未计销售额－少计销售额）×增值税率

或＝（无报关资料进口额＋关税＋消费税）×税率

（2）多计算进项税额＝虚计进项税额－少计进项税额

（六）增值税纳税问题鉴定的类型

本节讨论的增值税纳税问题鉴定，涉及进项税额问题、应纳增值税额问题、

未纳增值税额问题、未纳增值税额占同期应纳税额比例问题、增值税申报问题等鉴定事项。

1. 单独确认进项税额问题鉴定

进项税额问题的鉴定通常被包含在应纳税额问题鉴定之中，但司法实践中也会出现送检方单独提出某进项税额应否抵扣或进项税额实际抵扣额等确认进项税额问题的鉴定事项。

2. 应纳增值税额问题鉴定

应纳增值税额问题的鉴定，是指对诉讼涉及的纳税主体在某一期间或某项经营活动中应当缴纳的增值税额问题的鉴定事项。

3. 未纳增值税额问题鉴定

未纳增值税额问题的鉴定，是指对诉讼涉及的纳税主体实际缴纳的增值税额低于应纳增值税额的差额问题的鉴定事项。

4. 未纳增值税额占同期应纳税额比例问题鉴定

未纳税额占同期应纳税额比例问题鉴定，是指对诉讼涉及的纳税主体未纳税额占同期该纳税主体应缴纳税额的比例问题的鉴定事项。

通常情况下，应纳增值税额问题、未纳增值税额问题、未纳增值税额占同期应纳税额比例问题会同时存在于同一增值税问题的鉴定事项中。

5. 增值税申报问题鉴定

增值税申报问题鉴定，是指对诉讼涉及的纳税主体申报增值税额正确性问题的鉴定事项。

二、进项税额问题鉴定的操作要点

（一）进项税额问题鉴定的操作要点

对送检方单独要求确认进项税额问题的，司法会计鉴定人通常采用直接鉴定法进行。

1. 应抵扣税额的确认

司法会计鉴定人应当根据进项税抵扣标准及鉴定证据，确认具体的应抵扣增值税额。这里主要有两种情形：

一是检验纳税主体采购货物或接受劳务形成的增值税发票，验证发票所列增值税额是否正确，进而确认应抵扣增值税额；

二是检验纳税主体采购免税农产品等形成的普通发票，验证发票所列金额的正确性，然后根据规定的税率计算确认应抵扣增值税额。

鉴定证据显示纳税主体存在计税标准规定的不得抵扣的情形（如采用普通发票采购非农产品货物或采购劳务、进项发票的出具单位与纳税主体支付款项的接收人不一致的等），司法会计鉴定人应当确认该情形不属于抵扣范围。但是，如果仅是通过言词证据证明进项发票为虚假发票等法定不得抵扣的情形，司法会计鉴定人应当作出限定性意见，即在认定其为应抵扣税额的同时附加说明。

2. 进项税实际抵扣额的确认

判断一项进项税额是否实际被抵扣，应当以纳税主体的增值税纳税申报资料为准。

纳税主体已将进项税额业务进行了抵扣账务处理且按照账务处理结果进行了纳税申报的，确认为该项业务已经被实际抵扣。司法会计鉴定人不得仅依据抵扣税款认证或者仅依据账务处理证据确认该项进项税额已经被实际抵扣，这是因为抵扣税款的认证、抵扣的账务处理等，都是抵扣程序中的一个环节，司法会计鉴定人只有验证从抵扣账务处理、申报等各环节的处理结果，才能确认进项税的实际抵扣额：

（1）检验该进项税涉及会计处理资料，验证纳税主体是否进行了抵扣账务处理；

（2）检验纳税主体应交增值税账户资料，验证进项税额的核算结果是否包含了上述抵扣账务处理业务；

（3）检验纳税主体增值税申报材料，验证申报的进项税总额与其核算结果的相符性，确认该项进项税额是否已经被实际抵扣。

（二）进项税额抵扣问题鉴定的操作要点

进项税抵扣额问题鉴定，通常包含在应纳增值税额问题的鉴定事项中，此种情形中送检方不需要单独就进项税抵扣额提出鉴定事项。但是，送检方根据诉讼需要，可以就抵扣税额问题单独提出鉴定事项。

对单独确认抵扣税额问题进行鉴定通常采用借用会计法。

1. 检验购进应税货物或劳务的财务凭证，验证或计算确认进项税应抵扣额。

2. 检验该进项税涉及会计处理资料，验证纳税主体是否进行了抵扣账务处理。

3. 检验纳税主体应交增值税账户资料，验证进项税额的核算结果是否包含了上述抵扣账务处理业务。

4. 检验纳税主体增值税申报材料，验证申报的进项税总额与其核算结果的相符性，确认该项进项税额是否已经被实际抵扣。

三、一般纳税人应纳增值税额问题鉴定的操作要点

（一）采用借用会计法进行应纳增值税额问题鉴定的操作要点

1. 检验纳税依据资料，确认纳税主体应纳增值税的税目和税率。

2. 采用借用会计法进行应税收入总额问题进行鉴定，确认应税收入总额。

3. 根据应税收入的鉴定结果，检验应交增值税账户资料，验证销项税额核

算结果的正确性。

4. 检验采购及进项税核算资料，验证纳税主体进项税核算业务的真实性和正确性。

5. 检验应交增值税账户记载的进项税额转出、出口退税及已缴纳税金核算资料，验证相关核算结果的真实性和正确性。

6. 复算应交增值税账户余额，验证该账户余额的正确性。

7. 上述检验、鉴定中发现并确认错误账项时，应当列表汇总错误账项对应交增值税金账户余额的影响，计算确认纳税主体应纳增值税额。

（二）采用直接鉴定法进行应纳增值税额问题鉴定的操作要点

1. 检验纳税依据资料，确认纳税主体应纳增值税的税目和税率。

2. 检验销售应税货物和提供应税劳务的合同、发票、销售记录、结算资料等，验证纳税资料之间的相符性，计算确认应税收入。

3. 列表汇总应税收入额，计算确认应税收入总额。

4. 检验购进应税货物、接受应税劳务的财务凭证，按抵扣标准逐一确认进项税额，计算确认进项税额总额。

5. 根据上述销项税额和进项税额的检验、鉴定结果，计算并确认应纳增值税额。

四、小规模纳税人应纳增值税额问题鉴定的操作要点

对小规模纳税主体应纳增值税额问题进行鉴定，通常采用直接鉴定法。

1. 检验纳税依据，确认纳税主体应纳增值税的税目和税率。

2. 检验与应税收入有关的经营合同、发货记录、货币资金结算资料及购买方财务资料，验证并确认应税收入。

3. 列表汇总计算应税收入总额，其中，对既有直接销售商品业务，又有利用该商品加工产品出售业务的，应当分别确认汇总销售收入，计算并确认直接销售商品收入占年收入总额比例，用于确定税率。

4. 根据应税收入鉴定结果和适用税率，计算并确认应纳增值税额。

五、涉及进口货物应纳增值税额问题鉴定的操作要点

对进口货物应纳增值税额问题进行鉴定，通常采用直接鉴定法。

1. 检验进口合同、进口货物发票及相关费用发票，计算并确认关税完税价格。

2. 进行关税问题鉴定，计算确认进口关税额。

3. 进口货物涉及消费税的，进行消费税问题鉴定，确认消费税额。

4. 根据上述鉴定结果，计算并确认组成计税价格。

5. 根据组成计税价格和适用税率，计算并确认应纳增值税额。

六、应纳增值税纳税问题鉴定的注意事项

1. 采用借用会计法鉴定时应当特别注意：（1）检验存货转出资料，并将视同销售收入计入应税销售额；（2）检验往来账户中，对可能为应税收入的业务应当提请送检方核查；（3）检验预收账款的业务资料中，对符合应税收入时间标准的，应当计入应税收入。

2. 对没有会计核算资料的情形，在检验收入资料除收款资料外，还应当通过验证合同、出库资料、对方财务资料等证据资料，至少应当有一项可证明收入款项销售收入的数据证据。如果验证结果不够确切的，只能针对相应的鉴定事项出具分析意见。

3. 小规模纳税主体的业务中既有直接销售商品业务，又有利用该商品加工产品出售业务的，应当特别关注直接销售商品收入占年收入总额比例的确认，并以两类业务的其中一项销售收入超过51%为标准确认税率。

4. 增值税纳税问题鉴定中涉及虚开增值税专用发票或者虚开用于骗取出口退税、抵扣税款的其他发票的情形，应当通过司法会计检验程序获取确认发票内容的虚实或是否能够作为抵扣依据的财务事实。司法会计鉴定人既不能就发票的真假问题作出判断，也不得利用通过非司法会计检验程序获取的证明某发票内容为虚列的信息作为相应鉴定意见的事实依据。

七、增值税纳税问题鉴定意见

1. 单独确认纳税主体进项税额抵扣问题鉴定意见的主文部分，通常包括纳税主体、抵扣进项税业务及金额、应否抵扣或应抵扣金额的判断意见等。例如，甲纳税主体某时点某项采购业务涉及的某号增值税专用发票所列销售单位名称与货款收款人名称不符，所列进项税额多少元不符合抵扣标准。

2. 纳税主体的某项进项税额是否实际被抵扣问题鉴定意见的主文部分，通常包括纳税主体、进项税额及相关业务的内容与时点、是否被抵扣等。例如，甲纳税主体接收乙单位某时点出具的某号码增值税专用发票列示增值税额多少元，已于某时点全额抵扣；甲纳税主体接收乙单位某时点出具的某号码增值税专用发票列示增值税额多少元，至某时点尚未抵扣。

3. 纳税主体应交增值税额问题鉴定意见的主文部分，通常包括纳税主体、纳税期间、应纳增值税额等。例如，甲纳税主体某年度应纳增值税总额为多少元，其中应纳销项税额多少元、应抵扣进项税额多少元；甲纳税主体某项销售业务应纳增税多少元；甲纳税主体某项进口业务应纳增值税多少元。

第四节 营业税纳税问题、消费税纳税问题鉴定

一、营业税纳税问题鉴定

营业税是对我国境内从事交通运输、建筑业、金融保险、邮政电讯、文化体育、娱乐业、服务业、转让无形资产、销售不动产等业务的单位和个人,就其营业收入或转让收入征收的一种流转税。[①]

(一) 营业税纳税问题鉴定原理

1. 应纳营业税额的确认

应纳税额 = 营业额 × 适用税率

其中:

营业额 = 经营收取的全部价款 + 价外费用 - 准予扣除营业额

价外费用包括向对方收取的手续费、基金、集资费及其他各种性质的价外收费。

准予扣除营业额根据税法确定,主要涉及建筑、运输、旅游、金融资产买卖等业务。司法会计鉴定人应当根据计税标准及鉴定证据,确认具体应当扣除的不作为营业额的项目金额。扣除项目的金额应当以实际支付项目金额所形成的财务资料为依据,送检方无法提供财务资料但提供的参考证据证明存在扣除项目的,可以出具限定性意见,附加说明鉴定意见所确认的应纳税额中没有扣除该项目金额。

营业税纳税主体兼有不同税目应税行为的,因证据缺陷无法区分不同目的营业额、转让额、销售额的,从高适用税率。

2. 应税劳务、转让无形资产或销售不动产价格明显偏低或无结算资料情形的营业额确定方法

确定营业额应按下列顺序进行:

(1) 按纳税主体当月提供的同类应税劳务或者销售同类不动产的平均价格确认。

(2) 按纳税主体最近时期提供的同类应税劳务或者销售同类不动产的平均价格确认。

(3) 按下列公式确认计税价格:

计税价格 = 营业成本或工程成本 × (1 + 成本利润率) / (1 - 营业税税率)

[①] 我国正在进行营业税改增值税的试点工作,此项税改的目标是将征收营业税改征增值税。但根据营业税涉及的法律追诉期看,营业税问题的司法会计鉴定还会长期存在。

其中：成本利润率根据省、自治区、直辖市人民政府所属税务机关确定的比率。

（二）采用借用会计法进行营业税纳税问题鉴定的操作要点

1. 检验纳税依据资料，确认纳税主体应纳营业税的税目和税率。

2. 对纳税主体设计营业税的经营收入额问题进行鉴定，确认应税营业额。

3. 涉及应税价格明显偏低或无结算资料情形的，应当列表汇总与计算计税价格有关的营业额或成本额，单独计算确认营业额。

4. 涉及法定扣除项目金额的，通过检验扣除项目涉及的费用核算资料，验证会计核算的真实性和正确性，确认扣除项目金额。

5. 根据上述检验、鉴定结果，验证应交营业税账户发生额的正确性，并复算、验证该账户余额的正确性。

6. 上述鉴定中发现并确认错误账项时，应当列表汇总错误账项对应交营业税账户余额的影响。

7. 根据上述操作结果及计税标准，计算确认纳税主体应纳营业税额。

（三）采用直接鉴定法进行营业税纳税问题鉴定的操作要点

1. 通过初步检验，确认纳税主体应纳营业税的税目和税率。

2. 检验提供应税劳务或销售不动产的合同、发票、销售记录、结算资料等，验证纳税资料之间的相符性，汇总计算确认营业额。

其中，涉及应税价格明显偏低或无结算资料情形的，应当考虑列表汇总与计算计税价格有关的营业额或成本额，单独计算确认营业额，并作为结论事项的附加判定条件予以说明。

3. 送检方提供了法定扣除项目财务资料的，检验扣除项目涉及资料，计算确认扣除项目金额。

4. 根据上述检验结果，计算确认应税营业额。

5. 根据确认应税营业额计算并确认营业税额。

（四）个人或个体营业者应纳营业税额问题鉴定的操作要点

纳税主体为个人或个体营业者的，采取直接鉴定法对应纳营业税额问题进行鉴定。

1. 检验与营业额有关的合同、转让记录、货币资金结算资料及相对方的财务资料，验证并确认营业额。

2. 根据营业额鉴定结果和适用税率，计算并确认应纳营业税额。

（五）营业税应纳税额问题鉴定意见

1. 单独确认营业税法定扣除项目金额问题鉴定意见的主文部分，通常包括纳税主体、法定扣除项目金额。例如，甲纳税主体某期间营业收入总额为多少元，其中用于支付乙单位分包费用共计多少元，属于应交营业税扣除项目金额。

2. 纳税主体应交营业税额问题鉴定意见的主文部分，通常包括纳税主体、纳税期间、应纳营业税额等。例如，甲纳税主体某年度应纳营业税多少元；甲纳税主体某项营业收入共计多少元，减去分包费用多少元，应纳营业税多少元。

二、消费税纳税问题鉴定

（一）消费税纳税问题鉴定原理

消费税是以在我国境内生产、委托加工和进口应税消费品的单位和个人为纳税义务人的一种流转税。消费税实行从价定率或者从量定额的办法计算应纳税额。

1. 从价定率计税的消费税应纳税额的确认

应纳税额 = 销售额（或组成计税价格）× 税率

其中：

（1）销售额 = 销售收取的全部价款 + 价外费用

（2）纳税主体自产自用应税消费品的组成计税价格 = （成本 + 利润）/（1 - 消费税税率）

其中，成本，是指应税消费品的产品生产成本；利润，根据国家税务总局确定的应税消费品全国平均成本利润率计算。

（3）委托加工应税消费品销售额，按照受托方同类消费品的销售价格计算，没有同类销售价格的，按以下公式计算：

销售额 = （材料成本 + 加工费）/（1 - 消费税税率）

（4）进口应税消费品的组成计税价格 = （关税完税价格 + 关税）/（1 - 消费税税率）

（5）消费税纳税主体兼营不同税率的应税消费品，因证据缺陷无法区分不同税率应税消费品的销售额的，从高适用税率。

2. 从量定额计税的消费税应纳税额的确认

应纳税额 = 销售（或进口）数量 × 单位税额

消费税纳税主体兼营不同税率的应税消费品，因证据缺陷无法区分不同税率应税销售数量的，从高适用税率。

（二）采用借用会计法进行消费税应纳税额问题鉴定的操作要点

1. 检验纳税依据资料，确认纳税主体应纳消费税的税目和税率（或单位税额）。

2. 采用借用会计法对生产、加工应税消费品纳税主体的销售额、销售数量等问题进行鉴定。其中，对按照复合计税办法缴纳消费税的，应当分别计算确认销售额和销售数量。

3. 纳税主体自产自用的应税消费品的，应当检验纳税主体生产的同类消费品的销售资料,并确定销售额;没有同类消费品销售价格的,应当通过检验成本账户资料,验证成本构成并确认成本总额。

4. 根据上述检验、鉴定结果,验证应交营业税账户发生额的正确性,并复算、验证该账户余额的正确性。

5. 上述鉴定中发现并确认错误账项时,应当列表汇总错误账项对应交消费税账户余额的影响。

6. 根据上述操作结果及计税标准,计算确认纳税主体应纳消费税额。

(三) 采用直接鉴定法进行消费税应纳税额问题鉴定的操作要点

1. 检验纳税依据资料,确认纳税主体应纳营业税的税目和税率。

2. 检验应税消费品的合同、发票、销售记录、结算资料等,验证纳税资料之间的相符性,汇总计算确认销售额或销售数量。

3. 涉及自产自用应税消费品的,检验构成生产成本的财务资料,计算确认组成计税价格的成本额。

4. 根据上述销售额或销售数量、成本额等鉴定结果及计税标准,计算并确认消费税额。

(四) 消费税应纳税额问题鉴定意见

纳税主体应交消费税额问题鉴定意见的主文部分,通常包括纳税主体、纳税期间、应纳消费税额等。例如,甲纳税主体某年度应纳消费税总额为多少元;甲纳税主体某时点销售某种应税消费品多少数量,应纳消费税多少元等。

第五节 关税应纳税额问题

一、关税应纳税额问题原理

关税,是国家依照进出口关税条例,向进、出口业务主体征收的一种税金。

1. 关税额的确认

关税额 = 完税价格 × 关税税率

2. 完税价格的确认

(1) 进口一般货物的完税价格 = 到岸价格 + 价外费用 - 准予扣除费用

其中,价外费用是指货物运抵国境内输入地点起卸前的包装费、运费、保险费和其他劳务费等费用。

(2) 复运进境境外加工货物的完税价格 = 境外加工费 + 支付境外的相关费用

(3) 复运进境境外修理物的完税价格 = 修理费 + 料件费

(4) 租赁、租借进口货物的完税价格为货物的租金。

(5) 出口货物的完税价格＝离岸价格／（1＋出口税率）

其中，合同仅规定到岸价格的，离岸价格＝到岸价格－（境外运费＋保险费）

进行关税问题鉴定，应当根据检材，区分不同进出口业务类别、进口业务的来源地和税率确定方法等确认税率。对有确切的进口来源地的业务，按照进出口税则等规定的税率确认关税额。无法确定来源地的进口业务，按照普通税率确认关税额。由于关税税目繁杂、税率变化多，因而在关税问题鉴定的准备阶段应当充分收集案件涉及期间的关税税目和税率的标准。

二、关税应纳税额问题的操作要点

关税应纳税额问题通常采用直接鉴定法进行，应当进行下列操作：

1. 通过初步检验，确认纳税主体应纳关税的税目和税率。

2. 检验进出口货物的交易合同和交易票据，验证进出口货物的成交价格、成交数量。

3. 对未经海关批准在国内销售保税货物的，需要检验保税资料、发票及相关销售记录等，验证销售保税货物的数量和金额。

4. 检验与进出口货物有关的费用票据，验证与计算完税价格有关的费用额。

5. 检验境外加工、境外修理或涉外租赁租借合同，以及相关费用票据，验证支付的境外加工费、运费、修理费、料件费、租金的金额。

6. 根据上述检验结果及相关引用技术标准，计算确认完税价格。其中，进出口货物的完税价格以外币计价的，以货物进出境月份或收购走私货物月份国家外汇管理部门公布的《人民币外汇牌价表》的平均价格计算。

7. 根据确认的完税价格及关税计税标准，计算确认关税额。

三、关税应纳税额问题鉴定意见

应纳关税额问题鉴定意见的主文部分，通常包括纳税主体、进出口业务的时间及数额、计税方法、应纳关税额等。例如，甲纳税主体某期间某项进口业务应纳关税多少元；甲纳税主体某期间内销某项保税货物多少数额，按照某种计税方法，应纳关税多少元。

第六节　企业所得税应纳税额问题鉴定

一、企业所得税应纳税额问题鉴定的原理

企业所得税是指企业应就其生产、经营所得和其他所得，依照规定程序计算

缴纳的一种收益税。

1. 各类纳税问题鉴定与所得税纳税问题鉴定的关系

企业所得税课税对象是企业当年度的最终收益，其中应当扣除除企业所得税以外的流转税等税费。因此，进行企业所得税应纳税额问题进行鉴定时，应当对相关准予扣除的税种的应纳税额问题鉴定，并将其他应纳税额的鉴定结果考虑到企业应税所得额中。

2. 应纳企业所得税额的确认

应纳税额 = 应纳税所得额 × 所得税税率

（1）应纳税所得额 = 收入总额 − 不征税收入额 − 免税收入额 − 准予扣除项目金额 − 允许弥补的以前年度亏损总额

（2）收入总额 = 销售货物收入 + 提供劳务收入 + 转让财产收入 + 权益性投资收益收入 + 股息收入 + 租赁收入 + 特许权使用费收入 + 接受捐赠收入 + 其他收入

财政拨款收入、依法收取并纳入财政管理的行政事业性收费、政府性基金以及国务院规定的其他不征税收入不计算在收入总额中。

国债利息收入、符合条件的居民企业之间的（股息、红利等）权益性投资收益、在中国境内设立机构（场所）的非居民企业从居民企业取得与该机构（场所）有实际联系的（股息、红利等）权益性投资收益、符合条件的非营利组织的收入等免税收入不计算在收入额中。

（3）准予扣除项目金额 = 生产、经营成本 + 生产、经营等所发生销售（经营）费用、管理费用、财务费用 + 纳税主体按规定缴纳的营业税、消费税、城市维护建设税、资源税、土地增值税、教育费附加等 + 纳税主体在生产、经营过程中所付出的各项营业外支出 + 已发生的经营亏损和投资损失 + 其他损失

3. 非居民企业在中国境内未设立机构、场所的，或者虽设立机构、场所但取得的所得与其所设机构、场所没有实际联系的，就其来源于中国境内的所得缴纳企业所得税，实行源泉扣缴，以支付人为扣缴义务人。税款由扣缴义务人在每次支付或者到期应支付时，从支付或者到期应支付的款项中扣缴。

4. 企业所得税应纳税额问题鉴定中，涉及按照公允价值计算所得的，司法会计师不得直接确认，但可以考虑将送检方确认的公允价值作为特别假定事项。

5. 采用借用会计法对企业所得税应纳税额问题鉴定，应当就纳税主体所有与企业所得税有关的会计核算事项的真实性、正确性、合规性问题进行鉴定。送检方要求直接根据纳税主体会计核算结果确认企业所得税应纳税额的，司法会计师应当对纳税主体的年度会计报表的正确性进行审查，确认企业所得税应纳税额，并出具咨询意见书。

二、采用借用会计法进行企业所得税应纳税额问题鉴定的操作要点

企业所得税应纳税额问题鉴定涉及企业的每一笔财务收支业务以及税费的计提业务，因而通常采用借用会计法进行，应当进行下列操作：

1. 通过初步检验，确认纳税主体应纳所得税的税目和税率。

2. 采用比对鉴别法及计税基础标准对当期所有记账凭证内容的真实性、正确性、合规性进行鉴定。发现影响当期损益核算结果账务处理错误或差异时，应当进行列表汇总，并确认每笔记账错误对损益类账户期末累计额的影响。

3. 检验当期有发生额的收入类、成本类余额，发现余额计算错误时应当列表汇总，并同时确认余额计算错误对损益类账户的期末累计额的影响。

4. 核对损益类账簿所列当期发生额，发现记账错误时应当列表汇总，并确认每笔记账错误对损益类账户的期末累计额的影响。

5. 根据上述鉴定中发现并确认核算错误的，应当调整后损益类账户期末累计额，确认各项收入总额、准予扣除项目总额。

6. 采用借用会计法对准予扣除的流转税等应纳税额问题进行鉴定，发现流转税应纳税额核算错误的，列表进行调整。

7. 检验与减征、免征、抵免企业所得税有关的财务会计资料，计算并确认减免数额、抵免税额。

8. 据上述操作结果以及所得税计税标准，计算确认应纳税所得额和应纳所得税额。

三、采用直接鉴定法进行企业所得税应纳税额问题鉴定的操作要点

1. 通过初步检验，确认纳税主体应纳所得税的税率。

2. 按照时间顺序整理当期所有财务收支凭证，并列表汇总。

3. 按照应税收入、准予扣除的成本、费用项目逐笔确认财务收支的性质。

4. 整理财务收支汇总表，分别根据税种、税目、税率标准，对准予扣除各项流转税等应纳税费金额。

5. 根据上述汇总结果，计算确认应纳税所得额。

6. 根据应纳税所得额和计税标准，制作应纳企业所得税汇总计算表，确认应纳企业所得税额。

四、企业所得税应纳税额问题鉴定的注意事项

1. 企业所得税应纳税额问题鉴定涉及的引用技术标准较为浩繁，因此，在确定一些特殊应税收入或准予扣除项目时，应当在相应的汇总表中注明引用技术标准，以便于未来出庭时使用。

2. 如果诉讼中对某项应税收入事项或准予扣除额事项发生争议的，可以由送检方专门提出鉴定事项，鉴定人仅针对某项应税收入的确认问题或准予扣除额的确认问题进行鉴定。

五、企业所得税应纳税额问题鉴定意见

1. 纳税主体应纳企业所得税额问题鉴定意见的主文部分，通常包括纳税主体、纳税期间、应纳企业所得税额等。例如，甲纳税主体某年度应纳企业所得税额多少元；甲纳税主体某年度企业所得税应纳税额为多少元，该纳税额不包含免税税额多少元。

2. 某项收入是否属于企业所得税征税收入问题鉴定意见的主文部分，通常包括纳税主体、收入事项及金额、是否属于企业所得税征税收入等。例如，甲纳税主体某时点通过某财务事项取得某项收入多少元，应当属于应缴纳企业所得税的征税收入。

3. 某项支出是否属于企业所得税扣除项目问题鉴定意见的主文部分，通常包括纳税主体、支出事项及金额、是否属于企业所得扣除项目等。例如，甲纳税主体某时点因某财务事项支出某项费用多少元，不属于应缴纳企业所得税的扣除项目。

第七节　个人所得税应纳税额问题鉴定

个人所得税，是国家对个人取得工资（薪金）所得、个体工商户的（生产）经营所得、对企事业单位的承包（租赁）经营所得、劳务报酬所得、稿酬所得、特许权使用费所得、利息所得、股息所得、红利所得、财产租赁所得、财产转让所得、偶然所得（如个人得奖、中奖、中彩等）以及经国务院财政部门确定征税的其他所得征收的一种所得税。

一、个人所得税应纳税额问题鉴定原理

应纳税额＝（应纳税所得额－扣除费用）×适用税率

其中，应纳税所得额的确认：

（1）工资、薪金所得，以每月收入额减除费用2,000元后的余额，为应纳税所得额。

（2）个体工商户的生产、经营所得，以每一纳税年度的收入总额，减除成本、费用以及损失后的余额，为应纳税所得额。

（3）对企事业单位的承包经营、承租经营所得，以每一纳税年度的收入总额，减除必要费用后的余额，为应纳税所得额。

（4）劳务报酬所得、稿酬所得、特许权使用费所得、财产租赁所得，每次收入不超过 4,000 元的，减除费用 800 元；4,000 以上的，减除 20% 的费用，其余额为应纳税所得额。

（5）财产转让所得，以转让财产的收入额减除财产原值和合理费用后的余额，为应纳税所得额。

（6）利息、股息、红利所得，偶然所得和其他所得，以每次收入额为应纳税所得额。

（7）个人将其所得对教育事业和其他公益事业捐赠的部分，按照国务院有关规定从应纳税所得中扣除。

（8）纳税义务人从中国境外取得的所得，扣除已在境外缴纳的个人所得税税额，但扣除额不得超过该纳税义务人境外所得依照中国税法规定计算的应纳税额。

个人所得税因课税对象不同分别实行超额累进税率和固定税率，司法会计鉴定人应当根据课税对象确定适用的税率。

二、个人所得税应纳税额鉴定所需检材

送检方组织个人所得税应纳税问题鉴定，应当提供证明个人所得或相关的财务会计资料：

1. 涉及一般所得（工资、薪金、劳务报酬、稿酬、特许权使用费、利息、股息、红利、偶然所得、财产租赁等所得）的，应当提供支付人支付纳税主体所得的资料。

2. 涉及个体工商户的生产、经营所得的，应当提供相应的税务登记资料和经营资料。

3. 涉及企事业单位的承包经营、承租经营所得的，应当提供承包经营或租赁经营的合同、经营资料。

4. 涉及财产转让所得的，应当提供转让合同、财产原值、相关费用、转让收入等资料。

三、个人所得税应纳税额问题鉴定的操作要点

（一）个人所得税应纳税额问题鉴定的一般操作要点

1. 检验个人所得额、个人所得税申报表等资料，计算确认个人所得税应纳税所得额。涉及不同税目所得的，应当分类计算确认个人所得额。

2. 根据上述检验结果及税法确定的标准，计算确认应纳个人所得税额。

（二）个体工商户的生产、经营所得应纳个人所得税额问题鉴定的操作要点

1. 检验能够证明个体工商户经营收入资料，汇总计算其年度的收入总额。

2. 检验能够证明个体工商户从事生产、经营所发生的各项直接支出和分配计入成本的间接费用以及销售费用、管理费用、财务费用、营业外支出资料，汇总计算年度减除项目总额。

3. 根据上述检验结果及税法确定的标准，计算确认应纳个人所得税额。

（三）承包经营、承租经营企事业单位所得应纳个人所得税额问题鉴定的操作要点

1. 检验承包、承租、转包或转租等经营合同，验明合同规定的承包、承租经营所得计算方法、支付方式、时间和金额等。

2. 检验被承包经营或被承租经营单位的财务会计资料，并进行经营损益鉴定，并根据鉴定结果和经营合同确认的承包人、承租人应当取得的所得额。

3. 根据上述检验结果及税法确定的标准，计算确认应纳个人所得税额。

（四）转让财产所得应纳个人所得税额问题鉴定的操作要点

1. 检验财产转让合同的，验明合同规定的财产转让价格、费用范围、费用承担方式或分担比例、财产转让结算方法等。

2. 检验纳税主体取得被转让财产时所形成的财务资料，按照法定标准计算确认财产原值。

3. 检验纳税主体收取转让财产所得的资料，确认转让财产所得额。

4. 根据上述检验结果及税法确定的标准，计算确认应纳个人所得税额。

四、个人所得税应纳税额问题鉴定意见

纳税主体应纳个人所得税额问题鉴定意见的主文部分，通常包括纳税主体以及应纳个人所得税的纳税期间、税目、所得额、税额等。例如，甲某期间从某单位获得工资总额多少元，应纳个人所得税多少元；甲某时点转让某财产所得多少元，应纳个人所得税多少元。

第八节 其他税种应纳税额问题鉴定

一、财产税应纳税额问题鉴定

财产税，是指以纳税主体所有或支配的应税财产为课税对象的一类税收，例如，房产税、车船税、契税、土地增值税、城镇土地使用税等。

（一）财产税应纳税额问题一般鉴定原理

财产税应纳税额问题鉴定，应当根据案件事实涉及期间国家尚在征收的具体财产税的税种和计税方法，确认纳税主体应纳税额。以房产税的计税方法为例：依照房产余值计算缴纳的，按照房产原值一次减除10%~30%后的余值和1.2%

的税率计算房产税；依照房产租金收入计算缴纳的，则按照租赁收入额和12%的税率计算房地产。

纳税主体通过非交易方式获取应纳财产税不动产的，按照不动产转移登记所确认的金额为计税依据或计税价格。送检方要求进行财产税应纳税额问题鉴定，应当提供能够证明计税依据或计税价格的财务会计资料。例如，证明不动产交易价格的合同、发票、收据等资料。

（二）财产税应纳税额问题鉴定的一般操作要点

1. 检验相关财产资料，验证财产类型、交易或转移方式等，确定应纳税种。
2. 检验能够证明交易或转移价格的财务资料，验证计税依据或计税价格。
3. 根据上述操作结果及计税标准，计算确认应纳财产税额。
4. 财产税应纳税额问题鉴定意见。

纳税主体应纳财产税额问题鉴定意见的主文部分，通常包括纳税主体以及应纳财产税的税种计税依据或计税价格、应纳税时点、税额等。例如，甲纳税主体某期间出租某项房产收入租金多少元，应纳房产税多少元。

（三）土地增值税应纳税额问题鉴定

土地增值税应纳税额问题鉴定，是指诉讼涉及的转让国有土地使用权、转让房地产的纳税主体应当缴纳的土地增值税金额问题的司法会计鉴定。

1. 土地增值税应纳税额问题鉴定原理

土地增值税应纳税额 = 土地增值额 × 适用税率

其中：

土地增值额 = 转让房地产所取得的收入 - 取得土地使用权所支付的金额 - 开发土地的成本、费用 - 新建房及配套设施的成本、费用（旧房及建筑物的评估价格）- 与转让房地产有关的税金 - 财政部规定的其他扣除项目

送检方要求确认土地增值税应纳税额，但需要采用旧房及建筑物评估价格的，应当作为特别假定事项处理。

土地增值税实行四级累进税率，应当根据增值额确定适用的税率。

2. 土地增值税应纳税额问题鉴定所需检材

送检方要求对土地增值税应纳税额问题进行鉴定，应当提供房地产转让合同、转让结算资料、转让人取得土地使用权所支付金额资料、转让人开发土地的成本及费用资料、转让人新建房及配套设施的成本及费用资料、转让人旧房及建筑物的评估资料、转让人支付与转让房地产有关的税金资料等。

3. 土地增值税应纳税额问题鉴定意见

应纳土地增值税问题鉴定意见的主文部分，通常包括纳税主体以及房地产交易的项目、交易金额、应纳税额等，其中涉及采用评估价值确定纳税主体旧房及建筑物市场价值的，应当在鉴定意见中附加说明。例如，甲纳税主体出售位于某

地区的房地产，获取收入多少元，扣除税法规定项目多少元，增值额多少元，应纳土地增值税多少元等。

（四）城镇土地使用税应纳税额问题鉴定

1. 城镇土地使用税应纳税额问题鉴定原理

城镇土地使用税应纳税额 = 土地使用面积 × 单位税额

2. 城镇土地使用税应纳税额问题鉴定所需检材

送检方要求确认城镇土地使用税应纳税额问题鉴定，应当提供纳税主体使用土地的形成和持有的资料。

3. 城镇土地使用税应纳税额问题鉴定的操作要点

（1）检验纳税主体使用土地的形成和持有资料，验证所用应税土地面积。

（2）根据上述检验结果及税法确定的标准，计算确认应纳城镇土地使用税额。

4. 城镇土地使用税应纳税额问题鉴定意见

纳税主体应纳城镇土地使用税问题鉴定意见的主文部分，通常包括纳税主体及所使用的土地位置与面积、应纳税额等。例如，甲纳税主体位于某地区厂房所用土地面积为多少平方米，某期间应纳城镇土地使用税多少元。

二、资源税应纳税额问题鉴定

资源税，是指以应税资源为课税对象的一类税收。如资源税、土地增值税、城镇土地使用税等。

资源税应纳税额问题鉴定，是指诉讼涉及的开发、生产矿产品的纳税主体应当缴纳的资源税金额问题的司法会计鉴定。

（一）资源税应纳税额问题鉴定原理

资源税应纳税额 = 课税数量 × 税率

其中，课税数量包括销售数量（纳税主体开采或者生产应税产品用于销售的）和自用数量（纳税主体开采或者生产应税产品自用的）两种情形。

（二）资源税应纳税额问题鉴定所需检材

1. 对因开采或生产自然资源产生的资源税应纳税额问题鉴定，应当提供纳税主体开采或生产应纳税资源数量的财务资料，通常包括开采或生产统计资料、销售资料、自用资料等。

2. 因转让土地和地上建筑物、附着物产生的土地增值税应纳税额问题鉴定，应当提供房地产转让合同、转让结算资料、转让人取得土地使用权所支付金额资料、转让人开发土地的成本及费用资料、转让人新建房及配套设施的成本及费用资料、转让人旧房及建筑物的评估资料、转让人支付与转让房地产有关的税金资料等。

3. 因使用城镇土地产生的城镇土地使用税应纳税额问题鉴定,应当提供纳税主体使用土地的资料。

(三) 资源税应纳税额问题鉴定的操作要点

1. 采用借用会计法实施鉴定的,应当检验与核算开采或生产应税资源的存货账户资料,查明开采、生产应税资源的数量,并与销售收入、相关生产成本账户中的销售数量、自用数量等记录进行核对,验证纳税主体销售或自用资源的品种、数量。

2. 采用直接鉴定法实施鉴定的,应当检验能够证明开采应税资源或生产应税资源的销售发票或销售、自用等统计资料,验证纳税主体销售或自用资源的品种、数量,其中应当注意分别计算出减征或者免征资源税的数量。

3. 根据上述检验结果及税法确定的标准,计算确认应纳资源税额。

(四) 资源税应纳税额问题鉴定意见

应纳资源税额问题鉴定意见的主文部分,通常包括纳税主体以及开发或利用的资源种类、数量、时点(或时期)、应纳税额等。例如,甲纳税主体某时点销售海盐多少吨,应纳资源税多少元;甲纳税主体某期间自用原油多少吨,应纳资源税多少元等。

三、行为税应纳税额问题鉴定

行为税,是指以特定应税行为为课税对象的一类税收,包括城市维护建设税、印花税等。

(一) 城市维护建设税应纳税额问题鉴定

城市维护建设税,是指以纳税主体缴纳的增值税、营业税、消费税的税额为计税依据计算缴纳的一种行为税。

城市维护建设税应纳税额问题鉴定,通常应当与相关的增值税、营业税、消费税纳税问题鉴定同时进行。

1. 城市维护建设应纳税额问题鉴定原理

城市维护建设税应纳税额的确认:

应纳税额 = 应纳增值税(或应纳营业税、或应纳消费税)×适用税率

2. 城市维护建设税应纳税额问题鉴定所需检材

送检方要求对城市维护建设税应纳税额问题进行鉴定,应提供增值税、营业税、消费税等鉴定所需检材。

3. 城市维护建设税应纳税额问题鉴定的操作要点

(1) 进行增值税、营业税、消费税纳税问题鉴定,确认城市维护建设税的计税依据。

(2) 根据上述鉴定结果和鉴定标准,计算确认应缴纳城市维护建设税税额。

4. 城市维护建设税应纳税额问题鉴定意见

确认纳税主体应纳城市维护建设税的结论事项内容,通常包括纳税主体、纳税期间或业务、应纳税额等。例如,甲纳税主体某期间应纳城市维护建设税多少元等。

(二)印花税应纳税额问题鉴定

印花税,是指以书立、领受应税合同、证照、凭证、簿籍等行为为课税对象的一类税收。

1. 印花税应纳税额问题鉴定原理

按比例税率计算应纳税额:

印花税应纳税额 = 应税金额 × 税率

按件定额计算应纳税额:

印花税应纳税额 = 应税凭证数量 × 单位税额

2. 印花税应纳税额问题鉴定所需检材

送检方要求对印花税纳税问题进行鉴定,应当提供能够证明书立、领受应征印花税的相关合同、证照、凭证、簿籍等数量的财务资料。

3. 印花税应纳税额问题鉴定的操作要点

(1)检验合同、凭证、账簿涉及的金额,确认计税金额。

(2)检验账簿、许可证照等件数,确认计税件数。

(3)根据上述检验结果和鉴定标准,计算确认应缴纳印花税额税额。

4. 印花税应纳税额问题鉴定意见

纳税主体应纳印花税问题鉴定意见的主文部分,通常包括纳税主体、纳税期间或应税凭据、应纳税额等。例如,甲纳税主体某期间应纳印花税多少元;甲纳税主体某时点与乙单位签订购销合同金额多少元,应纳印花税多少元等。

第九节 征税问题鉴定

征税问题鉴定,是指对税务机关征税额及相关会计处理正确性问题进行的司法会计鉴定。本节主要介绍征税额问题鉴定。

一、征税额问题鉴定原理

征税额问题鉴定,主要包括征税主体应征税额及征税正确性问题的鉴定。

应征税额,是指征税主体应当征收相关纳税主体的税金总额。

应征税额 = 相关纳税主体应纳税额

所谓征税数额正确性,主要是指征税主体征税数额与应征税数额的相符性。征税数额错误主要涉及多征或少征税额等情形。其中:

多征税额 = 实际征收税额 − 应征税额

少征税额 = 应征税额 − 实际征收税额

二、征税问题鉴定的操作要点

1. 应征税额问题鉴定，应当通过对纳税主体的相关税种的应纳税额进行鉴定，根据鉴定结果，确认应征税额。

2. 涉及征税主体征税正确性问题的鉴定，应当在对纳税主体的相关税种应纳税额进行鉴定并确认应征税额的基础上，进行下列检验鉴定工作：

（1）检验征税主体应征税款明细账户资料，确认该机关保存的纳税申报资料在应纳税额方面与纳税主体提供的纳税申报资料是否相符。

（2）检验征税主体应征税款明细账户资料，确认核算应征某纳税主体的税款的账项是否存在核算错误。对存在核算错误的，应当确认该错误是否属于弊端账项（导致应征税款账户贷方余额小于正确余额）。确认弊端账项后，对纳税主体有核算应交税款账户资料的，应当对该账户资料进行检验，确认有无导致相同结果的错误。

（3）对征税主体存在退税业务的，应当检验其退税资料，确认其退税依据是否存在。

（4）根据上述检验鉴定结果，确认征税主体应征税额征税错误金额，或退税错误金额等。

三、征税问题鉴定中的注意事项

1. 案件涉及的已征税款是否进行账务处理问题，通常通过司法会计检验确认，无须进行司法会计鉴定。

2. 涉及已征税款入库问题，通常通过检验完税凭证留存资料、纳税主体留存完税凭证以及征税主体的应征税款、银行存款等账户资料，直接确认已征税款是否入库或入库差额，出具《司法会计检验报告》，无须进行鉴定。

3. 涉及未入库税款去向的或退税款去向的，通常通过检验已征税款财务凭证，确认资金流向和用途等，无须进行鉴定。

4. 进行相关纳税问题鉴定，主要是揭示少申报税的问题，但实际工作中还应当注意排除多申报的情形。如果存在多申报的情形，在根据申报资料确认少征税款额后，应当减去多申报金额。

四、征税问题鉴定意见

征税问题鉴定意见的主文部分，通常包括征税主体、征税对象、征税税种、应征税额、征税差额、退税金额等。例如，甲征税主体某年度应征乙纳税主体某税种税款多少元；甲征税主体某时期应征乙纳税主体某税种税款多少元，实际征收多少元，多征收多少元；甲征税主体应征乙纳税主体某项目涉及的某税种税款多少元，未见实际征收记录；甲征税主体应征乙纳税主体某项目某税种税款多少元，实际征税多少元，某时点退还乙纳税主体多少元。

阅读材料：税金测算

税金测算，是指以某些特定假定事项为前提，按照送检方提供纳税基础数据，测算纳税主体应纳某种税金的税额。

司法实践中，基于各种原因送检方无法提供作为计税依据的财务资料。例如，涉及流转税的案件中，由于交易没有形成发票等财务资料、当事人隐匿或销毁财务会计资料，导致送检方无法提取到流转税纳税问题所需的发票等财务资料。这种情况下，司法会计师可以在一些特别假定事项的前提下，运用送检的财务会计资料，测算应纳税额。测算结果可以作为法官判断相关事实的参考证据。

测算税金的特别假定事项可能是（但不限于）下列情形，司法会计师应当合理地确定特别假定事项：

1. 重大短库商品已被销售，并收取款项；
2. 与相应成本费用支出相关的劳务已经提供，并收取款项；
3. 计税价格为特定期间的平均销售价格；
4. 记录完整但缺少原始凭证会计资料，能够反映财务凭证的内容；
5. 其他有一定证据证明应纳税事实已经发生的情况。

诉讼主体需要进行税金额测算时，通常应当提供相关经济合同（或经营规范文件）、测算税金所需的财务会计资料、能够证明这些资料内容真实性的其他财务会计资料证据。

不同税种的应纳税额进行测算，可以参照本章相关税种应纳税额的鉴定规程，通过检验验相关财务会计资料，获取并确定测算税金额所需的相关数据，并根据计税要素测算税金额。

表达纳税测算结果，通常包括纳税主体、特别假定事项、应纳税额的测算结果等。例如，甲单位库存短少的多少数量的某种商品，如果已经全部销售，涉及应纳增值税额多少元。

第十七章 经营损益问题鉴定实务

本章主要介绍经营损益类问题司法会计鉴定的含义、适用案件类型与鉴定目的,以及各类经营损益额、经营损益相关指标等问题司法会计鉴定原理与操作要点。

第一节 经营损益问题鉴定概述

一、经营损益的含义

经营损益,是指经营收入与经营成本费用(含税费)的差额,通常表述为利润。其中,经营收入额大于经营成本费用额的差额为盈利额;经营收入额小于经营成本费用额的差额为亏损额。

经营损益额按照其构成要素不同,分为毛利润额、进销差价额、主营业务利润额、销售利润额、利润总额和净利润额等。

毛利润额,是指货物的销售收入净额与取得成本额之间的差额。销售收入净额大于取得成本的差额,称为毛利额;销售收入净额小于取得成本的差额,称为负毛利额。

进销差价额,是指货物的销售净收入与购进价格的差额。在没有采购费用、税金的情形中,进销差价额与毛利润额等值。

销售利润额,是指货物的销售收入净额与销售成本、销售费用、销售税费之间的差额。当这一差额为正数时,为销售盈利额;而当这一差额为负数时,则为销售亏损额。

主营业务利润额,是指经营主体的主要经营业务的经营损益额,即经营主体主要经营收入与主要经营成本、税费之间的差额。当这一差额为正数时,反映为主营业务盈利额;而当这一差额为负数时,则反映为主营业务亏损额。不同经营主体的主营业务范围存在差异,当经营主体主营业务为生产、加工、销售货物业务时,主营业务利润额等同于销售利润额。

利润总额,是指经营主体在某一经营期间或特定经营项目中形成经营损益总额。从期间经营损益角度讲,利润总额反映经营主体的主营业务利润额与非主营业务经营收支差额的合计;从专项经营项目角度讲,利润总额是指该项目的经营收入额与经营支出额之间的差额。利润总额为正数时,反映经营活动取得的盈利总额;利润总额为负数时,则反映经营活动产生的亏损总额。

净利润额,是指经营主体的利润总额扣除应交所得税后的余额。经营主体某期间经营损益总额为盈利额时,净利润额表现为利润总额与应交所得税额的差额。

二、经营损益问题鉴定的含义

经营损益问题鉴定,是指对涉及各种经营损益的性质、量值及相关问题进行的司法会计鉴定。

通过司法会计鉴定确认的经营损益的性质,是指经营损益的财务属性(如毛利润、净利润等),而并非是指经营损益的合法性问题。各种经营活动无论合法还是违法,都会产生经营损益,其中违法经营活动产生的经济收益在法律上表述为违法所得。经营损益是否属于违法所得,是由产生这一损益的经营活动的合法性所决定。实际诉讼中,一项经营活动是否合法、依法应当由法官等诉讼主体判断,因而经营损益的法律属性问题不能作为司法会计鉴定的对象,司法会计鉴定人也不应当受理关于违法所得额问题的鉴定事项,但可以通过经营损益问题鉴定确认相应经营活动的经营损益额,为诉讼主体确认违法所得额提供鉴定意见作为诉讼证据。

通过司法会计鉴定确认的经营损益的量值,主要表现为经营损益额,其表现为具体的财产物资可能是货币资金,也可能是其他资产。

诉讼中涉及的经营损益问题可以单独构成司法会计鉴定事项,也可以作为企业所得税、个人所得税、经营投资损益等问题的司法会计鉴定的组成部分。

法律诉讼中对下列财务会计事实进行调查时,可能涉及经营损益问题鉴定:

1. 涉案经营事项的经营损益额;
2. 案件涉及的特定财务期间的经营损益额;
3. 不正当经营活动产生的经营损益额;
4. 非法经营活动形成的经营损益额;
5. 经营损益在不同经营主体之间的分配。

另外,经营损益也会涉及相关会计问题鉴定,这属于本书第十九章《会计问题鉴定实务》的讨论内容,本章主要讨论经营损益涉及的财务问题的鉴定。

三、经营损益问题鉴定的类型

(一)按经营损益类型划分

经营损益问题鉴定按照经营损益的类型,可以划分为毛利润额问题鉴定、销售利润额问题鉴定、主营业务利润额问题鉴定、利润额总额问题鉴定和净利润额问题鉴定。

1. 毛利润额问题鉴定，是指确认诉讼涉及的经营主体经营某种货物形成的毛利润额问题的司法会计鉴定。

2. 主营业务利润销售利润额问题鉴定，是指确认诉讼涉及的经营主体进行的主要经营活动形成的经营损益（销售利润）额问题的司法会计鉴定。

3. 利润总额问题鉴定，是指确认诉讼涉及的经营主体进行经营活动形成的经营损益总额问题的司法会计鉴定。

4. 净利润额问题鉴定，是指确认诉讼涉及的经营主体进行经营活动形成的净损益额问题的司法会计鉴定。

（二）按照鉴定事项涉及的经营活动范围划分

经营损益问题鉴定按照鉴定事项涉及的经营活动范围不同，可以划分为期间经营损益额问题鉴定和专项经营损益额问题鉴定。

1. 期间经营损益问题鉴定，是指确认涉案财务主体在某一财务期间所形成的经营损益额问题的司法会计鉴定。期间经营损益问题鉴定可能涉及毛利润额、主营业务利润额、利润总额和净利润额等具体经营损益额问题的鉴定。

2. 专项经营损益问题鉴定，是指确认涉案财务主体在某项经营项目中所形成的经营损益额问题的司法会计鉴定。专项经营损益额问题鉴定可能涉及毛利润额、销售利润额、利润总额等问题具体经营损益额问题的鉴定。

另外，本章还讨论涉及以经营损益额为基础确认的相关财务问题的司法会计鉴定，包括：向投资者分配利润问题鉴定、利润额比较问题鉴定、其他以经营损益额为基础确认的财务指标（如鉴定绩效工资额、经理基金额等）问题鉴定。

四、经营损益类问题鉴定的适用案件与鉴定目的

经营损益类鉴定主要是用于案件事实包含经营损益问题的各类案件。这里举出一些例子。

1. 贪污、职务侵占、盗窃、挪用、民事欺诈案等侵犯财产案件中，会涉及到当事人是否占有公共（或他人）财产经营产生的收益事实，以及是否存在能够被非法占有的经营收益事实。通过经营损益额问题鉴定，可以为证实当事人非法占有公共财产（或他人财产）的数额、财产的财务属性等事实提供鉴定意见作为诉讼证据。

2. 涉及不正当经营（如非法销售伪劣商品、非法经营）案件中，会涉及当事人通过非法销售伪劣商品获取的违法所得的事实。通过经营损益额问题鉴定，可以为证实不正当经营案件中当事人是否获取或获取了多少违法所得事实提供鉴定意见作为诉讼证据。

3. 合作、合资、合伙等经营损益分配纠纷案件，会涉及经营活动最终是获取了经营收益还是产生了经营损失的案件事实（这一事实通常是此类案件中的主要事实）。通过经营损益鉴定，可以为证实经营纠纷案件中是否存在可分配的经营收益或需要承担的经营损失等事实提供鉴定意见作为诉讼证据。

4. 各类涉及权益性投资的财产执行案件中，没有到期的投资显然不能作为执行标的，但权益性投资产生的投资收益可以作为执行标的。因此，在此类案件中通过经营损益额鉴定，可以为证实是否存在涉案可执行标的及可执行金额提供鉴定意见作为诉讼证据。

五、经营损益问题鉴定中需要讨论的几个问题

（一）关于经营损益问题鉴定可行性的讨论

经营损益问题鉴定，在没有区分经营损益类型的情况下，通常被认为是指对涉案经营主体特定经营期间的利润总额或净利润额问题的司法会计鉴定。从操作原理上讲，期间利润总额或净利润额问题的确认，会涉及经营主体在该期间所有经营活动所涉及的全部财务资料，因而往往需要耗费大量的检验时间才能完成鉴定，这导致有的司法会计专家认为：经营损益问题鉴定需要耗费难以估量的检验时间，进而只能借鉴审计学的抽样方法实施必要的司法会计检验才有可能完成鉴定，但司法会计鉴定理论上又不允许采用抽样方法实施技术检验，这就导致经营损益问题鉴定实际上并无法进行。

笔者认为，研究经营损益问题鉴定首先需要考虑必要性，在确认了必要性的前提下来讨论其可行性问题时比较容易说明这类鉴定是否能够实施。不容置疑，由于经营损益问题鉴定是查明某些案件的案情所必需的，而客观上也存在着大量的必须查明涉案经营损益额才能查明案情的案件，经营损益问题鉴定必要性是肯定的。如果假定诉讼中有足够的基本证据供鉴定使用，笔者根据理论研究成果和司法实践的体会，认为经营损益问题鉴定完全是可行的。

一是，从涉案经营损益问题的类型看，经营损益问题鉴定包括了毛利润额、销售利润额、主营业务利润额、利润总额、净利润额等类型。第一，毛利润额、销售利润额等问题的鉴定并不需要进行浩繁的司法会计检验活动就能够取得进行鉴定所需的检验结果，因而其可行性显而易见；第二，小型、微型企业（公司）的经营资料也不会是浩繁的，因而诉讼中涉及小微企业（公司）的主营业务利润额、利润总额和净利润额问题的鉴定时，也不需要耗费过多的检验活动时间，实施这类鉴定也是可行的；第三，即使案件涉及大、中型企业（公司）的利润总额、净利润额等问题鉴定，如果按照一般案件司法会计鉴定的习惯做法只投入两三个司法会计鉴定人，受到浩繁的检验工作和诉讼时间的限制，想完成鉴定工作肯定会困难重重，但司法实践中遇有此类情形时，如果能够投入更多的司法会计鉴定人员进行分工操作，并借助于企业（公司）的电算化资料进行检验，完成鉴定并不存在不可行之处。①

二是，从经营损益问题鉴定的特定性程度看，前述较为麻烦的利润总额、净利润额的鉴定都是涉及期间经营损益问题的鉴定，但实际诉讼中还会涉及大量的专项经营损益问题鉴定。专项经营损益问题鉴定即使涉及对利润总额问题的鉴定，但其所涉及的基本证据并不浩繁，因而对这类问题的鉴定并不需要担心出现因鉴定人手或鉴定时间的不足而无法完成鉴定的情形。

另外，我们还可以换个角度考虑，即使大型企业（公司）其会计人员的数量也是有限的，他们每年都需要完成当年的经营损益问题"鉴定"，而司法会计鉴定中的检验速度会远高于其会计核算的速度，因而案件经营损益问题鉴定无论涉及多大的企业（公司），只要有充足的鉴定人员和足够的鉴定时间都是可以完成的。② 司法实践中存在的问题往往是诉讼主体无力承担高额的鉴定经费，很多案件不得以放弃经营损益问题鉴定。③

（二）关于预期经营损益的确认问题

诉讼涉及的经营损益问题，通常是指已经实现的经营损益额，但有些案件中也会涉及预期经营损益的确认问题，即需要确认涉案经营主体未来能够形成的经营损益额问题。过去的司法实践中往往都将这一问题作为司法会计鉴定事项处理，理论上也将其归纳为经营损益问题鉴定的一个类型。④

理论上将预期经营损益额问题作为司法会计鉴定的一个类型时，设定了严格的操作要求，例如：预期经营收入和预期经营成本费用都要求在经营合同的范围内，合同已经部分执行且假定合同规定的剩余经营活动可执行完毕，进而通过确认预期经营收入和预期经营成本费用来作为确认预期经营损益额的依据。现在看来，在假定合同可执行完毕的情况下，尚未执行完毕的合同内容可能无法实现，

---

① 实践中并不缺乏对涉案大型公司年度利润总额问题的司法会计鉴定案例，其具体的做法是：一方面，诉讼机关指派或聘请数十名司法会计鉴定人参与鉴定；另一方面，借用计算机软件来检验、分析财务会计资料，提高了检验速度，但耗时可能都在两三个月。

② 实际诉讼中确实存在这样的情形：由于受到鉴定经费、鉴定时间等方面的实际限制，司法会计鉴定机构确实难以承担某些案件涉及的经营损益问题鉴定。但是，这类情形的存在，并不能说明关于经营损益问题的司法会计鉴定理论研究成果的不现实性。

③ 案例：某企业承包人（原告人）起诉企业要求按照承包合同支付欠付的8万元承包费，这个案件涉及承包人完成利润指标的事实，法官要求原告人申请司法会计鉴定，但承包人咨询会计事务所得知需要预付9万元的鉴定费。原告人咨询司法会计师如何解决。司法会计师了解到原告人自身就是会计师，根据该案中经营损益总额涉及的财务会计业务较为简单，建议原告人申请法院调取被告人涉案财务会计资料，直接在开庭中根据经营损益额的鉴定原理和财务会计资料，说服被告人承认实际存在的经营损益额，通过法庭调解解决案件。该案最终通过法庭调解解决，没有进行经营损益问题鉴定。

④ 参见于朝：《司法会计学》（第三版），中国检察出版社2008年版。

这部分经营活动只是一种虚拟的经营活动，这种情况下确认预期经营损益额显然缺乏必要的基本证据，不符合司法会计鉴定的假定前提，也就不应当将其归属于司法会计鉴定范围。司法实践中，这类预期经营损益问题可以通过司法会计虚拟经营损益额测算业务解决。

（三）关于虚拟经营损益额的确认问题

虚拟经营损益额的确认问题，在经济纠纷案件中会经常出现，这主要是基于涉案经营活动因相对方当事人的过错而未能实施，一方当事人会认为相对方当事人的过错导致了本能够产生的经营收益的损失，进而引发诉讼。这类案件中，经营活动并未实际发生，一方当事人的所谓损失只是虚拟能够发生的经营活动所能够产生的经营收益，此类经营损益额我们称为虚拟经营损益额。

虚拟经营损益额问题的确认，显然不会具备实际的经营收入和经营成本费用支出的财务资料，因而并不具备司法会计鉴定的"资料充足"和"资料可验证"的假定前提条件，因而也就不能通过司法会计鉴定解决。由此而言，虚拟经营损益额的确认问题从理论上讲不能作为司法会计鉴定对象而纳入司法会计鉴定范围。为了解决司法实践中的这一实际问题，司法会计理论上设计了司法会计师的虚拟经营损益额测算活动，即由司法会计师利用一系列假定事项，参照已经实现的同类经营活动的财务会计资料，测算出虚拟经营活动所能够形成的经营损益额，提出测算意见作为法官处理相关案件的参考证据。司法实践中，这类测算活动早已实际存在。

六、经营损益问题鉴定的需检资料

进行经营损益问题鉴定应当具备下列鉴定材料：
1. 与当期财务收支有关的经济合同、价格表等经营损益计算依据资料；
2. 需确认的经营损益所涉及会计期间的会计凭证、账簿、财务会计报告；
3. 没有会计核算资料的，需要提供经营活动涉及的所有财务资料；
4. 能够证实财务收支真实性以及经营损益处理情况的财务会计资料证据；
5. 与经营内容有关的司法会计检查笔录或资产盘点表。

第二节　经营损益问题的鉴定原理与路线

一、各种经营损益额的确认

（一）毛利润额的确认

毛利润额 = 经营收入净额 − 取得成本

其中：

经营收入净额 = 经营收入 - 折扣、折让额

取得成本 = 价款 + 相关费用额 + 相关税金额

另：

进销差价额 = 销售收入净额 - 采购价款

(二) 主营业务 (销售) 利润额的确认

主营业务利润额 = 主营业务收入额 - 主营业务成本额 - 主营业务费用额 - 主营业务税金及附加额

销售利润额 = 销售收入净额 - 销售费用额 - 相关税金额

(三) 经营损益总额的确认

期间经营损益总额 = 主营业务利润额 + 投资净收益 + 营业外收入 - 营业外支出

专项经营损益总额 = 销售经营损益 - 管理费用 - 财务费用

或：

专项经营损益额 = 该项目所有收入额 - 该项目所有支出额

(四) 净利润额的确认

净利润额 = 经营损益总额 - 企业所得税

上述各项经营损益计算所涉及的财务收支业务，应当包括小金库的财务收支业务。

二、经营损益问题鉴定的相关事项

(一) 经营损益额的鉴定路线

期间经营损益额问题鉴定，通常采用借用会计法进行。如果送检方无法提供较为完整的会计核算资料的，可以采用直接鉴定法进行。

专项经营损益额问题鉴定，通常采用直接鉴定法进行。如果送检方能够提供核算涉案经营项目的系统核算资料的，可以采用借用会计法进行。

(二) 采用借用会计法时的错误账项的调整

1. 应当调增经营损益账项包括：(1) 未记账收入额；(2) 虚列支出额；(3) 漏结转的收入和收益。

2. 应当调减经营损益账项包括：(1) 虚列收入额；(2) 未记账支出额；(3) 漏结转的成本费用支出。

3. 实际经营损益 = 原记经营损益 + 调增经营损益 - 调减经营损益

(三) 关于经营损益问题的鉴定标准

经营损益问题的鉴定标准会涉及财务标准和会计标准。

经营损益额作为财务问题，应当采用财务标准进行鉴定。司法实践中，毛利

润额、销售利润额以及专项经营损益涉及的利润总额问题的鉴定采用财务标准不存在问题，但涉及主营业务利润、利润总额、净利润额等期间经营损益额问题鉴定，如果缺乏系统的财务标准，则可能会采用会计标准。

笔者认为，司法实践中如果需要采用会计标准确认经营损益总额、净损益额等问题，应当将其转化为会计问题鉴定，即通过对利润表（损益表）的主营业务利润、利润总额、净利润项目的真实性、正确性问题进行鉴定。

（四）关于账外经营损益额的确认

诉讼案件中，涉案经营主体可能存在账外经营事项，因而也会产生账外经营损益。账外经营损益应当是涉案经营主体的经营损益的组成部分，因此，涉案经营主体存在账外经营活动的，司法会计鉴定人应当将账外经营收入和经营成本费用一并列入经营损益额问题鉴定的内容。

涉案经营主体有账外经营活动的，送检方应当同时提供账外经营资料。司法会计鉴定人对送检方已经提供账外经营资料的，应当一并检验。最终形成的鉴定结果所确认的经营损益额也应当包含账外经营所形成的经营损益。如果送检方在鉴定事项中要求同时确认账外经营损益额的，司法会计鉴定人应当在确认经营损益额的同时，单独列示账外经营损益额；如果送检方没有在鉴定事项中要求专门列示账外经营额的，则不需要在鉴定意见中单独列示账外经营损益额。

第三节 各种经营损益额问题鉴定的操作要点

一、毛利润额问题鉴定的操作要点

（一）期间毛利润额问题鉴定的操作要点

期间毛利润额问题鉴定通常采用借用会计法。

1. 检验鉴定事项涉及期间的主营业务收入账户发生额及发生额累计，验证发生额及发生额累积的真实性、正确性、合规性，确认销售对象的期间销售收入净额。

2. 检验鉴定事项涉及期间的采购账户发生额及发生额累计，验证发生额及发生额累计的真实性、正确性、合规性，确认销售对象的期间取得成本额。

3. 根据上述操作结果和毛利润额构成要素，计算确认毛利润额。

（二）专项毛利额问题鉴定的操作要点

专项毛利额问题鉴定通常采用直接鉴定法进行。

1. 对有销售合同的，通过检验销售合同及销售发票，确认两者的相符性。

2. 检验送检的销售发票、收款票据等销售收入凭证，验证销售对象的销售金额及相关的折扣、折让额，通过经营收入问题鉴定，确认销售收入净额。

3. 检验送检的采购发票、付款票据等采购凭证，验证销售对象涉及的价款、费用、税金，通过成本价值问题鉴定，确认销售对象的取得成本。

4. 根据上述检验、鉴定结果以及毛利润构成要素，计算确认毛利润额。

（三）进销差价问题鉴定的操作要点

进销差价问题鉴定采用直接鉴定法进行。

1. 检验送检的销售发票、收款票据等销售收入凭证，验证销售对象的销售金额及相关的折扣、折让额，通过经营收入问题鉴定，确认销售收入净额。

2. 检验送检的采购发票、付款票据等采购凭证，验证销售对象涉及的价款，计算确认销售对象价款额。

3. 根据上述检验、鉴定结果，计算确认进销差价额。

（四）毛利润额问题鉴定意见

毛利润额问题鉴定意见的主文部分，通常包括销售主体、销售期间、销售对象、毛利润额等内容。例如，甲单位某期间某项销售业务的毛利润为多少元；甲单位某期间销售某种材料数量多少，形成毛利润额多少元。

进销差额问题鉴定意见的主文部分通常包括销售主体、销售期间、销售对象、销售收入、购进价款、进销差价等内容。例如，甲单位某期间销售多少数量的某种商品的进销差价为多少元。

二、主营业务（销售）利润额问题鉴定的操作要点

（一）主营业务利润问题鉴定的操作要点

主营业务利润通常是指某期间主营业务利润。主营业务利润问题鉴定，采用借用会计法。

1. 检验鉴定事项涉及的主营业务类型及经营期间的主营业务收入账户发生额、发生额累计额，验证发生额及发生额累计的真实性、正确性、合规性，确认主营业务收入额。

2. 主营业务成本涉及存货成本的，追加对存货成本额问题以及成本结转正确性问题鉴定，确认主营业务成本账户发生额中存货成本额的真实性、正确性。

3. 针对鉴定事项涉及的主营业务类型及经营期间的主营业务成本、销售费用等账户的发生额、发生额累计额，验证发生额及发生额累积的真实性、正确性、合规性，确认主营业务成本及销售费用额。

4. 检验与营业税金及附加账户发生额，通过涉税问题鉴定，确认应当计入主营业务利润的税金额。

5. 检验同期其他会计资料，发现并确认与主营业务利润有关的收入或支出事项，按照对主营业务利润额的影响，列表汇总检验结果。

6. 上述检验、鉴定中发现影响主营业务利润额核算结果的财务会计错误的，

应当通过列表进行调整。

7. 根据上述操作结果以及主营业务利润构成要素，计算确认主营业务利润额。

（二）销售利润问题鉴定的操作要点

销售利润问题鉴定，通常采用直接鉴定法。

1. 检验送检的财务收支资料，按照主营业务收入和主营业务成本费用区分财务凭证，列表分别汇总销售收入额和销售成本费用额。

2. 检验销售收入资料、销售成本和费用资料，通过财务收入问题鉴定和财务支出问题鉴定，确认销售收入总额和销售成本、费用总额。

3. 销售业务涉及的应纳税费额问题进行鉴定，确认销售涉及的应纳税费额。

4. 根据上述检验、鉴定结果，计算确认主营业务收入总额和销售成本费用总额。

5. 根据上述操作结果及销售利润构成要素，计算确认销售利润额。

销售利润问题鉴定也可以采用下列渐进式鉴定步骤确认销售利润。

1. 按照毛利润额问题鉴定步骤，对鉴定事项涉及的毛利润额问题进行鉴定，确认销售对象的毛利润额。

2. 检验销售费用资料，按照财务支出问题鉴定步骤，对鉴定事项涉及的经营费用支出问题进行鉴定，确认销售对象的销售费用额。

3. 按照涉税问题鉴定步骤，采用直接鉴定法对销售业务涉及的应纳税费额问题进行鉴定，确认销售业务涉及的应纳税费额。

4. 根据上述检验、鉴定结果和销售利润构成要素，计算确认销售利润额利润。

（三）主营业务（销售）利润额问题鉴定意见

1. 主营业务利润额问题鉴定意见的主文部分，通常包括经营主体、经营期间、主营业务事项、主营业务利润额等内容。例如，甲单位某期间经营某种业务取得经营利润多少元。

2. 销售利润额问题鉴定意见的主文部分，通常包括销售主体、销售期间、销售对象、销售利润额等内容，例如，甲单位某期间销售某种商品取得销售利润多少元。

三、利润总额问题鉴定

（一）采用借用会计法进行利润总额问题鉴定的操作要点

1. 针对鉴定事项涉及的主营业务收入、利息收入、手续费及佣金收入、保费收入、租赁收入、其他业务收入、营业外收入等收入类账户的发生额、发生额累计额，按照经营收入问题鉴定步骤，采用借用会计法对各项经营收入额问题进行鉴定，确认当期营业收入总额。

2. 针对鉴定事项涉及的主营业务成本、其他业务成本、营业税金及附加、财务费用或利息支出、手续费及佣金支出、赔付支出、保单红利支出、分出保费、分保费用、销售费用、管理费用、勘探费用、营业外支出、资产减值损失、所得税费用等成本费用支出账户的发生额、发生额累计额，按照经营支出问题鉴定步骤，采用借用会计法对各类经营支出额问题进行鉴定，确认当期经营成本费用额。

3. 前述成本问题鉴定涉及存货成本的，按照资产价值类问题的鉴定步骤，采用借用会计法追加对存货成本额问题以及成本结转正确性问题的鉴定，确认主营业务成本、其他业务成本中的存货成本额的真实性、正确性。

4. 涉及对外投资的，检验投资损益账户资料，按照投资损益类问题鉴定步骤，追加相关投资损益额问题鉴定，验证发生额、累计发生额的正确性，确认投资损益额。

5. 采用借用会计法对汇兑损益、公允价值变动损益等经营损益额问题进行鉴定，确认汇兑损益额、公允价值变动损益额及其对利润总额的影响。

6. 按照涉税问题鉴定步骤，采用借用会计法对当期涉及的应纳各种税费额问题进行鉴定，确认当期除企业所得税以外的其他应纳税费额。

7. 上述鉴定中发现损益类账户核算结果中包含财务标准与会计标准冲突情形的，应当根据财务标准对相关经营损益账项进行调整。

8. 根据上述检验、鉴定结果及利润总额构成要素，计算确认利润总额。

（二）采用直接法进行利润总额问题鉴定的操作要点

采用直接鉴定法进行利润总额问题鉴定，通常需要实施（但不限于）下列操作：

1. 对送检的财务收支资料，按照经营收入、经营成本费用进行区分；

2. 按照经营收支问题鉴定步骤，采用直接鉴定法分别对经营收入、经营成本费用额问题进行鉴定，并列表汇集经营收入、经营成本费用额；

3. 计算确认经营收入总额；

4. 计算经营成本费用总额；

5. 采用直接鉴定法对经营涉及的应纳税费额问题进行鉴定，确认利润总额涉及的应纳税费额；

6. 根据上述检验结果及利润总额构成要素，计算确认利润总额。

司法会计鉴定人也可以采用下列渐进式鉴定步骤确认销售利润：

1. 按照主营业务利润鉴定规程，确认主营业务利润总额；

2. 检验主营业务以外的收入、支出资料，按照经营收入额、经营支出额问题鉴定步骤，通过经营收入、经营支出问题鉴定，确定非主营业务取得的收入额、管理费用额、财务费用额及其他费用支出额；

3. 按照涉税问题鉴定步骤，对经营业务涉及的应纳税费额问题进行鉴定，确认利润总额涉及的应纳税费额；

4. 根据上述鉴定结果及利润总额构成要素，计算确认利润总额。

（三）利润总额问题鉴定意见

利润总额问题鉴定意见的主文部分，通常包括经营主体、经营期间、利润总额等内容。例如，甲单位某年度取得利润总额为多少元；甲单位某期间经营某项业务形成亏损总额为多少元。

四、净利润额问题鉴定

（一）净利润额问题鉴定的操作要点

1. 按照利润总额鉴定步骤，对利润总额问题进行鉴定，确认利润总额。

2. 按照所得税问题鉴定步骤，对企业所得税应纳税额问题鉴定，确认应纳企业所得税额。

3. 根据上述鉴定结果及净利润构成要素，计算确认净利润额。

（二）净利润额问题鉴定意见

净利润额问题鉴定意见的主文部分，通常包括经营主体、经营期间、净利润额等内容，例如，甲单位某年度形成净利润额为多少元。

第四节 向投资者分配利润问题鉴定

向投资者分配利润问题鉴定，是指诉讼涉及的按照利润分配标准和可分配润额确认的向投资者分配利润问题的司法会计鉴定。包括可分配投资者利润总额、具体投资人应分得利润额等问题的鉴定事项。

一、向投资者分配利润问题鉴定原理

经营者利用取得的经营收益向投资者分配利润，包括两种情形：一是，公司、企业、合伙经营者等经营主体在持续经营的情况下，利用净利润额向投资者分配利润；二是，经营主体合作经营特定项目中，利用专项利润总额向投资者分配利润。因此，向投资者分配利润问题鉴定通常需要根据经营损益问题鉴定结果确认可分配投资者利润总额。

司法实践中，在确认可分配投资者利润总额问题涉及的经营损益额时，可能需要根据具体情况来确定采用会计标准还是财务标准来确认净利润额。

在涉案经营主体持续经营状态下，通常需要按照会计准则等公认的会计标准来确认可分配利润额。这是因为：一则，在持续经营的财务管理中，只有会计准则等会计标准提供一套完整的期间（年度等）净利润的核算体系，因而投资者确认其投资收益通常都是按照公认的会计标准核算形成的净利润额，采用公认的会计标准确认的可分配利润额具有公允性；二则，利用案件中已经形成的净损益额会计核算结果，可以相对方便地确认净损益额，提高鉴定效率。

在涉案经营主体没有持续经营的状态下，如经营主体因解散、到期结束经营等原因导致的终止经营，或者经营主体未形成会计核算资料的情形中，通常应当按照实际经营的运行结果确认可分配投资者利润总额。这是因为：一则，会计准则等会计标准的运用前提之一是持续经营，在经营主体已经不能持续经营的情况下，会计准则等会计标准则就失去了适用前提，显然不能按照会计标准来确认净利润额；二则，经营主体未形成会计核算资料，通常是因为经营业务不多，不需要形成会计核算资料，这种情况下司法会计鉴定人也很难确定相应的会计政策、会计估计等会计标准，通常情况下是按照收付实现制的思路来直接确认经营的运行结果。

确认可分配投资者利润总额问题，通常需要引用国家有关利润分配的法定标准（如净利润额需要减除法定公积金等公共积累后才能分配给投资者）、经营主体董事会或股东大会有关利润分配的决议、国有企业管理当局有关分配利润的规定等。

需要确认某具体投资者应分得利润额问题，应当根据投资者实际投资额及所占投资份额、利润分配方案和可分配利润总额确认。即：

具体投资者应分得利润额＝具体投资额×向投资者分配利润总额/经营者接受投资总额

司法实践中，还会涉及确认向投资者分配利润合规性问题的司法会计鉴定。这类鉴定通常采用比对鉴别法，将可分配投资者利润总额鉴定与涉案经营主体实际向投资者分配利润结果进行比对，确认其合规性。

送检方未提出可分配利润鉴定事项，仅要求查明涉案经营主体利润分配实际情况的，司法会计师应当作为专项检验事项处理，适用专项检验程序，出具司法会计检验报告。

二、向投资者分配利润问题鉴定所需检材

确认向投资者分配利润总额问题鉴定，通常需要下列检材：

1. 进行净利润额问题鉴定所需检材；
2. 公司章程、经营合同、协议等确认利润分配原则标准的财务资料；
3. 涉及利润分配事项的股东会决议或股东大会决议；
4. 确认投资者应分得利润额问题鉴定，还应当提供投资者实际投资涉及的财务会计资料及相关证据。

三、向投资者分配利润问题鉴定的操作要点

（一）按照会计标准确认净利润额的情况下进行可分配投资者利润总额问题鉴定的操作要点

1. 检验鉴定事项涉及的财务会计资料及相关证据，按照会计类问题的鉴定步骤，通过对利润表的净利润项目数字真实性、正确性、合规性问题鉴定，确认净利润额。

2. 根据经营主体的利润分配方案，按照留存收益类问题的鉴定步骤，通过公共积累问题鉴定，计算确认应当在净利润额、未分配利润额中扣除的公共积累额。

3. 检验涉及利润分配事项的股东会决议或股东大会决议，验证分配方案与相关法律标准、公司章程的相符性，确认向股东分配利润的具体标准。

4. 根据上述检验、鉴定结果和可分配利润构成要素，计算确认可分配投资者利润总额。

（二）按照财务标准确认净利润额情况下可分配投资者利润总额问题鉴定的操作要点

1. 检验鉴定事项涉及的财务会计资料及相关证据，适用本章第三节介绍的鉴定规程进行净利润额问题鉴定，确认净利润额。

2. 涉及公共积累问题的，进行相应的公共积累问题鉴定，确认需要扣除的公共积累额。

3. 根据上述检验、鉴定结果和相关利润分配标准，计算确认可分配投资者利润总额。

（三）进行投资者应分得利润额问题鉴定的操作要点

1. 检验经营主体接收投资者投资的资料，按照接受投资问题的鉴定步骤，通过对经营主体接收具体投资者投资额问题的鉴定，确认经营主体实际接受投资者的投资额和投资份额。

2. 按照前述可分配投资者利润总额问题的鉴定步骤，通过鉴定确认经营主体可分配投资者利润总额。

3. 根据上述鉴定结果和利润分配标准，计算确认具体投资人应分得利润额。

（四）进行向投资者分配利润合规性问题鉴定的操作要点

1. 按照前述（三）进行可分配利润问题鉴定，确认可分配投资者利润额。

2. 检验利润分配方案、分配执行资料，确认经营主体实际向投资者分配的利润额。

3. 根据上述检验、鉴定结果，采用比对鉴别法确认经营主体向投资者分配利润的合规性。

四、向投资者分配利润问题的鉴定意见

1. 可分配投资者利润总额问题的鉴定意见的主文部分，通常包括经营主体名称、利润分配涉及经营期间、净利润额状况、可分配投资者利润总额等。例如，某公司某年度净利润为多少元，可向投资者分配利润总额为多少元。

2. 净利润问题鉴定结果为零或负数，且经营主体没有未分配利润结余的，确认无利润可分配。

确认无利润可分配鉴定意见的主文部分，通常包括经营主体名称、利润分配涉及经营期间、净利润额状况、无利润可分配结论等。例如，某公司某年度净利润为负多少元，未形成可向股东分配股利的净利润。

3. 具体投资者应分得利润额问题鉴定意见的主文部分，通常包括经营主体名称、分配利润的期间、可分配利润额、投资人称谓及可得利润额。例如，某单位某年度净利润额为多少元，可向股东分配利润总额多少元，其中应付某股东利润多少元。

4. 涉及评价利润分配合规性问题鉴定意见的主文部分，通常包括经营主体名称、利润分配时点、利润涉及期间、可分配利润额、实际利润情况及其合规性评价等。例如，某单位某年度税后利润多少元，扣除法定公积金多少元后，可分配利润多少元，该单位某时点实际给股东该年度分配利润总额多少元，超出可分配利润多少元。

第五节　经营损益额相关指标问题鉴定

一、经营损益比较问题鉴定

（一）经营损益额比较问题鉴定原理

所谓经营损益比较，是指对同一经营主体不同期间同类经营损益额、经营损益率的比较，或者同一经营主体某期间实现的经营损益额、经营损益率与相关合同、协议等标准规定的经营损益额、经营损益率的比较。

诉讼中常见的经营损益额比较问题涉及毛利润额、销售利润额、利润总额、净利润额等；常见的经营损益率比较问题涉及毛利润率、销售利润率、净资产收益率等。

送检方要求进行经营损益额比较问题的鉴定，应当鉴定事项中明确需要比较的经营损益及经营损益率的类型和经营期间。

司法实践中，基于执行承包合同或其他协议，或者因资产管理者的决策错误、管理失当、侵权行为、违约行为、意外事件等原因，会导致经营损益的变

化，因而诉讼中可能会要求司法会计鉴定人确认不同期间经营损益额的变化情况。

从司法会计专业角度讲，不同时期的财务收入、财务支出和经营损益是可以进行比较并作出相应的鉴定意见的。同时，财务管理学也提供了一些确认不同因素与经营损益变化关系的分析方法。但是，经营损益的变化与特定因素的因果关系问题需要大量的参考证据才能确认，且财务管理学所提供的分析方法亦具有不特定性，因此，涉及经营损益额比较问题时，只能要求司法会计鉴定人对不同期间经营损益额进行比较，而不能要求司法会计鉴定人回答经营损益额变化的原因或者特定原因与经营损益额变化的关系问题。[①]

（二）经营损益比较问题鉴定的操作要点

进行经营损益比较问题鉴定，通常采用直接鉴定法。需要实施下列操作：

1. 根据本准则规定的鉴定规程，确认不同期间实现的同类经营损益额。
2. 根据上述鉴定结果，计算不同时期经营损益额的差额。
3. 如果比较经营损益率，则需要根据第1项鉴定结果，分别计算鉴定事项要求确认的不同期间的同类经营损益率，并计算确认不同时期该种经营损益率的差额。

（三）经营损益比较问题鉴定意见

经营损益比较问题鉴定意见的主文部分，通常包括经营主体、经营损益额类型、涉及经营期间、不同期间经营损益额或经营损益率的差额等。例如，甲单位某期间经营某种商品利润总额为多少元，低于该单位某期间经营该种商品的利润额多少元；甲单位某经营项目毛利率为多少，高于某标准规定的毛利率多少。

[①] 诉讼中涉及特定原因对经营损益的影响及解决方案主要有：一是，特定原因已经导致企业经营停止。这种情形中停业的企业已经没有经营收益，其维持企业存在所需的费用支出全部属于停业直接损失。因此，此类情形中司法会计鉴定人可以进行相关财务支出鉴定，法官根据该项鉴定意见确认企业停业的直接损失。二是，由于他人侵权生产同类产品导致经营损益减少的，可以通过产品销售经营损益问题鉴定，以他人销售产品的数量为基础，确认销售经营损益。由于该项销售经营损益问题鉴定中存在一些证据上的特别假定事项，鉴定人通常应当出具分析意见。三是，由于他人非法曝光专有技术导致经营损益减少的，可以通过特定期间之间销售经营损益比较鉴定，确定经营损益差，作为法官确认损失的参考依据。四是，他人违约不提供合同规定的材料、商品、劳务导致经营损益减少，可以通过对特定期间的正常利用材料、商品、劳务可得的销售经营损益的鉴定，确定正常情况下的销售经营损益，作为法官确认损失的参考依据。五是，对其他因素导致经营损益减少的，都可以通过特定期间之间销售经营损益比较鉴定，确定经营损益差，作为法官确认损失的参考依据。

二、以经营损益额为基础的财务指标问题鉴定

本节所称以经营损益额为基础的财务指标，主要是指以经营损益额为计算依据形成的各种经济指标，如绩效工资额、经理基金额等。

（一）以经营损益额为基础的财务指标问题的鉴定原理

涉及以经营损益额为计算依据确认的绩效工资总额，应当以绩效考核协议、规定为引用标准。

涉及以经营效益为计算依据的经理基金等其他财务指标，应当以董事会纪要、协议等为引用标准。

判定以经营损益额为基础的财务指标问题的引用标准有些比较简单，即直接按照规定的经营损益指标确认相关指标，这种情况下通过经营损益额问题鉴定后，直接套用引用标准规定的经营损益指标即可确认；有的可能比较复杂，还会涉及其他相关经营指标，因而除需要进行经营损益额问题鉴定外，还需要根据引用标准的规定，对其他相关经营指标涉及的财务问题进行鉴定。

（二）以经营损益额为基础的财务指标问题鉴定的操作要点

进行以经营损益额为基础的财务指标问题鉴定，采用直接鉴定法进行。

1. 按照本章第三节所述鉴定规程，通过利润总额问题或净利润额问题鉴定，确认相关经营损益额。

2. 根据前述鉴定结果和引用标准，计算确认相关数据。

3. 鉴定事项要求判断相关财务会计资料证据记载的财务指标的正确性、合规性的，应当检验相关财务会计资料证据资料，确认证据资料记载的相关财务指标的具体数额，并与前述鉴定结果确认的经营损益额相关的指标数额进行比较，确认相关财务会计资料证据记载的财务指标的正确性、合规性。

（三）以经营损益额为基础的财务指标问题的鉴定意见

以经营损益额为基础的财务指标问题鉴定意见的主文部分，通常包括经营主体、经营损益称谓、相关指标的称谓及数额等。例如，甲单位某期间实现利润总额多少元，按照某绩效考核指标，可支付职工薪酬总额为多少元，该单位实际支付职工薪酬多少元，未超过绩效考核指标规定的应付职工薪酬总额。

阅读材料：虚拟经营损益额的测算

一、虚拟经营损益额的测算原理

虚拟经营损益额测算，是指以某些特别假定事项为前提，按照送检方确定的参照目标，测算经营主体正常进行某项经营活动可能产生的经营损益额。

虚拟经营损益的确认通常需要以相关的经济合同（或协议）为依据。鉴定

原理为：在合同正常履行的情况下，虚拟经营损益为履行合同能够收取的虚拟经营收入额与尚需负担的虚拟成本费用额的差额，即：

虚拟经营损益额＝虚拟经营收入额－虚拟经营成本费用额

测算经营损益的特别假定事项可能是（但不限于）下列情形：

1. 经营价格的金额可确定（即经营价格有某明确的参照目标），且经营价格未受到市场的影响而发生显著变化；
2. 有固定的销售渠道可以完成预期增加的经营数量；
3. 有固定的采购渠道可以完成预期增加的采购数量；
4. 经营成本、费用可识别或成本、费用率不变等。

测算经营损益的参照目标可能是（但不限于）下列情形：

1. 涉案经营主体同期特定生产、经营项目的利润率；
2. 涉案经营主体特定生产、经营项目已经实现的利润率。

送检方要求测算经营损益额，应当在测算事项中明确特别假定事项、参照目标等。司法会计师应当根据专业经验，考察送检方确定的特别假定事项、参照目标的合理性。

送检方应当在测算事项中应当明确需要测算的经营损益类型以及经营项目、经营期间等的基础数据。

虚拟经营损益额测算可以采用利润率测算法和分项测算法。

利润率测算法，是指在对参照目标的经营损益额问题（或相关会计问题）进行司法会计鉴定的基础上，确定利润率，并利用该利润率测算经营损益额的方法。

分项测算法，是指按照经营损益的构成，根据对参照目标的经营收入、成本、费用、税金等资料进行检验基础上，分别测算各项经营损益的构成指标，进而计算经营损益额的方法。

参照目标涉及的经营记录完整且利润率无显著变化的，可以采用利润率测算法；其他情形应当采用分项测算法。

二、虚拟经营损益额测算所需检材

送检方要求进行虚拟经营损益额测算，通常提供（但不限于）下列检材和相关证据：

1. 相关经济合同、协议。
2. 参照目标涉及的同期（或前期）所有财务会计资料。

三、虚拟经营损益额测算的操作要点

（一）采用利润率测算法进行虚拟经营损益额测算

1. 检验相关经营合同，确定参照目标的合理性。

2. 按照经营损益额鉴定标准，对参照目标涉及的利润额问题进行司法会计鉴定，并根据鉴定结果计算确定利润率。

如果送检方要求按照会计核算结果确认参照目标，则应当按照会计问题鉴定标准，参照目标涉及利润表问题进行鉴定，并根据鉴定结果计算确定利润率。

3. 根据对送检的相关财务资料的检验结果及送检方确定的假定事项，确定测算经营损益额的基础依据，如生产数量、销售数量等。

4. 根据前述鉴定、测算结果及利润率测算法原理，测算经营损益额。

（二）采用分项测算法进行虚拟经营损益额测算

1. 检验相关经营合同，分析确定参照目标的合理性。

2. 检验参照目标期内经营收入资料，采用加权平均法确定平均收入价格，并根据送检方假定的销售数量或对送检资料的检验结果，测算经营收入总额。

3. 检验参照目标期内的经营成本资料，确定有效成本组成，并采用加权平均法确定平均成本，然后根据送检方确定的相关假定事项或检验送检的相关财务资料，测算经营成本总额。

4. 检验参照目标期内的经营费用资料，确定有效费用组成，并采用加权平均法确定经营费用率，然后根据送检方确定的假定事项或检验送检的相关财务资料，测算费用总额。

5. 根据上述测算结果，测算应纳税总额。

6. 根据上述测算结果及经营损益额构成要素，测算经营损益额。

四、虚拟经营损益额测算意见

虚拟经营损益额测算意见的主文部分，通常包括经营主体、经营项目的称谓、特别假定、测定的经营损益额等。例如：甲单位某期间增加某生产线，在经营条件相同的情况下可获得净利润多少元；甲单位按照某合同规定经营多少数量的某种商品，可获销售利润多少元；按照甲单位某期间毛利率测算，该单位生产经营某项商品可获得毛利润多少元。

第十八章 接受投资及留存收益问题鉴定实务

本章主要介绍接受投资及留存收益问题司法会计鉴定的含义、适用案件类型与鉴定目的，以及各类接受投资、留存收益问题的司法会计鉴定原理与操作要点。

第一节 概 述

一、接受投资及留存收益的含义

（一）接受投资的含义

投资，是指出资人不以交换为目的向相关财务主体出资的行为和过程。包括狭义的和广义的两种理解。

狭义的投资，是指出资人以获取经济回报为目的对经营主体的出资。例如向企业投资以通过企业经营活动赚取收益归出资人。

广义的投资，还包括出资人不以获取经济回报为目的的无偿向财务主体（包括经营主体和非经营主体）出资的情形。

从经营主体角度讲，接受投资习惯上往往是指接收狭义的投资，但实际经济活动中，经营主体可能还会接受其他具有投资性质的无偿出资，如经营主体可能会接受捐赠形成的无偿投资。

接受投资，是指涉案受资人接受出资人投入资金的财务活动，包括接受出资人投入的资本投资、捐赠、无偿拨款以及不属于利润的利得等。

（二）留存收益的含义

留存收益，通常是指涉案财务主体在分配净收益时留存的经营收益，即财务主体没有分配给出资人的那部分经营收益。留存收益有各种不同的表现形式，构成不同的留存收益的类型，例如，经营主体依照财务规范规定的标准、程序留存的法定公积金、任意公积金、企业发展基金、职工奖励及福利基金、公益金以及未分配利润等。

留存收益按照其形成方法不同，包括计提留存收益和非计提留存收益两类。

1. 计提留存收益

所谓计提留存收益，是指需要根据净利润额和相关标准提取的留存收益，如法定公积金、盈余公积金、公益金等。

计提留存收益的基础数据通常是净利润额，并按照净利润额的百分比或其他标准进行计提形成留存收益。这种计提留存的收益有些是有法定标准的，有些则是由经营主体的出资人自主确定的。例如，按照《中华人民共和国公司法》第167条规定，公司分配当年税后利润时，应当提取利润的10%列入公司法定公积金。公司法定公积金累计额为公司注册资本的50%以上的，可以不再提取。

2. 非计提留存收益

所谓非计提留存收益，是指不需要通过计提形成的留存收益。例如，未分配利润就是经营主体对净利润额进行分配后的留存部分，这部分留存收益显然不是通过计提方式形成的。

(三) 接受投资及留存收益与所有者权益的关系

所有者权益，从法律角度讲，是指出资人对其所投资财务主体的净资产的所有权。

从财务角度讲，净资产是指经营主体的资产总额与其负债总额的差额，即：

净资产额 = 资产总额 - 负债总额

从会计角度讲，财务主体的资产来源于两个方面，一方面是由所有者投资及经营收益所构成的所有者权益；另一方面则来自于经营主体的负债。即：

资产总额 = 所有者权益总额 + 负债总额

所有者权益额 = 资产总额 - 负债总额

上述三个公式表明，从价值角度讲，净资产额与所有者权益额是等值的。但是，从价值计算角度讲，两者并不能完全等值。这是因为从财务角度来看的净资产额应当是财务主体资产运行的实际结果，而所有者权益则是按照会计标准进行会计核算的结果，这一结果并不能当然反应净资产的实际价值。了解这一点，对于正确认识接受投资及留存收益与所有者权益之间的关系。

从所有者权益的实际形成过程看，所有者权益首先来源于出资人的投资部分，即财务主体接收的投资；其次来源于经营主体的经营收益，即经营主体留存的收益。其公式表示为：

所有者权益 = 接受投资 + 留存收益

从这个原理讲，接受投资及留存收益的合计额即为所有者权益额。① 基于此原理，过去的司法会计理论一直将接受投资及留存收益类问题的司法会计鉴定称为所有者权益问题鉴定。② 现在研究表明，所有者权益应当是一个会计学概念，其反映的应当是基于会计标准所确认的净资产价值，换句话说，所有者权益只是反映净资产的账面价值，并不能确切地反映净资产的实际价值。但是，司法实践中却往往会将这种账面价值视为净资产的实际价值，进而导致对所有者权益鉴定意见的误用。为了防止这种误解，本书用"接受投资及留存收益"来取代所有者权益的概念，一方面，可以更加突出这类问题的财务属性，避免误解；另一方面，也能够合理地归纳接受投资或留存收益这两类问题，进而分别设计司法会计鉴定的操作程序。

诉讼中涉及的净资产价值的确认，显然需要先对财务主体的资产价值作出判断，而资产价值通常需要通过评估等途径确认其公允价值，这使得净资产的价值也只能通过资产评估途径（而不是通过司法会计鉴定途径）解决。如果诉讼涉及所有者权益总额问题的确认，则可以从会计问题角度提出对相关涉案经营主体的所有者权益核算结果的真实性、正确性问题的鉴定事项，并通过鉴定确认所有者权益总额等问题。

二、接受投资与留存收益问题鉴定的含义

（一）接受投资与留存收益问题鉴定的含义与内容

接受投资与留存收益类问题，主要是指诉讼涉及的经营主体接受投资及留存收益的具体构成、数额及相关问题进行的司法会计鉴定。③

接受投资问题的具体构成、数额及相关问题的鉴定，涉及确认涉案经营主体

---

① 笔者在研究过程中曾就这一问题求证过一些会计学者，但有些会计学者并不赞成这一说法，他们认为所有者权益总额大于接受投资及留存收益的总额，其主要理由是：接受投资应当是指实收资本（股本），留存收益则是指法定公积金、任意公积金、未分配利润等，因而接受投资及留存收益中都不包含资本公积金，这导致接受投资与留存受益的合计额会小于所有者权益额。笔者认为，从资本公积金的具体内容看，其主要是来源于投资人的出资，其他内容也都是广义地接受投资，因而从价值角度讲，接受投资与留存收益应当等同于所有者权益。

② 参见于朝：《司法会计学》，山西经济出版社 2005 年版；中国检察出版社 2004 年版、2008 年版。

③ 从司法会计鉴定角度讲，经营主体接受投资问题会涉及投资份额、投资退出以及经营损益的分配或分担问题，因而作为单独的鉴定事项进行讨论。非经营主体接受的各种无偿出资，通常归入本书第十五章《财务收支问题鉴定实务》介绍的财务收入类问题鉴定，可以按照财务收入鉴定规程进行操作。

接受出资人出资的方式、资金类型、出资时间和金额、出资人出资占接受投资的份额等问题的鉴定。

留存收益类问题的具体构成、数额及相关问题的鉴定，涉及确认涉案经营主体留存收益的类型、形成金额、运用、累计结存额等问题的鉴定。

诉讼中涉及的接受投资与留存收益问题可以单独构成司法会计鉴定事项，也可以作为经营投资损益等问题的司法会计鉴定的组成部分。

法律诉讼中对下列财务会计事实进行调查时，可能涉及接受投资与留存收益问题鉴定：

1. 涉案出资人对涉案经营主体投资金额以及占经营主体接受投资的份额；
2. 涉案经营主体在特定期间、特定时点以及特定项目接受投资的数额及构成；
3. 涉案经营主体资本公积金的形成额、运用、应结存额；
4. 涉案经营主体法定公积金的形成额、运用、应结存额；
5. 涉案经营主体任意公积金的形成额、运用、应结存额；
6. 涉案经营主体未分配利润额的形成及累计发生额；
7. 涉案经营主体其他留存收益的形成额、运用及应结存额。

（二）与接受投资问题有关的非鉴定事项

送检方仅需要查明接受权益性证券数额以及涉案经营主体接受投资的款项流向等案情，不涉及相关问题鉴定的，应当通过检验相关财务资料，查明相关案情，不需要进行接受投资问题鉴定。

（三）抽逃出资案件涉及的检验、鉴定事项

出资人抽逃出资案件包括刑事、民事或行政案件。涉及出资人抽逃出资案件的诉讼中，需要查明出资人是否收回出资以及收回出资的法律性质——是否属于抽逃。收回出资的法律性质属于法律问题，因而送检方不得要求司法会计鉴定人确认出资人收回出资是否属于抽逃行为的问题。遇有此类情形时，送检方可以根据其所认定的抽逃出资的方式，确定相关的鉴定事项或专项检验事项。例如：

1. 出资人直接收回出资的，可以通过设定接受投资问题鉴定事项，解决相关投资状况问题；
2. 涉及通过虚构债权债务关系将出资转出的，可以通过设定财务往来类问题鉴定事项，解决涉案财务往来账项的真实性、正确性等问题；
3. 涉及制作虚假财务会计报表虚增利润进行分配将出资转出的，可以通过设定会计类问题鉴定事项，解决财务会计报表净利润项目数字的真实性、正确性等问题；
4. 涉及利用关联交易将出资转出的，可以通过设定专项检验事项，查明相关交易过程和结果。

三、接受投资与留存收益问题鉴定的类型

接受投资与留存收益问题鉴定，可以分为接受投资类问题鉴定、留存收益类问题鉴定。

（一）接受投资类问题鉴定

接受投资类问题鉴定，是指对诉讼涉及的经营主体接受投资的数额、变更、构成、份额、资金来源以及资本公积金的形成、运用等问题进行的司法会计鉴定。例如，确认某出资人对某单位的实际投资额及所占投资份额；确认某单位某时点接受投资账户所列余额的构成等。

接受投资类问题鉴定还包含资本公积金的性质、形成、运用、结存等问题鉴定。资本公积金，是指由涉案经营主体收取的出资人超注册资本金部分的出资和符合法律或国务院财政部门的规定获得的其他非经营所得所形成的资金，是广义上投资所形成的涉案经营主体的接受投资。

（二）留存收益类问题鉴定

留存收益类问题鉴定，是指对诉讼涉及留存收益的性质、形成额、运用、应结存额等问题进行的司法会计鉴定。

由于留存收益具体包括法定公积金、公益金、储备基金、企业发展基金、职工奖励及福利基金、未分配利润等内容，因而留存收益问题鉴定可以具体分为留存收益总额、法定公积金、任意公积金、公益金、储备基金、企业发展基金、职工奖励及福利基金、未分配利润等问题的司法会计鉴定。例如，确认某笔法定公积金计提业务的正确性、确认某次利润分配结果是否符合分配方案；确认某单位某时点未分配利润总额等。

四、接受投资与留存收益问题鉴定的适用范围与鉴定目的

接受投资与留存收益问题鉴定，主要是用于案件事实涉及接受投资、留存收益问题的各类案件。这里举出一些例子：

1. 涉及出资问题的各类经济案件，如利用职务侵犯财产的案件、虚假出资案、抽逃出资案、出资纠纷案等，鉴定目的是查明投资是否存在或变化等事实。

2. 涉及各种公积金的案件，如企业承包合同纠纷案、公司盈余分配权纠纷案等，鉴定目的是查明某种公积金的提取与使用等事实。

3. 合作、合资、合伙等经营纠纷案，鉴定目的是查明出资各方的出资份额、未分配利润以及资本公积金、留存收益总额等事实。

4. 析产案件，如离婚析产、清算析产案等，鉴定目的是查明相关出资人权益额等事实。

5. 涉及执行出资人财产的案件，鉴定目的主要是查明被执行人的投资收益

额等事实。

第二节 接受投资问题鉴定

一、接受投资问题鉴定原理

（一）经营主体接收投资额的确认

鉴定事项涉及经营主体初始接受投资①的实收额和出资人等问题的，应当根据投资凭证及相关基本证据确认。

司法实践中会涉及代持股份的情形，即实际投资人通过与名义出资人协商，由实际出资人出资，以名义出资人的名义持有股份。当鉴定事项涉及的代持股份的情形时，会涉及司法会计鉴定人在鉴定文书中如何表述投资人的问题，这个问题实际上涉及投资人的确认。投资人的确认问题原则上应当由诉讼主体确认，司法会计师不得根据参考证据鉴别名义出资人和实际出资人，但如果代持股份协议及投资资金来源等基本证据可验证的，司法会计鉴定人可以将实际出资人确定为出资人；如果无法根据基本证据进行区分的，应当按照基本证据记载的出资人确认。

（二）某一时点的接受投资额及构成的确认

确认经营主体某时点接受投资总额以及各投资主体投资份额的，应当在确认初始接受投资的基础上，验证接受投资的变化情况。接受投资没有发生变更或其他变化的，按照初始接受投资额及其构成确认；接受投资发生变更或其他变化的，则应当根据实际变化结果进行确认。

司法实践中，经营主体某一时点前接受投资的情况可能会发生多次变更，司法会计鉴定人应当逐次验证接受投资的变更情况。

（三）出资人转让、收回出资的确认

鉴定事项涉及经营主体接受的投资被转让或出资人收回出资等问题的，应当根据转让合同、相关协议和资金支付凭证确认。

出资人转让出资的情形，司法会计鉴定人可以根据转让合同直接确认转让事实，但转让出资的相关资金是通过经营主体收付的，则应当通过增加相应的检验程序，确认转让事实。

司法实践中可能会涉及出资人通过非法定程序收回出资的，如果基本证据能够证明出资人已经收回投资的，应当根据基本证据认定。例如，基本证据证明出资人将出资款项转入验资账户验资后直接转出，经验证确认经营主体未收到或利

---

① 所谓初始接受投资，是指经营主体成立时首次接受投资。

用该项投资款项的，可以确认出资人已经收回出资。基本证据无法证实出资人收回出资的，司法会计鉴定人不得确认出资人收回投资，但可以在鉴定意见中说明相关资金的流向。

（四）债务转为接受资本的确认

鉴定事项涉及债务转为接受资本的，应当根据债务重组协议和相关财务凭证确认接受投资金额及出资人。

（五）预先投资转为资本的确认

鉴定事项涉及出资人在涉案经营主体注册前已经预先出资的，应当区别不同情形确认。

1. 有基本证据证明出资人预先用货币资金对涉案经营主体进行了实际投入，且在涉案经营主体注册时采用了该项预先支付的货币资产验资的，可以根据验资报告确认为出资人的出资额。

2. 对出资人预先用非货币资产投资，或用货币资产投资后验资时已经转换为其他未经评估验资的资产的，均不得将预先投资额确认为出资额，但可以在鉴定意见中说明验资时预先投入的货币资金数额或非货币资产的成本价值（或账面价值）。

（六）接受投资份额的确认

鉴定事项涉及出资人出资份额问题的，应当按照公司章程、验资报告、出资凭证等工商登记注册、变更注册文件确认出资份额。涉及出资人实际出资额超出约定投资额（注册资本额）问题的，应当分别确认实际出资额和投资额。

某出资人出资份额 = 该出资人投资额/接受投资总额 × 100%

涉案经营主体没有进行工商登记注册或者各方出资人实际出资额均未达到约定投资额的，送检方应当在鉴定事项中明确出资份额的计算基础，司法会计鉴定人可以按照各方实际出资额确认出资份额，但应当在鉴定意见中附加说明。

（七）接受投资价值的确认

鉴定事项涉及经营主体接受投资的价值问题的，应当根据对接受投资资料的检验结果确认。

1. 涉案经营主体接受货币性投资的，应当根据出资人缴付出资所使用的金融凭证、现金凭证等所列示的货币资金额确认。

2. 涉案经营主体接受非货币性投资的，应当根据符合规范的投资合同或协议约定的价值或验资、资产评估等文件所列示的价值额确认。

3. 涉案经营主体通过合同或协议确认的非货币投资价值与出资人资产的账面价值或公允价值明显不符的，可以按照合同或协议确认其投资价值，但应当在鉴定意见中附加判定条件，说明存在的价值差异额。

缺少前述财务凭证及相关文件的，司法会计鉴定人不得确认投资价值，即司法会计师不得采用评估等方法确认经营主体接受投资的公允价值或实际价值。

(八) 资本公积金的确认

按照资本公积金的财务标准确认应当形成的资本公积金发生额。

涉及确认某时点资本公积金应结存额的,需要考虑是否对前期应结存额问题进行鉴定。如果直接采用了前期资本公积金账户余额的,应当作为特别假定事项处理。

二、接受投资问题鉴定所需检材

1. 涉案经营主体的营业执照、章程(或投资协议)、工商登记资料、招股说明书、认股书、验资证明、出资证明书等接受投资所依据的资料。

2. 股东名册及股票发行资料。

3. 涉及资本(股本)接收、转让、退出等内容的财务凭证、会计凭证、账簿、财务会计报告等资料。

4. 确定资本变更的董事会决议、股东会决议等资料。

5. 能够证实资本发生额真实性的其他财务会计资料证据。

6. 与接受投资问题鉴定涉及相关的司法会计鉴定所需检材。

三、接受投资问题鉴定的操作要点

(一) 初始接受投资问题鉴定的操作要点

1. 检验营业执照、公司章程或投资协议、工商登记资料、招股说明书、认股书等资料,明确涉案经营主体应当接受的投资总额及出资人、出资额、出资份额。

2. 检验涉案经营主体接受投资的财务凭证、验资报告等,验证出资人实际出资金额及出资时间。

出资人出资的财务凭证,包括接受投资单位出具的接受投资的收据、出资证明,也包括出资人拨付投资涉及的银行票据。这类证据可能涉及以下问题:(1)证明出资人交付经营主体的财产系出资人资产的财务资料证据;(2)证明出资人转交经营主体的财产价值与验资证明所列财产价值相符性的财务资料证据;(3)证明出资证明文书内容虚假性的财务会计资料证据。

涉及出资人事先已将货币资金投入涉案经营主体并在注册时转为出资的,按照财务往来账项问题的鉴定步骤,通过财务往来账项问题鉴定,验证出资人事先投入资金的方式、投入资金的实在性及金额;同时,检验涉案经营主体货币资金资料,验证出资人事先投入的货币资金在经营主体注册时是否存在,即验资时该经营主体是否具有足够的货币资金供出资人验资使用。

涉及代持股份情形的,应当检验投资提供人的财务会计资料(包括代持股份协议、借款协议等），验证并确认投资提供人是否为实际出资人。

涉及通过募集资金途径接受投资的，应当通过检验募集资金涉及的所有财务资料，验证募集资金总额。

3. 检验涉案经营主体利用投资款项的财务资料，验证投资款项已经被经营主体所使用。

验证投资款项已经给经营主体所使用，而不是被直接转出，主要是为了排除出资人在经营主体注册后直接抽回出资的情形。

4. 根据上述检验结果，计算确认初始接受投资总额及相关出资人的出资份额。

（二）预先投资问题鉴定的操作要点

接受投资问题鉴定中涉及出资人事先已将货币资金投入涉案受资人并在注册时转为出资的，应当在实施前述初始接受投资问题鉴定操作的基础上，增加下列操作：

1. 按照本书第十三章《财务往来账项问题鉴定实务》，通过往来账项问题鉴定，验证出资人事先投入资金的方式、投入资金的实在性及金额。

2. 检验涉案受资人货币资金资料，验证出资人事先投入的货币资金在受资人注册时是否存在，即验资时该受资人是否具有足够的货币资金供出资人验资使用。

（三）接受投资变更问题鉴定的操作要点

1. 按照初始接受投资问题鉴定步骤，通过涉案经营主体初始接受投资问题进行鉴定，确认初始接受投资总额以及出资人、出资额、出资份额。

2. 检验工商变更登记资料、变更接受投资涉及的董事会决议、股东会决议或出资人协议等资料，明确变更后的接收总投资额、出资人。

3. 检验经营主体变更接受投资的财务凭证、验资报告等，验证变更后实际出资金额及出资时间等，确认变更已实际完成。

对可能以经营主体的资产（包括货币、存货、债权等）作为投资资金来源的，应当在补充相关检材后，予以肯定或否定。

涉及出资人利用应收利润（股利）等转增资的，应当按照经营损益问题、财务往来类问题鉴定步骤，通过对经营主体的以往利润分配、应付利润等问题的鉴定，确认经营主体是否存在应付出资人利润（股利），排除虚假增资的可能。

涉及重组资产转为资本的，应当检验债转股合同及出资凭证等，明确债转股涉及的债权债务关系及所形成的出资额，同时，按照财务往来账项问题鉴定步骤，通过财务往来账项问题的鉴定，验证债转股涉及的债权、债务业务的实际状态。

涉及利用资本公积金转增资本的，应当检验企业经股东大会或类似机构决议，明确利用资本公积金转增资本的数额及涉及的出资人，同时，按照资本公积金问题鉴定步骤，通过对资金本公积金的应结存额问题进行鉴定，确认转增资本额的真实性和合规性。

涉及出资人转让出资引起经营主体接收投资变更，且转让出资的资金是通过经营主体流转的，应当通过检验经营主体收取受让人支付出资款项和经营主体支付出让人收回出资款项的财务资料，确认转让出资过程是否完成，排除出资人假借转让名义撤出投资的情形。

4. 根据上述检验、鉴定结果，计算确认变更后接受投资总额、出资人及其出资份额。

（四）经营主体某时点接受投资状态问题鉴定的操作要点

1. 按照初始接受投资问题鉴定步骤，通过涉案经营主体初始接受投资问题进行鉴定，确认初始接受投资总额以及出资人、出资额、出资份额。

2. 经营主体成立后发生接受投资变更的，按照接受投资变更问题鉴定步骤，通过接受投资变更问题鉴定，确认截至鉴定事项涉及时点接受投资总额以及出资人、出资额、出资份额。

3. 涉及出资人收回出资的，应当先确认该出资人的实际出资时间和出资额，然后检验证明出资人收回投资的财务资料，确认出资人收回投资的资产类型、时间和金额。

投资存续期间涉及出资人欠付接受出资的经营主体资产的，应当检验相关的财务会计资料，验证出资人欠付资产的原因、金额等。这里的相关财务会计资料主要是指往来账户资料及相关的货币、存货、无形资产等资料。该项检验的目的是排除出资人收回出资情形。

4. 根据上述检验、鉴定结果，计算确认鉴定事项涉及时点涉案经营主体接受投资的总额、出资人、出资额及出资份额。

（五）债务人将债务转为投资问题鉴定的操作要点

接受投资问题鉴定中涉及债转股业务的，应当在实施前述经营主体某时点接受投资状态问题鉴定操作的基础上，增加下列操作：

1. 检验资产重组合同及出资凭证等，明确债转股涉及的债权债务关系及所形成的出资额。

2. 按照本书第十三章《财务往来账项问题鉴定实务》，通过往来账项问题鉴定，验证债转股涉及的债权、债务的实际状态。

（六）公积金转增资本问题鉴定的操作要点

接受投资问题鉴定中涉及利用资本公积金转增资本的，应当在实施前述经营主体某时点接受投资状态问题鉴定操作的基础上，增加下列操作：

1. 检验企业经股东大会（或类似机构）决议文件，明确利用资本公积金转增资本的数额及涉及的出资人。

2. 对资金本公积金的结存额问题进行鉴定，确认转增资本额的真实性和合规性。

四、资本公积金问题鉴定的操作要点

确认某项具体的资本公积金的形成、运用问题鉴定，通常采用直接鉴定法进行；涉及资本公积金应结存问题的鉴定，通常采用借用会计法进行。

（一）资本公积金形成问题鉴定的操作要点

鉴定事项涉及通过接受投资途径形成资本公积金的问题，适用前述接受投资问题鉴定步骤，通过接受投资问题鉴定，将出资人超出法定投资额部分的出资额确认为资本公积金的数额。

鉴定事项涉及其他利得产生资本公积金的问题，应当根据利得的内容，采取相应的检验、鉴定步骤。

1. 对直接收取资产形成的利得，通过检验形成利得的合同、财务凭证等资料，验证利得的形成时间和金额。

2. 对通过其他途径形成的利得，适用相关鉴定规程，对形成利得涉及的相关财务会计问题进行鉴定，确认得利的形成时间和金额。

3. 检验同期财务会计资料，确认或排除应当列入资本公积金而未列入资本公积金的账项。

4. 根据上述检验结果和判定资本公积金的引用标准，确认资本公积金的数额。

（二）资本公积金运用问题鉴定的操作要点

1. 检验相关合同、协议等资本公积金运用的依据，明确实际运用资本公积金的用途和运用程序。

2. 检验运用资本公积金的相关财务凭证，验证资本公积金运用的具体内容及其与所依据文件的相符性。

3. 检验同期财务会计资料，确认或排除应由资本公积金支付而通过其他途径核销支出的账项。

4. 根据上述检验结果和资本金运用标准，确认资本公积金运用的项目、时间、金额及其合规性。

（三）资本公积金应结存额问题鉴定的操作要点

1. 检验涉案经营主体资本公积账户发生额资料，按照前述资本公积金形成、运用问题鉴定步骤，确认资本公积账户发生额的真实性、正确性和合规性。

2. 检验涉案经营主体资本公积账户余额，验证该账户余额计算结果的正确性。

3. 上述检验、鉴定中发现错误账项的,应当列表并根据错误账项对资本公积金应结存额的影响进行调整。

4. 根据上述检验、鉴定结果,确认经营主体某时点资本公积金的应结存额。

五、接受投资问题鉴定意见的表述

仅涉及接受投资资金来源问题,而未涉及相关问题的鉴定(如往来账项鉴定),应当另行出具《司法会计检验报告》表述资金来源,无须出具鉴定意见。

1. 接受投资问题鉴定意见的主文部分,通常包括出资人、出资份额、受资人、接受投资总额以及接受出资的方式、金额等。例如,某经营主体于何时成立时接受投资多少元,其中,甲出资人投入货币资产多少元、乙出资人投资多少元;某公司某时点接受投资为多少元,其中,某出资人投资多少元,占接受投资总额百分之多少。

鉴定结果需要表达众多出资人的,可以采用列表方式表述。

2. 对出资人的资金来源于他人的情形,鉴定结果确认了出资凭证所列出资人为名义出资人的,结论事项内容包括实际出资人、名义出资人和出资额。例如,某单位接受投资多少元,其中,甲出资人以乙出资人的名义出资多少元。

鉴定结果未能确认实际出资人的,鉴定意见内容包括出资人、资金来源和出资额,例如,某单位接受投资多少元,其中甲出资人出资多少元来源于乙单位。

3. 鉴定结果确认出资不真实的,结论事项内容应当包括应出资额、实际收取出资额。例如,甲出资人应出资多少元,乙单位财务资料显示收取多少元;甲出资人应出资多少元,送检的乙单位财务资料未显示收取该项出资。

4. 鉴定结果涉及出资人出资不足、没有出资或超额出资等情形的,结论事项内容应当反映出资人应出资额和实际出资情况。例如,甲出资人应向乙单位出资多少元,乙单位财务资料显示收取甲出资人多少元;甲出资人应向乙单位出资多少元,送检的乙单位财务会计资料未见收取该项出资的记录。

5. 涉及出资人收回出资鉴定意见的主文部分,包括出资人出资情况、出资人收回投资的时间和金额、收回出资后资本总额及其构成等内容。例如,甲单位某时点累计收取乙出资人出资额为多少元,某时点乙出资人收回出资多少元,之后,该单位实收资本总额为多少元,其中甲出资人出资多少元,占实收资本总额的百分之多少;乙出资人出资多少元,占实收资本总额的百分之多少。

未确认出资人收回出资的,但检验发现出资人从经营单位转出资金的,可以在结论事项中说明出资人转出资金情况。例如,甲单位某时点收取出资人的投资总额为多少元,该出资人于某时点(或某期间)通过何种用途从该单位转出何种资金多少元。鉴定结果确认出资人抽资的,需要区分不同情形作出鉴定意见。

6. 资本公积金形成问题鉴定意见的主文部分,通常包括涉案经营主体、资本公积金形成的途径、时间、金额等。例如，某单位某时点接受出资人出资总额为多少元，其中形成注册资本多少元，形成资本公积金多少元；某单位某期间形成资本公积金总额为多少元，其中通过资本溢价形成多少元、通过接受现金捐赠形成多少元。

7. 资本公积金运用及应结存额问题鉴定意见的主文部分，通常包括经营主体、涉及期间和时点、资本公积金运用情况及其合规性、资本公积金应结存额等。例如，某单位某时点运用资本公积金弥补某年度亏损多少元，违反了资本公积金不得用于弥补公司的亏损的规定，除去该项弥补亏损业务，该单位某时点资本公积金余额应当为多少元；某单位期间将多少元资本公积金用于转赠注册资本后，其资本公积金应结存额多少元。

第三节 留存收益问题鉴定

一、留存收益问题鉴定原理

留存收益出现的前提是净利润额的存在，没有净利润额则不能形成留存收益。因此，确认留存收益额首先需要确认是否存在能够留存的净利润额。这里有个问题就是净利润的确认标准。净利润本身应当是一个财务概念，即指经济运行的财务后果。但是，由于经济管理中仅提供以会计标准为依据的净利润概念，这使得净利润成为一个会计学概念。也正是基于这个原因，经济管理中几乎不可能按照经济运行的实际财务后果为标准来计提和确认各种留存，只能按照会计核算结果来确认留存收益。因此，在司法会计鉴定中确认留存收益时，可能基于会计标准确认的净利润额来判断留存收益应计提额或计提的正确性。但是，确认各种应计提留存收益计提比例和计提额应当依据财务标准，且在确认留存收益的存在后，针对留存收益的运用、结存额问题进行的鉴定则完全采用财务标准。

留存收益的具体计提、运用标准包括两种情形：一种是法律确定的财务标准，如公司法规定应当按照净利润额的 10% 计提法定公积金；另一种是经营主体的所有者自定的财务标准，如股东会批准公司的利润分配方案和弥补亏损方案，就构成了计提、运用留存收益的财务标准。

未分配利润额的确认：

未分配利润额 = 前期结存未分配利润额 + 本期净利润额 − 本期分配利润（股利）额 − 本期计提留存收益额

另外，留存收益应结存额的鉴定，如果前期留存收益有余额的，司法会计鉴定人需要考虑是否对前期应结存额问题进行鉴定。如果直接采用了前期留存收益账户余额的，应当作为特别假定事项处理。

二、留存收益问题鉴定所需检材

留存收益问题鉴定需要下列检材：

1. 鉴定事项涉及的财务主体章程、协议等规范留存收益的财务资料；
2. 留存收益计提、运用文件，如董事会决议、股东会决议等；
3. 涉及留存收益形成、运用的财务凭证、会计凭证、账簿、财务会计报告等资料；
4. 确认留存收益额需要进行的相关问题司法会计鉴定涉及的财务会计资料；
5. 证明留存收益应当发生变化的财务会计资料证据；
6. 能够证实上述资料内容真实性的财务会计资料证据。

三、留存收益问题鉴定的操作要点

（一）留存收益形成额问题鉴定的操作要点

1. 适用相关鉴定规程，对计提留存收益涉及的相关会计问题进行鉴定，确定计提留存收益额的基础数据，例如进行损益表净利润额项目金额正确性问题的鉴定，确认作为计提法定公积金的净利润额。
2. 根据对计提基础数据的鉴定结果和相关财务标准，计算确认具体留存收益额应计提额。
3. 检验相关留存收益账户资料，验证留存收益的实际计提额，并采用比对鉴别法与应计提额进行比较，确认留存收益实际计提额正确性和合规性。
4. 检验发现涉案经营主体未计提法定公积金的，按照接受投资问题鉴定步骤，通过接受投资额问题鉴定，确认注册资本额，同时，验证法定公积金的累计额，并根据相关财务标准确认是否应当提取法定公积金及应计提金额。

（二）计提留存收益的运用及结存额问题鉴定的操作要点

进行计提留存收益的运用及结存额问题鉴定，通常采用借用会计法。

1. 按照留存收益问题鉴定步骤，通过对当期同类计提留存收益额问题进行鉴定，确认当期应计提留存收益额。
2. 检验计提留存收益账户资料，根据相关财务会计标准，逐一鉴别同类计提留存收益运用的真实性、合规性，排除不合规运用的情形。
3. 检验同期相关账户资料，验证或排除应由计提留存收益支付而通过其他账户核销的账项。
4. 检验计提留存收益账户余额，确认或排除余额计算或列示错误。
5. 需要确认期初余额正确性的，通过实施前述检验、鉴定项目，确认前期计提留存收益应结存余额。
6. 上述检验、鉴定中发现错误账项的，应当根据其对计提留存收益应结存额的影响,列表进行调整。

7. 根据上述检验、鉴定结果,确认计提留存收益的应结存额。

(三) 未分配利润额问题鉴定的操作要点

1. 按照会计类问题鉴定步骤,对当期损益表净利润额项目金额正确性问题的进行鉴定,确认当期可分配利润额。

2. 检验当期利润分配资料,验证当期分配给出资人的利润(股利)额。

3. 按照留存收益额形成问题鉴定步骤,通过应计提留存收益额问题鉴定,确认当期计提留存收益额及其合规性。

4. 前期未分配利润有结存额的,可以根据鉴定事项的要求,检验前期利润分配资料,确认前期未分配利润结存额的正确性;鉴定事项中没有要求的,可以将前期未分配利润结存额作为特别假定事项处理。

5. 根据上述检验、鉴定结果,计算确认某时点未分配利润累计额。

四、留存收益问题鉴定意见的表述

1. 留存收益计提问题鉴定意见的主文部分,通常包括涉案经营主体、留存收益的类型、应计提额、实际计提额以及对提取金额合规性评断等。例如,甲单位某年度应计提法定公积金多少元,实际计提多少元,多计提(或少计提)多少元;某单位某时点提取某年度法定公积金多少元,符合法定计提标准;某单位某时点法定公积金累计额为多少元,已占其注册资本的51%,某年度可以不计提法定公积金。

2. 计提留存收益的运用及结存额问题鉴定意见的主文部分,通常包括涉案经营主体、计提留存收益运用的金额及合规性、计提留存收益的应结存额等。例如,某单位某年度法定公积金期初余额为多少元,当年应当计提法定公积金多少元,当年运用法定公积金多少元,至年底法定公积金应结存额为多少元;甲单位某时点任意公积金余额为多少元,某期间利用将公积金多少元用于某项目不符合某项规定,截至某时点盈余公积金应结存额多少元,账面余额为多少元。

3. 未分配利润额问题鉴定意见的主文部分,通常包括涉案经营主体、利润分配时点、可分配利润额、未分配利润额等。例如,甲单位某年度实现净利润额多少元,按照该公司利润分配方案规定的比例,应当计提法定公积金多少元、计提任意公积金多少元、分配股利总额多少元,未分配利润额多少元;甲单位某年度未分配利润额多少元,该单位会计报表反映以前年度结存未分配利润额多少元,截至某时点未分配利润额多少元。

第十九章 会计问题鉴定实务

本章主要介绍会计问题司法会计鉴定的含义、适用案件类型与鉴定目的,以及账务处理、会计分录、会计账户、会计报表等问题的司法会计鉴定原理与操作要点。

第一节 会计问题鉴定概述

一、会计问题的含义

从司法会计鉴定角度讲,会计问题是指诉讼涉及的会计处理、会计处理结果的真实性、正确性、合规性的问题。

搞清楚会计问题,首先需要分清会计事项和会计处理事项这两个不同的概念。所谓会计事项,是指依照会计法律规定应当办理会计手续、进行会计核算的经济业务事项,而会计处理事项则是指会计主体对会计事项进行核算的内容、过程和结果等事项。两者的差异在于,会计事项所表达的是应当进行会计处理的经济事项,而会计处理事项则是指会计处理本身。例如,单位提取现金业务,依照会计标准应当进行会计处理,属于会计事项,而会计主体对提取现金业务作出借记"库存现金"、贷记"银行存款"则属于会计处理事项。两者的基本关系是:会计事项是会计处理事项的处理对象,会计处理事项则涉及对会计事项的确认、计量和披露。前例中单位提取现金业务是会计处理的对象,而借记"库存现金"、贷记"银行存款"则是会计主体对提取现金业务进行的确认和计量。

正确理解会计问题,还需要注意会计问题与财务问题的区分。相对于会计问题而言,财务问题是指财务事项本身的问题,即诉讼涉及的经济业务内容、过程和结果的问题。诉讼中解决会计问题时会涉及相关财务问题,如单位是否发生额提取现金业务、提取了多少现金并导致库存现金增加了多少等问题。确认这些财务问题有助于解决会计主体对提取现金业务的处理是否真实、正确、合规等会计问题,但是,诉讼涉及会计问题是独立于财务问题之外的问题,其内容不是确认经济业务本身的内容、过程和结果,而是与这些财务问题有关的会计处理及处理结果是否真实、正确、合规的问题。

会计问题分别涉及会计处理和处理结果两种情形,前者是指会计主体对会计事项是否进行了会计处理的问题，后者则是指会计主体如何处理会计事项的问题。

会计问题涉及对会计处理和处理结果的评价，这种评价的内容主要涉及会计处理事项的真实性、正确性、合规性，即会计问题包括评价会计处理和处理结果是否真实、是否正确和是否合规三个方面，这构成了会计问题的三种不同类型。送检方要求解决诉讼涉及的会计问题时，不仅需要在鉴定事项中明确具体的涉案会计处理事项，还需要明确会计问题的具体类型，即要求司法会计鉴定人确认真实性或正确性，还是确认合规性的问题。送检方可以同时要求司法会计鉴定人解决这三种不同的问题，也可以只要求司法会计鉴定人确认其中的一种或两种问题。

二、会计问题鉴定的含义

所谓会计问题鉴定，是指对诉讼涉及的会计处理及会计处理结果问题进行的司法会计鉴定。

法律诉讼中对下列财务会计事实进行调查时，可能会涉及对相关会计问题的鉴定：

1. 会计事项的账务处理；
2. 账务处理的真实性，即会计处理事项是否真实地反映了会计事项；
3. 账务处理的正确性，即会计处理的结果是否符合会计原理；
4. 会计处理的合规性，即会计处理的结果是否符合会计标准的规范要求；
5. 会计处理及处理结果的财务会计意义，主要是指会计处理事项所反映的经济业务类型和内容，会计处理事项对其他会计核算的影响以及会计处理结果所反映的财务状况、财务后果的类型和内容等。①

有些涉案会计问题可以通过司法会计检验解决，例如，涉案会计主体对某项涉案会计事项是否进行了会计处理问题，通常可以通过司法会计检验确认，不需要进行司法会计鉴定。

三、会计问题鉴定的类型

会计问题鉴定可以按照会计处理事项的类型不同，分为会计处理问题鉴定、会计分录问题鉴定、会计账户问题鉴定、会计报表问题鉴定等。

---

① 很多司法会计学者和专家都认为司法会计鉴定具有"翻译"功能，这种"翻译"功能其实就体现在司法会计鉴定人对涉案会计处理事项及会计处理结果的财务会计意义的解释方面。

(一)会计处理问题鉴定

会计处理问题鉴定,特指确认诉讼涉及的财务业务是否属于会计事项、会计事项是否进行了会计处理、会计分录中缺列会计科目内容的记账结果等会计处理问题的鉴定。

(二)会计分录问题鉴定

会计分录问题鉴定,包括诉讼涉及的会计分录真实性、正确性、合规性以及会计分录错误对会计核算结果的影响、会计分录的财务会计意义等会计问题的鉴定。

(三)会计账户问题鉴定

会计账户问题鉴定,包括诉讼涉及的账户发生额的真实性和正确性、账户余额的真实性和正确性、账户余额错误对会计报表的影响、账户余额的财务会计意义以及隐性账户的确认等会计问题的鉴定。

(四)会计报表问题鉴定

会计报表问题鉴定,包括诉讼涉及的会计报表项目数字真实性或正确性、会计报表内容完整性、会计报表项目数字的财务会计意义等会计问题的鉴定。

上述会计问题的鉴定都可以单独进行,并针对鉴定事项出具鉴定意见。这里需要特别提示的是上述会计问题鉴定之间的逻辑关系:(1)作为前提的鉴定事项在没有单独提出鉴定事项的情况下,鉴定人必须自觉完成前提问题鉴定,这种前提关系包括会计处理问题鉴定是会计分录问题鉴定的前提;会计分录问题鉴定是会计账户问题鉴定的前提;会计账户问题是会计报表问题鉴定的前提。(2)设定作为前提的鉴定事项时可以延伸至相关会计后果。例如,确认某项会计处理正确性的鉴定事项可以延伸为确认某项会计处理的正确性及其账务后果,这里"账务后果"问题的鉴定就将会计分录鉴定延伸至账户余额、会计报表等相关问题的鉴定。

四、会计问题鉴定的适用案件及鉴定目的

独立进行的会计问题鉴定可能出现在各类案件中,例如:

1. 涉及会计核算、会计信息披露的刑事案件,如违规披露、不披露重要信息案、通过会计舞弊实现犯罪或掩盖犯罪的侵犯财产案件、偷税案件等,鉴定目的主要是查明犯罪手段、犯罪数额和掩盖犯罪的手段。

2. 涉及会计核算、信息披露的非刑事案件,如涉及会计标准运用的各类合同纠纷案件(如会计中介服务质量纠纷)、涉及会计信息披露的各类合同纠纷案件,鉴定目的主要是查明会计核算、信息披露是否符合会计标准或存在舞弊。

诉讼中进行会计问题鉴定的目的,通常是查明涉案会计事实,即查明诉讼涉及的会计处理、会计舞弊、会计差错等会计事实。送检方在设定会计问题的鉴定事项时，可能还会涉及会计处理、会计处理结果的财务意义等问题，但不应当包括对会计舞弊和非舞弊错误的性质判断，会计处理事项涉及的会计舞弊或非舞弊问题的判断，应当由送检方或其他诉讼主体进行。

但是，也有许多情况下会计处理结果问题鉴定的目的是利用鉴定意见来证明相关财务事实。例如，确认会计报表项目数字是否正确的鉴定意见，送检方可能会用来证明该项目涉及的财务业务的数额。这里注意区别的是，利用会计问题鉴定意见来证明会计事实与用来证明财务事实的诉讼要求是不同的。利用会计问题鉴定意见证明会计事实是直接的，通常不需要设定其他条件，而司法实践中运用会计问题鉴定意见来证明会计事实时，需要诉讼主体的共识为前提，即诉讼主体均认同采用会计处理结果来证明财务事实。反过来讲，如果诉讼中需要利用涉案会计处理结果来证明财务事实，也均需要通过会计问题鉴定来确认涉案会计处理结果的真实性、正确性、合规性。例如，诉讼涉及利用某单位《利润表》中的净利润项目数字（会计结果事实）来证明该单位净利润额（财务结果事实）时，就需要通过司法会计鉴定来证明该项净利润项目数字的真实性、正确性、合规性，鉴定意见判断该项目数字不存在会计错误后，诉讼主体才能利用该项目数字证明该单位净利润额。

五、会计问题鉴定所需检材

送检方启动会计问题鉴定，通常需要提供下列检材及相关证据：
1. 与会计处理有关的财务凭证；
2. 须确认内容真实性、正确性、合规性的会计凭证；
3. 须确认内容真实性、正确性、合规性的会计账簿及财务会计报告；
4. 须确认内容真实性、正确性、合规性的的财务会计资料；
5. 证明相关账项真实性、正确性、合规性的其他财务会计资料证据。

上述检材的时间范围应当根据鉴定事项涉及的会计期间确定。

六、会计问题鉴定涉及的相关事项

（一）诉讼涉及的必须进行会计问题鉴定的几种情形

具体案件中涉及会计事实查证问题时，是否需要进行司法会计鉴定，应当由送检方根据具体情况确定。但是，司法实践经验表明，诉讼中涉及某些情形时必须对相关会计问题进行鉴定，下面举出一些例子。

1. 涉案会计事实构成案件主要事实的情形

会计事实构成案件主要事实的，都需要通过涉案会计问题鉴定解决相关会计问题，而鉴定意见将被用来证明案件主要事实的关键情节。例如，违规披露信息案件的主要事实涉案会计主体是否进行了虚假陈述这一会计事实，这类案件中都应当以会计报表问题的司法会计鉴定，确认会计报表项目数字是否真实、正确、合规，鉴定意见中有关涉案会计主体披露会计信息的合规性的评价，将直接证明是否存在违规披露信息这一案件的主要事实。

2. 涉案财务结算业务未记账的情形

财务收入或财务支出业务结算后通常都会被会计主体进行会计处理，这类财务结算业务是否进行了账务处理会构成某些案件中的会计事实。诉讼主体通过司法会计检查能够查到这一会计处理事项的，则可以直接使用记账凭证等会计资料证据来证明已经进行了账务处理的会计事实。但是，如果司法会计检查未能查到会计处理证据的，则需要通过司法会计检验或鉴定来确认是否存在会计处理的事实。之所以提出这样的要求，一方面，是因为司法会计理论上专门设计了一套否定会计处理事项存在的技术程序；另一方面，司法实践中确实存在着这种需求。

案例 19-1：某单位负责人采用收入不报账手段贪污公款，后将应当报账用的收据记账联、存根联销毁，不仅有其口供证明销毁事实，侦查人员还对销毁现场进行了勘验，发现了销毁这些收据的痕迹。侦查人员检查会计资料，也没有发现这些收入记账，便侦查终结移送审查起诉。公诉人认为收入不报账涉及收入未记账事实，需要通过司法会计检验、鉴定获取这些收入没有进行账务处理的检验、鉴定意见，才能证明这些收入未记账，从而间接证实这些收入没有报账。经过司法会计检验发现涉案收据中部分收入已经进行了账务处理，但可能存在报账人误将其他收入凭证销毁而将涉案收据内容记账的情形，通过鉴定确认确实存在其他收入未入账，且未记账金额与涉案收入记账金额相同。这一案例表明，诉讼涉及认定收入、支出未记账事实时，都应当通过司法会计检验或鉴定确认。

3. 利用会计错误掩盖财务错误的情形

诉讼涉及查明利用会计错误掩盖相关财务事实的，应当就会计舞弊有关的会计处理及处理结果等问题进行鉴定。鉴定意见可用于证明涉案会计错误的过程及结果，进而揭示利用会计错误掩盖财务舞弊业务的事实。

4. 需要利用涉案会计账户余额、会计报表项目数字证明财务事实的情形

需要利用会计账页记载的账户余额或利用会计报表的项目数字证明相关财务事实时，应当就账户余额、报表项目数字的正确性进行鉴定。这样做的必要性在于账户余额或会计报表项目数字可能包含的会计错误，因而直接利用这些会计核算结果证明财务事实可能会导致案件事实的判断错误。

司法实践中，会计问题鉴定在司法会计鉴定中具有普遍的意义，这是因为，鉴定财务问题时较多采用借用会计法进行。借用会计法可以理解为是将相关财务问题的鉴定建立在某些会计问题鉴定的基础上。

（二）会计处理账项对账户余额或发生额累计的影响

在探讨会计问题鉴定时，会涉及会计处理账项对账户余额或发生额累计的影

响。司法会计鉴定涉及的会计事项中对账户余额、发生额累计的影响，应当是指对账户最终余额和账户最终累计额影响。

所谓账户最终余额，是指会计问题鉴定中涉及的检验期间最后一日的账户余额。这可以是指送检账簿记载会计处理结果的最后一日的余额，也可以是指由送检方指定检验期间的最后一日的余额，还可以是指司法会计鉴定人采用限定检材范围法所设定的检验期间最后一日的账户余额。

所谓账户最终累计额，是指被检验账户自检验期初至检验期末借方或贷方发生额的累计额。

第二节　会计处理问题鉴定

一、会计处理问题鉴定原理

（一）会计事项的确认

进行会计处理问题的前提，是确认鉴定事项涉及的财务业务是否属于会计事项，只有确认了存在会计事项，才能存在会计处理问题。确认财务业务是否属于会计事项，应当根据相关证据和会计法律①确认。其中，确认收入或支出的会计事项的存在的基本证据是财务凭证（原始凭证）。

如果送检方未能提供相应财务凭证的，司法会计鉴定人不确认该会计事项的存在。例外的情形是：送检方未能提供相关财务凭证，但要求在假定某会计事项存在的前提下确认会计处理事项的，应当在鉴定事项中列明该会计事项的具体内容，司法会计师可以作为特别假定事项处理。

（二）会计处理事项的确认

司法会计鉴定人检验发现检材中存在反映会计事项的会计凭证或账页的，即可确认会计处理事项的存在。

司法会计鉴定人确认会计事项未进行账务处理，应当通过检验确认所有会计核算运用（含原始凭证）或形成的会计资料中均无该会计事项的记载，同时确认应当附有原始凭证的记账凭证所列会计分录均有原始凭证作依据、所有的账户发生额均有会计凭证作依据。

会计主体通常在会计期间的当期对会计事项作出处理，也可能在后期（甚至很长时间）才进行会计处理，因而如果司法会计鉴定人在当期没有发现会计

---

① 例如，会计标准中有关必须进行会计核算的单位的规定；税法中不要求采用定额税的纳税人进行会计核算的规定等。《中华人民共和国会计法》第10条规定的应当办理会计手续，进行会计核算经济业务事项。

主体对会计事项的处理记录,需要延长检验期间。根据这个原理,如果确认会计事项未进行账务处理的检验期间应当为涉案会计事项的发生年度至立案前。实际操作中,司法会计鉴定人基于检材质量、鉴定时间所限等原因人为缩短这一检验期间的,应当在鉴定意见中明确表述检验期间。

二、会计处理问题鉴定的操作要点

确认会计事项是否进行了账务处理,一般通过司法会计检验程序确认即可,不需要进行鉴定。

(一)会计事项同一性判断的操作要点

会计事项的同一性判断,是指判断会计处理事项所涉及的会计事项与检材所证明的某一会计事项是否属于同一会计事项。

检验会计资料过程中,涉及会计事项同一性判断的下列事项时,应当在完成相关检验项目后作出判断:

1. 原始凭证中存在鉴定事项涉及的会计事项记载,但会计分录中没有包含该项会计处理,即从形式上看,该项会计分录漏列了该会计事项;

2. 记账凭证摘要中列示有鉴定事项涉及的会计事项,但没有原始凭证作为依据,即会计处理事项缺少原始凭证依据;

3. 账簿摘要中列示有鉴定事项涉及的会计事项,但没有会计凭证作为依据,即账簿记载缺少会计凭证依据。

上述情形中,如果鉴定事项涉及的会计事项与检材所记载的会计事项,在时间、地点、内容、数量、金额等财务要素方面完全一致,则认定为同一业务;如有不同点,应当作为有争议凭证,通知送检方进行核查。

根据会计事项同一性的判断结果,对会计处理问题分别作出下列鉴定意见:(1)确认会计事项不同一的,确认某会计事项未进行会计处理;(2)会计事项同一,会计分录漏列该事项且无相关会计错误的,确认某会计事项未进行会计处理;(3)会计事项同一,会计分录漏列该事项但漏列内容已被登记账簿的,确认该会计事项已进行会计处理;(4)有相同会计事项处理,但不能确认会计事项是否同一的,应当作出限定性结论,即确认未见会计处理记录的同时,提出附加判定条件。例如,某单位对某会计事项已进行了会计处理,但没有会计处理依据。

(二)无财务资料依据的会计处理问题鉴定的操作要点

通常情况下,送检方要求确认收入或支出的会计事项是否进行了会计处理,应当提供证明该项收入或支出已经发生的财务资料证据(如发票、收据、银行票据等结算凭证以及相关的合同等),以便司法会计鉴定人确认该会计事项的财务属性(即判断属于收入事项或支出事项)。司法会计鉴定人在确认会计处理问题的同时也就对该会计事项的财务属性进行了确认（即鉴定意见中包括对这一收入或支出的确认）。

司法实践中存在的特殊情形是：送检方已经查明收入或支出事项，但涉案交易中并没有形成财务资料或者虽然形成了财务资料但无法收集到，因而无法向司法会计鉴定人提供证明收入或支出事项发生的财务资料证据。司法会计鉴定人既不能确认收入或支出事项的存在，但又需要判断这些事项的账务处理状态。这种情形的处理方法是：要求送检方在鉴定事项中确认会计事项的存在，司法会计鉴定人则在这一特别假定事项的前提下，确认这些事项的账务处理状态，即检验、鉴定人并不确认鉴定事项涉及的会计事项的存在，仅判断这一会计事项的会计处理状态。其中，如果送检方未能提供证明相关会计事项的财务资料证据，鉴定意见可以表达为："经检验某单位会计资料，未见送检方要求确认的某项会计事项的账务处理记录。"如果送检方提供了证明相关会计事项的财务资料证据，但司法会计鉴定人认为该证据存在瑕疵尚不足以确认会计事项存在的，鉴定意见可以表述为："经检验某单位会计资料，未见某单位某时间某号收款收据所列多少元收款业务的账务处理记录。"

第三节　会计分录问题鉴定

会计分录问题鉴定，是指对诉讼涉及的会计分录的真实性、正确性、合规性以及释义问题进行的司法会计鉴定。

一、会计分录真实性问题的鉴定

会计主体编制会计分录，大部分情形中需要依据原始凭证编制，也有少数情况无须依据原始凭证即可编制。因此，鉴别、判定会计分录内容真实性问题，应当根据记账凭证所列摘要事项和会计分录的内容，确定该分录是否应当依据原始凭证编制。

（一）需要依据原始凭证编制的会计分录真实性的确认

需要依据原始凭证编制的会计分录中，已列示的发生额有原始凭证依据且内容相符的为真实。

应当依据原始凭证编制会计分录，但没有原始凭证依据或会计分录存在下列情形的，确认为虚列发生额：

1. 会计分录所列发生额与原始凭证记载的会计事项无关，则该会计分录各项内容均为虚列发生额。

2. 会计分录所列发生额方向与原始凭证记载的会计事项相反，则该项发生额分录为虚列发生额。

需要依据原始凭证编制的会计分录的真实性问题鉴定，可以根据上述原理并通过验证原始凭证、记账凭证确认发生额真实或虚列发生额。

(二) 无须依据原始凭证编制的会计分录的真实性的确认

1. 检验摘要记载事项和会计分录的内容，确定该分录无须依据原始凭证编制，如：费用提取、更正记账错误等。

2. 会计处理事项涉及其他会计核算事项或核算结果的，应当检验相关会计核算资料，确认摘要记载事项是否存在。如：会计错误更正事项涉及的原核算事项是否存在。

3. 会计处理事项涉及费用计提、税金计提等会计事项的，应当通过检验相关财务会计资料，确认计提依据的会计事项是否发生，并根据相关标准确定是否应当计提。

记账凭证记载的会计事项存在的，确认会计分录内容真实；不存在的，则确认会计分录内容虚假。

会计处理问题鉴定中发现其他错误的，应当追加会计处理正确性、合规性问题鉴定事项。

(三) 会计分录真实性问题鉴定意见的表述

会计分录真实性问题鉴定意见的主文部分通常包括会计主体、记账凭证编号、会计处理事项、判定结果等。

1. 确认会计分录内容真实的鉴定意见。例如，某单位某记账凭证所列会计分录内容真实反映了某原始凭证的内容。

2. 确认会计分录内容虚假的鉴定意见。例如，某单位某记账凭证所列会计分录中，虚列某会计科目借方（或贷方）发生额多少元；或某单位某记账凭证所列会计分录中虚列某项（资产、费用）支出发生额多少元。

二、会计分录正确性、合规性问题的鉴定

(一) 会计分录正确性、合规性鉴定的操作

会计分录中的金额符合原始凭证所记载的会计事项的金额、会计分录符合发生额平衡关系的，确认会计分录正确；会计分录记载的金额与原始凭证记载的会计事项金额不符或者发生额不符合平衡关系的，确认会计分录不正确。

会计分录中的会计科目或发生额方向、计量方法符合会计标准的，确认为合规；会计分录中的会计科目或发生额方向、计量方法不符合会计标准的，确认为违规。

确认会计分录的正确性和合规性问题的鉴定，应当采用比对鉴别法进行，比对内容应当包括会计科目、发生额记账方向、金额等。基本操作程序包括：

1. 根据比对内容，确定制作参照客体所适用的引用标准；

2. 根据原始凭证等证据以及引用标准，制作正确、合规的会计分录作为参照客体。在实际鉴定中，应将参照客体按照比对的内容制作成书面文件；

3. 将会计处理事项中的会计分录与参照客体中的会计分录进行比对、鉴别，确认记账凭证列示的会计科目、记账方向、记账金额是否正确、合规。

鉴定发现不合规会计分录时，司法会计鉴定人应当注意分析不合规的会计分录是否存在隐形会计分录。所谓隐形会计分录，是指将通过合并、简化若干会计处理事项形成的会计分录中未列示的会计分录。存在隐形会计分录的情形，属于不合规会计分录。

发现隐性会计分录的，应当实施下列操作：

1. 根据原始凭证所记载的会计事项，分别编制会计分录；

2. 将各会计分录中相同科目的分录事项进行合并，形成简化后的会计分录作为参照客体；

3. 将参照客体与会计处理事项的会计分录进行比对；

4. 比对结果一致的，确认会计处理事项中未列示的会计分录确认为隐形会计分录；

5. 比对结果不一致的，确认会计处理事项错误，并通过分析相关会计分录的事项，确认会计处理事项会计分录错误。

（二）缺少记账凭证的鉴别与确认

检验中发现鉴定事项涉及的记账凭证被毁或未能送检的，根据原始凭证的内容检验账簿，证实该记账凭证的会计分录内容已经实际记账的，并根据记账结果恢复会计分录，参照上述相关内容对会计分录的真实性、正确性、合规性问题进行鉴定。

（三）遗漏会计处理问题的鉴别与确认

遗漏编制会计分录，主要是指账凭证所附原始凭证中记载的会计事项在会计分录中未予体现的情形。对此，司法会计鉴定人应当检验账簿，验证实际记账情况；如果检验证实账簿记录是按照原始凭证的记载内容登记的，且账户余额计算无误，证明属于单纯的记账凭证编制错误，可确认会计分录漏列的会计事项已列账；如果检验证实账簿是按照记账凭证所列的会计分录登记的，或虽按原始凭证的记载内容登记但账户余额是按会计分录所列金额计算的，则可确认会计分录漏列的会计事项未记账。

（四）会计分录正确性、合规性问题鉴定意见的表述

1. 确认会计分录正确、合规的鉴定意见的主文部分，通常包括会计主体、记账凭证编号、会计处理事项、判定结果等。例如，某单位某年月某号记账凭证所列会计分录正确；某单位某年月某号记账凭证所列会计分录符合某项会计标准。

2. 确认会计分录不正确或违规的鉴定意见的主文部分，通常包括会计主体、记账凭证编号、会计处理事项、会计错误形态、金额等。例如，某单位某年某月第某号记账凭证所列会计分录中，多列（或少列）某会计科目借方（或贷方）发生额多少元；某单位某年某月第某号记账凭证所列会计分录不符合某项会计标准，将应当列示为管理费用科目的某项业务金额多少元，列为在建工程科目。

3. 确认存在隐形会计分录的鉴定意见的主文部分，通常包括会计主体、记账凭证编号、隐形会计分录等。例如，某单位某年月某号记账凭证所列会计分录中未列示某项会计科目的借方（或贷方）发生额多少元。

4. 确认存在遗漏处理的会计事项的鉴定意见的主文部分，通常包括会计主体、记账凭证编号、遗漏处理的会计事项等。例如，某单位某年某月某号记账凭证所列会计分录未反映某会计事项。

三、缺列对应会计科目问题的鉴定

缺列对应会计科目，是指会计分录中缺少一项（或多项）应当列示的会计科目，并导致已经列示的会计科目发生额不平衡的会计错误现象。

缺列对应会计科目问题的鉴定事项，主要确认未列示会计科目的发生额是否已经记账以及所记账户。

（一）缺列对应会计科目的确认

会计分录中仅有借方或贷方科目记载的，且无同方向红数（或负数）记录的；或者会计分录所列发生额不平衡，且不是由金额记录错误所致的，都属于缺列对应会计科目的情形。

会计分录中借、贷方均有会计科目记载的，首先通过发生额试算平衡，确认发生额不平衡后，通过会计分录正确性鉴定，排除发生额不平衡不是由于数字记录错误等其他会计错误所引起的。

（二）采用测试方法确认缺列对应会计科目的内容及记账情况

根据原始凭证的内容和会计标准，确定应当登记账户的名称（会计科目）。检验该账户账簿，确认是否已记账。

对账簿中已经登记该会计分录发生额的，检验账簿记载发生额的摘要、记账凭证编号、记账日期项，并与记账凭证内容核对。核对相符的，确定该账户名称即为缺列对应会计科目的实际内容。

（三）采用比对方法确认缺列对应会计科目的内容及记账情况

如果前述测试未能确认对应会计科目的记账情况下，可以利用会计科目汇总表（或总账发生额汇总表），采用比对方法确认对应会计科目的记账情况。

1. 根据缺列对应会计科目记账凭证已列示的会计分录内容，核对日记账或明细账，确认已列示会计分录的内容已经记账。如果已列示会计分录均未记账，需要增加账户问题鉴定。

2. 原会计凭证中有当期会计分录汇总资料（如会计科目汇总表、汇总记账凭证等）的，并通过复算验证会计分录汇总资料无计算错误。

3. 根据当期所有记账凭证已列示会计分录重新编制会计科目汇总表，将新编制的会计科目汇总表与原凭证中的会计科目汇总表核对。如果新编汇总表中某科目金额小于原汇总表科目，应当通过下列操作确认该科目是否为缺列会计科目一级科目：

（1）将原汇总表与总账账簿登记的发生额核对，确定双方一致；

（2）检验同期总账账户余额平衡。

4. 确认一级账户后，将该账户总账账户余额与所统驭的明细账户余额进行核对，核对一致的，原则上可确认该缺列对应会计科目的内容已经记账。通过检验同期该总账账户所统驭的明细账户账簿，通常可以找到该笔账项的发生额，并通过记账凭证编号、摘要和发生额方向、金额等确认该笔发生额为缺列会计科目的记账内容。

如果总账账户余额与所统驭的明细账户余额核对不符，需要检验各明细账户余额是否正确；如果各明细账户余额无误，则表明该单位可能存在隐形账户，应当考虑增加隐形账户鉴定事项；如果余额核对相符，但检不到明细账户的发生额记载的，则表明某一明细账中可能存在记账错误，应当考虑增加账户发生额问题鉴定事项。

送检的会计凭证中没有会计科目汇总表的，可以根据当期总账账户发生额，编制总账账户发生额汇总表，并参照上述方法，确认缺列的对应会计科目的内容及记账情况。

（四）缺列对应会计科目问题鉴定意见的表述

缺列会计科目问题鉴定意见的主文部分，通常包括会计主体、记账凭证编号、缺列会计科目的认定、记账情况的认定等。例如，某单位某年月某号记账凭证所列会计分录不完整，缺列的会计分录内容为借记（或贷记）某会计科目多少元，该发生额账项已记入某账户借方（或贷方）。

四、其他会计分录问题的鉴定事项

（一）会计分录最终处理结果的追踪确认

会计分录最终处理结果追踪确认，主要是指追踪确认会计处理事项的后续账务处理情况。

司法实践中，可能遇有会计分录对会计事项临时处理的情形，需要追踪确认会计处理的最终结果。例如，涉及隐匿收入或支出的案件中，会计主体虽然对收入或支出事项已经作出了会计处理，但没有按照会计标准规定的会计科目进行处理。送检方可能会要求司法会计鉴定人确认收入或支出事项是否已经作为某项财务收入或财务支出进行账务处理。

司法会计鉴定人可以通过检验会计分录涉及的账户记录及账户关系，追踪确认会计分录后续账务处理结果。主要方法是：检验会计分录内容记账账簿的账户发生额，确认该会计分录内容已经记账，然后检验该账户反方发生额，如果存在结转前述发生额或由前述发生额形成的余额的情形，检验接转会计分录，重复前述做法继续追踪前述发生额，直至确认最终转入的账户。

追踪确认会计分录的最终处理结果的结论事项，应当说明会计处理事项的最终核算结果。最终核算结果可能是转入损益类、往来类、所有者权益类等账户。司法会计鉴定人通常需要就最终核算结果的含义进行阐释。

（二）会计处理事项含义的揭示

会计处理事项的含义，是指会计分录所反映的会计事项的类型和内容。

送检方要求对会计处理事项含义进行释义的，司法会计鉴定人可以在处理会计分录问题鉴定中对原会计分录的含义进行揭示，并在鉴定意见中予以表述。

对会计处理事项的含义进行释义，应当根据会计标准中有关会计科目运用规范进行。

会计处理事项释义问题结论事项的内容，通常包括会计事项的类型、方向和金额。例如，该会计分录反映甲单位从银行提取现金多少元；该会计分录反映甲单位核销某项费用多少元。

单独出具鉴定意见的，可以表述为：上述会计分录反映了某单位某项会计事项。例如，上述会计分录反映了某单位提取现金3万元的业务；或上述会计分录反映的是某单位某年某月某日提取现金3万元的业务。

第四节　会计账户问题鉴定

本章所称账户问题，特指会计账簿所反映的账户发生额、余额、累计发生额等问题。账户问题鉴定，包括对诉讼涉及的账户发生额、账户余额的真实性、正确性以及账户属性问题进行的司法会计鉴定。

一、账户发生额问题鉴定

账户发生额问题鉴定，是指对账户发生额的真实性、正确性问题进行的司法会计鉴定。

（一）账户发生额问题的鉴定原理

账户发生额的真实性问题，是指账户发生额是否有会计事项或会计处理事项作为依据。没有会计事项或会计处理事项作为依据的账户发生额，确认为虚记发生额。

账户发生额的正确性、合规性问题，是指账户发生额是否真实、正确地反映了会计凭证记载的会计事项或会计处理事项的问题。账户发生额没有真实、正确地反映会计凭证记载事项的，确认为记账错误。如漏记、重记、多记、少记、错记文字、错记账户、反方登记等。

会计账簿记载的账户发生额，按照是否有会计凭证的依据，分为有会计凭证依据和无会计凭证依据两种情形。进行账户发生额问题鉴定，应当通过检验账户发生额的记账依据，确定有无会计凭证依据。

（二）有会计凭证依据的账户发生额问题鉴定

账户发生额有会计凭证依据的，应当根据会计凭证在对会计分录问题进行鉴定的基础上，对会计账簿记载的账户发生额的真实性、正确性问题进行鉴定。

账簿记载的账户发生额有原始凭证或符合内容真实要求的记账凭证为依据且无记账错误的，确认账户发生额真实。

账簿记载的账户发生额依据无会计分录错误的记账凭证记账，且无账簿登记错误的，确认账户发生额正确、合规。

鉴定确认账户发生额的记账依据存在错误，或记账发生额与记账依据内容不一致的，分别确认记账错误：（1）会计分录存在错误，已按会计分录内容记账的，按照会计分录错误对账户余额的影响确认记账错误；（2）会计分录存在错误，但未按会计分录内容记账的，按照递增或递减错误关系的结果确认记账错误；（3）直接依据原始凭证记账，但记账发生额与记账依据不一致的，直接确认记账错误。

记账错误应当按照错误形态确认漏记、重记、多记、少记、错记文字、错记账户、反方登记、虚记账户发生额。

（三）无会计凭证依据的账户发生额问题鉴定

账户发生额无会计凭证依据的，除下列情形外，确认为虚记发生额：

1. 发生额为更正会计差错账项的；
2. 发生额为计提账项的；
3. 发生额为补记账项的。

对更正差错账项、无依据补记账项的，应当通过检验历史账项确认更正或补记的原账项是否存在。不存在原账项的，确认为虚假账项；存在原账项的，采用比对鉴别法确认其正确性、合理性。

（四）账户发生额问题鉴定意见的表述

账户发生额问题鉴定会构成账户余额问题鉴定的组成部分，在账户余额问题鉴定中，除确认记账错误的情形外，无须单独表述账户发生额问题的鉴定结果。

账户发生额问题鉴定意见的主文部分，通常包括会计主体、账户名称、发生额以及判定结果等。例如，甲单位某账户某年某月多记借方发生额多少元；某单位某年月某账户虚记贷方发生额多少元等。

二、账户余额问题鉴定

账户余额问题鉴定，是指对账户余额正确性问题进行的司法会计鉴定。

（一）账户余额问题鉴定原理

账户余额由账户发生额计算而成，因而判定某时点账户余额的真实性、正确性，需要通过同期账户发生额问题鉴定确认同期账户发生额真实性、正确性与合规性，同时需要检验账户余额计算的正确性。

账户发生额问题鉴定结果确认同期账户发生额均为虚假发生额的，确认账户余额虚假。

账户发生额问题鉴定结果确认同期账户发生额真实、正确、合规，账户余额无计算错误的，确认账户余额正确。

账户发生额问题鉴定结果确认同期账户发生额存在错误，或余额计算有错误，且错误之间存在抵减关系，但抵减结果为零的，确认账户余额正确。

账户发生额问题鉴定结果确认同期账户发生额存在错误，或余额计算有错误，且错误之间不存在抵减关系或抵减结果不为零的，确认账户余额正确。

账户余额错误包括下列情形：

1. 应增未增账户余额；
2. 应减未减账户余额；
3. 虚增账户余额；
4. 虚减账户余额。

账务余额问题鉴定需要确定检验期间。其中，鉴定事项中设定了检验期间的，按照鉴定事项的要求确定检验期间；鉴定事项中没有设定检验期间，以账户余额问题涉及的当期会计年度为准，但如果发现期初余额明显存在问题的，司法会计鉴定人应当与送检方协商确定检验期间。

（二）账户余额问题鉴定的一般操作程序

账户余额正确性鉴定，应当根据初步检验的结果，确认鉴定思路。原账户发生额记载错误较多，账户余额不连贯的，通常采用重新核算法；原账户发生额记载较为完整，余额计算连贯的，采用余额调解法。

采用重新核算法的，应当列表记录重新核算过程，并根据重新核算结果，采用比对鉴别法确认原账户余额的真实性、正确性。

采用余额调节法的，通常需要实施下列操作：

1. 对账户的同期发生额进行真实性、正确性、合规性问题鉴定,确定账簿记载的发生额的是否存在错误,发现发生额存在错误的,应当鉴别确认错误发生额与对账户余额的影响方向和金额。

2. 复算账户余额,验证有无计算错误,发现计算错误,应当判明该错误对最终余额的影响。

3. 上述检验、鉴定中发现同时存在多项错误的,应当编制《余额调节表》,汇总反映错误账项对最终账户余额的影响。

4. 根据上述检验、鉴定结果以及账户余额判断标准,确认账户余额是否正确或存在错误的类型、金额。

账户余额问题鉴定意见的肯定意见可以表述为:某单位某时点某账户余额正确无误。

账户余额问题鉴定意见的否定意见应当包括计算错误形态及余额错误的类型、方向、金额。例如,某单位某时点某账户少计借方余额多少元,导致该账户余额应增未增借方余额多少元等。

(三)合并账户资料的分户

所谓合并账户,是指按会计标准规定,应分别设置账户进行核算的财务业务,实际使用一个账户进行核算的情形。

在会计问题鉴定中,根据鉴定事项及检验论证方案,需要分别确认合并账户中某一账户余额或各账户账务余额的,通常需要采用列表分户法进行操作。

1. 手工操作程序

(1) 制作《账户分户登记表》。

_____账户分户登记表

编制人:　　　　　　　　编制日期:

序号	日期	原账簿记载情况			(A账户)			(B账户)			备注
		借方	贷方	余额	借方	贷方	余额	借方	贷方	余额	
	合 计										

图 19 – 1

(2) 检验记账凭证及原账簿记录,验证双方记载的一致性。

(3) 根据会计凭证登记《账户分户登记表》,遇有特殊情形时可在"备注"

栏中注明。

（4）计算并填列各栏合计额。填列完成后，应将"原账簿记载情况"各栏合计额与原账簿记录进行核对相符。如存在差异，应当通过复算，找出差异原因。

（5）检查各分户栏合计额的计算是否正确无误。检查方法是：各分户借方栏合计额＝原账簿借方栏合计额，其他各栏的检查方法雷同。如不相等，则应检查有无登记或计算错误。

2. Excel 表处理程序

（1）按照账簿结构制作 Excel 表，根据原账簿记录填列发生额，填列后计算出余额与原账户余额核对一致。

（2）根据会计凭证逐一确定账户属性，将该发生额的应属分账户名称填入"分账户"栏。

（3）上述处理完毕后，按照"分账户"栏对 Excel 表进行排序、分类汇总，形成各分账户的账户内容。

三、无账簿情况下的原账户余额的确认

送检方仅提供会计处理事项记录，未能提供账簿，但需要确认原账户余额的，通常需要实施下列操作：

1. 根据会计处理事项记载的会计分录制作账户发生额汇总表，分别汇总鉴定事项涉及账户的借方发生额和贷方发生额。

2. 根据账户发生额表及账户余额构成要素，计算确认相关账户余额。

3. 送检方同时提供了会计报表的，应当根据会计报表的相关项目数字，验证已经确认的账户余额与会计报表项目数字的相符性。

四、特设账户属性的确认

所谓特设账户，是指会计主体为了核算特定会计事项而特别设置的名不副实的账户。诉讼涉及的特设账户问题鉴定事项，通常要求确认特设账户的属性问题

确认特设账户的属性，应当根据该账户发生额及账户余额的会计属性确定。

1. 检验该账户发生额的记账依据，按照会计事项内容和会计标准，逐一确定正确的会计分录。

2. 根据重新确认的会计分录中与原账户发生额的同方向的科目名称，确认特设账户的属性。

鉴定事项要求确认特设账户属性的，鉴定意见可以表述为：某单位某年度某（科目）账户系核算该单位某具体会计要素的账户。

五、隐形账户及其内容的确认

所谓隐形账户,是指会计主体实际设置了某账户但没有公开记录账户发生额及账户余额的账户。隐形账户会导致无法在账簿中检到账户记载。诉讼涉及的隐形账户问题的鉴定事项,通常要求确认隐形账户的存在及其内容问题

确认存在隐形账户及其内容的操作程序:

1. 按照账户结构设计隐形账户分析表,设计制作《无账簿记录会计科目汇总表》。

无账簿记录会计科目汇总表

日期	凭证编号	会计科目	借方发生额	贷方发生额	余额

图 19-2

2. 检验同期账证,确定未记账账项,并根据未记账项原会计分录记录的科目(或会计标准),确定总账会计科目和明细会计科目,登记《无账簿记录会计科目汇总表》。其中,未记账项涉及不同账户的,应当分户登记《无账簿记录会计科目汇总表》。

3. 根据原总账账户余额编制《总账账户余额分析表》,进行试算平衡,试算平衡出现差额时,差额的金额与方向与《无账簿记录会计科目汇总表》所列余额的金额、方向一致的,确认无账簿记录的一级科目及内容为隐形账户的名称和内容。

4. 原总账账户余额平衡的,根据《无账簿记录会计科目汇总表》列示的会计科目,编制《明细账账户余额分析表》,进行总账账户余额与所统驭的账户余额合计试算平衡,试算平衡出现差额时,差额的金额与方向与《无账簿记录会计科目汇总表》所列余额的金额、方向一致的,确认无账簿记录的科目和内容为隐形账户的名称和内容。

隐形账户问题鉴定意见的主文部分,通常包括会计主体、原账户名称、隐形账户的名称、发生额和余额。例如,送检的甲单位账簿中缺少某期间某(科目)账户记录,该账户实际核算内容和结果如下(列出记账凭证编号、发生额发生额、余额等)。

六、账外账问题鉴定

账外账,是指系统反映特定资产、负债、所有者权益等会计事项,但未纳入

会计主体正常核算体系的账户，通常用于核算小金库业务。

账外账会计资料的表现形式具有多样性，包括制式的会计凭证、账簿和非制式的会计凭证、账簿。

诉讼涉及的账外账问题的鉴定事项，通常要求确认账外账的属性以及小金库认定等问题。主要鉴定程序如下：

1. 检验送检资料，验明该资料会计处理事项涉及的会计主体。

2. 检验送检资料所反映的资金收、付、存业务，验明送检资料的核算内容，并通过检验会计主体的会计资料，验证送检资料的核算内容为会计主体的明细核算资料或备查资料或是否受会计主体所编会计报表的控制。

3. 排除送检资料系会计主体的明细核算资料或备查账，且该资料核算内容不受会计主体的会计报表控制的，认定为该会计主体的账外账。

上述鉴定中发现利用账外账核算货币资金等资产收、付、存业务的，可以确认该项资产为小金库。账外账中涉及部分个人往来或支出的账项，不影响对小金库性质的确认。

鉴定事项涉及小金库的资产价值、资产应结存额及结存差异等问题鉴定的，分别参照本书第十一章《资产价值问题鉴定实务》和第十二章《资产结存额及结存差异问题鉴定实务》进行操作。

账外账问题鉴定的主文部分，通常包括会计主体名称、认定账外账结论事项等。例如，送检的（具有某项特征）的财务会计资料所列账户系甲单位账外账。

第五节　会计报表问题鉴定

会计报表问题鉴定，是指对会计报表项目所列会计信息的真实性、正确性、合规性等问题进行的司法会计鉴定。

一、会计报表问题鉴定原理

会计报表的真实性问题鉴定，是指对会计报表项目所列会计信息是否真实问题进行的鉴别、判定。会计报表项目数字有会计账户核算结果为依据，且检验会计账户资料未发现虚假账项的，确认会计报表项目数字为真实；会计报表项目数字没有会计账户核算结果为依据，或者其所反映的会计账户核算结果中存在虚假内容的，确认会计报表项目数字为虚假。

会计报表的正确性问题鉴定，是指对会计报表项目所列会计信息是否正确问题进行的鉴别、判定。会计报表项目数字正确地反映了会计账户的核算结果，且检验会计报表项目数字未发现数字之间存在错误关系的，确认会计报表项目数字为正确；会计报表项目数字没有正确地反映会计账户的核算结果及相关信息，或者会计报表项目数字之间存在错误关系的，确认会计报表项目数字为错误。

会计报表的合规性问题鉴定，是指对会计报表项目所列会计信息是否符合会计披露规范问题进行的鉴别、判定。会计报表项目数字符合会计标准规定的披露规范进行披露的，确认会计报表项目数字符合规范；会计报表项目数字不符合会计披露规范的，确认会计报表项目数字违规。

会计报表项目存在不真实、不正确和违规数字的，均属于虚假陈述，该会计报表属于虚假会计报表。由于通过司法会计鉴定能够解决的会计报表问题类型具有多样性，送检方在鉴定事项中应当明确需要确认的具体的会计报表、报表项目以及需要确认问题的类型，不得笼统地要求对涉案会计主体的会计报表进行鉴定。

二、会计报表问题鉴定的一般程序

1. 对鉴定事项涉及的与具体会计报表项目有关的账户余额问题或账户累计额问题进行鉴定，确认会计报表所依据的会计信息的真实性、正确性、合规性。

2. 根据会计标准，结合账户问题鉴定结果制作参照客体，采用比对鉴别法确认具体报表项目所列会计信息是否真实、正确、合规。

3. 检验会计报表项目数据，验证会计报表的平衡关系，发现不平衡情形时，应当结合前述鉴定结果，确认不平衡的原因。

4. 根据会计标准，验证会计报表项目内容的完整性，排除或确认会计报表遗漏披露的会计信息。

5. 前述检验、鉴定中没有发现会计报表项目存在错误的，对会计报表作出肯定意见。

6. 前述检验、鉴定中发现会计报表项目存在错误的，应当根据财务会计错误原理，验证各项错误对会计报表项目内容的影响，对会计报表作出否定意见。

三、会计报表问题鉴定意见的表述

会计表报项目数字鉴定的肯定意见，可以表述为：某单位某年某会计报表某项目数字正确无误；某单位某年度某会计报表披露事项某会计标准的规定。

会计报表项目数字鉴定的否定意见的主文部分，通常包括含有错误数字的项目名称、错误方向、差额等。例如，某单位某年度《利润表》净利润项目数字存在核算错误，多列示金额多少元；某单位编制的某年度《损益表》，违反某项会计标准规定的披露要求，未披露本期发生的某项重大事项。

第六节　会计错误后果问题鉴定意见

一、会计错误后果问题鉴定意见

会计错误后果问题鉴定内容，应当按照鉴定事项确定。通常情况下，是指会计错误的账务后果，包括会计错误对相关账户余额的影响及影响程度，或会计错误对会计报表项目数字的影响及影响程度。

1. 会计分录存在错误，在没有检验账簿记录的情况下，表述错误账项对账户余额的影响时应当表述为"可以导致"或"可以造成"。例如，可以导致财务费用账户借方余额的增加。

2. 会计分录对账户余额的实际影响，应当在检验确认该账项已经记账，且无记账错误、余额计算错误的情况下，确认会计错误对账户余额的影响，同时存在记账错误或余额计算错误的，应当考虑递增或递减关系后，确认会计分录账户余额的实际影响及影响程度。

3. 会计分录对账户最终余额的实际影响，应当在同时期账户发生额排除存在抵减错误账项后确认。

4. 会计错误已经或应当影响总账与明细账余额合计平衡的，应当进行余额试算平衡。试算结果平衡的，还应当进行总账账户余额的试算平衡，总账账户余额仍然平衡的，应当查找其他具有抵减关系的错误账项，确认错误账项对其他账户余额的影响。

5. 对同时存在多个错误的情况下，应当编制《余额调节表》，汇总反映错误账项对最终账户余额的影响，并将《余额调减表》作为鉴定文书的附件。

6. 会计错误账项对财务会计报告影响及影响程度，可以通过会计报表项目数据正确性鉴定确认。例如：某单位某年度营业收入核算违反《企业会计准则第14号——收入》核算方法，导致《利润表》净利润项目多列示金额多少元。

二、会计错误导致账实不符问题的鉴定

会计错误导致的账实不符后果，主要是指会计错误所导致的虚长库、虚短库、虚长权、虚短权、虚长债、虚短债等后果。会计错误的账实不符后果鉴定，主要解决案件中的两类问题：一是，会计错误可以导致的账实不符后果的确认；二是，确认长短库、长短权、长短债的账务原因。

会计错误可以导致的账实不符后果，应当根据相关账户余额问题鉴定结果确认的错误账项导致差额进行确认。以现金账户余额问题鉴定为例，鉴定意见确认错误账项导致原账户借方余额虚增的差额，应当确认该错误账项将导致虚短库

（差额）元；鉴定意见确认错误账项导致原账户借方余额虚减的差额，应当确认该错误账项将导致虚长库（差额）元。

　　账实不符后果的账务原因，首先应当根据原账户余额与实际余额的差额，确认账实不符后果的方向和金额；然后，通过前述鉴定确认错误账项可以导致的账实不符后果。如果两者方向和金额相同，可以确认该项错误账项是导致账实不符后果的账务原因；如果不一致，应当考虑多项会计错误账项后果的递增或递减关系，多向会计错误的综合后果与账实不符后果方向和金额一致的，可以确认该多项错误账项是导致账实不符后果的账务原因；如果还不一致，则不能确认账实不符的账务原因（因为无法排除可能存在的财务错误）。